B
ESTAR
COMUM

BEM ESTAR COMUM

MICHAEL HARDT
E ANTONIO NEGRI

Tradução de
CLÓVIS MARQUES

Revisão técnica de
LEONORA CORSINI

1ª edição

EDITORA RECORD
RIO DE JANEIRO • SÃO PAULO
2016

CIP-BRASIL. CATALOGAÇÃO NA FONTE
SINDICATO NACIONAL DOS EDITORES DE LIVROS, RJ

H238b
Hardt, Michael, 1960-
    Bem-estar comum / Michael Hardt e Antonio Negri; tradução de Clóvis Marques. – 1ª ed. – Rio de Janeiro: Record, 2016.

    Tradução de: Commonwealth
    Inclui índice
    ISBN 978-85-01-09308-0

    1. Sociologia política. 2. Cooperação internacional. 3. Globalização. I. Negri, Antonio. II. Título.

15-22777

CDD: 320.5
CDU: 321

Copyright © Michael Hardt e Antonio Negri, 2009

Título original em inglês: Commonwealth

Todos os direitos reservados. Proibida a reprodução, armazenamento ou transmissão de partes deste livro, através de quaisquer meios, sem prévia autorização por escrito.

Texto revisado segundo o novo Acordo Ortográfico da Língua Portuguesa.

Direitos exclusivos de publicação em língua portuguesa para o Brasil adquiridos pela
EDITORA RECORD LTDA.
Rua Argentina, 171 – Rio de Janeiro, RJ – 20921-380 – Tel.: (21) 2585-2000, que se reserva a propriedade literária desta tradução.

Impresso no Brasil

ISBN 978-85-01-09308-0

Seja um leitor preferencial Record.
Cadastre-se e receba informações sobre nossos lançamentos e nossas promoções.

EDITORA AFILIADA

Atendimento e venda direta ao leitor:
mdireto@record.com.br ou (21) 2585-2002.

Sumário

Prefácio: O devir-príncipe da multidão 7

PARTE 1 República (e a multidão dos pobres)

    1.1 A república da pobreza 17
    1.2 Corpos produtivos 37
    1.3 A multidão dos pobres 55
        De Corpore 1: A biopolítica como acontecimento 73

PARTE 2 Modernidade (e as paisagens da altermodernidade)

    2.1 Antimodernidade como resistência 83
    2.2 Ambivalências da modernidade 101
    2.3 Altermodernidade 121
        De Homine 1: Razão biopolítica 141

PARTE 3 Capital (e as lutas pelo bem-estar comum)

    3.1 Metamorfoses da composição do capital 153
    3.2 A luta de classes da crise ao êxodo 173
    3.3 O *kairós* da multidão 189
        De Singularitate 1: Possuído pelo amor 203

INTERMEZZO: UMA FORÇA PARA COMBATER O MAL 213

PARTE 4 A volta do império

    4.1 Breve história de um golpe de Estado fracassado 227
    4.2 Depois da hegemonia americana 245
    4.3 Genealogia da rebelião 261
       De Corpore 2: Metrópole 277

PARTE 5 Além do capital?

    5.1 Termos da transição econômica 291
    5.2 O que resta do capitalismo 309
    5.3 Pré-choques nas linhas de cisão 327
       De Homine 2: Atravessar o limiar! 343

PARTE 6 Revolução

    6.1 Paralelismos revolucionários 355
    6.2 Interseções insurrecionais 377
    6.3 Governando a revolução 395
       De Singularitate 2: Instituir a felicidade 411

Notas 419
Agradecimentos 463
Índice 465

Prefácio: O devir-príncipe da multidão

As pessoas só alcançam o grau de liberdade que conquistam ao medo com a audácia.

— Stendhal, *Vie de Napoléon*

Poder aos pacíficos.

— Michael Franti, "Bomb the World"

Guerra, sofrimento, miséria e exploração cada vez mais caracterizam nosso mundo globalizado. São tantas as razões para buscar refúgio num reino "fora", em algum lugar separado da disciplina e do controle do Império emergente ou mesmo com certos princípios e valores transcendentes ou transcendentais que possam orientar nossa vida e fundamentar nossa ação política. Um dos efeitos básicos da globalização, contudo, é a criação de um mundo comum, um mundo que, para o bem ou para o mal, todos compartilhamos, um mundo que não tem um "fora". Fazendo eco aos niilistas, temos de reconhecer que, não importa o quão brilhante ou contundentemente o critiquemos, estamos fadados a viver *neste* mundo, não só submetidos a seus poderes de dominação como contaminados por suas corrupções. Abandonar todos os sonhos de pureza política e "valores elevados" que nos permitissem continuar de fora! Mas esse reconhecimento niilista deve ser apenas uma ferramenta, um ponto de passagem em direção à construção de um projeto alternativo. Neste livro, articulamos um projeto moral, uma ética da ação política democrática no interior do Império e contra ele. Investigamos o que têm sido e o que podem tornar-se os movimentos e práticas da multidão, para descobrir as relações sociais e as formas institucionais de uma possível democracia global. "Devir-príncipe" é o processo em que a multidão aprende a arte do autogoverno e inventa formas democráticas duradouras de organização social.

Uma democracia da multidão só é imaginável e possível porque todos compartilhamos do comum e dele participamos. Pelo termo "comum", referimo-nos, em primeiro lugar, à riqueza comum do mundo material — o ar, a água, os frutos da terra e todas as dádivas da natureza —, o que nos textos políticos europeus clássicos em geral é considerado herança da humanidade como um todo, a ser compartilhada por todos. Mais ainda, também consideramos fazerem parte do comum os resultados da produção social que são necessários para a interação social e para mais produção, como os conhecimentos, as imagens, os códigos, a informação, os afetos e assim por diante. Esse conceito do comum não coloca a humanidade separada da natureza, seja como sua exploradora ou sua guardiã; centra-se, antes, nas práticas de interação, cuidado e coabitação num mundo comum, promovendo as formas benéficas do comum e limitando as prejudiciais. Na era da globalização, tornam-se cada vez mais centrais as questões da manutenção, produção e distribuição do comum, nesses dois sentidos — de promoção e limitação — e tanto no contexto ecológico quanto socioeconômico.[1]

Os antolhos das ideologias dominantes de hoje, todavia, fazem com que seja difícil enxergar o comum, embora ele esteja por toda parte ao nosso redor. As políticas neoliberais de governo em todo o mundo têm buscado nas últimas décadas privatizar o comum, transformando os produtos culturais — por exemplo, a informação, as ideias e até espécies de animais e plantas — em propriedade privada. Sustentamos, fazendo coro a muitos outros, que é necessário resistir a essas privatizações. A visão padronizada, contudo, parte do princípio de que a única alternativa ao privado é o público, ou seja, aquilo que é gerido e regulado pelo Estado e por outras autoridades governamentais, como se o comum fosse irrelevante ou estivesse extinto. Naturalmente, é verdade que, através

PREFÁCIO: O DEVIR-PRÍNCIPE DA MULTIDÃO

de um longo processo de delimitações, a superfície do planeta foi quase completamente dividida entre propriedades públicas e privadas, de tal maneira que os regimes fundiários comuns, como os das civilizações indígenas das Américas ou da Europa medieval, acabaram sendo destruídos. E, no entanto, tanta coisa em nosso mundo é comum, de livre acesso a todos e desenvolvida através da participação ativa. A linguagem, por exemplo, como os afetos e os gestos, é quase sempre comum; com efeito, se a linguagem se tornasse privada ou pública — vale dizer, se grande parte de nossas palavras, frases ou enunciados fosse submetida à propriedade privada ou à autoridade pública —, a linguagem perderia seu poder de expressão, criatividade e comunicação. Esse exemplo não visa a acalmar os leitores, como se disséssemos que as crises geradas pelos controles privados e públicos não são tão ruins quanto parecem, mas ajudar a treiná-lo outra maneira, reconhecendo o comum que existe e o que ele pode fazer. É o primeiro passo num projeto de reconquista e expansão do comum e seus poderes.

A polarização aparentemente exclusiva entre o privado e o público corresponde a uma polarização política igualmente perniciosa entre capitalismo e socialismo. Costuma-se acreditar que a única cura para os males da sociedade capitalista é a regulamentação pública e a gestão econômica keynesiana e/ou socialista; e, inversamente, acredita-se que as doenças socialistas só podem ser tratadas pela propriedade privada e o controle capitalista. Entretanto, o socialismo e o capitalismo, embora em certos momentos tenham sido misturados e em outros tenham ocasionado duros conflitos, são regimes de propriedade que excluem o comum. O projeto político de constituição do comum, que desenvolvemos neste livro, opera um corte transversal nessas falsas alternativas — nem privado nem público, nem capitalista nem socialista — abrindo um novo espaço para a política.

Na verdade, as formas contemporâneas de produção e acumulação capitalistas, não obstante o constante impulso no sentido da privatização de recursos e riquezas, paradoxalmente possibilitam e até mesmo requerem a expansão do comum. O capital, é claro, não é uma forma pura de comando, mas uma relação social, e depende, para sobreviver e se desenvolver, de subjetividades produtivas que lhe são internas mas antagônicas. Através dos processos da globalização, o capital não só reúne sob seu comando todo o planeta, como cria, investe e explora a vida social em sua integridade, ordenando a existência segundo as hierarquias do valor econômico. Nas novas formas dominantes de produção que agora envolvem informação, códigos, conhecimento, imagens e afetos, por exemplo, os produtores requerem cada vez mais um alto grau de liberdade, assim como o livre acesso ao comum, especialmente em suas formas sociais, a exemplo das redes de comunicação, dos bancos de informação e dos circuitos culturais. A inovação em tecnologias da internet, por exemplo, depende diretamente do acesso ao código comum e aos recursos de informação, assim como da capacidade de conexão e interação com outros em redes sem restrição. De maneira mais geral, todas as formas de produção em redes descentralizadas, com ou sem envolvimento de tecnologias computacionais, exigem liberdade e acesso ao comum. Além disso, o conteúdo daquilo que é produzido — inclusive ideias, imagens e afetos — pode ser facilmente reproduzido e assim tende a ser comum, resistindo fortemente a todas as tentativas legais e econômicas de privatizá-lo ou submetê-lo ao controle público. A transição já está em curso: a produção capitalista contemporânea, ao atender a suas próprias necessidades, possibilita e cria as bases de uma ordem social e econômica alicerçada no comum.

O cerne da produção biopolítica, como podemos constatar retornando a um nível mais alto de abstração, não é a produção de objetos para sujeitos — como se costuma entender a produção de mercadorias — mas a produção da própria subjetividade. É este o terreno de onde deve partir nosso projeto ético e político. Mas como estabelecer uma produção ética sobre a base cambiante da produção de subjetividade, constantemente transformando valores e sujeitos fixos? Gilles Deleuze, refletindo sobre o conceito de dispositivo (mecanismos ou aparatos materiais, sociais, afetivos e cognitivos da produção de subjetividade) desenvolvido por Michel Foucault, afirma: "Nós pertencemos aos dispositivos e agimos

PREFÁCIO: O DEVIR-PRÍNCIPE DA MULTIDÃO

no seu interior." No entanto, se vamos agir no seu interior, o horizonte ético deve ser reorientado da identidade para o devir. Não está mais em questão "o que somos, mas aquilo em que nos transformamos em nosso devir — ou seja, o Outro, o nosso devir-outro".[2] Uma cena-chave da ação política hoje, desse ponto de vista, envolve a luta pelo controle ou autonomia da produção de subjetividade. A multidão se constitui compondo no comum as subjetividades singulares que resultam desse processo.

Frequentemente descobrimos nosso vocabulário político insuficiente para apreender as novas condições e possibilidades do mundo contemporâneo. Às vezes inventamos novos termos para enfrentar esse desafio, mas com maior frequência procuramos ressuscitar e reanimar velhos conceitos políticos que caíram em desuso, seja por carregarem uma história poderosa ou porque perturbam o entendimento convencional de nosso mundo presente, lançando sobre ele uma nova luz. Dois desses conceitos, que neste livro desempenham um papel particularmente significativo, são pobreza e amor. O pobre era um conceito político muito disseminado na Europa, pelo menos da Idade Média ao século XVII, mas embora estejamos aqui comprometidos em dar o melhor de nós mesmos para aprender com algumas dessas histórias, estamos mais interessados naquilo que o pobre se tornou hoje. Pensar em termos de pobreza tem o saudável efeito, para começo de conversa, de desafiar as tradicionais designações de classe e forçar-nos a investigar com um novo olhar de que maneira a composição de classe mudou e a examinar o vasto leque de atividades produtivas das pessoas dentro e fora das relações salariais. Visto dessa maneira, em segundo lugar, o pobre não é definido pela falta, mas pela possibilidade. Os pobres, os migrantes e os trabalhadores "precários" (ou seja, os que não têm emprego estável) são muitas vezes considerados excluídos, mas na realidade, apesar de subordinados, estão perfeitamente dentro dos ritmos globais da produção biopolítica. As estatísticas econômicas são capazes de captar a condição da pobreza em termos negativos, mas não as formas de vida, linguagens, movimentos ou capacidade de inovação por eles gerados. Nosso desafio será encontrar maneiras de traduzir a produtividade e a possibilidade do pobre em poder.

Walter Benjamin, com sua típica elegância e inteligência, já havia captado, na década de 1930, o conceito cambiante de pobreza. Em um registro niilista, ele localiza a mudança na experiência dos que testemunharam a destruição, especificamente a ocasionada pela Primeira Guerra Mundial, que nos joga numa condição comum. Benjamim vê, nascido das ruínas do passado, o potencial de uma nova e positiva forma de barbárie. "Pois o que é que a pobreza de experiência faz pelo bárbaro? Ela o força a recomeçar do zero; a começar de novo; a fazer com que o pouco renda muito; a começar com um pouco e ir acumulando."[3] A produtividade "bárbara" do pobre começa a fazer um mundo comum.

O amor representa um outro caminho para investigar o poder e a produtividade do comum. O amor é um meio de escapar à solidão do individualismo, mas não só, como nos diz a ideologia contemporânea, para voltar a se isolar na vida privada do casal ou da família. Para chegar a um conceito político do amor que o reconheça centrado na produção do comum e na produção da vida social, temos de romper com a maioria dos significados contemporâneos da palavra, trazendo de volta certas noções antigas para trabalhar com elas. Sócrates, por exemplo, informa no *Simpósio* que, segundo Diotima, sua "instrutora de amor", o amor nasce da pobreza e da invenção. Ao tentar elaborar o que aprendeu com ela, Sócrates afirma que o amor naturalmente tende para o reino ideal, para alcançar a beleza e a riqueza, com isto satisfazendo o desejo. As feministas francesas e italianas argumentam, todavia, que Platão entendeu errado Diotima. Ela não nos guia em direção à "sublimação" da pobreza e do desejo na "plenitude" da beleza e da riqueza, mas para o poder de se tornar definido pelas diferenças.[4] O conceito de amor de Diotima nos dá uma nova definição de riqueza que amplia nosso conceito do comum, apontando na direção de um processo de liberação.[5]

Como a pobreza e o amor podem parecer fracos demais para derrubar os atuais poderes dominantes e desenvolver um projeto do comum, precisaremos enfatizar o elemento de força que os anima. Trata-se, em parte, de uma força intelectual. Immanuel Kant, por exemplo, entende o Iluminismo como uma força que pode acabar com as "visões faná-

PREFÁCIO: O DEVIR-PRÍNCIPE DA MULTIDÃO

ticas" que resultam na morte da filosofia e, além disso, pode triunfar sobre toda tentativa de policiamento do pensamento. Jacques Derrida, seguindo esse Kant "iluminista", traz a razão de volta à força da dúvida e reconhece a paixão revolucionária da razão como algo que emerge das margens da história.[6] Também acreditamos que essa força intelectual é necessária para superar o dogmatismo e o niilismo, mas insistimos na necessidade de complementá-la com a força física e a ação política. O amor precisa de força para se impor aos poderes dominantes e desmantelar suas instituições corruptas, para só então poder criar um novo mundo de bem-estar comum.

O projeto ético que desenvolvemos neste livro envereda pelo caminho da construção política da multidão com Império. A multidão é um conjunto de singularidades composto pela pobreza e o amor na reprodução do comum, mas é preciso mais para descrever as dinâmicas e dispositivos do devir-príncipe da multidão. Não vamos tirar do chapéu novos transcendentais ou novas definições da vontade de poder para impor à multidão. O devir-príncipe da multidão é um projeto que se escora inteiramente na imanência do processo decisório em seu interior. Teremos de descobrir a passagem da revolta para a instituição revolucionária que a multidão pode pôr em movimento.

Com o título deste livro, *Bem-estar comum*, queremos indicar um retorno a alguns dos temas dos tratados clássicos de governo, explorando a estrutura institucional e a constituição política da sociedade. Também queremos enfatizar, uma vez tendo reconhecido a relação entre os dois termos que compõem este conceito, a necessidade de instituir e gerir um mundo de bem-estar comum, focando a atenção em nossas capacidades de produção coletiva e autogoverno e tratando de expandi-las. A primeira metade da obra é uma exploração filosófica e histórica centrada sucessivamente na República, na modernidade e no capital sucessivamente, como três estruturas que obstruem e corrompem o desenvolvimento do comum. Em cada um desses terrenos, contudo, também descobrimos alternativas que emergem na multidão dos pobres e nos circuitos da altermodernidade. A segunda metade é uma análise política e econômica do terreno contemporâneo do comum. Exploramos as estruturas de governança global do Império e os aparatos de comando capitalista para estimar o estado atual e o potencial da multidão. Nossa análise termina com uma reflexão sobre as possibilidades contemporâneas de revolução e os processos institucionais que ela exigiria. No fim de cada parte do livro, encontra-se um capítulo que examina de uma perspectiva diferente e mais filosófica uma questão central levantada no corpo do texto. (A função desses capítulos é semelhante à da Scholia na *Ética* de Spinoza.) Juntamente com o Intermezzo, elas também podem ser lidas consecutivamente, como uma investigação contínua.

Jean-Luc Nancy, partindo de premissas análogas às nossas, pergunta-se se "seria possível sugerir uma leitura ou reelaboração 'spinoziana' de *O ser e o tempo*", de Heidegger.[7] Esperamos que nosso trabalho aponte nesta direção, derrubando a fenomenologia do niilismo e desobstruindo os processos de produtividade e criatividade da multidão que podem revolucionar nosso mundo e instituir um bem-estar comum e compartilhado. Queremos não só definir um acontecimento mas também capturar a centelha que vai incendiar a pradaria.

PARTE 1

República (e a multidão dos pobres)

> Estou cansado de ver o sol no céu! Mal posso esperar para ver desfeita a sintaxe do mundo.
>
> — Italo Calvino, *O castelo dos destinos cruzados*

1.1

A república da pobreza

> Os dois grandes favoritos entre os temas, liberdade e propriedade (às quais finge aspirar a maioria dos homens), são tão contrários quanto o fogo e a água, e não podem permanecer juntos.
> — Robert Filmer, "Observations upon Aristotle's Politiques"

> Desse modo, em seu ponto mais elevado, a constituição política é a constituição da propriedade privada.
> — Karl Marx, *Crítica da filosofia do direito de Hegel*

Sobre um certo tom apocalíptico adotado recentemente na política

Reina uma espécie de apocaliptismo nas concepções contemporâneas de poder, com advertências sobre novos imperialismos e novos fascismos. Tudo é explicado através do poder soberano e do estado de exceção, ou seja, da suspensão generalizada de direitos e da emergência de um poder que se posiciona acima da lei. De fato, é fácil encontrar provas desse estado de exceção: a predominância da violência para resolver conflitos nacionais e internacionais, não só como último, mas como primeiro recurso; o uso generalizado da tortura e até a sua legitimação; a morte indiscriminada de civis em combate; a supressão das leis internacionais; a suspensão dos direitos e mecanismos de proteção internos; e a lista prossegue indefinidamente. Esta visão do mundo assemelha-se às descrições medievais europeias do inferno: gente sendo queimada num rio de fogo, outros esquartejados, membro a membro, e no centro um grande diabo engolindo corpos inteiros. O problema com esse tipo de imagem é que o foco na autoridade transcendente e na violência eclipsa encobre as formas realmente dominantes de poder que continuam a nos governar hoje em dia — poder encarnado em propriedade e capital, embutido na lei e plenamente apoiado por ela.

No discurso popular, a visão apocalíptica enxerga em toda parte a ascensão de novos fascismos. Muitos se referem ao governo americano como fascista, quase sempre citando Abu Ghraib, Guantánamo, Faluja e a Lei do Patriotismo. Outros chamam o governo israelense de fascista, mencionando as ocupações de Gaza e da Cisjordânia, a diplomacia por meio de assassinatos e *bulldozers* e o bombardeio do Líbano. Alguns ainda valem-se da expressão "islamofascismo" em referência aos governos e movimentos teocráticos do mundo muçulmano. É verdade, claro, que em geral o termo "fascismo" é empregado de maneira genérica, para qualificar um regime ou movimento político de tal forma deplorável que tal designação passa a significar simplesmente "muito ruim". Mas em todos esses casos, quando o termo "fascista" é empregado, o elemento destacado é a face autoritária do poder, o governo pela força; e o que fica eclipsado ou encoberto, pelo contrário, é o funcionamento diário de processos constitucionais e jurídicos e a constante pressão do lucro e da propriedade. Com efeito, os clarões fulgurantes de uma série de acontecimentos e casos extremos deixam muita gente cega diante das cotidianas e duradouras estruturas de poder.[1]

A versão acadêmica desse discurso apocalíptico se caracteriza por um foco excessivo no conceito de soberania. O soberano é aquele que governa pela exceção, afirmam os intelectuais, de modo que o soberano está ao mesmo tempo dentro e fora da lei. O poder moderno permanece fundamentalmente teológico, não tanto no sentido da secularização de noções divinas de autoridade, mas na medida em que o poder soberano ocupa uma posição transcendente, acima da sociedade e fora de suas estruturas. Sob certos aspectos, essa corrente intelectual representa uma volta a Thomas Hobbes e seu grande Leviatã pairando sobre o terreno social, mas, de maneira ainda mais fundamental, ela repete os debates europeus da década de 1930, especialmente na Alemanha, tendo como expoente Carl Schmitt. Tal como nos discursos populares, aqui as estruturas econômicas e jurídicas de poder também tendem a ser deixadas na sombra, consideradas apenas secundárias ou, na melhor das hipóteses, instrumentos à disposição do poder soberano. Toda forma moderna de poder, desse modo, tende a resvalar para a soberania ou o fascismo, ao passo que o "campo", máxima expressão do controle tanto no interior quanto no exterior da ordem social, transforma-se no "tópos" paradigmático da sociedade moderna.[2]

Essas visões apocalípticas — tanto as análises cultas do poder soberano quanto as acusações populares de fascismo — suspendem todo engajamento político com o poder. E no poder não existem forças de liberação inerentes que, apesar de frustradas e bloqueadas, possam ser ativadas. Não há esperança de transformar esse tipo de poder em linhas democráticas. É preciso opor-se a ele, destruí-lo, e eis tudo. De fato, um aspecto teológico implícito nessa concepção de soberania é a divisão maniqueísta entre opções extremas: ou nos submetemos a essa soberania transcendente ou nos opomos a ela em sua totalidade. Vale lembrar que, na década de 1970, quando grupos terroristas de esquerda alegavam que o Estado era fascista, isto implicava a ideia de que a luta armada era o único caminho político disponível para eles. Os esquerdistas que hoje falam de um novo fascismo geralmente acompanham sua alegação de indignação moral e resignação, e não de exortações à luta armada; mas a lógica essencial é a mesma: não pode haver engajamento político com um poder fascista soberano; ele só conhece a violência.

A forma primária de poder que realmente nos confronta hoje, todavia, não é tão dramática ou demoníaca, mas sobretudo terrestre e mundana. Precisamos parar de confundir política com teologia. A forma de soberania contemporânea dominante — se ainda a quisermos chamar assim — está completamente incrustada em sistemas jurídicos e instituições de governança e é por eles apoiada, uma forma republicana caracterizada não só pelo império da lei mas também, igualmente, pelo domínio da propriedade. Em outras palavras, o político não é um terreno autônomo, está completamente mergulhado em estruturas econômicas e jurídicas. Nada há de extraordinário ou excepcional nessa forma de poder. Sua pretensão de naturalidade e na verdade seu silencioso e invisível funcionamento diário tornam extremamente difícil reconhecê-lo, analisá-lo e desafiá-lo. Nossa primeira tarefa, então, será trazer à luz as relações íntimas entre soberania, lei e capital.

Precisamos, para o pensamento político contemporâneo, de uma operação de algum modo parecida com a efetuada por Euêmeros a respeito da mitologia grega antiga no século IV a.C. Euêmeros explicava que todos os mitos divinos não passam de histórias de ações humanas históricas que, de tanto serem recontadas, acabaram ampliadas, embelezadas e atribuídas ao céu. Da mesma forma, hoje, os crentes imaginam um poder soberano que se posiciona acima de nós no alto das montanhas, quando na verdade as formas dominantes de poder são inteiramente deste mundo. Um novo euemerismo político talvez ajudasse as pessoas a deixar de buscar a soberania no céu e a reconhecer as estruturas de poder na Terra.[3]

Uma vez peneiradas, as pretensões teológicas e as visões apocalípticas das teorias contemporâneas de soberania, e trazidas de volta ao terreno social, precisamos examinar com mais atenção de que maneira o poder funciona na sociedade hoje em dia. Em termos filosóficos, podemos pensar nessa mudança de perspectiva como uma transição da análise *transcendente* para a crítica *transcendental*. A "revolução copernicana" de Immanuel Kant na filosofia encerra todas as tentativas medievais de apoiar a razão e o entendimento em essências transcendentes e nas coisas em si mesmas. A filosofia deve, pelo contrário, tentar revelar as estruturas transcendentais imanentes no pensamento e na experiência. "Chamo de transcendental toda cognição que se ocupe não tanto de objetos, mas de nosso modo de conhecer os objetos, na medida em que isto seja possível *a priori*."[4] Desse modo, o plano transcendental kantiano ocupa uma posição que não está inteiramente nos fatos imediatos e imanentes da experiência, mas tampouco não está totalmente fora deles. Esse reino transcendental, explica Kant, é onde residem as condições de possibilidade do conhecimento e da experiência.

Se a crítica transcendental de Kant focaliza basicamente a razão e o conhecimento, a nossa está endereçada ao poder. Assim como Kant afasta as preocupações da filosofia medieval com essências transcendentes e causas divinas, assim também devemos ir além das teorias de soberania baseadas no governo de exceção, que não passam na realidade de remanescentes de antigos conceitos das prerrogativas reais do monarca. Devemos concentrar nossa atenção, em vez disso, no plano transcendental do poder, no qual a lei e o capital são as forças primordiais. Esses poderes transcendentais não impõem a obediência mediante o comando de um soberano nem mesmo primordialmente pela força, mas estruturando as condições de possibilidade da vida social.

A intuição de que a lei funciona como uma estrutura transcendental inspirou escolas inteiras de pensamento jurídico e constitucional, de Hans Kelsen a John Rawls, a desenvolver o formalismo kantiano em termos de uma teoria jurídica.[5] A propriedade, considerada intrínseca ao pensamento e à ação humanos, serve como ideia reguladora do Estado constitucional e do império da lei. Não se trata realmente de uma fundamentação histórica, mas de uma obrigação ética, uma forma constitutiva da ordem moral. O conceito de indivíduo não é definido pelo *ser*, mas pelo *ter*; em outras palavras, no lugar de uma "profunda" unidade metafísica e transcendental, remete a uma entidade "superficial" dotada de propriedade ou posses, hoje cada vez mais definida em termos "patrimoniais", como acionista. De fato, através do conceito do individual, a figura transcendente da legitimação da propriedade é integrada ao formalismo transcendental da legalidade. A exceção, caberia dizer, é incluída na constituição.

O capital também funciona como forma impessoal de dominação que impõe leis próprias, leis econômicas que estruturam a vida social, fazendo com que as hierarquias e subordinações pareçam naturais e necessárias. Os elementos básicos da sociedade capitalista — o poder da propriedade concentrado nas mãos de poucos, a necessidade de que a maioria venda sua força de trabalho para se manter, a exclusão de grande parte da população global até mesmo desses circuitos de exploração, e assim por diante — funcionam como *a priori*. É difícil até reconhecer isto como violência, pois é tão normalizado e sua força é aplicada de maneira tão impessoal! O controle e a exploração capitalistas não repousam basicamente num poder soberano externo, mas em leis invisíveis e internalizadas. E à medida que os mecanismos financeiros se tornam mais plenamente desenvolvidos, a determinação das condições de possibilidade da vida social por parte do capital torna-se sempre mais abrangente e completa. É verdade, naturalmente, que o capital financeiro, por ser tão abstrato, parece distante da vida da maioria das pessoas; mas essa própria abstração é que lhe confere o poder genérico de um *a priori*, com alcance cada vez mais universal, mesmo quando as pessoas não reconhecem seu envolvimento nos mercados financeiros — através das dívidas pessoais e nacionais, dos instrumentos financeiros que interferem em todos os tipos de produção, da soja aos computadores, e da manipulação da moeda e das taxas de juros.

Seguindo a forma da tese de Kant, portanto, nossa crítica transcendental deve demonstrar de que maneira o capital e as leis imbricados — aquilo que chamamos de república da propriedade — determinam e ditam as condições de possibilidade da vida social em todas as suas facetas e etapas. Mas é claro que procedemos aqui a uma apropriação infiel e tendenciosa de Kant, efetuando um corte diagonal em sua obra. Apropriamo-nos de sua perspectiva crítica reconhecendo que a estrutura formal de seu esquema epistemológico corresponde à do poder da propriedade e do direito, mas em seguida, em vez de afirmar o reino transcendental, procuramos desafiá-lo. Kant não está interessado em derrubar o domínio do capital ou seu Estado constitucional. Na verdade, Alfred Sohn-Rethel chega a afirmar que Kant, particularmente na *Crítica da razão pura*, tenta "provar a perfeita normalidade da sociedade burguesa", fazendo com que suas estruturas de poder e propriedade pareçam naturais e necessárias.[6]

Mas nossa querela aqui não é realmente com Kant. Queremos apenas valer-nos das ferramentas por ele fornecidas para confrontar os poderes dominantes de hoje. E devemos frisar, finalmente, que as consequências práticas dessa crítica transcendental da república da propriedade sobrepujam a impotência e a amarga resignação que caracterizam as análises "transcendentes" da soberania e do fascismo. Nossa crítica do capital, da constituição republicana e de sua interseção como formas transcendentais de poder não implica rejeição absoluta nem tampouco, é claro, aceitação e aquiescência. Pelo contrário, nossa crítica é um processo ativo de resistência e transformação, liberando em novas bases os elementos que apontam na direção de um futuro democrático e desobstruindo, ainda mais significativamente, o trabalho vivo enfeixado no capital e a multidão encurralada em sua república. Uma tal crítica, assim, não busca o retorno ao passado ou a criação de um futuro *ex nihilo*, e sim um processo de metamorfose, criando uma nova sociedade dentro da casca da antiga.

Direitos republicanos de propriedade

A palavra "republicanismo" tem sido empregada na história do moderno pensamento político para designar uma série de diferentes tendências políticas concorrentes e não raro conflitantes. Thomas Jefferson, no fim da vida, refletindo sobre os primeiros anos da Revolução Americana, observa: "Imaginamos que seria republicano tudo que não fosse monarquia."[7] Certamente havia um leque equivalente senão maior de posições políticas designadas pelo termo nos períodos revolucionários inglês e francês. Mas uma definição específica do moderno republicanismo acabou levando a melhor sobre as demais: o republicanismo baseado no domínio da propriedade e na inviolabilidade dos direitos da propriedade privada, excluindo ou subordinando os destituídos de propriedade. De acordo com o abade Sieyès, aqueles que não têm propriedades não passam de "uma imensa multidão de *instrumentos bípedes*, detentores apenas de suas mãos miseravelmente remuneradas e de uma alma sugada".[8] Não existe um vínculo necessário ou intrínseco entre o conceito de república e o domínio da propriedade, e de fato poderíamos tentar restabelecer conceitos alternativos ou criar novos conceitos de república que não sejam baseados na propriedade. Nossa tese é simplesmente que a república da propriedade surgiu historicamente como conceito dominante.[9]

O rumo tomado pelas três grandes revoluções burguesas — a inglesa, a americana e a francesa — demonstra a emergência e consolidação da república da propriedade. Em cada um dos casos, o estabelecimento da ordem constitucional e do Estado de direito serviu para defender e legitimar a propriedade privada. Mais adiante neste capítulo, exploramos o bloqueio dos processos radicalmente democráticos da Revolução Inglesa pela questão da propriedade: um "povo da propriedade" enfrentando uma "multidão dos pobres". Aqui, no entanto, focalizamos brevemente o papel da propriedade nas revoluções americana e francesa.

Apenas uma década depois de a Declaração de Independência ter afirmado o poder constituinte da Revolução Americana e projetado um mecanismo de autogoverno expresso por novas formas políticas abertas e dinâmicas, o *Federalist* e os debates em torno da redação da Constituição limitam e contradizem muitos desses elementos originais. As linhas dominantes nos debates constitucionais visam a reintroduzir e consolidar a estrutura soberana do Estado e absorver o impulso constituinte da república no interior da dinâmica entre os poderes constitucionais. Enquanto na Declaração o poder constituinte é definido como fundamental, na Constituição é entendido como algo como um patrimônio nacional que é propriedade e responsabilidade do governo, um elemento de soberania constitucional.

O poder constituinte não é tirado do direito público constituído, mas bloqueado (e expulso das práticas da cidadania) pelas relações de força sobre as quais se baseia a Constituição, sobretudo o direito de propriedade. Por trás de cada constituição formal, explicam os teóricos jurídicos, encontra-se uma constituição "material", sendo constituição material entendida como as relações de força que alicerçam, em determinada estrutura, a constituição escrita e definem as orientações e limites que devem ser observados pela legislação, a interpretação jurídica e as decisões executivas.[10] O direito de propriedade, incluindo originalmente os direitos dos senhores de escravos, é o indicador essencial dessa constituição material, lançando sua luz sobre todos os demais direitos e liberdades constitucionais dos cidadãos americanos. "A Constituição", escreve Charles Beard em sua clássica análise, "foi essencialmente um documento econômico baseado no conceito de que os direitos privados fundamentais de propriedade são anteriores ao governo e estão moralmente além do alcance das maiorias populares."[11] Muitos estudiosos têm contestado a afirmação de Beard de que os fundadores, ao redigir a Constituição, estavam protegendo seus próprios interesses e sua riqueza econômica individual, mas o que se mantém indisputado e perfeitamente convincente em sua análise é que os participantes do debate consideravam que a Constituição baseava-se em interesses econômicos e nos direitos de propriedade. "A partir do momento em que se admite na sociedade a ideia de que a propriedade não é tão sagrada quanto as leis de Deus", escreve John Adams, por exemplo, "e de que não existem uma força jurídica e uma justiça pública para protegê-la, têm início a anarquia e a tirania."[12] A posição sagrada da propriedade na Constituição é um obstáculo central à prática e ao desenvolvimento do poder constituinte.

Um exemplo extremo mas significativo do efeito do direito de propriedade na Constituição é a maneira como transforma o significado do direito ao porte de armas. Este direito é afirmado na tradição anglo-americana dos séculos XVII e XVIII como direito coletivo de conquistar e defender a liberdade, preconizando a constituição de exércitos populares ou milícias, em vez de exércitos regulares, considerados necessariamente tirânicos.[13] Nos Estados Unidos, essa tradição foi quase totalmente descartada, e a Segunda Emenda acabou adquirindo o significado oposto: de que cada um é inimigo de todos; de que cada um deve tomar cuidado com aqueles que querem roubar sua propriedade. Da transformação do direito do porte de armas em defesa da propriedade privada segue-se uma inversão geral de todos os conceitos constitucionais centrais. A própria liberdade, por muitos considerada característica do pensamento político americano, em contraste com os princípios de justiça, igualdade e solidariedade da experiência revolucionária francesa, é reduzida a uma apologia da civilização capitalista. O caráter central da defesa da propriedade também explica a concepção pessimista da natureza humana, presente mas secundária no período revolucionário e chegando a primeiro plano nos debates constitucionais. "Mas que seria o próprio governo", escreve, por exemplo, James Madison, "senão o maior de todos os reflexos da natureza humana? Se os homens fossem anjos, não seria necessário um governo."[14] A liberdade é transformada na força negativa da existência humana, servindo de anteparo à evolução dos conflitos inatos da natureza humana para uma guerra civil. Mas na base desse conceito de conflito natural encontra-se a luta pela propriedade. O indivíduo armado é o único fiador dessa liberdade. O *Homo politicus* torna-se um mero *Homo proprietarius*.

No caso da Revolução Francesa, o caráter central dos direitos de propriedade evoluem de uma forma extraordinariamente dinâmica e às vezes violenta. Um simples exame das sucessivas Constituições revolucionárias francesas (e especificamente as Declarações dos Direitos do Homem e do Cidadão que lhes servem de prólogo) de 1789 a 1793 e 1975, fornece uma primeira indicação da maneira como o desenvolvimento do pensamento constitucional é constantemente governado pelas exigências da propriedade. A título de exemplo, o direito de propriedade é afirmado em termos quase idênticos nas três versões (no Artigo 2º da Constituição de 1789 e no Artigo 1º das de 1793 e 1795), mas ao passo que em 1789 e 1793 o direito de propriedade é vinculado ao direito de "resistência à opressão", em 1795 é associado apenas à "segurança". No que diz respeito à igualdade, enquanto no Artigo 6º de 1789 e no Artigo 4º de 1793 ela é definida como um direito básico de cada indivíduo (aplicando-se igualmente, portanto, à propriedade), no Artigo 6º de 1795 o mandato da igualdade é subordinado ao domínio da maioria dos cidadãos ou seus representantes. A igualdade torna-se cada vez mais formal, cada vez mais definida como uma estrutura legal que protege a riqueza e reforça o poder apropriativo e possessivo do indivíduo (entendido como detentor de uma propriedade).

Uma visão mais substancial e complexa do caráter central da propriedade na república revela-se quando focalizamos a maneira como a concepção tradicional dos "direitos reais" — *jus reale*, os direitos sobre as coisas — é redescoberta no curso da Revolução Francesa. Esses "direitos reais", em particular os direitos de propriedade, com toda evidência já não são os do *ancien régime*, na medida em que não mais estabelecem uma tabela estática de valores e um conjunto de instituições que determinam o privilégio e a exclusão. Na Revolução Francesa, os "direitos reais" surgem de um novo horizonte ontológico definido pela produtividade do trabalho. Porém, na França, como em todas as revoluções burguesas, esses direitos reais têm uma relação paradoxal com a ideologia capitalista emergente. Por um lado, os direitos reais conquistam gradualmente importância maior sobre os direitos universais e abstratos que pareciam ter proeminência na fase jacobinista heroica. A propriedade privada pelo menos aponta para a capacidade humana de transformar e se apropriar da natureza. O Artigo 5º da Constituição de 1695, por exemplo, declara: "A propriedade é o direito de uso e desfrute dos próprios bens e rendas, do fruto do trabalho e da indústria de cada um." Com o prosseguimento da revolução, todavia, verifica-se uma mudança no ponto de referência, do terreno abstrato da vontade geral para o terreno concreto do direito e da ordem da propriedade.[15] Por outro lado, os direitos reais, que constituem a base das rendas e rendimentos, opõem-se aos "direitos dinâmicos", que decorrem diretamente do trabalho, e embora os direitos dinâmicos pareçam predominar sobre os direitos reais no período revolucionário inicial, gradualmente os direitos reais tornam-se hegemônicos sobre os dinâmicos, acabando por ocupar uma posição central. Em outras palavras, a propriedade fundiária e a propriedade escravagista, que inicialmente pareciam ter sido subordinadas como condições arcaicas de produção — postas de lado em favor dos direitos dinâmicos associados à ideologia capitalista — voltam a entrar em ação. Além disso, quando o direito de propriedade se torna mais uma vez central na constelação de novos direitos afirmada pelas revoluções burguesas, já não se apresenta simplesmente como um direito real, tornando-se o paradigma de todos os direitos fundamentais. O Artigo 544 do Código Civil de 1804, por exemplo, dá uma definição de propriedade que caracteriza noções ainda hoje comuns: "A propriedade é o direito de desfrutar e dispor de coisas da forma mais absoluta, desde que não sejam usadas de maneira que vá de encontro à lei ou às normas."[16] Na linha dominante do pensamento político europeu de Locke a Hegel, os direitos absolutos que têm as pessoas de se apropriar das coisas tornam-se a base e o fim substantivo do indivíduo livre juridicamente definido.

O caráter central da propriedade na Constituição republicana pode ser comprovado de um ponto de vista negativo pelo exame da Revolução Haitiana e da extraordinária hostilidade que suscitou. Ao libertarem os escravos, naturalmente, os revolucionários haitianos podiam ser considerados, da perspectiva da liberdade, mais avançados do que qualquer um de seus congêneres na Europa ou na América do Norte; mas a vasta maioria dos republicanos dos séculos XVIII e XIX não só não abraçaram a Revolução Haitiana como lutaram para reprimi-la e conter seus efeitos. Nos dois séculos subsequentes os historiadores excluíram o Haiti do grande panteão das modernas revoluções republicanas, de tal maneira que até a memória do acontecimento revolucionário foi calada. A Revolução Haitiana era um acontecimento inimaginável da perspectiva da Europa e dos Estados Unidos na época, fundamentalmente, sem dúvida, em virtude de ideologias e instituições profundamente arraigadas de superioridade racial, mas também devemos reconhecer que a Revolução Haitiana era inimaginável porque violava a regra da propriedade. Temos aqui um simples silogismo: a república deve proteger a propriedade privada; escravos são propriedade privada; portanto, o republicanismo deve opor-se à libertação de escravos. Com o exemplo do Haiti, de fato, a suposta valorização republicana da liberdade e da igualdade entra em conflito direto com a regra da propriedade — e a propriedade sai vencedora. Neste sentido, a exclusão da Revolução Haitiana do cânone do republicanismo é prova cabal do caráter sagrado da propriedade para a república. Talvez a exclusão do Haiti da lista das revoluções republicanas seja de fato apropriada, não por ser a Revolução Haitiana de certa forma indigna do espírito republicano, mas, pelo contrário, porque o republicanismo não se mostra à altura do espírito de liberdade e igualdade contido na rebelião haitiana contra a escravidão![17]

O primado da propriedade se evidencia em todas as histórias coloniais modernas. Toda vez que uma potência europeia adota novas práticas de governo em suas colônias em nome da razão, da eficiência e do Estado de direito, a principal "virtude republicana" estabelecida é o domínio da propriedade. Isto fica evidente, por exemplo, no "Assentamento Permanente" estabelecido em Bengala pelas autoridades coloniais britânicas e os administradores da Companhia das Índias Orientais no fim do século XVIII para garantir a segurança da propriedade, especialmente a propriedade fundiária, e fortalecer a posição da "zamindar", a classe de proprietários bengalis, com isto consolidando a taxação e a renda. Em sua análise dos debates que levaram ao assentamento, Ranajit Guha mostra-se intrigado com o fato de um assentamento de terras como este, de natureza quase feudal, ter sido promovido por ingleses burgueses, alguns dos quais eram grandes admiradores da Revolução Francesa. Guha conclui que as burguesias europeias aceitam uma acomodação de seus ideais republicanos ao exercer seu domínio sobre terras conquistadas para encontrar uma base social para seus poderes, mas na verdade elas estão apenas estabelecendo ali o princípio central das repúblicas burguesas: a regra da propriedade. A segurança e a inviolabilidade da propriedade estão tão firmemente fixadas na mentalidade republicana que as autoridades coloniais não questionam a conveniência de sua disseminação.[18]

Finalmente, com a construção dos Estados previdenciários na primeira metade do século XX, a propriedade pública adquire um papel mais importante na constituição republicana. Esta transformação do direito de propriedade, contudo, segue a transformação capitalista da organização do trabalho, refletindo a importância crescente que as condições públicas começam a exercer sobre as relações de produção. Apesar de todas as mudanças, o velho adágio continua em vigor: *l'esprit des lois, c'est la propriété*. Evgueny Pashukanis, na década de 1920, antecipa esse desdobramento com extraordinária clareza:

> É perfeitamente evidente, Pashukanis afirma, que a lógica dos conceitos jurídicos corresponde à lógica da relação social da produção de bens, e que a história do sistema de direito privado deve ser buscada nessas relações e não na prestação das autoridades. Pelo contrário, as relações lógicas de domínio e subordinação apenas parciais estão incluídas no sistema de conceitos jurídicos. Portanto, o conceito jurídico de Estado pode nunca vir a tornar-se uma teoria, mas sempre surgirá como uma distorção ideológica dos fatos.[19]

Para Pashukanis, com efeito, todo direito é direito privado, e o direito público não passa de uma figura ideológica imaginada pelos teóricos jurídicos burgueses. O que é fundamental para o nosso objetivo aqui é que o conceito de propriedade e a defesa da propriedade continuam sendo a base de toda constituição política moderna. É neste sentido que a república, das grandes revoluções burguesas até hoje, é uma república da propriedade.

Sapere Aude!

Kant não é tanto um profeta da república da propriedade de maneira direta, em seus pontos de vista políticos ou econômicos, mas indiretamente, na forma de poder que descobre através de suas investigações etimológicas e filosóficas. Propomo-nos a seguir o método kantiano de crítica transcendental, mas ao fazê-lo nos revelamos decididamente seguidores dissidentes e infiéis, lendo sua obra na contramão. O projeto político que propomos não só é (com Kant) um ataque à soberania transcendente e (contra Kant) uma crítica empenhada em desestabilizar o poder transcendental da república da propriedade, como também e em última análise (além de Kant) uma afirmação dos poderes imanentes da vida social, pois essa cena imanente é o terreno — o único terreno possível — em que pode ser construída a democracia.

Nossa afirmação da imanência não se baseia em alguma fé nas capacidades imediatas ou espontâneas da sociedade. O plano social da imanência precisa ser organizado politicamente. Nosso projeto crítico, portanto, não é simplesmente uma questão de recusar os mecanismos de poder e exercer violência contra eles. Naturalmente, a recusa é uma reação importante e poderosa à imposição da dominação, mas sozinha ela não vai além do gesto negativo. A violência também pode ser uma resposta crucial e necessária, não raro como uma espécie de efeito bumerangue, direcionando a violência da dominação sedimentada em nossos ossos para reagir ao poder que a originou. Mas também essa violência é meramente reativa e nada cria. Precisamos educar essas reações espontâneas, transformando a recusa em resistência e a violência no uso da força. Em ambos os casos, o primeiro elemento é uma reação imediata, ao passo que o segundo resulta de um confronto com a realidade e do treinamento de nossos instintos e hábitos políticos, de nossas imaginações e desejos. Mais importante, além disso, a resistência e o uso coordenado da força vão além da reação negativa ao poder, em direção a um projeto organizacional de construção de uma alternativa ao plano imanente da vida social.

A necessidade de invenção e organização paradoxalmente nos conduz de volta a Kant, ou, melhor dizendo, a uma voz menor que permeia seus escritos, apresentando uma alternativa ao comando e à autoridade do poder moderno. Essa alternativa vem à tona com clareza, por exemplo, em seu breve e conhecido texto "Uma resposta à pergunta: 'Que é o Iluminismo?'"[20] A chave para deixar o estado de imaturidade, o estado autossustentável de dependência no qual contamos com os que detêm autoridade para falar e pensar por nós, estabelecendo nossa capacidade e nossa vontade de falar e pensar por nós mesmos, diz Kant, recordando a exortação de Horácio, é *sapere aude*, "ouse saber". Essa noção de Iluminismo e sua exortação definidora, todavia, tornam-se terrivelmente ambíguas ao longo do ensaio de Kant. Por um lado, à medida que ele explica o tipo de raciocínio que deveríamos adotar, vai ficando claro que na verdade ele nada tem de muito ousado: ele nos exorta a cumprir zelosamente os papéis que nos foram designados na sociedade: pagar impostos, ser um soldado, um funcionário público e, em última análise, obedecer à autoridade do soberano, Frederico II. Este é o Kant de vida tão regrada, segundo dizem, que é possível acertar o relógio pela hora de sua caminhada matinal. Na verdade, a linha central da obra de Kant participa dessa sólida tradição racionalista europeia que considera o Iluminismo como o processo de "correção da razão" que coincide com a preservação da atual ordem social e a apoia.

Por outro lado, no entanto, Kant abre a possibilidade de ler a exortação iluminista na contramão: na verdade, "ousar saber" também significa "saber como ousar". Esta simples inversão indica a audácia e coragem exigidas, assim como os riscos envolvidos, no ato de pensar, falar e agir de maneira autônoma. Este é o Kant menor, o Kant destemido e audacioso, frequentemente oculto, subterrâneo, enterrado em seus textos, mas que de tempos em tempos irrompe com uma força feroz, vulcânica, perturbadora. Aqui, a razão já não é o alicerce do dever que escora a autoridade social estabelecida, e sim uma força desobediente e rebelde que abre caminho pela fixidez do presente e descobre o novo. Afinal de contas, por que haveríamos de ousar pensar e falar por nós mesmos se essas capacidades serão imediatamente caladas pela mordaça da obediência? O método crítico de Kant é na verdade duplo: suas críticas de fato determinam o sistema das condições transcendentais do conhecimento e dos fenômenos, mas eventualmente também vão além do plano transcendental para assumir uma noção humanística de poder e invenção, a chave da livre construção biopolítica do mundo. O Kant maior fornece as ferramentas para a estabilização do ordenamento transcendental da república da propriedade, ao passo que o Kant menor dinamita seus alicerces, abrindo caminho para a mutação e a livre criação no plano biopolítico da imanência.[21]

Esta alternativa em Kant nos ajuda a estabelecer a diferença entre dois caminhos políticos. As linhas do Kant maior são estendidas com mais fidelidade no campo do pensamento político hoje em dia pelos teóricos da democracia social, que falam de razão e Iluminismo mas nunca entram realmente no terreno no qual ousar saber e saber como ousar coincidem. O Iluminismo para eles é um projeto eternamente inacabado que sempre exige aceitação das estruturas sociais estabelecidas, consentimento com uma visão comprometida dos direitos e da democracia, aquiescência com o mal menor. Assim é que os social-democratas nunca questionam radicalmente a república da propriedade, seja ignorando alegremente seu poder ou ingenuamente presumindo que ela pode ser reformada para gerar uma sociedade da democracia e da igualdade.

Os projetos social-democratas de Jürgen Habermas e John Rawls, por exemplo, visam a manter uma ordem social baseada num esquema formal, transcendental. No início de suas carreiras, Habermas e Rawls propõem conceitos mais dinâmicos voltados para a transformação social: Habermas trabalha com um conceito hegeliano de intersubjetividade que abre a possibilidade de uma radical capacidade produtiva subjetiva, e Rawls insiste num "princípio da diferença" pelo qual as decisões e instituições sociais deveriam beneficiar sobretudo os membros menos favorecidos da sociedade. Essas propostas sugerem, ainda que de maneiras diferentes, uma dinâmica da transformação social. Ao longo de suas carreiras, todavia, essas possibilidades de transformação social e capacidade subjetiva são diluídas ou totalmente abandonadas. Os conceitos de razão e ação comunicativas em Habermas vêm a definir um processo que media constantemente toda realidade social, de modo a aceitar e mesmo reforçar os termos dados da ordem social existente. Rawls constrói um esquema formal e transcendental de julgamento que neutraliza capacidades subjetivas e processos transformadores, enfatizando, pelo contrário, a manutenção do equilíbrio do sistema social. A versão da democracia social que encontramos em Habermas e Rawls faz eco, assim, à noção de Iluminismo do Kant maior, a qual, não obstante sua retórica da correção, reforça a ordem social existente através de esquemas de formalismo transcendental.[22]

Anthony Giddens e Ulrich Beck propõem uma versão da democracia social de base muito mais empírica e pragmática. Enquanto Habermas e Rawls requerem um ponto de partida e uma mediação que em certo sentido ficam "fora" do plano social, Giddens e Beck começam "de dentro". Giddens, adotando um ponto de vista cético, tenta modelar a partir do nível empírico e fenomenológico uma representação adequada da sociedade no processo de reforma, trabalhando, por assim dizer, do plano social para o transcendental. Entretanto, quando a sociedade se recusa a obedecer, quando guetos em revolta e conflitos sociais pipocando por toda parte não permitem que se mantenha uma ideia de mediação reformista emergindo diretamente da realidade social, Giddens recorre a um poder soberano que pode levar a termo o processo de reforma. Paradoxalmente, Giddens introduz um projeto transcendental e em seguida é obrigado a violá-lo com esse recurso a um poder transcendente. Ulrich Beck, mais que Giddens e na verdade mais que qualquer outro teórico social-democrata, dispõe-se a fincar solidamente os pés no campo social real e lidar com todas as lutas ambíguas, a incerteza, o medo e as paixões que o constituem. Beck é capaz de reconhecer, por exemplo, a dinâmica das lutas dos trabalhadores contra o regime fabril e contra os fechamentos de fábricas. Entretanto, embora seja capaz de analisar o esgotamento de uma forma social, como a modernidade do regime fabril de produção, ele não capta plenamente o surgimento de novas forças sociais. Assim é que seu pensamento vai de encontro à fixidez da estrutura transcendental, que também neste caso orienta no fundo a análise. Na visão de Beck, a modernidade dá lugar à hipermodernidade, que no fim das contas não passa de uma continuação das estruturas primárias da modernidade.[23]

Posições social-democratas análogas são comuns entre teóricos contemporâneos da globalização tão diversos quanto David Held, Joseph Stiglitz e Thomas Friedman. As ressonâncias kantianas já não são tão fortes aqui, mas esses teóricos de fato pregam reformas do sistema global sem jamais questionar as estruturas do capital e da propriedade.[24] A essência da social-democracia em todas essas diferentes figuras é a proposição de reformas sociais — às vezes até voltadas para a igualdade, a liberdade e a democracia — que não são capazes de questionar e até reforçam as estruturas da república da propriedade. Deste modo, o reformismo social-democrata se articula perfeitamente com o reformismo do capital.

Os social-democratas gostam de dizer que seu projeto moderno é inacabado, como se, dispondo de mais tempo e maior empenho, as desejadas reformas finalmente sobreviessem, mas a alegação é na realidade completamente ilusória, pois o processo está bloqueado desde o início pelas estruturas transcendentais não questionadas de direito e propriedade. Os social-democratas dão prosseguimento fielmente à posição transcendental do Kant maior, preconizando um processo de Iluminismo no qual, paradoxalmente, todos os elementos da atual ordem social são firmemente preservados. A reforma ou o aperfeiçoamento da república da propriedade jamais levará à igualdade e à liberdade, servindo apenas para perpetuar suas estruturas de desigualdade e falta de liberdade. Robert Filmer, um lúcido reacionário do século XVII, reconhece claramente, no trecho que serve de epígrafe a este capítulo, que a liberdade e a propriedade são tão opostas quanto o fogo e a água, não podendo permanecer juntas.

Essas posições neokantianas podem parecer inofensivas e até ilusórias, mas em vários momentos da história desempenharam um papel danoso, particularmente no período da ascensão do fascismo. Naturalmente, ninguém está isento de culpa quando ocorrem semelhantes tragédias, mas do fim do século XIX até as décadas de 1920 e 1930, o neokantismo constituiu a ideologia central da sociedade burguesa e da política europeia, e mesmo a única ideologia aberta ao reformismo social-democrata. Basicamente em Marburgo (com Hermann Cohen e Paul Natopr) e Heidelberg (com Heinrich Rickert e Wilhelm Windelband) mas também em Oxford, Paris, Boston e Roma, floresceram todas as possíveis variações kantianas. Raramente se viu um concerto ideológico tão disseminado e de influência tão profunda sobre todo um sistema de *Geisteswissenschaften* (ciências do espírito).* Patrões corporativos e sindicalistas, liberais e socialistas dividiram as partes, alguns tocando na orquestra, outros cantando com o coro. Mas havia algo profundamente desafinado nesse concerto: uma fé dogmática na inevitável reforma da sociedade e no

---

*Em contraste com as ciências da natureza — corresponderiam hoje às ciências sociais e humanas. (*N. da R. T.*)

progresso do espírito, significando para eles o avanço da racionalidade burguesa. Essa fé não se baseava em alguma vontade política de promover a transformação ou sequer em um risco de engajamento na luta. Quando surgiram os fascismos, então, a consciência transcendental da modernidade foi imediatamente varrida. Teremos de lamentar este fato? Não parece que os pensadores social-democratas contemporâneos, com sua ilusão transcendental, estejam capacitados a apresentar respostas mais eficazes que seus antecessores aos riscos e perigos que enfrentamos, os quais, como já dissemos, são diferentes dos que eram conhecidos na década de 1930. Pelo contrário, a fé ilusória no progresso mascara e obstrui os autênticos meios da ação e da luta políticas, ao mesmo tempo mantendo os mecanismos transcendentais de poder que continuam a exercer violência sobre todo aquele que ouse saber e agir, em vez de preservar as regras de um Iluminismo que se transformou em mera rotina.

Nas páginas que se seguem, tentaremos, pelo contrário, desenvolver o método do Kant menor, para o qual ousar saber exige simultaneamente que se saiba como ousar. Também este é um projeto iluminista, mas baseado numa racionalidade alternativa na qual uma metodologia do materialismo e da transformação convoca poderes de resistência, criatividade e invenção. Enquanto o Kant maior até hoje fornece instrumentos para apoiar e defender a república da propriedade, o Kant menor ajuda-nos a ver de que maneira derrubá-la e construir uma democracia da multidão.

1.2

Corpos produtivos

> *In girum imus nocte*
> *Et consumimur igni.*
> (Viajamos pela noite
> E fomos consumidos/redimidos pelo fogo.)
> — Guy Debord

Da crítica marxista da pobreza...

Karl Marx desenvolve em suas primeiras obras — de *Sobre a questão judaica* e da *Crítica da filosofia do direito de Hegel* aos seus *Manuscritos econômico-filosóficos* — uma análise da propriedade privada como base de todas as estruturas jurídicas capitalistas. A relação entre capital e direito define uma estrutura paradoxal de poder que é ao mesmo tempo extraordinariamente abstrata e inteiramente concreta. Por um lado, as estruturas jurídicas são representações abstratas da realidade social, relativamente indiferentes aos conteúdos sociais; e por outro, a propriedade capitalista define as condições concretas da exploração do trabalho. São dois arcabouços sociais totalizantes, estendendo-se por todo o espaço social, funcionado em coordenação e mantendo coesos, por assim dizer, os planos abstrato e concreto. Marx acrescenta a essa síntese paradoxal do abstrato e do concreto o reconhecimento de que o trabalho é o conteúdo positivo da propriedade privada. Marx escreve:

> A relação de propriedade privada contém, latente em si mesma, a relação de propriedade privada como *trabalho*, a relação de propriedade privada como *capital* e a *conexão* dessas duas. Por um lado, temos a produção da atividade humana como *trabalho*, ou seja, como uma atividade totalmente alienada de si mesma, do homem e da natureza, e portanto da consciência e da expressão vital, a existência *abstrata* do homem como mero *trabalhador* que assim moureja diariamente do seu vazio realizado para o vazio absoluto, para sua não existência social e portanto real; e por outro lado, a produção do objeto do trabalho humano como *capital*, no qual toda a individualidade natural e social do objeto é *extinta* e a propriedade privada perdeu sua qualidade natural e social (ou seja, perdeu todas as aparências políticas e sociais, não sendo nem mesmo *aparentemente* contaminada por quaisquer relações humanas).[25]

Em sua forma capitalista, portanto, a propriedade privada produz uma relação de exploração no sentido mais pleno — a produção do humano como mercadoria — e exclui do horizonte a materialidade das necessidades e da pobreza humanas.

A abordagem crítica de Marx nesses primeiros textos é poderosa mas não o suficiente para apreender todo o conjunto de efeitos que a propriedade, funcionando através do direito, estabelece sobre a vida humana. Muitos autores marxistas do século XX levam a crítica da propriedade privada além do contexto jurídico, para dar conta das diferentes dinâmicas materiais que constituem a opressão e a exploração na sociedade capitalista. Louis Althusser, por exemplo, define claramente essa mudança de perspectiva, configurando-a em termos filológicos e escolásticos como uma ruptura no próprio pensamento de Marx, entre o humanismo de sua juventude e o materialismo da maturidade. Com efeito, Althusser reconhece uma transição da análise da propriedade como exploração em termos de uma forma transcendental para sua análise em termos de organização material dos corpos na produção e reprodução da sociedade capitalista. Nessa transição, a crítica é por assim dizer elevada ao nível de verdade e ao mesmo tempo suplantada, dando a filosofia lugar à política.

Mais ou menos no mesmo período, Max Horkheimer, Theodor Adorno e outros autores da Escola de Frankfurt, especialmente quando confrontam as condições do desenvolvimento capitalista norte-americano, efetuam uma mudança correspondente no interior do marxismo, enfatizando a derrocada da fronteira conceitual entre estrutura e superestrutura, a consequente construção de estruturas ideológicas de controle materialmente eficazes (correspondendo aos "aparatos ideológicos de Estado" de Althusser) e a subsunção real da sociedade no interior do capital. O resultado dessas diferentes intervenções é a "fenomenologização" da crítica, ou seja, um deslocamento para considerar a relação entre a crítica e seu objeto como um dispositivo material no interior da dimensão coletiva dos corpos — um deslocamento, em suma, do transcendental para o imanente.[26]

Esse deslocamento vai na direção de uma perspectiva que fora difícil reconhecer no contexto da tradição marxista: o ponto de vista dos corpos. Ao creditar esse deslocamento a Althusser e à Escola de Frankfurt, estamos sendo maliciosos, já que acreditamos que a verdadeira transição, apenas intuída ou suspeitada no nível escolástico de tais autores, se efetua no nível da teoria desenvolvida na militância ou no ativismo. As revistas *Socialisme ou barbarie*, na França, e *Quaderni rossi*, na Itália, estão entre as primeiras publicações, na década de 1960, a postular a importância teórico-prática do ponto de vista dos corpos na análise marxista. Sob muitos aspectos, a investigação das insurgências operárias e camponesas no periódico *Subaltern Studies*, do sul asiático, desenvolve-se em linhas paralelas, e certamente surgem outras experiências semelhantes nas análises marxistas desse período em todo o mundo. Fundamental é a imersão das análises nas lutas dos subordinados e explorados, consideradas como matriz de toda relação institucional e de toda figura de organização social. "Até aqui analisamos o capital", escreve Mario Tronti no início da década de 1960, mas "a partir de agora temos de analisar as lutas como o princípio de todo movimento histórico."[27] Raniero Panzieri, que, como Tronti, é uma figura central dos *Quaderni rossi*, acrescenta que, embora o marxismo tenha surgido como sociologia, a tarefa fundamental consiste em traduzir essa perspectiva sociológica não apenas numa ciência política, mas verdadeiramente na ciência da revolução. Em *Socialisme ou barbarie*, para dar outro exemplo, Cornelius Castoriadis enfatiza que a pesquisa revolucionária deve seguir constantemente e ser redefinida pelas formas dos movimentos sociais. E finalmente Hans-Jürgen Krahl, em meio a uma dessas extraordinárias discussões no coração dos movimentos socialistas da juventude alemã que antecedem os acontecimentos de 1968, insiste na ruptura com toda concepção transcendental dos processos revolucionários, de tal maneira que toda noção teórica de constituição deva estar alicerçada na experiência concreta.[28]

Nesse contexto, é interessante retomar o Manifesto Situacionista da década de 1970, intitulado "Contribution à la prise de conscience d'une classe qui sera la dernière" (Contribuição à tomada de consciência de uma classe que será a última). O fascinante nesse texto de vanguarda não são certamente suas ridículas declarações dadaístas ou seus sofisticados paradoxos "letristas", mas o fato de se tratar de uma investigação sobre as condições concretas do trabalho, captando em termos preliminares e parciais — mas ainda assim corretos — a separação do trabalho-poder do controle do capital quando a produção imaterial se torna hegemônica sobre todos os demais processos de valorização. Essa investigação situacionista sobre o trabalhador antecipa de forma extraordinária as transformações sociais do século XXI. O trabalho vivo voltado para a produção de bens imateriais, como no caso do trabalho cognitivo ou intelectual, sempre ultrapassa os limites a ele impostos, postulando formas de desejo que não são consumidas e formas de vida que se acumulam. Quando a produção imaterial se torna hegemônica, todos os elementos do processo capitalista precisam ser encarados por um novo prisma, às vezes em termos completamente invertidos em relação às análises tradicionais do materialismo histórico. O que era designado como "transição do capitalismo para o comunismo" assume a forma de um processo de liberação na prática, a constituição de um novo mundo. Em outras palavras, através da investigação da ação dos trabalhadores, a "fenomenologização" da crítica torna-se revolucionária — e nos deparamos com um Marx redivivo.

Essa chegada da fenomenologia dos corpos à teoria marxista, começando pela oposição a qualquer ideologia dos direitos e do direito, a quaisquer mediações transcendentais ou relações dialéticas, precisa ser organizada politicamente — e de fato essa perspectiva fornece algumas bases dos acontecimentos de 1968. Esse desdobramento intelectual evoca sob certos aspectos as transformações científicas do Renascimento italiano três séculos antes. Os filósofos do Renascimento associavam sua crítica da tradição escolástica a experiências para entender a natureza da realidade, vasculhando a cidade, por exemplo, em busca de animais a serem dissecados, usando seu bisturi e seus escalpelos para revelar o funcionamento dos corpos individuais. Assim também os teóricos das décadas de 1950 e 1960, período no qual poderíamos dizer que a modernidade chega a seu termo, reconhecem a necessidade não só de desenvolver uma crítica filosófica da tradição marxista mas de alicerçá-la numa experiência militante, usando os escalpelos para revelar, através de leituras da fábrica e das lutas sociais, a nova anatomia dos corpos coletivos.

Muitos caminhos diferentes seguem essa transição na teoria marxista europeia. A genealogia fundamental certamente acompanha o desenvolvimento das lutas operárias no interior das fábricas e fora delas, evoluindo das reivindicações salariais para reivindicações sociais e assim ampliando o terreno da luta e da análise até chegar a todos os recantos da vida social. A dinâmica das lutas é não só antagônica como construtiva, ou, melhor ainda, constituinte, interpretando uma nova era da economia política e propondo novas alternativas em seu interior. (Voltaremos a examinar detalhadamente essa transformação econômica e as lutas constituintes em seu interior na Parte 3.) Mas outros desdobramentos intelectuais também importantes permitem e forçam os teóricos marxistas europeus a se mover na direção de um ponto de vista dos corpos. A obra de Simone de Beauvoir e o início da segunda onda do pensamento feminista, por exemplo, focalizam a atenção intensamente nas diferenças e hierarquias de gênero que são profundamente materiais e corporificadas. O pensamento antirracista, surgindo particularmente das lutas anticoloniais desse período, pressiona a teoria marxista europeia a adotar o ponto de vista dos corpos para reconhecer tanto as estruturas de dominação quanto as possibilidades de lutas de libertação. Podemos identificar outro caminho bastante diferente em direção à centralidade teórica do corpo em dois filmes de Alain Resnais na década de 1950. *Nuit et brouillard* [Noite e nevoeiro] e *Hiroshima meu amor* (escrito por Marguerite Duras) marcam o imaginário de uma geração de intelectuais europeus com os horrores do Holocausto judeu e da devastação atômica no Japão. A ameaça e a realidade dos atos genocidas impulsionam o tema da própria vida para o centro do palco, de tal maneira que qualquer referência à produção e à reprodução econômicas não pode deixar de lado a centralidade dos corpos. Cada uma dessas perspectivas — o pensamento feminista, o pensamento antirracista e anticolonial e a consciência do genocídio — força os teóricos marxistas dessa geração a reconhecer não só a mercantilização dos corpos que trabalham como também a tortura dos corpos generificados e racializados. Não é mera coincidência que a série de estudos clássicos sobre a insatisfação e a pobreza do espírito humano — de Freud a Marcuse — possa ser lida como uma enciclopédia da violência colonial-capitalista.

O paradoxo, no entanto, está no fato de, exatamente no momento do triunfo do capital na década de 1960 — quando os corpos são diretamente investidos pelo modo de produção e a comodificação da vida torna totalmente abstrata suas relações —, surgir o ponto em que, desde o interior dos processos da produção industrial e social, os corpos voltem ao centro do palco na forma de revolta. Isto nos leva de volta à necessidade primordial da sociedade burguesa que analisamos anteriormente, vale dizer, o direito de propriedade como base da própria república. Não se trata da exceção, mas da condição normal da república, revelando ao mesmo tempo a condição transcendental e o alicerce material da ordem social. Só o ponto de vista dos corpos e seu poder pode desafiar a disciplina e o controle detidos pela república da propriedade.

... À fenomenologia dos corpos

A filosofia nem sempre é a coruja de Minerva, que chega ao anoitecer para iluminar retrospectivamente um período histórico que desaparece. Às vezes ela antecipa a história, o que nem sempre é uma boa coisa. Na Europa, as filosofias reacionárias muitas vezes anteciparam e lançaram as bases ideológicas dos acontecimentos históricos, inclusive a ascensão dos fascismos e dos grandes totalitarismos no século XX.[29] Vejamos, por exemplo, dois autores que dominam o pensamento europeu nas primeiras décadas do século e efetivamente antecipam os acontecimentos totalitários: Henri Bergson e Giovanni Gentile. Sua obra nos ajuda a seguir outra importante genealogia que nos reconduz de volta à fenomenologia dos corpos de uma nova e poderosa perspectiva.

O elemento essencialmente antecipatório dessa corrente do pensamento europeu no início do século XX, que exerceu profunda influência nas ideologias políticas reacionárias, está na invenção de uma filosofia da vida que postula em seu centro uma ética da ação radical. O vitalismo, desencadeando uma fúria destruidora sobre a tradição crítica, as epistemologias transcendentais e a ideologia liberal kantiana, exerce toda essa influência em parte por corresponder a alguns dos desdobramentos políticos e econômicos dominantes da época. O comando capitalista entrou em crise em virtude das primeiras expressões sérias do movimento operário como força subversiva, e os valores estáveis do capital parecem ameaçados por um relativismo caótico. A ideologia capitalista precisa voltar ao início, reafirmando seus valores, checando seu poder decisório e acabando com todo obstáculo apresentado pelos mecanismos de mediação social. Esse contexto oferece solo fértil a um voluntarismo cego e orgulhoso. O vitalismo, configurado por Bergson como fluxo e por Gentile como uma dialética sem negatividade, apresenta uma poderosa ideologia para a afirmação de uma vontade hegemônica. A abstração transcendental paga o preço, na medida em que a concepção da história é forçada a se amoldar à teleologia do poder. Bergson chega ao fim da vida católico e Gentile, fascista: é assim que a história volta a entrar no pensamento dos dois. Quando se acredita que a história é ameaçada por um relativismo absoluto, os valores religiosos ou as afirmações voluntaristas parecem ser a única alternativa.

Os grandes pensadores historicistas do período também são capturados entre esses dois polos: o relativismo ou um escape religioso/voluntarista. As linhas já são claras, por exemplo, nas trocas entre Wilhelm Dilthey e o conde Paul Yorck von Wartenburg no fim do século XIX. Para Yorck, o relativismo significa cinismo e materialismo, ao passo que para Dilthey ele abre a possibilidade de uma afirmação vital e singular no interior do processo histórico e através dele.[30] Esse debate prefigura, em termos epistemológicos e na relação entre história e acontecimento, as tragédias da Europa no século XX, nas quais o acontecimento e a transcendência assumem formas horripilantes na longa "guerra civil europeia" e o historicismo passa a significar simplesmente desorientação política, nas diferentes figuras do fascismo e do populismo. A destruição da tradição crítica e a dissolução do neokantismo são um pré-requisito necessário para que as posições vitalistas se tornem hegemônicas na confusa cena dos debates culturais e políticos europeus.

A fenomenologia surge nesse contexto para promover uma revolução antiplatônica, anti-idealista e acima de tudo antitranscendental. A fenomenologia postula-se basicamente como uma tentativa de ir além dos efeitos céticos e relativistas do historicismo pós-hegeliano, mas ao mesmo tempo é levada a redescobrir em cada conceito e em cada ideia modos de vida e substância material. Refletindo sobre o complexo legado do kantismo e as violentas consequências do vitalismo, a fenomenologia afasta a crítica da abstração transcendental e a reformula como um compromisso com as experiências de vida. Essa imersão no ser concreto e determinado é a grande força da fenomenologia do século XX, que corresponde à transformação do marxismo anteriormente assinalada, da crítica da propriedade para a crítica dos corpos.

Martin Heidegger representa um caminho influente da fenomenologia, que no entanto não chega à crítica e afirmação dos corpos que nos interessa aqui. Seu pensamento é permeado por uma taciturna reflexão sobre o fracasso da modernidade e a destruição de seus valores. Ele conduz a fenomenologia de volta à ontologia clássica, não para desenvolver um meio de reconstrução do ser através das capacidades produtivas humanas, mas como uma meditação sobre nossa condição telúrica, nossa impotência e a morte. Tudo que pode ser construído, tudo que as resistências e as lutas produzem é aqui despotencializado e "jogado" na superfície do ser. Aquilo que a fenomenologia joga fora — inclusive o vitalismo bergsoniano, o voluntarismo de Gentile e o relativismo historicista — é trazido de volta por Heidegger pela porta dos fundos e postulado como trama da constituição presente do ser. O conceito heideggeriano de *Gelassenheit*, deixar ir, retirar-se de qualquer compromisso, por exemplo, não só traz de volta o anterior vitalismo e voluntarismo, confundindo história e destino, como o reconfigura como apologia do fascismo. "Quem poderia imaginar, lendo *O ser e o tempo*", reflete Reiner Schürmann, "que alguns anos depois Heidegger haveria de confiar o *Da-sein* à vontade de alguém? Essa instituição de uma vontade contingente que se impõe ao *Da* determina a antropologia, a teologia e o populismo do pensamento de Heidegger."[31] A crítica e afirmação dos corpos que caracteriza a revolução da fenomenologia na filosofia é assim completamente perdida em Heidegger.

Mas essa trajetória heideggeriana não deve obscurecer o caminho muito mais importante da fenomenologia que vai de Edmund Husserl a Maurice Merleau-Ponty. Mesmo enfeixado na jaula especulativa do transcendental, imposta pela academia alemã, Husserl passa a vida tentando fragmentar a consistência do sujeito como indivíduo e reconstruir a subjetividade como uma relação com o outro, projetando conhecimento através da intencionalidade. (Este projeto o leva a denunciar na década de 1930 o rumo das ciências europeias e a crise de seu conteúdo ético, tendo o capitalismo e a soberania nacional, o imperialismo e a guerra usurpado seus objetivos e seu significado.) Em Merleau-Ponty, estar no interior da realidade concreta dos corpos implica uma relação ainda mais fundamental com a alteridade, estar entre os outros, nas modalidades perceptivas e nas formas linguísticas de ser. E a experiência da alteridade é sempre atravessada por um projeto de construção do comum. Assim é que a imanência se transforma em horizonte exclusivo da filosofia, uma imanência que se opõe não só à transcendência metafísica como também ao transcendentalismo epistemológico. Não será por mera coincidência, assim, que nesse ponto o caminho da fenomenologia faça interseção, em Merleau-Ponty e outros, com as críticas marxistas do direito e do domínio da propriedade, dos direitos humanos como estrutura natural ou originária e mesmo do conceito da própria identidade (como indivíduo, nação, Estado e assim por diante). Naturalmente, a fenomenologia não é a única tendência filosófica do período a deixar de lado a crítica transcendental e efetuar uma tal construção de baixo para cima, afirmando a resistência e a produtividade dos corpos; já investigamos em outro contexto, por exemplo, propostas semelhantes nas tradições materialistas que aproximam uma ética spinozista constitutiva de uma crítica nietzschiana dos valores fixos. Mas talvez a fenomenologia destaque mais vividamente a relação fundamental entre corporeidade e alteridade.

Retraçar dessa maneira a genealogia da fenomenologia através da obra de Merleau-Ponty também nos proporciona uma perspectiva particularmente esclarecedora sobre a obra de Michel Foucault. Em suas análises do poder, já podemos ver de que maneira Foucault adota e leva adiante os elementos centrais, postulando o ser não em termos abstratos ou transcendentais, mas na concreta realidade dos corpos e de sua alteridade.[32] Quando insiste em que não existe um lugar central e transcendente do poder, mas apenas uma miríade de micropoderes exercidos em formas capilares através das superfícies dos corpos em suas práticas e regimes disciplinares, muitos pensadores objetam que ele está traindo a tradição marxista (e o próprio Foucault contribui para essa impressão). Do nosso ponto de vista, no entanto, as análises dos corpos e do poder nessa fase da obra de Foucault, seguindo uma linha iniciada por Merleau-Ponty, de fato levam a bom termo certas intuições que o jovem Marx não tinha como apreender completamente a respeito da necessidade de retomar a crítica da propriedade, juntamente com as estruturas transcendentais da sociedade capitalista, para a fenomenologia dos corpos. Foucault adota muitos disfarces — *larvatus prodeo* — em sua relação com marxismo, mas essa relação ainda assim é profunda.

A fenomenologia dos corpos em Foucault chega ao ponto máximo na análise da biopolítica, e aqui, se nos concentrarmos no essencial, seu programa de pesquisa é simples. Seu primeiro axioma é que os corpos são os componentes constitutivos da trama biopolítica do ser. No terreno político — e este é o segundo axioma —, no qual os poderes são constantemente feitos e desfeitos, os corpos resistem. Precisam resistir para existir. Desse modo, a história não pode ser entendida meramente como o horizonte no qual o biopoder configura a realidade através da dominação. Pelo contrário, a história é determinada pelos antagonismos e resistências biopolíticos ao biopoder. O terceiro axioma de seu programa de pesquisa é que a resistência corpórea produz subjetividade, não de uma forma isolada ou independente, mas na complexa dinâmica com as resistências de outros corpos. Essa produção de subjetividade através da resistência e da luta se revelará central, à medida que prosseguimos em nossa análise, não só para a subversão das formas existentes de poder mas também para a constituição de instituições alternativas de libertação. Aqui podemos afirmar, para retomar nossa discussão anterior, que Foucault leva adiante a bandeira do Kant menor, aquele que não só ousa saber mas sabe como ousar.

Os corpos evanescentes do fundamentalismo

"Fundamentalismo" tornou-se um termo vago e usado indiscriminadamente, remetendo quase sempre a sistemas de crenças rígidos e inflexíveis. O que une os diferentes fundamentalismos em grau surpreendentemente elevado, contudo, é sua peculiar relação com o corpo. À primeira vista, caberia presumir que os fundamentalismos representam um exemplo extremo da perspectiva corporal que é central à biopolítica. Eles de fato projetam uma atenção extraordinária e mesmo obsessiva nos corpos, transformando suas superfícies, juntamente com o que consomem e produzem, seus hábitos e práticas, em objeto de intenso exame e avaliação. Examinando um pouco mais de perto, todavia, vemos que a vigilância fundamentalista em relação ao corpo não permite a produtividade dos corpos que é central à biopolítica: a constituição do ser de baixo para cima, através dos corpos em ação. Pelo contrário, a preocupação dos fundamentalismos é evitar ou conter essa produtividade. Em última análise, com efeito, os fundamentalismos fazem os corpos desaparecerem, na medida em que não se revelam realmente objetos de uma atenção obsessiva, mas apenas signos de formas ou essências transcendentes que se colocam acima deles. (E este é um dos motivos pelos quais os fundamentalismos parecem em tão forte descompasso com as estruturas contemporâneas de poder: remetem em última instância ao plano transcendente, e não ao transcendental.) Esta relação dual com o corpo — ao mesmo tempo focalizada nele e fazendo-o desaparecer — constitui uma definição útil dos fundamentalismos, permitindo-nos fazer convergir nesse ponto comum os diferentes tipos dessa doutrina e, através do contraste, ressaltar melhor as características e o valor da perspectiva biopolítica.

Os principais fundamentalismos religiosos — judeu, cristão, muçulmano e hindu — certamente demonstram intensa preocupação e atenção com os corpos, através de restrições dietéticas, rituais corporais, mandamentos e proibições sexuais e até práticas de mortificação e abnegação. O que distingue primordialmente os fundamentalistas de outros praticantes religiosos, na verdade, é a extrema importância que conferem ao corpo: o que ele faz, quais as suas partes mostradas em público, o que entra e sai dele. Mesmo quando as normas fundamentalistas exigem que se oculte uma parte do corpo por trás de um véu, um lenço ou outras peças de vestuário, estão na verdade assinalando sua extraordinária importância. O corpo das mulheres é obviamente objeto do mais obsessivo exame e regulamentação no fundamentalismo religioso, mas nenhum corpo fica completamente isento de escrutínio e controle — corpos de homens, corpos de adolescentes, corpos de bebês, até os corpos dos mortos. O corpo fundamentalista é poderoso, explosivo, precário, e por isto requer constante inspeção e cuidado.

Os fundamentalismos religiosos também se unem, todavia, na suprema dissolução dos corpos no reino transcendente. O foco religioso fundamentalista no corpo na verdade o traspassa como raios X para se apoderar da alma. Se as restrições dietéticas fossem mera questão de saúde do corpo, é claro, constituiriam simplesmente um guia nutricional sofisticado, e os ditames a respeito do consumo de porco, carne de boi ou peixe remeteriam a questões calóricas e de doenças de contaminação alimentar. O que entra no corpo, contudo, é importante realmente pelo que faz e significa para a alma — ou melhor, para a filiação do sujeito à comunidade religiosa. Essas duas questões na verdade não estão muito distantes, pois a saúde da alma, desse ponto de vista, não passa de um indicador de medida da filiação identitária. Da mesma forma, os trajes que cobrem o corpo são uma indicação da virtude interior. O supremo eclipse do corpo, todavia, fica mais claro nas noções fundamentalistas de martírio. O corpo do mártir é central em sua ação heroica, mas essa ação aponta na verdade para um mundo transcendente mais além. Eis aqui o ponto extremo da relação fundamentalista com o corpo, onde sua afirmação também é sua aniquilação.

Da mesma forma, os fundamentalismos nacionalistas se concentram em corpos através da atenção e do cuidado conferidos à população. As políticas nacionalistas ostentam um amplo leque de técnicas de saúde e bem-estar corporais, analisando índices de nascimento e saneamento, nutrição e habitação, controle de doenças e práticas reprodutivas. Os próprios corpos constituem a nação, e assim a meta mais elevada da nação é a sua promoção e preservação. Como os fundamentalismos religiosos, contudo, os nacionalismos, embora seu olhar pareça focalizar atentamente os corpos, os enxerga na verdade como meras indicações ou sintomas do supremo e transcendente objeto da identidade nacional. Com sua face moral, os nacionalismos olham através dos corpos para ver o caráter nacional, ao passo que, com sua face militarista, veem o sacrifício dos corpos em batalha como revelador do espírito nacional. Desse modo, o mártir ou o soldado patriota também é para o nacionalismo a figura paradigmática da maneira como o corpo é feito para desaparecer, deixando para trás apenas um indicador de um plano mais elevado.

Considerando-se essa característica relação dupla com o corpo, faz sentido encarar a supremacia branca (e o racismo em geral) como uma forma de fundamentalismo. O racismo moderno, nos séculos XIX e XX, caracteriza-se por um processo de "epidermização", embutindo hierarquias raciais na pele — sua cor, seus cheiros, contornos e texturas.[33] Embora a supremacia branca e o poder colonial se caracterizem por uma preocupação maníaca com os corpos, os sinais corporais de raça não são inteiramente estáveis e confiáveis. Aquele que se passa por branco mas não é causa a maior ansiedade ao supremacista branco, e na verdade a história cultural e literária dos Estados Unidos está cheia da angústia gerada pelo "se fazer passar por" e a ambiguidade racial. Essas ansiedades, contudo, deixam claro que a supremacia branca não diz respeito na realidade aos corpos, pelo menos não de uma maneira simples, antes olhando além do corpo na direção de alguma essência que o transcende. Os discursos sobre "a gota de sangue" que gesticulam na direção dos antepassados e das linhagens, constituindo o elo comum fundamental entre os fascismos e os nacionalismos, representam uma das maneiras como essa diferença essencial além do corpo vem a ser configurada. De fato, o discurso racial recente migrou sob certos aspectos da pele para o nível molecular, à medida que as biotecnologias e os testes de DNA possibilitam novas caracterizações da diferença racial, mas também esses traços corpóreos moleculares, quando vistos em termos de raça, não passam na verdade de indícios de uma essência racial transcendente.[34] No fim das contas, sempre há algo espiritual ou metafísico no racismo. Mas tudo isso não nos deve levar a afirmar que a supremacia branca no fim das contas não diga respeito aos corpos. Pelo contrário, como acontece com outros fundamentalismos, ela é caracterizada por uma dupla relação com o corpo. O corpo é importantíssimo e ao mesmo tempo desaparece.

Esta mesma relação ambivalente com o corpo indica, finalmente, por que o economicismo* deve ser considerado um tipo de fundamentalismo. À primeira vista, o economicismo também diz respeito aos

---

*Redução dos fatos da vida social ao econômico. (*N. da R. T.*)

corpos em sua pura materialidade, na medida em que sustenta que os fatos materiais das relações e da atividade econômicas são suficientes para sua própria reprodução, sem o envolvimento de outros fatores menos corpóreos, como a ideologia, o direito, a política, a cultura e assim por diante. O economicismo focaliza basicamente os corpos das mercadorias, reconhecendo como mercadorias tanto os bens materiais produzidos quanto os corpos humanos e materiais que os produzem e conduzem ao mercado. O próprio corpo humano precisa ser constantemente produzido e reproduzido por outras mercadorias e seu consumo produtivo. Neste sentido, o economicismo enxerga apenas um mundo de corpos — corpos produtivos, corpos produzidos e corpos consumidos. Entretanto, embora pareça assim focalizar exclusivamente os corpos, na realidade ele olha através deles para enxergar o valor que os transcende. Donde "as sutilezas metafísicas e as nuances teológicas" do economicismo em sua forma tanto capitalista quanto socialista.[35] Dessa perspectiva, os corpos propriamente ditos, de seres humanos e outras mercadorias, não são em última análise o objeto do economicismo; o que importa realmente é a quantidade de valor econômico que está acima ou por trás deles. Por isto é que os corpos humanos podem tornar-se mercadorias, ou seja, indiferenciados de todas as demais, para começo de conversa, pois sua singularidade desaparece quando eles são vistos apenas em termos de valor. E assim o economicismo também tem uma relação tipicamente fundamentalista com o corpo: o corpo material é importantíssimo e ao mesmo tempo eclipsado pelo plano transcendente do valor.

Precisamos, entretanto, acompanhar esta argumentação numa derradeira reviravolta. Muito embora todos esses fundamentalismos — religioso, nacionalista, racista e economicista — em última análise neguem o corpo e seu poder, o fato é que pelo menos inicialmente enfatizam sua importância. Devemos trabalhar com isto. Em outras palavras, o desvio do foco fundamentalista no corpo e sua subversão podem servir de ponto de partida para uma perspectiva que afirme as necessidades dos corpos e seus plenos poderes.

No que diz respeito ao fundamentalismo religioso, um dos exemplos mais ricos e fascinantes (mas também mais complexos e contraditórios) é o potencial biopolítico vislumbrado por Foucault nos movimentos populares islâmicos contra o governo do xá no ano que antecedeu a Revolução Iraniana. A convite do jornal italiano *Corriere della Sera*, ele faz duas visitas de uma semana ao Irã em setembro e novembro de 1978, escrevendo uma série de breves ensaios nos quais relata em prosa simples e não raro tocante o avanço da rebelião contra o regime, elaborando análises políticas básicas das relações de força no país, da importância do petróleo iraniano na Guerra Fria, do poder político do xá, da brutalidade da repressão e assim por diante. Nesses ensaios, naturalmente, Foucault não endossa o islã político, insistindo claramente em que nada existe de revolucionário no clero xiita ou no islã como tal, mas reconhece que, como acontecera na Europa e em diversas partes do mundo em outros momentos históricos, a religião define no Irã a forma de luta que mobiliza as classes populares. É fácil imaginar, embora ele não use esses termos, que Foucault está pensando nos poderes biopolíticos do fundamentalismo islâmico na resistência iraniana. Dois anos antes, ele publicara o primeiro volume de sua *História da sexualidade*, e logo depois faria no Collège de France suas conferências sobre o nascimento da biopolítica. Não surpreende, assim, que nesses ensaios ele se mostre sensível à maneira como, nos movimentos populares, as forças religiosas regulam minuciosamente a vida cotidiana, os laços de família e as relações sociais. No contexto da rebelião, explica, "a religião, para eles, era como a promessa e garantia de encontrar algo que mudasse radicalmente sua subjetividade".[36] Não pretendemos culpar Foucault pelo fato de, após a derrubada do xá, um regime teocrático repressor ter tomado o poder, um regime contra o qual ele protestou. O que consideramos mais significativo em seus artigos, pelo contrário, é a maneira como reconhece no fundamentalismo religioso da rebelião e o fato de focalizar os corpos dos elementos de um poder biopolítico que, se mobilizado de maneira diferente e desviado de seu enclausuramento no regime teocrático, poderia gerar uma transformação radical da subjetividade e participar de um projeto de libertação.

No caso do nacionalismo, não precisamos de um exemplo tão complexo para reconhecer os elementos potencialmente progressistas nele contidos. Particularmente durante as lutas de libertação nacional, os nacionalismos têm funcionado como bancada de trabalho para a experimentação de numerosas práticas políticas.[37] Veja-se, por exemplo, a natureza intensamente corporificada da opressão e da libertação analisadas por Frantz Fanon ao trabalhar como psiquiatra em plena Revolução Argelina. A violência do colonialismo que perpassa suas instituições e regimes cotidianos fica depositada nos ossos dos colonizados. O dr. Fanon explica que, como num sistema termodinâmico, a violência que entra tem de sair por algum lugar: ela se manifesta geralmente nos distúrbios mentais dos colonizados — uma violência voltada para dentro, autoinfligida — ou em formas de violência entre os colonizados, inclusive através de sangrentas rixas envolvendo tribos, clãs e indivíduos. Desse modo, a luta de libertação nacional é, para Fanon, uma espécie de treinamento do corpo para redirecionar essa violência para fora, de volta ao ponto de onde veio, contra o colonizador.[38] Sob a bandeira do nacionalismo revolucionário, corpos torturados e em sofrimento podem desta maneira descobrir seu verdadeiro poder. Naturalmente, Fanon tem plena consciência de que, uma vez alcançada a independência, a nação e o nacionalismo voltam a se tornar um obstáculo, interrompendo a dinâmica desencadeada pela revolução. O nacionalismo jamais pode escapar completamente ao fundamentalismo, mas isto não nos deve impedir de constatar que, particularmente no contexto das lutas de libertação nacional, o intenso foco do nacionalismo nos corpos sugere práticas biopolíticas que, se orientadas de maneira diferente, podem ser extraordinariamente poderosas.

Devemos abordar o fundamentalismo da supremacia branca com uma certa ironia, para ver de que maneira ele representa uma abertura para uma prática biopolítica através do foco no corpo. O movimento Black Power nos Estados Unidos nas décadas de 1960 e 1970, para dar um exemplo, transforma e reavalia a epidermização das diferenças humanas que alicerça o pensamento racista. O Black Power focaliza a superfície do corpo — a cor da pele, o tipo de cabelo, os traços faciais e assim por diante —, mas não para embranquecer a pele ou alisar o cabelo. Tornar-se negro é o objetivo, pois não só o negro é belo como o significado da negritude é a luta pela liberdade.[39] Não se trata tanto de um discurso antirracista, mais de um discurso contrarracista, valendo-se do foco nos corpos como maneira de afirmar a negritude. Devemos notar, contudo, que esse bumerangue do contrarracismo não associa o foco nos corpos a algum momento transcendente e metafísico no qual os corpos desaparecem e o elemento dominante passa a ser realmente uma negritude essencial e espiritual — ou por outra, nos casos em que isto ocorre, que se transforme em mais um fundamentalismo. O contrarracismo que se mantém vinculado ao material, à beleza e ao poder dos corpos, abre a possibilidade de uma prática biopolítica.

Finalmente, Marx revela a possibilidade de subverter o economicismo em suas primeiras leituras da economia política clássica. Ele capta o intenso foco nos corpos e sua produtividade na obra de Adam Smith e outros, mas também reconhece que a produtividade dos corpos que trabalham é tolhida e finalmente eclipsada quando os corpos se tornam meros produtores de valor para o capital. Isto inspira algumas das passagens mais líricas na obra de Marx, nas quais ele tenta restabelecer a plena produtividade dos corpos em todos os terrenos da vida. O trabalho, libertado da propriedade privada, simultaneamente mobiliza todos os nossos sentidos e capacidades, em suma, todas as nossas "relações *humanas* com o mundo — ver, ouvir, cheirar, saborear, sentir, pensar, contemplar, perceber, querer, agir, amar".[40] Quando o trabalho e a produção são concebidos dessa forma expandida, perpassando todos os terrenos da vida, os corpos não podem ser eclipsados e subordinados a qualquer medida ou poder transcendente.

Em cada um desses contextos, portanto, a intensa concentração no corpo que caracteriza o fundamentalismo oferece uma abertura para uma perspectiva biopolítica. Desse modo, a biopolítica é o supremo antídoto ao fundamentalismo, pois recusa a imposição de um valor ou estrutura transcendente, espiritual, não deixando que os corpos sejam eclipsados e insistindo, pelo contrário, em seu poder.

1.3

A multidão dos pobres

> Uma comunidade política* é (...) o governo de toda a multidão da espécie humilde e mais pobre, sem levar em conta as outras Ordens.
>
> — Sir Walter Raleigh, *Maxims of State*

> O humor e a sagacidade dos marinheiros, renegados e marginais estão fora do alcance das trocas cultivadas daqueles que se sentam ao redor de mesas de mogno. E assim tem de ser. As cordas do carrasco pendem frouxas em torno dos pescoços de incontáveis milhões hoje em dia, e para eles o inesgotável humor é uma afirmação de vida e sanidade ante a constante ameaça de destruição e de um mundo em caos.
>
> — C. L. R. James, *Mariners, Renegades, and Castaways*

Multidão: O nome do pobre

Como a forma dominante de república é definida pela propriedade, a multidão, na medida em que se caracteriza pela pobreza, opõe-se a ela. Este conflito, todavia, não deve ser entendido apenas em termos de riqueza e pobreza, mas também, de maneira mais significativa, em

---

* *Common-wealth*, ou *Commonwealth*, expressão que dá título a este livro, literalmente significando bem-estar comum, aqui no sentido de comunidade política de indivíduos ou povos. (*N. do T.*)

função das formas de subjetividade produzidas. A propriedade privada cria subjetividades que são ao mesmo tempo individuais (em sua mútua competição) e unificadas como classe para preservar sua propriedade (contra os pobres). As constituições das grandes repúblicas burguesas modernas mediam esse equilíbrio entre o individualismo e os interesses de classe da propriedade. Vista dessa perspectiva, assim, a pobreza da multidão não remete a sua miséria, privação ou mesmo carência, antes designando uma produção de subjetividade social que resulta num corpo político radicalmente plural e aberto, opondo-se tanto ao individualismo quanto ao corpo social exclusivo e unificado da propriedade. Em outras palavras, o pobre não remete aos que não têm nada, mas à ampla multiplicidade de todos aqueles que estão inseridos nos mecanismos de produção social, independentemente de ordem social ou propriedade. E esse conflito conceitual também é um conflito político. A produtividade é o que transforma a multidão dos pobres numa real e efetiva ameaça à república da propriedade.

As bases essenciais para a compreensão dessa relação constitutiva entre a multidão e a pobreza são estabelecidas nas lutas políticas da Inglaterra no século XVII. A expressão "multidão" adquiriu então um significado quase técnico em panfletos e no discurso político popular, designando todos aqueles que se uniam para formar um corpo político, independentemente de posição social e propriedade.[41] É compreensível que a multidão, assim definida, venha a conotar a camada mais baixa da sociedade e os destituídos de propriedade, já que são os mais visivelmente excluídos dos corpos políticos dominantes; mas na realidade trata-se de um corpo social aberto e inclusivo, caracterizado pela ausência de limites em seu estado originário de mistura entre grupos e camadas sociais. Em *Richard the Second* (1681), por exemplo, Nahum Tate, reescrevendo Shakespeare, dá uma ideia desse corpo social misto ao descrever a multidão com uma relação de ocupações: "Sapateiro, ferreiro, tecelão, curtidor, vendedor de tecidos, cervejeiro, açougueiro, barbeiro e infinitos outros com um Confuso Barulho."[42] Mas nem mesmo a multiplicidade de ofícios designada por Tate, que poderia servir de referência para uma classe trabalhadora nascente, captura de maneira adequada a natureza ilimitada da multidão — sua existência independente de posição ou propriedade — nem seu poder como corpo social e político.

Começamos a ver mais claramente a relação definidora da propriedade com a multidão nos Debates Putney de 1647 entre os niveladores* e facções do Novo Exército Modelo** a respeito da natureza de uma nova constituição para a Inglaterra e particularmente do direito de voto. Os niveladores argumentam enfaticamente contra a restrição do voto aos detentores de propriedades. O coronel Thomas Rainsborough, falando por eles, não usa a palavra "multidão", mas em sua argumentação efetivamente apresenta os pobres como um corpo político ilimitado e misto. "Penso que o mais pobre que há na Inglaterra", afirma Rainsborough, "deve viver uma vida como o maior de todos; e portanto, senhor, acredito verdadeiramente que está claro que todo homem que deseje viver debaixo de um governo deve primeiro que tudo, por seu próprio consentimento, submeter-se a esse governo; e realmente creio que o homem mais pobre da Inglaterra não estará em absoluto comprometido de maneira estrita com esse governo se não tiver a possibilidade de externar sua submissão."[43] Rainsborough acena na direção de um corpo político ao se referir a esse ponto extremo, "o mais pobre", mas não se trata de um sujeito limitado ou sequer definido por essa carência. Em vez disso, essa multidão dos pobres é um corpo político sem distinção de propriedade, um corpo misto sem limites, que poderia incluir a lista de ofícios estabelecida por Tate mas não se limitaria a ela. Além disso, para Rainsborough, esta concepção dos pobres como um corpo político aberto e inclusivo corrobora diretamente e mesmo requer o sufrágio universal (ou pelo menos ampliado) e a representação igualitária. E de fato o comissário Ireton do exército, o principal interlocutor de Rainsborough nos Debates Putney, imediata-

---

* Movimento político das guerras civis inglesas que reivindicava soberania popular, ampliação do sufrágio, igualdade perante a lei e tolerância religiosa. (*N. do T.*)
** Um dos corpos militares constituídos nas guerras civis inglesas, no meado do século XVII, diferindo dos demais por poder ser mobilizado em qualquer parte do país e, consequentemente, pela profissionalização. (*N. do T.*)

mente reconhece a ameaça ao domínio da propriedade representada por essa concepção do sujeito político. Se o voto pertence a todos, raciocina Ireton, por que não haveria toda propriedade de pertencer a todos? E é de fato exatamente aonde conduz a lógica.

O resgate histórico do termo "multidão" constitui uma verdadeira charada filológica, pois são poucos os registros textuais do discurso e dos escritos políticos dos proponentes da multidão. A vasta maioria das referências nos arquivos de textos ingleses do século XVII é negativa, escrita por aqueles que querem destruir, denegrir e negar a multidão. A palavra quase sempre é antecedida de um adjetivo depreciativo, para duplicar o peso contrário: a multidão sem lei, a multidão sem cabeça, a multidão ignorante e assim por diante. Robert Filmer e Thomas Hobbes, para citar duas figuras proeminentes, tentam negar não só os direitos da multidão como sua própria existência. Filmer, argumentando em termos das escrituras sagradas, contesta a alegação, feita por autores como o cardeal Bellarmine, de que a multidão, em virtude do direito natural comum, tem o poder de determinar a ordem civil. O poder não foi concedido igualitariamente, por direito natural, a toda a multidão, sustenta ele, mas a Adão, o pai, cuja autoridade é devidamente transmitida aos patriarcas. "Nunca houve nada parecido com uma multidão independente, que inicialmente tivesse direito natural à comunidade", proclama Filmer. "Isto não passa de uma ficção ou fantasia de muitos hoje em dia."[44] Hobbes contesta a existência da multidão num terreno mais diretamente político. A multidão não é um corpo político, afirma, e para que se torne política deve transformar-se num povo, definido por sua unidade de vontade e ação. Em outras palavras, os muitos devem ser reduzidos a um, assim negando a essência da própria multidão: "Quando a multidão é unida no corpo político, com isto se tornando um povo (...) estando suas vontades praticamente soberanas, aí então os direitos e exigências dos particulares efetivamente cessam; e aquele ou aqueles que detêm o poder soberano haverão de exigir e reivindicar por todos eles em *seu* nome, que antes eles designavam no plural, em nome *deles*."[45] Filmer e Hobbes são representativos da corrente dominante do pensamento político inglês do século XVII, o que nos fornece apenas um reflexo negativo da multidão ou uma reação negativa a ela. Mas certamente a intensidade dessa reação — o medo e o ódio inspirados em Filmer e Hobbes — dá testemunho do poder da causa.

Outra estratégia de investigação da política da multidão no pensamento inglês do século XVII consiste em voltarmo-nos para o campo da física, já que o mesmo conjunto de leis fundamentais era considerado aplicável igualmente aos corpos físicos e políticos. Robert Boyle, por exemplo, contesta a visão dominante de que todos os corpos existentes são compostos de elementos simples e homogêneos, argumentando, em sentido inverso, que a multiplicidade e a mistura são primordiais na natureza. "Inúmeros enxames de pequenos corpos", escreve ele, "são movidos para a frente e para trás", e "multidões" de corpos minúsculos são "impelidas a se associar, ora com um corpo e em seguida com um outro".[46] Todos os corpos já são sempre multidões mistas, constantemente abertas a novas combinações através da lógica da associação corpuscular. Como os corpos físicos e políticos obedecem às mesmas leis, a física das multidões ilimitadas exposta por Boyle imediatamente implica uma afirmação da multidão política e seu corpo misto. E com efeito não deveria surpreender que Hobbes, entendendo essa ameaça, argumente indignado contra Boyle.[47]

Para completar essa ligação entre os conceitos físico e político da multidão, devemos atravessar o canal da Mancha em direção à Holanda. Como a de Boyle, a física de Baruch Spinoza opõe-se a qualquer atomismo de corpos puros, optando por focalizar processos de mistura e composição. Não será necessário aqui descer a detalhes de suas diferentes epistemologias — entre uma teoria racionalista-mecanicista e uma concepção corpuscular-experimental —, já que ambos os autores consideram que a natureza é composta através de encontros entre partículas elementares.[48] Os encontros resultam em decomposição em corpos menores ou em composição num novo corpo maior. Na política de Spinoza, a multidão é, de maneira semelhante, um corpo complexo e misto, composto pela mesma lógica de clinâmen e encontro. Desse modo, a multidão é um corpo inclusivo no sentido de que se mostra aberto a encontros com todos os outros corpos, e sua vida política depende das qualidades de seus encontros, sejam eles alegres e formem corpos mais poderosos ou sejam tristes e se decomponham em corpos em menos poderosos. Essa inclusividade radical é um elemento que claramente assinala a multidão de Spinoza como uma multidão dos pobres —o pobre concebido, mais uma vez, não como limitado à camada mais baixa da sociedade, mas aberto a todos, independentemente de posição e propriedade. Spinoza, finalmente, dá o essencial e decisivo passo na definição dessa multidão como o único possível sujeito da democracia.[49]

Para entender melhor essa ligação entre a multidão e a pobreza, devemos recuar alguns séculos para ver de que maneira o mesmo espetáculo da multidão dos pobres confronta os tribunais das autoridades civis e religiosas na Itália do Renascimento. A ordem mendicante de Francisco de Assis prega a virtude da pobreza para se opor tanto à corrupção do poder da igreja quanto à instituição da propriedade privada, intimamente ligadas. Os franciscanos conferem valor de lei aos lemas do *Decreto* de Graciano — "iure naturali sunt omnia omnibus" (pela lei natural, tudo pertence a todos) e "iure divino omni sunt communia" (pela lei divina, todas as coisas são comuns) —, que por sua vez remetem a princípios básicos dos pais da Igreja e dos apóstolos, "habebant omnia communia" (mantenham todas as coisas em comum) (Atos 2:44). Um debate mais áspero, prenunciando os acontecimentos de Putney três séculos depois, surge entre o papado e os franciscanos (e no interior da ordem franciscana), opondo os que afirmam a norma da propriedade, assim negando a comunhão determinada pela lei natural, e os grupos franciscanos que acreditam que só sobre a base do bem-estar comum pode ser criada na Terra uma sociedade boa e justa. Poucos anos depois, com efeito, em 1324, Marsílio de Pádua postularia a pobreza como única base não só para a perfeição cristã como também, o que nos interessa primordialmente, para a sociedade democrática.[50]

Através dos séculos da modernidade, a expressão "multidão" não é usada em outras partes do mundo no sentido político técnico que viria a adquirir na Inglaterra do século XVII, mas o fantasma de uma multidão dos pobres circula pelo globo, ameaçando o domínio da propriedade onde quer que se enraize. Ela aparece, por exemplo, nas grandes guerras camponesas empreendidas no século XVI por Thomas Münzer e os anabatistas contra os príncipes alemães.[51] Nas rebeliões opostas a regimes coloniais europeus, do ataque de Tupac Katari em 1781 contra o domínio espanhol em La Paz à rebelião indiana de 1857 contrário ao domínio da Companhia Britânica das Índias Orientais, a multidão dos pobres desafia a república da propriedade. E no mar, naturalmente, a multidão povoa os circuitos marítimos de produção e comércio, assim como as redes de pirataria que se abatem sobre eles. Também neste caso, a imagem negativa é a que mais fortemente chega até nós: a multidão é uma hidra de muitas cabeças que ameaça a propriedade e a ordem.[52] Em certa medida, a ameaça dessa multidão está em sua multiplicidade, composta às vezes de combinações de marinheiros, escravos foragidos, criados, soldados, negociantes, trabalhadores braçais, renegados, marginais, piratas e numerosos outros que circulam pelos grandes oceanos. Mas a ameaça também está no fato de que essa multidão solapará a propriedade e suas estruturas de dominação. Quando homens de poder e propriedade advertem sobre a perigosa hidra à solta nos mares, não estão recitando contos de fada mas tentando captar e neutralizar uma ameaça política real e poderosa.

Jacques Rancière, finalmente, entende a natureza da própria política em termos muito próximos dos que vamos encontrar nos debates do século XVII sobre a multidão. Para, Rancière, "toda a base da política é a luta entre os pobres e os ricos", ou, mais precisamente, prossegue ele, a luta entre aqueles que não participam da gestão do comum e os que o controlam.[53] A política existe quando aqueles que não têm o direito de ser levados em conta, como diz Rancière, se fazem de alguma forma presentes. A parte daqueles que não participam, o partido dos pobres, é uma excelente definição inicial da multidão, desde que imediatamente acrescentemos que o partido dos pobres de modo algum é homólogo do partido dos ricos. O partido dos ricos tem uma falsa pretensão de universalidade, pretendendo, sob o disfarce da república da propriedade, representar toda a sociedade, quando na verdade baseia-se apenas numa identidade exclusiva, cuja unidade e homogeneidade é garantida pela propriedade. O partido dos pobres, em contraste, não é uma identidade de uma parte exclusiva da sociedade, mas sim uma formação de todos os inseridos nos mecanismos da produção social independentemente de posição ou propriedade, em toda a sua diversidade, animados por uma produção aberta e plural de subjetividade. Por sua própria existência, a multidão dos pobres representa uma ameaça objetiva à república da propriedade.

Quem odeia os pobres?

Muitas vezes parece que todo mundo odeia os pobres. É certamente o caso dos ricos, que geralmente expressam seu ódio em termos morais — como se a pobreza fosse sinal de algum fracasso íntimo — ou às vezes o mascaram em termos de piedade e compaixão. Até os nem tão pobres odeiam os pobres, em parte por verem neles uma imagem daquilo que podem tornar-se em breve. O que está por trás do ódio aos pobres em suas diferentes formas é o medo, pois os pobres constituem uma ameaça direta à propriedade — não só por carecerem de riqueza e poderem até estar justificados ao roubá-la, como o nobre Jean Valjean, mas também porque têm o poder de solapar e derrubar a república da propriedade. "A vil multidão, e não o povo, é o que queremos excluir", proclama Adolphe Thiers numa sessão da Assembleia Nacional francesa em 1850. A multidão é perigosa e deve ser banida pelo direito, prossegue Thiers, pois é muito móvel e impossível de capturar como um objeto unificado de domínio.[54] Cada um desses exemplos de ódio e medo deve ser entendido em sentido inverso, como uma afirmação, ou pelo menos um reconhecimento do poder dos pobres.

Paralelamente à história das manobras práticas — dividir os pobres, privá-los dos meios de ação e expressão e assim por diante —, temos o registro não menos longo dos esforços ideológicos para domesticar, solapar e anular o poder dos pobres. É interessante que tantas dessas operações ideológicas tenham sido conduzidas no contexto da teologia e da doutrina cristãs, talvez precisamente porque a ameaça representada pelos pobres para o domínio da propriedade tenha sido vivenciada de maneira tão intensa no cristianismo. Em sua encíclica *Deus caritas est*, de 2006, o papa Bento XVI tenta contestar diretamente as bases do poder dos pobres nas escrituras, confundindo-o ideologicamente. Ele alega que o mandato apostólico de compartilhar todas as coisas em comum não é prático no mundo moderno, e além disso que a comunidade cristã não se deve envolver com as questões de justiça social, deixando que sejam resolvidas pelos governos. Ele preconiza, em vez disso, uma atividade caritativa em favor dos pobres e sofredores, definindo os pobres como objeto de piedade, e não como sujeitos dotados de poder. Nada há de muito original na operação de Bento XVI. Ele é apenas o mais recente epígono numa longa linhagem de cruzados ideológicos cristãos contra os pobres.[55]

Um pináculo (ou nadir) do esforço ideológico para cancelar o poder dos pobres através da mistificação é a breve conferência proferida por Martin Heidegger em junho de 1945, com o simples título de "A pobreza" ["Die Armut"]. A cena dessa conferência é dramática e significativa. Desde março daquele ano, quando as tropas francesas atravessaram o Reno, Heidegger e alguns de seus colegas do departamento de filosofia da Universidade de Freiburg refugiaram-se no castelo de Wildenstein, nas colinas da Floresta Negra, a leste da cidade, onde continuam a pronunciar conferências. No fim de junho, a chegada das tropas francesas ao castelo é iminente, e Heidegger indubitavelmente tem perfeita consciência de que o exército soviético está às margens do Elba, de que Viena caiu e Berlim logo se seguirá. Em sua derradeira apresentação, ele decide comentar uma frase de Hölderlin, escrita nos últimos anos do século XVIII, durante a Revolução Francesa: "Conosco, tudo se concentra no espiritual, tornamo-nos pobres para nos tornarmos ricos." E nas margens do manuscrito, no momento em que cita esta frase pela primeira vez, ele acrescenta: "O motivo pelo qual, no atual momento da história mundial, decido comentar aqui esta frase é algo que ficará claro no próprio comentário." Heidegger, encarando uma catástrofe de proporções históricas — o fim do projeto nazista, o fim da Alemanha e do povo alemão tal como os concebe e o avanço do comunismo — reage com um discurso ontológico sobre a pobreza.[56]

Comecemos por explorar o conteúdo filosófico da conferência, muito embora Heidegger já tenha indicado que seu pleno significado só será revelado em relação ao respectivo momento da história mundial. Segundo seu método habitual, Heidegger prossegue questionando cada termo-chave da frase de Hölderlin. Que será que Hölderlin quer dizer com "nós"? A resposta é fácil: nós, os alemães. E o que quer dizer com "espiritual"? Os leitores de Heidegger tampouco se surpreenderão aqui: com a palavra, ele se refere à relação ontológica essencial, ou seja, ao fato de que a essência humana é definida por sua relação com o Ser. Essa concentração no espiritual, portanto, essa ênfase no Ser prepara Heidegger para uma leitura ontológica da pobreza e da riqueza na segunda metade da frase. A pobreza, começa ele, não tem a ver necessariamente com posses, como poderia sugerir o significado usual, pelo qual pobreza seria um estado de não ter bens materiais. A pobreza não remete ao ter, mas ao ser. "A essência da pobreza reside num ser. Ser verdadeiramente pobre significa: ser de uma tal forma que de nada carecemos, exceto do não necessário."[57] Neste ponto, Heidegger arrisca-se a chegar à banal conclusão de que a pobreza é definida pela necessidade e portanto a limitação, ao passo que a riqueza, que oferece o privilégio de alcançar o não necessário, é capaz de liberdade. Semelhante concepção, no entanto, além de ser banal, não pode explicar a causalidade da frase de Hölderlin que leva do tornar-se pobre ao tornar-se rico.

Heidegger resolve o enigma, como costuma fazer, recorrendo à etimologia alemã. A antiga expressão alemã *frî*, da qual deriva *freie*, ou "livre", significa preservar ou proteger, permitindo que algo resida em sua devida essência. Libertar algo, prossegue ele, significa defender sua essência contra quaisquer limitações da necessidade. Portanto, a libertação da liberdade reverte ou transforma a necessidade: "Assim é que a necessidade de modo algum vem a ser, como a entende toda a Metafísica, o oposto de liberdade, mas apenas a liberdade é que em si mesma é a necessidade convertida." Isto permite a Heidegger chegar aonde quer. É verdade, naturalmente, que os pobres carecem do não necessário, que está no centro da liberdade. "Aquilo que nos falta, não temos, mas é aquilo que nos falta que nos tem." Podemos reconhecê-lo na medida em que "tudo está concentrado no espiritual", ou seja, na relação com o Ser que está na essência da humanidade. Mesmo na nossa falta pertencemos, em certo sentido, através de nossa relação com o Ser, à liberdade do não necessário: "Quando a essência da humanidade se mantém devidamente ligada à relação entre libertar o Ser e humanidade, ou seja, quando a essência humana carece do não necessário, a humanidade fica pobre no verdadeiro sentido."[58] Tornar-se pobre leva a tornar-se rico, pois a pobreza em si mesma assinala uma relação com o Ser, e nessa relação a necessidade é convertida em liberdade, ou seja, a preservação e proteção de sua devida essência. Ser-pobre, portanto, conclui Heidegger, é ser-rico.

Aqueles que não sejam iniciados nos meandros da filosofia heideggeriana poderiam perguntar, a essa altura, por que prosseguir com semelhante ginástica simplesmente para confundir a distinção entre pobreza e riqueza. A resposta, como nos diz o próprio Heidegger em sua nota marginal do início, deve ser encontrada na situação "histórica-mundial" que ele enfrenta, especificamente, a iminente derrota nazista e a aproximação das tropas soviéticas. Cabe lembrar que em outros contextos de sua obra Heidegger expressa seu anticomunismo em termos ontológicos. Uma década antes, por exemplo, em sua *Introdução à metafísica*, ele afirma que, do ponto de vista metafísico, os Estados Unidos e a União Soviética estão na realidade unidos em projetos de liberação da técnica. Do seu ponto de vista, são com toda evidência povos para os quais nem tudo se concentra no espiritual. Mas por que haveria Heidegger de decidir, em junho de 1945, investigar a posição ontológica da pobreza? A resposta aparentemente é que ele considera que uma certa noção de pobreza vem a ser a essência do comunismo e do interesse básico que desperta, e quer, assim, combater o inimigo em seu próprio terreno. E de fato a batalha de Heidegger contra o comunismo torna-se explícita nas páginas finais da conferência. O pobre não se opõe ao rico, como ele imagina que alega o comunismo, e o verdadeiro sentido da pobreza pode ser descoberto apenas da perspectiva "espiritual" que reconhece a relação da essência humana com o Ser.[59]

Trata-se com certeza de uma contestação bizarra e ineficaz da ideologia comunista, mas o que mais nos preocupa aqui é a maneira como Heidegger mistifica o poder dos pobres e, aparentando salvar o conceito de pobreza, na realidade o condena. Embora os pobres sejam dignificados aos olhos de Heidegger por sua relação com o Ser, mantêm-se completamente passivos nessa relação, como criaturas impotentes diante de um deus todo-poderoso. Nesse sentido, a abordagem dos pobres em Heidegger não passa na realidade de uma versão mais sofisticada da caridade do papa Bento XVI. Os pobres podem ser objeto de piedade e generosidade quando, e somente quando seu poder tiver sido completamente neutralizado e sua passividade estiver assegurada. E o medo do pobre mal disfarçado por trás dessa fachada benevolente é imediatamente vinculado a um medo do comunismo (encarnado, para o papa, na teologia da libertação).

Heidegger estabelece explicitamente a ligação entre pobreza e comunismo, mas também devemos lembrar que frequentemente o ódio dos pobres serve para mascarar o racismo. No caso de Heidegger, podemos imaginar um argumento especulativo, seguindo Adorno, sobre a ligação, na Alemanha nazista, entre a personalidade autoritária e o antissemitismo.[60] E se nos transferirmos para o contexto das Américas, quase sempre o ódio ao pobre expressa um racismo mal disfarçado ou deslocado. Pobreza e raça estão tão intimamente ligadas nas Américas que esse ódio inevitavelmente é entrelaçado com aversão aos corpos negros e repulsa a pessoas de pele mais escura. "As diferenças de raça e os diferenciais de classe de tal maneira se misturaram em nosso país num cadinho de miséria e abandono", escrevem Henry Louis Gates Jr. e Cornell West a respeito dos Estados Unidos, "que poucos de nós sabemos onde termina uma coisa e começa a outra."[61] Sempre que se manifesta o ódio aos pobres é provável que o ódio e o medo raciais estejam por perto.

A MULTIDÃO DOS POBRES

Uma outra ligação, nem tão óbvia, associa a subordinação ontológica dos pobres em Heidegger à teologia política de Carl Schmitt e a sua afirmação do poder soberano transcendente. Tal aproximação poderia parecer absurda, já que Heidegger de tal maneira insiste no fim da metafísica, recusando-se a situar o Ser como uma essência transcendente, que ocuparia, no reino da ontologia, posição análoga ao soberano político de Schmitt. Mas a ligação parece clara na outra extremidade do espectro, na depreciação e no medo do poder da imanência manifestados por ambos. Em Schmitt, o conceito de poder soberano e a teoria do Führer procuram conter politicamente a multidão dos pobres e seu poder, assim como a análise de Heidegger os deprecia ontologicamente. Temos aqui um momento em que o fato de Schmitt e Heidegger apoiarem o regime nazista não pode ser considerado insignificante ou meramente anedótico. De modo algum deveria ser proibido aprender com pensadores reacionários, e na verdade muitos estudiosos de esquerda têm se apoiado bastante, nos últimos anos, na obra de Schmitt e Heidegger, mas não devemos esquecer jamais que eles são reacionários, fato que infalivelmente se manifesta em sua obra.[62]

O que Heidegger e Schmitt não contestam, limitando-se a mistificar e tentar conter, é uma relação ontológica dos pobres que aponta na direção oposta, baseada na inovação, na subjetividade e no poder dos pobres de intervir na realidade estabelecida. Isto pode ser espiritual no sentido de que postula uma relação entre humanidade e ser, mas também é material em suas práticas construtivas corpóreas e materiais. Este é o poder ontológico dos pobres que queremos investigar, um poder que está no centro de um conceito de comunismo que Heidegger e Schmitt de modo algum saberiam confrontar.

Pobreza e poder

Durante as grandes revoluções burguesas dos séculos XVII e XVIII, o conceito de multidão é varrido do vocabulário político e jurídico, e através desse alijamento a concepção da república (*res publica* e não *res communis*) vem a ser definida de maneira limitada como um instrumento para afirmar e salvaguardar a propriedade. A propriedade é a chave que define não só a república como também o povo, ambos postulados como conceitos universais, mas na realidade excluindo a multidão dos pobres.

Essa exclusão é o conteúdo essencial da divisão conceitual entre a multidão e o povo estabelecida por Hobbes. O rei é o povo, declara Hobbes, pois o povo, em contraste com a multidão, é um sujeito unificado e assim pode ser apresentado por uma única pessoa. Na superfície, essa distinção é simplesmente geométrica: o povo é unidade (e portanto capaz de soberania), ao passo que a multidão é plural (e portanto incoerente, incapaz de se governar). Esta é apenas uma tradução do debate sobre a física dos corpos, no qual nos detivemos a respeito de Boyle e Spinoza, com uma pequena extensão para indicar as consequências políticas. A esta altura, entretanto, precisamos perguntar o que está por trás da unidade do povo para Hobbes. No discurso político inglês do século XVII, não é incomum entender "o povo" como "livres proprietários", ou seja, aqueles que detêm suficiente propriedade independente para ter o direito de votar em membros do parlamento. Em outras palavras, a cola que mantém unido esse povo e cuja falta determina a pluralidade da multidão é a propriedade. Em *Behemoth*, Hobbes deixa ainda mais clara a função da propriedade de expulsar os pobres do povo. A única glória dos comerciantes, escreve ele, "cuja profissão é seu ganho privado", está em "ficar excessivamente ricos por virtude das compras e vendas" e "fazendo com que os pobres vendam seu trabalho a eles pelo preço que estabelecerem; de tal maneira que os pobres, em sua maioria, poderiam ganhar melhor a vida trabalhando em Bridewell [uma prisão] do que fiando, tecendo e efetuando outros trabalhos dessa natureza."[63] A falta de propriedade, que exclui os pobres do povo, não é um fato contingente para Hobbes, mas uma condição necessária e constantemente reproduzida que permite aos detentores de propriedades mantê-las e aumentá-las. A multidão dos pobres é a pilastra essencial que sustenta o povo e sua república da propriedade.

A MULTIDÃO DOS POBRES

Maquiavel nos mostra essa relação pelo outro lado, esclarecendo a resistência que anima os pobres. "Fiquemos todos despidos, e se poderá ver que somos iguais", escreve ele num discurso inventado para um rebelde anônimo da revolta dos *ciompi*, os cardadores de lã do século XIV, contra o *popolo grasso*, os florentinos ricos. "Passemos a vestir as roupas deles e que eles vistam as nossas", continua o agitador de Maquiavel, referindo-se aos ricos proprietários da fábrica de lã, "e sem dúvida ficaremos parecendo nobres e eles, desprezíveis, pois só a pobreza e as riquezas nos tornam desiguais." Os pobres não precisam sentir remorso pela violência de suas rebeliões, pois "onde houver, como acontece conosco, medo da fome e da prisão, não pode nem deve haver medo do inferno". Os criados fiéis, explica o orador, continuam sendo criados, e as pessoas boas sempre são pobres. Chegou, então, a hora "não só de nos libertarmos deles mas de nos tornarmos de tal maneira superiores a eles que eles tenham mais a lamentar e a temer de vocês do que vocês deles".[64] Fundamental nesse trecho é o fato de a pobreza não ser uma característica da própria natureza humana. Em outros textos, Maquiavel descamba para uma versão naturalista da pobreza e da fragilidade humanas, lamentando o destino da humanidade num universo cruel e insensível, como fizera Lucrécio antes dele e faria Leopardi depois. "Todos os animais entre nós nasceram completamente vestidos", proclama, por exemplo, em *O asno de ouro*. "O homem nasce despido [*ignudo*] de qualquer proteção; não tem pelo, espinhos, penas, tosão, cerdas nem escamas que lhe sirvam de escudo."[65] Mas essa linha realista tradicional, derivando do caráter estático das análises materialistas mais antigas, não satisfaz Maquiavel. Pelo contrário, seu método materialista precisa tornar-se alegre — não apenas realista, mas também dinâmico e rebelde, como no caso dos *ciompi*, contra a propriedade e suas instituições.

Maquiavel revela aqui um fundamental caminho alternativo no contexto do moderno pensamento político, postulando os pobres não só como resíduo deixado pela violenta apropriação conduzida pelos nascentes poderes do capital; não só como prisioneiros das novas condições de produção e reprodução, mas também como uma força de resistência que se reconhece explorada num regime que ainda carrega as marcas do comum: uma vida social comum, uma riqueza social comum. Os pobres ocupam uma posição paradoxal, ao mesmo tempo excluídos e incluídos, o que chama a atenção para uma série de contradições sociais — entre pobreza e riqueza, em primeiro lugar, mas também entre subordinação e produção, hierarquia e o comum. O mais importante na alternativa revelada por Maquiavel, todavia, é o fato de essas contradições sociais serem dinâmicas, animadas por antagonismo e resistência. Fundamental em suas histórias e análises políticas é a progressão que conduz da indignação à geração de desordens sociais ou badernas (*tumulti*), ao mesmo tempo criando condições para a rebelião da multidão, que é excluída da riqueza mas incluída em sua produção. A humanidade nunca está nua, nunca se caracteriza por uma vida despida, mas está sempre vestida, provida não só de histórias de sofrimento como também da capacidade de produzir e do poder de se rebelar.

Spinoza leva adiante essa alternativa maquiaveliana e, entre muitos outros avanços conceituais, chama a atenção para os aspectos corpóreos desse poder. Ele não só reconhece que o corpo é um lugar onde se expressam pobreza e necessidades como enfatiza que no corpo reside um poder de limites ainda desconhecidos: "Ninguém ainda determinou o que um Corpo pode fazer."[66] Maquiavel liga essas duas condições, a pobreza e o poder, numa dinâmica voltada para a produção da comunidade. Quando observa a ignorância das crianças, por exemplo, a fraqueza de nossos corpos ou a brutalidade da condição social humana, Spinoza sempre postula tais estados de pobreza como o ponto de partida de uma lógica de transformação que se afasta da solidão e da fraqueza através da construção da sociabilidade e do amor. O poder identificado por Spinoza nessas diferentes formas pode ser resumido como uma busca do comum: assim como na epistemologia ele focaliza "noções comuns" que constituem racionalidade e nos conferem um grande poder de pensar, assim como na ética ele orienta a ação para bens comuns, assim também na política Spinoza busca mecanismos pelos quais corpos singulares possam compor juntos um poder comum.

Esse poder comum pelo qual a multidão combate a pobreza e cria bem-estar comum é, para Spinoza, a força primordial que sustenta a possibilidade de democracia.

Marx acrescenta mais um passo a essa trajetória alternativa, confirmando a intuição de Maquiavel de que o poder dos pobres situa-se no centro da rebelião social e a hipótese de Spinoza de que o poder da multidão é essencial para a possibilidade de democracia. Como os outros, Marx começa sua argumentação com a pobreza, identificando a origem da forma de pobreza propriamente capitalista nos longos e variados processos da chamada acumulação primitiva. Quando estão separados do solo e de todos os outros meios de produção, os trabalhadores são duplamente livres: livres no sentido de não estarem presos a uma servidão e também livres na medida em que não têm encargos, ou seja, nenhuma propriedade nem sequer qualquer acesso à terra. O proletariado é criado como uma multidão dos pobres. "A capacidade de trabalho", escreve Marx, "despojada dos meios de trabalho e dos meios de vida é (...) pobreza absoluta como tal, e o trabalhador [é] a mera personificação da capacidade de trabalho. (...) Como tal, falando conceitualmente, ele é um *indigente*." O indigente a que se refere Marx aqui não abarca apenas os que vivem na miséria, no limite da fome, mas todos os trabalhadores na medida em que seu meio de vida está separado do trabalho objetificado acumulado no capital. Mas a nudez e a pobreza constituem apenas um aspecto da questão. Como Maquiavel e Spinoza, Marx associa diretamente a pobreza do proletariado a seu poder, no sentido de que o meio de vida é "a possibilidade geral da riqueza material" na sociedade capitalista. O meio de vida, assim, é ao mesmo tempo "pobreza absoluta" como objeto e "possibilidade geral" como sujeito. Marx entende essa explosiva combinação de pobreza e poder como a suprema ameaça à propriedade privada, uma ameaça que reside em seu próprio cerne.[67]

Certos leitores poderão objetar, a essa altura, que nossa utilização de conceitos como pobreza e multidão confunde irremediavelmente categorias marxistas, obscurecendo, por exemplo, a diferença entre a miséria "pré-capitalista" que resulta da expropriação violenta e a miséria propriamente capitalista do trabalho assalariado e da exploração. Dessa forma, traímos o método materialista de Marx e confundimos o caráter de classe de sua análise. Nem mesmo os socialistas utópicos, poderiam alegar nossos críticos, mistificam tanto a análise da exploração em Marx e no socialismo científico! Sustentamos, todavia, que nossa abordagem é tão materialista quanto as análises marxistas tradicionais, mas que, em parte por causa da natureza cambiante do trabalho e da exploração, que examinaremos detalhadamente em capítulos posteriores, rompemos algumas fronteiras convencionalmente traçadas ao redor da classe trabalhadora. Uma mudança importante é que a exploração tende hoje em dia a não ser mais uma função produtiva, e sim um mero instrumento de dominação. Isto corresponde ao fato de que, de maneiras diferentes em diferentes contextos ao redor do mundo, à medida que modos de vida e trabalho caracterizados pela mobilidade, flexibilidade e precariedade são impostos de maneira cada vez mais severa pelos regimes capitalistas de produção e exploração, os trabalhadores assalariados e os pobres já não são submetidos a condições qualitativamente diferentes, sendo igualmente absorvidos na multidão dos produtores. Os pobres, assalariados ou não, já não estão localizados apenas na origem histórica ou nos limites geográficos da produção capitalista, encontrando-se cada vez mais em seu coração — e assim, a multidão dos pobres surge também no centro do projeto de transformação revolucionária.[68]

DE CORPORE 1: A BIOPOLÍTICA COMO ACONTECIMENTO

> Estou pintando, eu sou a Natureza, eu sou a verdade.
> — Gustave Courbet

Para compreender de que maneira Michel Foucault entende o biopoder, devemos situá-lo no contexto da teoria de poder mais ampla por ele desenvolvida no período em que começa a trabalhar com o conceito, na segunda metade da década de 1970, em *Vigiar e punir* (1975) e no primeiro volume da *História da sexualidade* (1976). Nesses livros, o conceito de poder desenvolvido por Foucault é sempre duplo. Ele dedica sua atenção sobretudo aos regimes disciplinares, às arquiteturas de poder e às aplicações do poder através de redes disseminadas e capilares, um poder que menos reprime do que produz submissão. Nesses livros, contudo, às vezes em comentários que parecem apartes ou notas marginais, Foucault também teoriza um outro em relação ao poder (ou mesmo um outro poder), para o qual aparentemente não consegue encontrar um nome adequado. Resistência é o termo que usa com mais frequência, mas que não captura realmente o que ele tem em mente, pois a resistência, como geralmente entendida, é por demais dependente ou subordinada ao poder a que se opõe. Poderíamos sugerir a Foucault o conceito marxista de "contrapoder", mas essa expressão implica um segundo poder que é homólogo daquele a que se opõe. Em nossa opinião, o outro em relação ao poder que perpassa esses livros pode ser melhor definido como uma produção alternativa de subjetividade, que não só resiste ao poder como busca autonomia em relação a ele.

Esse entendimento da duplicidade do poder nos ajuda a abordar as tentativas de Foucault de desenvolver o conceito de biopoder. Também aqui a atenção de Foucault focaliza basicamente o poder sobre a vida — ou, na realidade, o poder de administrar e produzir vida — que funciona através do governo das populações, gerindo sua saúde, suas capacidades reprodutivas e assim por diante. Mas sempre há uma corrente menor que insiste na vida como resistência, um outro poder de vida que luta por uma existência alternativa. A perspectiva de resistência deixa clara a diferença entre esses dois poderes: o biopoder contra o qual lutamos não é comparável, em sua natureza ou em sua forma, ao poder de vida pelo qual defendemos e buscamos nossa liberdade. Para assinalar essa diferença entre os dois "poderes de vida", adotamos uma distinção terminológica — sugerida pelos escritos de Foucault mas não usada sistematicamente por ele — entre biopoder e biopolítica, pela qual biopoder poderia ser definido (de maneira bastante grosseira) como o poder sobre a vida, e biopolítica, como o poder da vida de resistir e determinar uma produção alternativa de subjetividade.

As principais tendências da interpretação dos escritos de Foucault, todavia, não capturam de maneira adequada a natureza dual da biopolítica. Uma corrente, apresentada inicialmente por François Ewald e posteriormente por Roberto Esposito, analisa o terreno da biopolítica basicamente do ponto de vista da gestão normativa das populações. Isto resulta numa administração atuarial da vida, que geralmente requer que os indivíduos sejam encarados de uma perspectiva estatística, sendo classificados em grandes conjuntos normativos que se tornam mais coerentes à medida que os microssistemas que os compõem são mais dessubjetivados e homogeneizados. Embora tenha o mérito da fidelidade filológica (ainda que adotando uma perspectiva bastante estreita da obra foucaultiana), essa interpretação nos deixa com uma imagem meramente "liberal" de Foucault e da biopolítica, na medida em que não postula contra esse poder ameaçador e abrangente sobre a vida nenhum poder alternativo ou qualquer resistência efetiva, mas apenas um vago sentido de crítica e indignação moral.[69]

DE CORPORE 1: A BIOPOLÍTICA COMO ACONTECIMENTO

Uma segunda corrente importante, centrada na interpretação de Giorgio Agamben (e surgindo, em certa medida, da obra de Jacques Derrida e Jean-Luc Nancy), aceita que a biopolítica é um terreno ambíguo e conflituoso, mas vê a resistência em ação apenas em seu limite mais extremo, às margens de uma forma totalitária de poder, à beira da impossibilidade. Neste ponto, tais autores poderiam facilmente estar interpretando os famosos versos do poema "Patmos", de Hölderlin: "Wo aber Gefahr ist, wächst / Das Rettende auch" (Onde há perigo, / Também surge a salvação). Desse modo, esta corrente de interpretação efetivamente distingue em certa medida a biopolítica do biopoder, mas deixando a biopolítica impotente e sem subjetividade. Esses autores buscam em Foucault uma definição da biopolítica que a esvazie de qualquer possibilidade de ação autônoma e criativa, mas na realidade recorrem a Heidegger nesses pontos da análise para negar qualquer capacidade construtiva da resistência biopolítica. Agamben transpõe a biopolítica para o registro teológico-político, alegando que a única possibilidade de ruptura com o biopoder reside numa atividade "inoperante" (*inoperosità*), pura e simples recusa que recorda o conceito heideggeriano de *Gelassenheit*, completamente incapaz de construir uma alternativa.[70]

Finalmente, podemos construir algo parecido com uma terceira corrente de interpretação da biopolítica, mesmo que não costume ser postulada em referência a Foucault e sua terminologia, incluindo autores que entendem a vida em termos de invariáveis naturalistas e/ou transcendentais da existência. Dessa perspectiva, uma certa autonomia é concedida à subjetividade biopolítica, por exemplo, nas estruturas lógico-linguísticas invariantes propostas por Noam Chomsky ou na duração ontológica de relações linguísticas e produtivas pré-individuais e interindividuais em autores como Gilbert Simondon, Bernard Stiegler e Peter Sloterdijk. Mas essa subjetividade, apesar de postulada como resistência às estruturas de poder existentes, carece de um caráter dinâmico, estando enfeixada em sua invariável estrutura naturalista. A resistência biopolítica desses invariantes jamais poderá criar formas alternativas de vida.[71]

Nenhuma dessas interpretações captura aquilo que para nós é mais importante no conceito de biopolítica desenvolvido por Foucault. Nossa leitura não só identifica a biopolítica com os poderes produtivos localizados da vida — ou seja, a produção de afetos e linguagens através da cooperação social e da interação de corpos e desejos, a invenção de novas formas de relação com o *self* e os outros e assim por diante — como afirma a biopolítica como criação de novas subjetividades, apresentadas ao mesmo tempo como resistência e dessubjetivação. Se nos mantivermos muito presos a uma análise filológica dos textos de Foucault, podemos perder esse ponto central: suas análises do biopoder não se voltam meramente para uma descrição empírica da maneira como o poder funciona para e através dos sujeitos, mas também para o potencial de produção de subjetividades alternativas, estabelecendo assim uma distinção entre formas qualitativamente diferentes de poder. Este ponto está implícito na alegação de Foucault de que a liberdade e a resistência são precondições necessárias para o exercício do poder. "Quando definimos o exercício do poder como um modo de ação sobre as ações dos outros, quando caracterizamos essas ações pelo governo dos homens por outros homens — no sentido mais amplo do termo —, incluímos um elemento importante: a liberdade. O poder só é exercido sobre sujeitos livres, e somente na medida em que são livres. (...) No próprio cerne da relação de poder, constantemente provocando-a, estão a recalcitrância da vontade e a intransigência da liberdade."[72] A essa luz, a biopolítica surge como um acontecimento, ou melhor, como uma densa trama de acontecimentos de liberdade.

Em contraste com o biopoder, a biopolítica tem um caráter de *acontecimento*, antes de tudo, no sentido de que a "intransigência da liberdade" perturba o sistema normativo. O acontecimento biopolítico vem do exterior, na medida em que rompe a continuidade da história e a ordem existente, mas não deve ser entendido apenas negativamente, como ruptura, mas também como inovação, emergindo, por assim dizer, do interior. Foucault captura o caráter criativo do acontecimento em seus primeiros trabalhos sobre linguística: *la parole* intervém em *la langue* e a perturba como um acontecimento que também vai além dela, como um momento de invenção

DE CORPORE 1: A BIOPOLÍTICA COMO ACONTECIMENTO

linguística.[73] No contexto biopolítico, contudo, precisamos entender o acontecimento não só no terreno linguístico e epistemológico mas também no antropológico e no ontológico, como um ato de liberdade. Nesse contexto, o acontecimento assinalado pela perturbação inovadora de *la parole* além de *la langue* traduz-se numa intervenção no campo da subjetividade, com sua acumulação de normas e modos de vida, por uma força de subjetivação, uma nova produção de subjetividade. Essa irrupção do acontecimento biopolítico é fonte de inovação e também critério de verdade. Uma teleologia materialista, ou seja, uma concepção da história que emerge de baixo para cima, guiada pelos desejos daqueles que a fazem e por sua busca da liberdade, liga-se aqui, paradoxalmente, a uma ideia nietzschiana do eterno retorno. A singularidade do acontecimento, propulsionado pela vontade de poder, demonstra a verdade do eterno; o acontecimento, assim como a subjetividade que o anima, constrói e dá significado à história, deslocando qualquer noção de história como progressão linear definida por causas determinadas. A compreensão dessa relação entre o acontecimento e a verdade permite-nos deixar de lado a acusação de relativismo com tanta frequência endereçada à biopolítica de Foucault. E o reconhecimento da biopolítica como um evento permite-nos ao mesmo tempo entender a vida como uma trama tecida por ações constitutivas e compreender o tempo em termos de estratégia.

O conceito de acontecimento em Foucault distingue-se a esta altura facilmente do que é proposto por Alain Badiou. Badiou prestou um grande serviço ao postular o acontecimento como a questão central da filosofia contemporânea, propondo-o como lugar da verdade. O acontecimento, com sua multiplicidade irredutível, ou seja, sua natureza "equívoca", subtrai, de acordo com Badiou, o exame das verdades da mera forma de julgamento. A diferença entre Badiou e Foucault, neste sentido, surge mais claramente quando examinamos em que momento, temporalmente falando, cada autor focaliza o acontecimento. Em Badiou, um acontecimento — como a crucificação e ressurreição de Cristo, a Revolução Francesa ou a Revolução Cultural chinesa, para citar seus exemplos mais frequentes — adquire valor e significado basicamente *depois* de ocorrer. Assim é que ele se concentra na intervenção que retrospectivamente confere significado ao acontecimento e na fidelidade e nos procedimentos genéricos que continuamente remetem a ele. Foucault, em contraste, enfatiza a produção e a produtividade do acontecimento, o que requer um olhar mais voltado para a frente do que para trás. O acontecimento está, por assim dizer, no interior da existência e das estratégias que o perpassam. O que a abordagem do acontecimento em Badiou deixa escapar, em outras palavras, é o elo entre e liberdade e poder enfatizado por Foucault do interior do acontecimento. Uma abordagem retrospectiva do acontecimento, com efeito, não nos dá acesso à racionalidade da atividade insurrecional, que deve lutar, no interior dos processos históricos, para criar acontecimentos revolucionários e romper com as subjetividades políticas dominantes. Sem a lógica interna da produção de acontecimentos, podemos apenas afirmá-los do exterior como artigo de fé, repetindo o paradoxo geralmente atribuído a Tertuliano, *credo quia absurdum*, "acredito porque é absurdo."[74]

O acontecimento biopolítico que postula a produção de vida como um ato de resistência, inovação e liberdade nos conduz de volta à figura da multidão como estratégia política. Veja-se, para tomar um exemplo de um terreno muito diferente, a maneira como Luciano Bolis, o *partisan* antifascista italiano, postula em suas memórias a relação entre grãos de areia e a resistência da multidão (em termos que evocam as folhas de relva democráticas de Walt Whitman). Bolis tem plena consciência de que seu sacrifício representa apenas um grão de areia no deserto, em meio aos sofrimentos da multidão engajada na luta.

> Acredito, no entanto, que é dever dos sobreviventes escrever a história desses "grãos de areia", pois até mesmo aqueles que, em virtude de circunstâncias particulares e sensibilidades diferentes, não faziam parte dessa "multidão" entendem que nossa Libertação e o conjunto de valores sobre o qual se assenta foram conquistados ao preço de sangue, terror e expectativas, e de tudo aquilo que está por trás da palavra "partisan", ainda hoje mal compreendida, escarnecida e rejeitada com vã complacência.[75]

A biopolítica é uma relação *partisan* entre subjetividade e história que é moldada por uma estratégia multitudinária, formada por acontecimentos e resistências e articulada por um discurso que vincula o processo decisório

DE CORPORE 1: A BIOPOLÍTICA COMO ACONTECIMENTO

político à construção de corpos em luta. Gilles Deleuze imagina a produção biopolítica de vida, de um modo partisan semelhante, como "acreditar no mundo", ao lamentar que tenhamos perdido o mundo ou que ele nos tenha sido tomado. "Se acreditamos no mundo, precipitamos acontecimentos, por mais insignificantes, que fogem ao controle, engendram novos espaços-tempos, por menor que seja sua superfície ou seu volume. (...) Nossa capacidade de resistir ao controle, ou nossa submissão a ele, precisa ser acessada no nível de cada movimento nosso."[76] Os acontecimentos de resistência têm o poder não só de escapar ao controle mas de criar um novo mundo.

Como um derradeiro exemplo do poder biopolítico dos corpos, em ainda outro terreno diferente, veja-se este trecho do sermão "Jesus entrou", de Mestre Eckhart:

> Agora prestem atenção e olhem! Se um ser humano devesse permanecer para sempre virgem, jamais daria frutos. Para se tornar fértil, ele deve necessariamente ser uma esposa. "Esposa", aqui, é o nome mais nobre que pode ser dado à mente, e de fato é mais nobre do que "virgem". É bom que esse homem receba Deus em si, e nessa recepção ele é um virgem. Mas é melhor ainda que esse Deus se torne fértil nele; pois a fertilidade de um dom é a única gratidão pelo dom. O espírito é esposa quando, em gratidão, dá à luz em troca e entrega Jesus de volta ao coração paternal de Deus.[77]

Eckhart está tentando chamar nossa atenção para a produtividade do acontecimento biopolítico, mas que bagagem não vem junto! Para ler um trecho como este, devemos atravessar décadas de teoria feminista, como em sucessivos banhos de solventes fotográficos: começando pela análise de Simone de Beauvoir sobre a maneira como a Mulher é uma construção patriarcal que subordina as mulheres, em grande medida confinando-as em capacidades reprodutivas biológicas; passando em seguida aos eruditos religiosos que revelam os modos particularmente cristãos de patriarcado e a persistência da dicotomia virgem/puta; e chegando finalmente aos teóricos políticos feministas que demonstram de que maneira figuras de mulheres funcionam no cânone da filosofia política europeia como sinais de caos e perigosa fecundidade que devem ser excluídos do terreno público. À medida que vão sendo retiradas essas sucessivas camadas masculinistas e heterossexistas, a imagem do trecho de Eckhart que vem à superfície é decididamente *queer*!* A produtividade é liberada no momento em que o homem se torna mulher, e aqui as visões místicas de Eckhart evocam os delírios do presidente Schreber, que, como relata Freud, acredita que se está transformando em mulher para ser fecundado por Deus e gerar uma nova raça de humanidade. Curiosamente, em Eckhart a produtividade coincide com o momento do cruzamento de gêneros. (Seria Eckhart capaz de reconhecer na masculinidade feminina a mesma produtividade que constata na feminilidade masculina?) O acontecimento biopolítico, com efeito, é sempre um acontecimento *queer*, um processo subversivo de subjetivação que, abalando identidades e normas dominantes, revela o elo entre poder e liberdade, assim inaugurando uma produção alternativa de subjetividade.

 O acontecimento biopolítico rompe, assim, com todas as formas de substancialismo ou conceitualismo metafísico. O ser é feito no acontecimento. É interessante notar a forte ressonância desse conceito do acontecimento biopolítico no pragmatismo americano. "Se a natureza nos parece altamente uniforme", escreve Charles Peirce, "é somente porque nossos poderes estão adaptados a nossos desejos."[78] Os pragmatistas, com efeito, propõem uma análise performativa do acontecimento biopolítico e demonstram que o movimento dos poderes biopolíticos funciona igualmente na direção oposta: nossos desejos, em outras palavras, também se adaptam à natureza. Voltaremos a este ponto em *De Homine* 1, no fim da Parte 2 (e os leitores devem ter em mente que essas análises conclusivas também podem ser lidas separadamente, como uma argumentação contínua).

---

*Palavra inglesa originalmente significando estranho, esquisito, excêntrico, e que através de sobreposição com *queen* (rainha), designando na segunda metade do século XX homossexuais masculinos afeminados e praticantes do transsexualismo, passou a conotar transgressão da ordem heterossexual. (*N. do T.*)

PARTE 2

Modernidade (e as paisagens da altermodernidade)

> Decolamos em direção ao cosmos, prontos para qualquer coisa. (...) E no entanto, a um exame mais atento, revela-se que nosso entusiasmo é totalmente fingido. Não queremos conquistar o cosmos, simplesmente queremos estender os limites da Terra até as fronteiras do cosmos. (...) Não precisamos de outros mundos. Precisamos de espelhos. Nós não sabemos que fazer com outros mundos.
>
> — Stanislaw Lem, *Solaris*

2.1

Antimodernidade como resistência

> Como demonstra a experiência indiana, o término do domínio colonial, em si mesmo, pouco contribui para o fim do governo do conhecimento colonialista.
>
> — Ranajit Guha, *A Rule of Property for Bengal*

Poder e resistência no interior da modernidade

A modernidade é sempre duas. Antes de concebê-la em termos de razão, Iluminismo, rompimento com a tradição, secularismo e assim por diante, devemos entender a modernidade como uma relação de poder: dominação e resistência, soberania e lutas de libertação.[1] Esta visão vai de encontro à narrativa padrão de que a modernidade surgiu na Europa para confrontar o pré-moderno nas colônias, fosse ele entendido como bárbaro, religioso ou primitivo. "Não existe modernidade sem colonialidade", sustenta Walter Mignolo, "pois a colonialidade é constitutiva da modernidade."[2] Ela é constitutiva na medida em que aponta a hierarquia no coração da modernidade. A modernidade, assim, não reside exclusivamente na Europa ou nas colônias, mas na relação de poder que abarca entre si.[3] E, portanto, as forças da antimodernidade, como as resistências à dominação colonial, não se encontram fora da modernidade, são perfeitamente interiores a ela, ou seja, estão no interior da relação de poder.

O fato de a antimodernidade estar no interior da modernidade é pelo menos em parte aquilo que os historiadores têm em mente ao insistir em que a expansão europeia nas Américas, na Ásia e na África não seja entendida como uma série de *conquistas*, mas como *encontros* coloniais. O conceito de conquista de fato tem a vantagem de enfatizar a violência e brutalidade da expansão europeia, mas tende a apresentar os colonizados como passivos. Além disso, implica que a anterior civilização tenha sido varrida e substituída pela do colonizador ou então que foi preservada intacta como algo externo ao mundo colonial. Essa visão tradicional retrata a sociedade colonial indiana, por exemplo, como escreve Ranajit Guha, "como uma réplica da cultura liberal-burguesa da Grã-Bretanha do século XIX ou uma mera sobrevivência de uma cultura pré-capitalista anterior".[4] A modernidade fica entre os dois, por assim dizer — ou seja, na hierarquia que liga o dominante e o subordinado —, e os dois lados são trocados na relação. O conceito de encontro frisa o caráter dual da relação de poder e os processos de mistura e transformação resultantes da luta de dominação e resistência.

Trabalhando do ponto de vista dos encontros coloniais, os historiadores documentam dois fatos importantes: as civilizações pré-coloniais em muitos casos são muito avançadas, ricas, complexas e sofisticadas; e as contribuições dos colonizados à chamada civilização moderna são substanciais e em grande medida não têm reconhecimento. Esta perspectiva de fato rompe as dicotomias habituais entre o tradicional e o moderno, o selvagem e o civilizado. Mais importante para nossa tese, porém, é que os encontros da modernidade revelem constantes processos de transformação mútua.

Muito antes da chegada dos espanhóis ao centro do México, por exemplo, os nahua (ou seja, os habitantes do reino asteca que falam nahuatl) construíram cidades altamente desenvolvidas, chamadas *altepetl*, mais ou menos do tamanho das cidades-Estado mediterrâneas. Uma *altepetl* é organizada de acordo com uma lógica celular ou modular em que as diferentes partes da metrópole correspondem a uma ordeira rotação cíclica de obrigações de trabalho e pagamentos ao soberano. Depois da rendição de

Cuauhtémoc a Cortés em 1521, a *altepetl* não é simplesmente substituída por formas urbanas europeias através do longo processo hispanização, mas tampouco sobrevive intacta. Todos os primeiros assentamentos e formas de administração dos espanhóis — a *encomienda*, as paróquias rurais, as municipalidades indígenas e as jurisdições administrativas — são construídos sobre *altepetls* já existentes e adaptados a sua forma.[5] Se a civilização nahua não sobrevive tal como era, tampouco a espanhola. Em vez disso, paralelamente às estruturas urbanas e práticas administrativas, a música, a língua e outras formas culturais são progressivamente misturadas, fluindo por inúmeros caminhos através do Atlântico em ambas as direções, transformando ambos os lados.[6]

Muito antes da formação dos Estados Unidos, para dar um outro exemplo, de caráter mais diretamente político, os iroquois desenvolveram um sistema federalista para gerir as relações entre seis nações — os mohawk, os oneida, os onondaga, os cayuga, os tuscarora e os seneca — com freios e contrapesos, separação entre autoridades militares e civis e outras características mais tarde adotadas na Constituição americana. O federalismo iroquois era amplamente debatido e admirado nos Estados Unidos do século XVIII por figuras como Benjamim Franklin e Thomas Jefferson. A ajuda material dos americanos nativos aos colonizadores europeus — como plantar as colheitas, sobreviver a invernos árduos e assim por diante — foi incorporada à mitologia nacional, mas as formas políticas americanas geralmente são apresentadas como de origem puramente europeia.[7] O objetivo desses exemplos é simplesmente demonstrar a mistura e mútua transformação que caracteriza os encontros da modernidade.

O problema com estes exemplos, contudo, é que não enfatizam a violência e a desigual relação de poder da modernidade. As forças dominantes da modernidade não encontram meras *diferenças*, mas *resistências*. O que a historiografia colonial basicamente realizou e que precisa ser contestado, como explica Ranajit Guha, "é um passe de mágica para fazer a resistência desaparecer da história política da Índia sob o domínio britânico".[8] Existe algo de psicótico na ideia de que a modernidade é uma invenção puramente europeia, já que esta ideia necessita negar constantemente o papel, na construção e funcionamento da modernidade, do resto do mundo, especialmente as partes subordinadas à dominação europeia. Em vez de uma espécie de repressão psíquica, talvez fosse melhor pensarmos nessa negação como um caso de *forclusão* no sentido psicanalítico. Enquanto a ideia ou conteúdo reprimido, explicam os psicanalistas, está profundamente recalcado, o forcluído é expelido, para que o ego possa agir como se a ideia jamais lhe tivesse ocorrido. Desse modo, se ao retornar ao sujeito neurótico o reprimido emerge do interior, o forcluído é vivenciado pelo psicótico como uma ameaça externa. O elemento forcluído, neste caso, é não só a história das contribuições dos povos e civilizações não europeus à moderna cultura e sociedade, o que faz parecer que a Europa é a fonte de toda inovação moderna, mas também, e de maneira mais importante, as inúmeras *resistências* no interior da modernidade e contra ela, que constituem o elemento primordial de perigo para sua autoconcepção dominante. Não obstante toda a furiosa energia despendida para jogar fora o outro "antimoderno", a resistência persiste no interior.[9]

Insistir em que existem forças de antimodernidade no interior da modernidade, no terreno comum do encontro, não significa dizer, naturalmente, que o mundo moderno é homogêneo. Com razão, os geógrafos assinalam que, apesar das constantes referências ao espaço, os debates teóricos contemporâneos sobre a pós-colonialidade e a globalização geralmente apresentam espaços anêmicos, desprovidos de reais diferenças.[10] O modelo centro-periferia é um arcabouço que efetivamente captura bem, em termos espaciais, a dualidade da relação de poder da modernidade, já que o centro dominante e as periferias subordinadas só existem em relação recíproca, sendo a periferia sistematicamente "subdesenvolvida" para atender às necessidades de desenvolvimento do centro.[11] Essas geografias da modernidade entram em colapso, todavia, quando concebem a resistência como algo externo à dominação. Com muita frequência a Europa, ou "o Ocidente", é vista como algo homogêneo e unificado, como o polo de dominação nessa relação, tornando invisível a longa história de lutas de libertação e lutas de classe na Europa.[12] Da mesma forma, muitas análises negligenciam as formas de dominação e controle situadas fora da Europa, concebendo-as como meros ecos da dominação europeia. Este erro não pode ser corrigido pela simples multiplicação dos centros e periferias — localizando-os no interior da Europa, por exemplo, assim como no interior de cada país subordinado. Para entender a modernidade, precisamos deixar de presumir que a dominação e a resistência são externas uma à outra, projetando a antimodernidade para fora, e reconhecer que as resistências assinalam diferenças que estão no interior. As resultantes geografias são mais complexas que simples polaridades cidade versus campo ou Europa versus o que está de fora ou o Norte global versus o Sul global.

Uma última consequência da definição de modernidade como relação de poder é solapar qualquer noção de modernidade como um projeto inacabado. Se a modernidade fosse considerada meramente uma força contra a barbárie e a irracionalidade, o esforço por completar a modernidade poderia ser visto como um processo necessariamente progressista, conceito compartilhado por Jürgen Habermas e os outros teóricos social-democratas que discutimos anteriormente.[13] Quando entendemos a modernidade como uma relação de poder, todavia, completar a modernidade é simplesmente dar continuidade ao mesmo, reproduzindo a dominação. Mais modernidade ou uma modernidade mais completa não é uma resposta a nossos problemas. Pelo contrário! Para as primeiras indicações de uma alternativa, devemos, isto sim, investigar as forças da antimodernidade, ou seja, resistências internas à dominação moderna.

A propriedade escravagista na república moderna

A história da modernidade e a história do republicanismo estão entrelaçadas a tal ponto que às vezes mal se distinguem. Várias diferentes concepções de república, como vimos anteriormente, competem nos séculos XVII e XVIII, e algumas de fato remetem a algo muito semelhante ao domínio da multidão, mas só uma concepção — a república da propriedade — revela-se dominante. Esta república combina tanto com a modernidade porque as relações de propriedade são uma forma — uma forma privilegiada — da relação de poder que a constitui. Um terreno particularmente revelador para investigar essa relação íntima entre a república, a propriedade e a modernidade será talvez, paradoxalmente, a história da moderna escravidão. A escravidão é um escândalo para a república, muito embora, ao longo do século XVIII e já bem além do início do século XIX, a escravidão de negros e o tráfico escravagista sejam características proeminentes e mesmo centrais dos governos republicanos em toda a Europa e nas Américas. Nos Estados Unidos, as relações e a produção escravagistas constituem explícita pedra angular da república e sua economia. Na França e na Inglaterra, embora não haja uma quantidade comparável de escravos nas fronteiras nacionais, a escravidão e o tráfico escravagista constituem elementos integrais das economias nacionais, dos debates políticos e das administrações coloniais. Não é preciso olhar muito além da superfície para ver como a escravidão está firmemente enraizada na república. A pergunta a ser feita, então, é por que, sendo a escravidão tão contrária aos conceitos-padrão de republicanismo e modernidade, vem a funcionar por tanto tempo nas repúblicas modernas, não como um remanescente periférico do passado, mas como uma força central de sustentação?

A escravidão é um escândalo para a república, em primeiro lugar, porque viola os princípios ideológicos centrais da república: igualdade e liberdade. Outros setores da população, como as mulheres e os destituídos de propriedade, também são privados de direitos políticos e de igualdade pelas constituições republicanas, mas é a desigualdade e a falta de liberdade dos escravos que apresentam a contradição ideológica mais extrema. Embora muitos textos republicanos dos séculos XVIII e XIX postulem a escravidão como o contraste primordial contra o qual se definem a liberdade e a igualdade republicanas, o fato é que geralmente invocam a escravidão antiga, ignorando a escravidão de sua própria época, a escravidão de negros nas Américas, que dá sustentação a suas sociedades.[14] Esta cegueira ideológica faz parte de uma operação que procura fazer com que os escravos desapareçam, ou, não podendo ser negada sua existência, fiquem de fora, como remanescentes do mundo pré-moderno e portanto estranhos à república e à modernidade.

ANTIMODERNIDADE COMO RESISTÊNCIA

A segunda maneira pela qual a escravidão constitui um escândalo para a república é o fato de violar a ideologia capitalista do trabalho livre. Também a ideologia capitalista usa a escravidão como pano de fundo negativo básico: a liberdade é definida pelo fato de que o trabalhador assalariado é proprietário de sua força de trabalho, estando portanto livre para trocá-la por um salário. Como proprietários de sua força de trabalho, os trabalhadores, ao contrário dos escravos, podem ser absorvidos na república da propriedade. Além disso, como a escravidão de bens móveis confunde a essencial divisão entre trabalho e propriedade, os escravos constituem o ponto máximo de contradição ideológica no interior da república da propriedade, o ponto em que será possível preservar a liberdade ou a propriedade, mas não ambas. Também aqui, as operações ideológicas republicanas e capitalistas tentam promover o desaparecimento dos escravos ou concebê-los como meros remanescentes das relações econômicas pré-modernas, que serão eventualmente banidas da história pelo capital.[15]

Mas fazer com que os escravos desapareçam não é tão simples quando a questão não é apenas ideológica, mas também material e econômica. A relação entre escravidão e trabalho assalariado é difícil de demarcar no curso dessa história. Se limitarmos nosso foco aos países da Europa ocidental, como fazem muitas das historiografias, o desenvolvimento da produção capitalista pode parecer relativamente separado da produção escravagista, ou, no limite, o tráfico e a produção escravagistas são vistos como responsáveis por uma importante fonte externa de riqueza que torna possível o surgimento do capital industrial na Europa. Além disso, como observaram muitos historiadores, o sistema escravagista de *plantations* aperfeiçoa o esquema de produção, a divisão de trabalho e os regimes disciplinares que serão eventualmente aplicados pela fábrica industrial. Dessa perspectiva, assim, a escravidão e o capitalismo parecem formar uma sequência temporal, como se o capital e a modernidade fossem contrários à escravidão, dando fim a ela de maneira lenta mais segura.

Uma vez que ampliemos nossa visão, contudo, reconhecendo que o contexto essencial de nascimento e crescimento do capital reside nos amplos circuitos de mobilidade de seres humanos, riquezas e mercadorias que se estendem muito além da Europa, podemos ver que a escravidão está completamente integrada à produção capitalista durante pelo menos todo o século XVIII e boa parte do século XIX. "A escravização de negros no Suriname, no Brasil e nas regiões meridionais da América do Norte (...) é tão pivô em torno do qual gira nosso atual industrialismo quanto a maquinaria, o crédito etc.", escreve Marx. "Sem a escravidão não haveria algodão, sem o algodão não haveria indústria moderna. Foi a escravidão que conferiu valor às colônias, foram as colônias que criaram o comércio mundial e o comércio mundial é a condição necessária da indústria mecânica em larga escala."[16] Escravos e proletários desempenham papéis complementares na divisão capitalista mundial do trabalho, mas os escravos da Jamaica, do Recife e do Alabama não ocupam posição menos interna nas economias capitalistas da Inglaterra e da França que os trabalhadores de Birmingham, Boston e Paris. Em vez de presumir que as relações capitalistas necessariamente corroem e destroem a escravidão, portanto, temos de reconhecer que ao longo dos séculos XVIII e XIX os dois — capitalismo e escravidão —apoiam-se reciprocamente mediante um maciço esquema de segregação, situando-se um deles em geral no lado oriental do Atlântico e o outro, no lado ocidental.[17]

Nada disso, contudo, capta a hierarquia racial que constitui a essência da moderna escravidão. Assim como a escravidão é vista como uma aberração na república da propriedade, de uma perspectiva ideológica semelhante também o racismo é entendido como um elemento externo e uma distorção da modernidade, o que, mais uma vez, leva à hipótese da incompletude, como se a modernidade, aperfeiçoando-se, pudesse eventualmente banir o racismo. O fato de reconhecermos a relação interna da escravidão na república da propriedade ajuda-nos, no entanto, a ver o racismo na modernidade não só como ideologia, mas também como um sistema de práticas materiais e institucionais: uma estrutura de poder que se estende muito além da instituição da escravidão. A persistência de hierarquias raciais na modernidade, portanto, não só na escravidão como também em uma infinidade de outras formas, não é um indício de que a modernidade esteja "inconclusa"; indica, isto sim, a relação íntima entre raça e modernidade.[18] Dissemos anteriormente que sem a colonialidade não há modernidade, e aqui podemos ver que a raça desempenha um papel constitutivo semelhante. Juntos, os três elementos funcionam como um complexo — modernidade, colonialidade, racismo —, servindo cada um como apoio necessário para os demais.

A escravidão, desse modo, pode servir de símbolo da psicose da república da propriedade, que preserva sua coerência ideológica através da negação por forclusão, seja recusando-se a reconhecer a existência da realidade traumática da escravidão ou tratando de projetá-la fora. Talvez seja este, ao menos em parte, o motivo pelo qual a Revolução Haitiana tem sido tão negligenciada na história moderna. A Revolução Haitiana, afinal, como dissemos anteriormente, é muito mais fiel à ideologia republicana do que as revoluções inglesa, americana e francesa, e isto em pelo menos um aspecto central: se todos os homens são iguais e livres, certamente nenhum deles pode ser escravo. E no entanto, o Haiti raramente aparece nos relatos históricos da Era da Revolução. O transcurso da Revolução Haitiana está cheio de forças contraditórias, reviravoltas trágicas e resultados desastrosos, mas ainda assim ela continua sendo a primeira revolução moderna contra a escravidão, e por isto poderia ser considerada a primeira revolução propriamente moderna. Afirmá-lo, contudo, seria tomar a república e a modernidade em função apenas de suas autodefinições ideológicas, e não de sua substância material e institucional, e embora a Revolução Haitiana amplie as definições ideológicas da república, acaba traindo sua substância material e institucional. Libertar os escravos viola a regra da propriedade, e legislar contra a divisão racial (como faz a Constituição haitiana de 1805, cujo Artigo 14 declara todos os haitianos negros, independentemente da cor da pele) mina a hierarquia racial institucionalizada. Talvez não surpreenda que a Revolução Haitiana represente, para a ampla maioria dos republicanos europeus e norte-americanos da época (assim como da nossa), um acontecimento impensável. Ela precisa ser silenciada ou lançada fora porque revela a profunda contradição entre a ideologia e a substância do republicanismo e da modernidade.[19]

Uma das vantagens de reconhecer a relação íntima entre a escravidão e a moderna república — e, de maneira mais genérica, a duplicidade da modernidade — é o foco que assim se projeta nos escravos e em sua resistência. O escravo entendido como categoria abstrata é com frequência postulado como uma figura de absoluta subjugação, um sujeito totalmente privado de liberdade. Desse modo, os escravos constituem um caso-limite emblemático para a alegação de Foucault, citada anteriormente, de que o poder só é exercido sobre sujeitos livres. Se os escravos estivessem de fatos submetidos a uma dominação absoluta, não haveria poder exercido sobre eles, de acordo com Foucault. Parece contraditório, naturalmente, sustentar que os escravos são livres. A tese de Foucault é que todos os sujeitos têm acesso a uma margem de liberdade que, por mais estreita que seja, alicerça sua capacidade de *resistir*. Afirmar que o poder só é exercido sobre "sujeitos livres", portanto, significa na realidade que o poder só é exercido sobre sujeitos que resistem, sujeitos que, mesmo antes da aplicação do poder, exercem sua liberdade. De acordo com essa perspectiva, os escravos são, sobretudo, livres, não quando estão fora do alcance do chicote do senhor, mas quando resistem ao exercício do poder sobre eles.[20] Baruch Spinoza faz uma afirmação semelhante, baseando-a num postulado ontológico: "Ninguém pode transferir tão completamente a outro todos os seus direitos, e portanto o seu poder, a ponto de deixar de ser um ser humano, nem jamais haverá um poder soberano capaz de fazer tudo que bem entender."[21] A resistência dos escravos leva ao limite a relação entre pobreza e poder exercido como liberdade.

Em termos históricos, esta reflexão esclarece o papel decisivo desempenhado pelas revoltas, rebeliões e fugas de escravos. A escravidão não é eliminada pela boa consciência dos valores republicanos, como se fosse apenas um remanescente pré-moderno; tampouco pelas forças progressistas do capital, como se fosse uma forma pré-capitalista que o capital precisou de tempo para eliminar completamente. A escravidão é destruída, isto sim, pela resistência dos próprios escravos, que a tornam insustentável como forma de governo e não lucrativa como forma de produção.[22] W. E. B. Du Bois fornece um exemplo extremo dessa hipótese, sustentando que os escravos são protagonistas de sua própria emancipação nos Estados Unidos e determinam o resultado da Guerra Civil. Para sabotar a economia do sistema de *plantation* e deter o fluxo de alimentos e outras provisões para o Exército Confederado, explica Du Bois, os escravos promovem um grande êxodo, "uma greve geral que possivelmente tenha envolvido diretamente meio milhão de pessoas", o que contribuiu para solapar os combatentes confederados.[23] Du Bois propõe esta greve geral como símbolo para condensar a longa história de resistência dos escravos e, o que é mais importante, demonstrar que os escravos negros são sujeitos livres que desempenham papel determinante não só em sua própria emancipação, mas no curso da humanidade como um todo. "Foi o próprio negro", sustenta Du Bois, "que obrigou a levar em conta esta incongruência [entre democracia e escravidão], que tornou a emancipação inevitável e forçou o mundo moderno a pelo menos considerar, senão aceitar completamente, a ideia de uma democracia incluindo homens de todas as raças e cores."[24] As resistências e revoltas de escravos elucidam, desse modo, a contradição que está no cerne da república da propriedade e da modernidade como um todo.

Fenômenos semelhantes podem ser encontrados na segunda onda de servidão e escravidão que se estende, na Europa oriental, do restabelecimento das relações feudais no século XVII, após as guerras religiosas, ao nascimento do Estado-nação. Tanto Marx quanto Max Weber voltam sua atenção para essa história, não apenas porque rompe com a teoria determinista dos estágios de desenvolvimento do modo de produção — os trabalhadores da Europa Oriental, depois de uma fase de relativa liberalização de seus movimentos, são novamente reduzidos à servidão *no interior* dos processos de formação do modo capitalista de produção — mas por demonstrar que, já no período pré-industrial, a mobilidade e a liberdade da força de trabalho constituem um poder de resistência e antagonismo que o capital não pode tolerar. Na verdade, essas formas de servidão acabam sendo destruídas, em parte, pela fuga de camponeses em direção às metrópoles da Europa ocidental. Através do êxodo, o antagonismo do servo frente ao senhor é transformado no antagonismo "abstrato", objetivo da classe trabalhadora frente à classe capitalista.[25] A questão, mais uma vez, é que até em circunstâncias de servidão os "sujeitos livres" têm o poder de resistir, e que a resistência, uma força de antimodernidade, é fundamental para entender os movimentos da história moderna.

Uma coisa que esta reflexão sobre a resistência dos escravos deixa claro é que, embora possam passar pelo que Orlando Patterson chama de "morte social", eles continuam vivos em sua resistência. Os seres humanos não podem ser reduzidos a uma "vida nua", se com esta expressão entendemos os destituídos de qualquer margem de liberdade e poder de resistir.[26] Os seres humanos só estão "nus" no sentido maquiaveliano anteriormente discutido: cheios de raiva e poder e esperança. E isto nos traz de volta à definição da própria modernidade, ressaltando o fato de que sua dupla natureza é marcada não só por hierarquia, mas também por antagonismo. A resistência dos escravos não é uma força de antimodernidade por ir de encontro aos valores ideológicos de liberdade e igualdade — pelo contrário, como deixa claro Du Bois, as rebeliões de escravos estão entre os exemplos mais elevados desses valores na modernidade —, mas por desafiar a relação hierárquica que está no cerne da relação de poder da modernidade. Entendida dessa maneira, a antimodernidade é interna à própria modernidade e dela inseparável.

A colonialidade do biopoder

A antimodernidade é mantida sob controle na relação de poder da modernidade não só através de formas externas de subjugação — do chicote do feitor de escravos e da espada do conquistador à polícia e à prisão da sociedade capitalista — mas também, sobretudo, através de mecanismos internos de sujeição. As técnicas e instrumentos do triunvirato modernidade-colonialidade-racismo permeiam e investem as populações subordinadas. Com isto não estamos dando a entender, naturalmente, que a modernidade consiste em controle total e absoluto,

ANTIMODERNIDADE COMO RESISTÊNCIA

mas redirecionando nossa atenção, mais uma vez, para as resistências que surgem em seu interior. A penetração do poder moderno, em outras palavras, corresponde à origem interna da antimodernidade.

Algumas das obras mais influentes no campo dos estudos pós-coloniais enfatizam a eficácia dos modos de representação e das construções ideológicas na demonstração do caráter disseminado e mesmo universal do poder colonial. O estudo de Edward Said sobre o orientalismo, por exemplo, demonstra que as representações das populações colonizadas dominadas — em romances, histórias, documentos administrativos e uma infinidade de outros textos — não só legitimam a hierarquia colonial aos olhos dos colonizadores como modelam a consciência dos colonizados.[27] A famosa e provocadora tese de Gayatri Spivak de que o subalterno não pode falar de maneira semelhante centra-se no poder ideológico das representações. No conflito em torno da prática do *sati*, o sacrifício das viúvas, entre a ideologia colonial britânica e a ideologia patriarcal tradicional, as viúvas da Índia colonial, sustenta Spivak, ocupam uma posição abjeta, duplamente silenciadas: confrontadas, por um lado, pelo discurso dos "homens brancos empenhados em salvar mulheres morenas de homens morenos"; e, por outro, pela afirmação tradicional de que "as mulheres querem morrer". Tais constructos ideológicos saturam completamente a cena colonial, eclipsando completamente, no exemplo de Spivak, qualquer posição a partir da qual a subalterna feminina pudesse falar.[28] Essas análises das construções ideológicas e representativas revelam-se tão poderosas, em certa medida, por demonstrarem que a colonialidade é alcançada e mantida não só através da violência e da força, as quais, por mais generalizadas, sempre se mantêm isoláveis e limitadas, mas através de um consentimento pelo menos tácito dos modos coloniais de consciência e das formas de conhecimento que se disseminam sem limites através da sociedade.

As instituições religiosas detêm alguns dos instrumentos mais poderosos de controle ideológico colonial moderno. Todas as grandes religiões estão envolvidas nisso — o islã, o hinduísmo e o confucionismo de diferentes maneiras, e hoje em dia as igrejas cristãs evangélicas e pentecostais, que se expandem extraordinariamente na África e na

América Latina, desempenham um papel predominante. Mas a Igreja Católica merece um lugar especial, considerando-se sua longa história de íntima associação com as conquistas e colonização europeias. Já é um lugar-comum, a esta altura, afirmar que ao longo do processo de conquista e colonização espanhola das Américas, os frades e padres da Igreja Católica funcionaram como complementos ideológicos e morais dos soldados e generais da coroa espanhola. A Igreja não só persegue o objetivo de converter os gentios ao cristianismo como concebe complexas estruturas ideológicas a respeito da natureza e das capacidades das populações nativas, questionando sua capacidade de raciocinar, sua possibilidade de se tornarem cristãs e até sua humanidade. O que talvez seja mais notável nesses constructos ideológicos racistas e colonialistas da Igreja Católica é sua durabilidade: até o papa Bento XVI, ao visitar o Brasil em 2007, viria a repeti-los.

> Cristo é o Salvador pelo qual ansiavam em silêncio. Elas receberam o Espírito Santo, que veio tornar frutíferas suas culturas, purificando-as e desenvolvendo as numerosas sementes que a Palavra encarnada implantara nelas, e guiando-as, assim, pelos caminhos do Evangelho. Com efeito, a proclamação de Jesus e do seu Evangelho em momento algum envolveu uma alienação das culturas pré-colombianas, nem configurou imposição de uma cultura estrangeira.[29]

O constructo ideológico, como deixa clara a afirmação do papa, é e deve ser interno ao subjugado, de tal maneira que seja vivenciado como algo que já estava ali presente, esperando ser atualizado, e não chegando como uma imposição do exterior.

Certamente é muito importante criticar esses tipos de representações e constructos ideológicos, como têm feito tantos estudiosos coloniais e pós-coloniais, mas esses projetos apresentam uma limitação. A crítica ideológica sempre parte do princípio de que, em última análise, apesar de ser disseminada, a ideologia é de certa forma exterior ou pelo menos separável dos sujeitos subjugados (ou seus interesses).

ANTIMODERNIDADE COMO RESISTÊNCIA

Em outras palavras, as noções de ideologia e representação não vão suficientemente longe para apreender em profundidade o complexo modernidade-colonialidade-racismo. De maneira geral, quando é considerado uma ideologia, por exemplo, o racismo ou o "pensamento racial" é postulado como uma aberração ou falha da modernidade, e assim, apesar de disseminado, fica relativamente separado da sociedade moderna como um todo. Como a colonialidade, contudo, o racismo não só é interno como constitutivo da modernidade. Ele é "institucional", como sustentam Stokely Carmichael e Charles Hamilton, no sentido de que o racismo não apenas é uma questão, viés ou preconceito individual, mas vai muito além do nível da ideologia, de que o racismo é encarnado e expressado através dos acertos administrativos, econômicos e sociais do poder.[30] "Esta concepção", escreve Barnor Hesse, "desloca a ênfase do universo ideológico aparentemente autônomo das ideias codificadas de fisionomias distintas e metáforas de sangue autóctone para 'regimes de práticas'".[31] Hesse sugere, em outras palavras, que o racismo pode ser melhor entendido como mentalidade governamental, em vez de ideologia. Trata-se de uma importante mudança: a relação de poder que define o complexo modernidade-colonialidade-racismo não é basicamente uma questão de saber, mas de fazer; e assim, nossa crítica não deve se centrar no ideológico e no epistemológico, mas no político e no ontológico. Reconhecer o racismo e a colonialidade da modernidade como biopoder ajuda a efetuar a mudança de perspectiva, enfatizando que o poder não regula apenas formas de consciência, mas formas de vida, que investem inteiramente os sujeitos subordinados; e focalizando a atenção no fato de que esse poder é produtivo — não só uma força de proibição e repressão externa às subjetividades mas também e sobretudo uma força que as gera internamente.

Para voltar à Igreja Católica, então, podemos considerar como um protótipo de seu exercício do biopoder a tristemente famosa Inquisição espanhola, que, no século XVII, está firmemente consolidada no Peru e em outras partes das Américas como um pilar essencial do regime colonial. A Inquisição, naturalmente, é uma estrutura ideológica, que desenvolve e impõe definições extremamente refinadas do que significa ser um espanhol e um cristão, descobrindo e expondo infiéis, heréticos e inimigos da Igreja e da coroa; mas é também uma burocracia altamente desenvolvida que inventou sistemas de protocolos, procedimentos, regulamentações e manutenção de registros que mais tarde vieram a constituir as modernas burocracias de Estado. A Inquisição de Lima, em vez de ser um remanescente da irracionalidade pré-moderna, é um lugar tão bom quanto qualquer outro para identificar o berço da modernidade, na medida em que promove a convergência do pensamento colonial, da colonialidade e das estruturas administrativas, produzindo de forma paradigmática as hierarquias e relações de poder que definem a modernidade. A Inquisição pode ser um exemplo extremo, mas coloca em termos muito claros a maneira como são produzidos sujeitos através da confissão de verdades, da observância do comportamento correto e de uma infinidade de outras práticas e procedimentos. Os poderes da modernidade-colonialidade-racismo nunca foram meramente fenômenos superestruturais, sendo na verdade aparatos materiais que perpassam a existência coletiva de populações dominadas e investem seus corpos, produzindo internamente as formas de vida.[32]

Se a colonialidade é uma forma de biopoder, que funciona internamente produzindo formas de vida, isso significa que as resistências não têm lugar e necessariamente serão derrotadas? Nathan Wachtel, levantando esta questão em termos históricos muito mais específicos, pergunta-se se as revoltas anticoloniais do século XVI no Peru foram todas realmente derrotadas. "Bem, a resposta é sim", conclui ele, "se pensarmos nas consequências da guerra e na situação colonial. Mas sabemos que as revoltas nativas, de acordo com o contexto em que se desenvolviam, podiam assumir diferentes formas." Os araucanos do Chile adotaram certos instrumentos de guerra europeus, ao passo que os indígenas peruanos recorriam mais a métodos tradicionais, e eram disseminadas as pequenas formas de resistência passiva. Wachtel conclui, no entanto, que devemos manter-nos abertos a uma inversão dos resultados que esperamos encontrar. Às vezes o que parece uma derrota revela-se uma vitória e vice-versa — e, na verdade, medir assim vitória e derrota pode não ser o parâmetro mais útil.[33] O que nos devolve a nossa questão teórica mais genérica: o alcance universal do biopoder e seu exercício capilarizado, investindo plenamente os sujeitos, significa que não há lugar para a resistência? Esta questão faz eco às muitas objeções levantadas contra os estudos do poder em Foucault, que presumem que tudo que é interno ao poder lhe é funcional. Para entender este ponto, no entanto, precisamos do tipo de inversão de perspectiva indicado por Wachtel. Não devemos pensar no poder como primordial e na resistência como uma reação a ele; em vez disso, por paradoxal que pareça, a resistência é anterior ao poder. Aqui, podemos apreciar toda a importância da afirmação de Foucault de que o poder só é exercido sobre sujeitos livres. Sua liberdade é anterior ao exercício do poder, e sua resistência é simplesmente o esforço para fomentar, expandir e fortalecer essa liberdade. E nesse contexto o sonho de um exterior, de um ponto de vista ou apoio externo para a resistência, ao mesmo tempo é inútil e priva de poder.

Desse modo, nosso projeto conceitual poderia ser configurado como um quiasma. Um movimento desloca o estudo do complexo modernidade-colonialidade-racismo da posição externa da ideologia para a posição interna do biopoder. E o segundo viaja na direção oposta, abrindo-se do interior das resistências modernas para as lutas biopolíticas capazes de ruptura e da construção de uma alternativa.

2.2

Ambivalências da modernidade

> Alegría imaginou um mapa do mundo suspenso na escuridão, até que de repente uma minúscula chama se iluminou, seguida por outras, formando um colar ardente de revolução através das duas Américas.
> — Leslie Marmon Silko, *Almanac of the Dead*

Marxismo e modernidade

No que tange à modernidade, a tradição marxista é ambivalente e às vezes até contraditória. Ela contém uma forte corrente que celebra a modernidade como progresso e ao mesmo tempo desqualifica as forças da antimodernidade como superstição e atraso; mas não deixa de incluir uma linha de antimodernidade, que se revela com maior clareza nas posições teóricas e políticas intimamente ligadas à luta de classes. As resistências ao capital por parte de operários, camponeses e todos os que estão submetidos ao controle capitalista constituem uma instância central da antimodernidade no interior da modernidade.

A obra de Karl Marx constitui uma base sólida para a visão que identifica modernidade com progresso. Nos capítulos de *Grundrisse* dedicados à análise das "formas que antecedem a produção capitalista", por exemplo, ele insiste nas ligações deterministas que vinculam os modos asiático e antigo (escravagista) de produção à formação do modo capitalista. Essa leitura teleológica da história econômica postula divisões entre as formas e práticas econômicas, às vezes presentes no mesmo período histórico, e conduz tudo infalivelmente, na época de Marx, à centralidade do modo capitalista de produção, valendo-se da mesma lógica evolucionista primária usada quando ele sustenta, em um contexto algo diferente, que "a anatomia humana contém a chave da anatomia do macaco". Juntamente com Engels, Marx tende em muitas de suas obras a encarar os que não são da Europa como "povos sem história", separados do desenvolvimento do capital e enfeixados num presente imutável, sem capacidade de inovação histórica.[34] Isto explica o fato de Marx subestimar nesse período, década de 1850, as resistências anticoloniais, as lutas camponesas e, de modo geral, os movimentos de todos os trabalhadores indiretamente engajados na produção capitalista. Esta perspectiva também leva Marx a encarar a colonização (o domínio britânico na Índia, por exemplo) como necessária para o progresso, pois introduz na colônia relações capitalistas de produção.[35] Cabe acrescentar, a esse respeito, que as principais críticas desse elemento da obra de Marx por parte de historiadores e cientistas sociais europeus do século XIX e do início do século XX não contestam o aspecto teleológico e evolucionista da análise. Max Weber, por exemplo, amplia o leque de critérios de avaliação do desenvolvimento, incluindo fenômenos religiosos, políticos, culturais e de outras naturezas, mas não diminui a lógica determinista do progresso.[36]

A linha modernizadora e progressista do pensamento de Marx é reproduzida numa ampla variedade de discursos marxistas. O conceito social-democrata de modernidade "incompleta", mencionado anteriormente, baseia-se em pressupostos semelhantes, embora a relação desses pensadores com Marx seja, na melhor das hipóteses, tênue. A longa tradição de socialismo científico, bem como as polícias socialistas de desenvolvimento industrial, também derivam desse aspecto do pensamento de Marx. E a depreciação de figuras do trabalho e da rebelião de fora da classe operária industrial, como pré-capitalistas ou primitivas, tem uma significativa presença na tradição marxista.[37]

As teorias dos sistemas mundiais representam um exemplo ambíguo mas importante da herança dessa linha do pensamento de Marx. Já na obra de Fernand Braudel, na qual se inspiram as teorias dos sistemas mundiais,

AMBIVALÊNCIAS DA MODERNIDADE

e mesmo anteriormente, nas teorias morfológicas do desenvolvimento capitalista, considera-se que o mercado mundial é constituído mediante um processo relativamente linear de expansão da capacidade capitalista de exportação de bens. Gradualmente, sustenta essa teoria, o capital absorve em si mesmo todo o mundo. E isto certamente se verificou, mas não de uma maneira tão simples ou linear. É verdade que a perspectiva dos sistemas mundiais não apresenta uma progressão absolutamente linear em sua análise da expansão global: a progressão espacial (linear no sentido de que os processos capitalistas de integração são apresentados como irreversíveis) é acompanhada de uma ascese temporal que descreve as contradições cíclicas da expansão capitalista. No interior desses ciclos e de seus ritmos (da acumulação primitiva à centralização industrial e à acumulação financeira, retornando ao início depois da crise gerada pela acumulação financeira), os centros hegemônicos de desenvolvimento deslocam-se geograficamente — anteriormente, dos litorais do Mediterrâneo aos do Atlântico, e hoje em dia para a região do Pacífico — e consequentemente definem as hierarquias espaciais e/ou zonas de exclusão. Mesmo quando essas teorias levam em consideração as variações cíclicas, contudo, o caráter sistêmico do desenvolvimento e da expansão capitalista é mantido. O que o esquema não pode levar adequadamente em conta, mesmo quando se refere a movimentos "antissistêmicos", são as forças da antimodernidade: ele não é capaz de reconhecer a luta de classes como fundamental na determinação do desenvolvimento histórico, social e econômico; não pode entender o capital como uma relação que promove a cooperação (e portanto a separação) entre os poderes do trabalho e o domínio do capital; e, finalmente, não leva adequadamente em consideração as resistências dos sujeitos que não estejam diretamente envolvidos na produção capitalista. As versões menos sofisticadas da teoria dos sistemas mundiais escoram-se numa concepção do desenvolvimento em estágios sucessivos, na qual cada estágio determina um grau maior de progresso das relações sociais e econômicas. Mas até nas mãos de seus adeptos mais sofisticados a teoria dos sistemas mundiais, sem acesso às forças obscuras da antimodernidade, reproduz a ligação entre marxismo e modernidade.[38]

Seria um equívoco, contudo, identificar o marxismo como um todo com um conceito progressista de modernidade. De fato, quando examinamos as teorias da tradição marxista mais próximas da luta de classes e da ação revolucionária, as que se dedicaram à derrubada do poder da modernidade capitalista e ao rompimento com sua ideologia, divisamos um horizonte completamente diferente. As teorias anti-imperialistas e os projetos políticos que surgem no início do século XX constituem um exemplo importante da antimodernidade no marxismo e no comunismo revolucionário. Na obra de Rosa Luxemburgo, o terreno da realização e da valorização da corporação capitalista depende dos limites em expansão do mercado capitalista e, primordialmente, das fronteiras coloniais. Nesses limites — e na capacidade do capital de se expandir através de um constante processo de acumulação primitiva — realiza-se, com a consolidação do lucro coletivo, a progressiva subsunção do globo no interior do comando capitalista. Mas esse desdobramento cria, na perspectiva de Luxemburgo, enormes contradições, e os conceitos de contradição e crises por ela desenvolvidos focalizam as forças subjetivas que se manifestam contra a modernidade capitalista:

> Quanto mais implacavelmente o capital empreende a destruição de estratos não capitalistas, em casa e no mundo exterior, quanto mais rebaixa o padrão de vida dos trabalhadores como um todo, maior também é a mudança na história cotidiana do capital. Ela se transforma numa série de convulsões e desastres políticos e sociais, e em tais condições, pontuadas por catástrofes ou crises econômicas periódicas, a acumulação não pode ter prosseguimento. Mas antes mesmo de esse impasse econômico natural gerado pelo próprio capital ser propriamente atingido, torna-se necessário que a classe operária internacional se revolte contra o domínio do capital.[39]

Dentro desses limites de desenvolvimento, as crises capitalistas são constantemente geradas pelas forças da antimodernidade, ou seja, as revoltas proletárias.

AMBIVALÊNCIAS DA MODERNIDADE

Em Lenin, a face subjetiva da crise capitalista é ainda mais dramática. Enquanto as grandes potências capitalistas lutam umas com as outras em torno de projetos imperialistas conflitantes, na Primeira Guerra Mundial, as lutas contra a guerra e contra a lógica capitalista que a move fornecem um campo comum para as lutas anticapitalistas e anticoloniais. O "esboço popular" de Lenin, *O imperialismo*, além de oferecer análises do capital financeiro, dos bancos e semelhantes, propõe a tese de que a guerra interimperialista gerou não só miséria e morte para os trabalhadores do mundo como a oportunidade de romper as barreiras ideológicas que os dividiam. Lenin invectiva a "aristocracia do trabalho" que, nos países europeus, com seu chauvinismo e seu reformismo, apoia na prática o imperialismo, postulando o potencial de uma luta anti-imperialista comum que una "um bilhão de pessoas (nas colônias e semicolônias)" aos "escravos assalariados do capitalismo nas terras da 'civilização'".[40] O poder dessa luta comum contra a modernidade capitalista que anima o movimento comunista rompe completamente com o determinismo e a teleologia dos discursos progressistas.

Mao Tsé-tung dá continuidade a essa linha da teoria comunista revolucionária, enfatizando nela o poder da antimodernidade. Mao reconhece que o desenvolvimento econômico e social da China não pode ser realizado apenas seguindo os modelos da modernidade. Para reformar as estruturas de governo e transformar as condições de vida dos trabalhadores, para liberá-los das regras capitalistas, é necessário um caminho alternativo. A promoção do papel político do campesinato por parte de Mao, naturalmente, representa um desvio extremamente importante das posições ortodoxas, tal como, de maneira mais genérica, sua poderosa crítica do pensamento econômico stalinista.[41] Mesmo nos projetos mais extremos da modernização maoísta, sugere Wang Hui, há um forte elemento de antimodernidade. Essa "teoria antimoderna da modernização", explica ele, promove a convergência de características do pensamento chinês do fim da era qing em diante com a antimodernidade da tradição comunista revolucionária.[42]

Uma vez que tenhamos reconhecido essa corrente antimoderna do pensamento comunista revolucionário — a qual, devemos admitir, mesmo nos autores que citamos, é sempre ambivalente, misturada com noções de modernidade e progresso —, devemos lançar um outro olhar sobre a obra de Marx, pois ela não apoia uniformemente a linha da modernidade, como indicamos anteriormente. Em seus últimos anos de vida, na segunda metade da década de 1870, depois de ter trabalhado durante décadas no *Capital* e mergulhado de cabeça no projeto de criação de uma Internacional comunista, Marx passa a se interessar por formas pré-capitalistas ou não capitalistas de propriedade, passando a ler alguns dos fundadores da moderna antropologia e sociologia, como Lewis Morgan, Maksim Kovalevsky, John Phear, Henry Maine, John Lubbock e Georg Ludwig Maurer. Desenvolve uma hipótese de que a propriedade privada burguesa constitui apenas uma forma de propriedade entre muitas outras que existem paralelamente, e de que as regras da propriedade capitalista só são adquiridas através de um brutal e complexo treinamento disciplinar. Assim é que descarta completamente a rígida teoria das "formas pré-capitalistas" que desenvolvera na década de 1850: ele questiona a alegação de que as leis econômicas funcionam independentemente das circunstâncias históricas e sociais e estende sua perspectiva algo além dos limites eurocêntricos de seus pontos de vista anteriores, subordinando a história da Europa ao ponto de vista de todo o planeta, que contém diferenças radicais.

A ruptura de Marx com seus anteriores pressupostos de "progresso" parece consolidar-se quando ele recebe no fim da década de 1870 um pedido de decisão entre dois grupos de revolucionários russos: um dos lados, citando a obra do próprio Marx, insiste em que o capitalismo precisa ser desenvolvido na Rússia para que só então tenha início a luta pelo comunismo; e o outro vê na *mir*, a comuna camponesa russa, uma base já existente para o comunismo. Marx vê-se então numa posição difícil, pois embora seus principais escritos apoiem a primeira posição, seu pensamento no momento vai ao encontro desta última. Marx tenta conciliar os dois pontos de vista, alegando, por exemplo, no rascunho de uma carta a Vera

Zasulich, que para contemplar a questão "precisamos descer da pura teoria para a realidade russa". A necessidade histórica da destruição da propriedade comunal na Europa ocidental descrita por Marx no *Capital* não é, segundo explica ele em outra carta desse período, uma história universal que se aplique imediatamente à Rússia ou a qualquer outro lugar. "É um equívoco metamorfosear meu esboço histórico da gênese do capitalismo na Europa Ocidental numa teoria histórico-filosófica do desenvolvimento geral, imposta pelo destino a todos os povos, quaisquer que sejam as circunstâncias históricas em que se situem."[43] Na Rússia, com efeito, a tarefa da revolução consiste em deter os desdobramentos "progressistas" do capital que ameaçam a comuna russa. "Se a revolução vier no momento oportuno", escreve Marx, "se concentrar todas as suas forças de modo a conferir ampla margem de manobra à comuna rural, esta logo haverá de se desenvolver como um elemento de regeneração da sociedade russa e um elemento de superioridade sobre os países escravizados pelo sistema capitalista."[44] Acaso esta afirmação das forças da antimodernidade e aquilo que Étienne Balibar chama de sua hipótese "antievolucionista" revelam uma contradição em Marx? Se assim for, parece-nos uma contradição saudável, que enriquece seu pensamento.[45]

Um elemento importante que Marx parece intuir nessa troca mas não é capaz de articular é que as formas revolucionárias de antimodernidade estão firmemente plantadas no comum. José Carlos Mariátegui encontra-se em posição privilegiada para reconhecer este aspecto da resistência antimoderna tanto na Europa quanto fora dela. Depois de viajar para a Europa na década de 1920 e estudar os movimentos socialistas e comunistas no continente, ele volta ao seu Peru natal e descobre que as comunidades indígenas andinas, os *ayllus*, repousam numa base paralela. As comunidades indígenas defendem e preservam o acesso comum à terra, formas comuns de trabalho e uma organização social comunal — algo que se assemelha, no espírito de Mariátegui, às comunidades camponesas russas pré-revolucionárias que interessaram Marx, as *mir*. "O indígena", escreve ele, "apesar de cem anos de legislação republicana, não se tornou um individualista", pelo contrário resistindo em comunidades, com base no comum.[46] Mariátegui certamente reconhece os elementos teocráticos e despóticos da sociedade inca tradicional, mas também encontra nela um sólido enraizamento no comum que serve de base à resistência. Através de seu contato com o comunismo europeu, ele vem a entender a importância e o potencial das populações indígenas e das formas sociais do "comunismo inca" — não, é claro, como remanescente mantido intacto da época pré-colombiana ou um derivativo dos movimentos políticos europeus, mas como uma expressão dinâmica de resistência no interior da sociedade moderna. Dentro da Europa e fora dela, a antimodernidade deve ser entendida sobretudo na expressão social do comum.

Desenvolvimento socialista

Enquanto a tradição da teoria marxista tem uma relação ambivalente com a modernidade, a prática dos Estados socialistas está vinculada a ela de maneira mais inequívoca. As três grandes revoluções socialistas — na Rússia, na China e em Cuba —, embora as lutas revolucionárias que levaram a elas fossem perpassadas por poderosas forças de antimodernidade, vieram todas a perseguir projetos decididamente modernizadores. Os países capitalistas dominantes, como têm sustentado numerosos autores, promovem e impõem ao longo do século XX ideologias e políticas econômicas de desenvolvimento que, apesar de projetadas para beneficiar a todos, reproduzem as hierarquias globais da modernidade-colonialidade. Os programas dos Estados socialistas, contudo, dedicam-se igualmente a essa mesma noção de desenvolvimento, repetindo de maneira perversa a figura e as estruturas de poder dos países capitalistas a que se opõem. A crítica do imperialismo, que continua sendo um pilar ideológico central dos Estados socialistas pós-revolucionários, é forçada a caminhar de mãos dadas com a promoção de uma economia política desenvolvimentista.

Muito antes da vitória bolchevista, como dissemos anteriormente, fortes veios teóricos do pensamento revolucionário encaram a meta do socialismo não tanto como libertação mas como um desenvolvimento mais elevado, que se considera repetir ou mesmo aperfeiçoar a modernização dos países dominantes. A construção de um povo nacional e de um Estado socialista são ambos elementos funcionais da ideologia desenvolvimentista, que eclipsa qualquer desenvolvimento autônomo de necessidades alternativas e tradições indígenas. Em certos momentos, o desenvolvimento econômico é apresentado como um purgatório que precisa ser atravessado para alcançar os países capitalistas, mas com maior frequência é visto como o próprio paraíso. Criticar o desenvolvimento, naturalmente, não implica uma rejeição da prosperidade (pelo contrário!), assim como a crítica da modernidade não significa uma oposição à racionalidade ou ao iluminismo. Antes requer, como dissemos anteriormente, que assumamos um ponto de vista diferente, reconhecendo que a continuação da modernidade e dos programas de desenvolvimento apenas reproduz as hierarquias que os definem.[47]

A ambivalência entre modernidade e desenvolvimentismo dos programas econômicos dos Estados socialistas já pode ser identificada no estudo *O desenvolvimento do capitalismo na Rússia*, escrito por Lenin em 1898. O moderno modelo de desenvolvimento econômico que ele afirma diretamente entra em conflito, nesse livro, com sua avaliação do antagonismo "pré-moderno" — ou, na realidade, antimoderno — das classes subalternas. Ele tenta resolver a contradição reconhecendo-a: o progresso econômico é necessário agora para permitir que as classes subalternas amadureçam até serem capazes de efetivamente desafiar o domínio capitalista. Note-se, todavia, que sempre que Lenin tenta resolver uma contradição jogando-a para o futuro — notadamente em sua teoria do desaparecimento do Estado —, está meramente encobrindo um problema real. O processo de amadurecimento ou transição nunca chega ao fim, e a contradição permanece intacta. Neste caso, Lenin não carece do espírito de luta revolucionária, mas de uma análise suficiente da função mistificadora da ideologia capitalista e de sua noção de progresso.[48] De maneira semelhante, as ideologias desenvolvimentistas e as políticas econômicas dos Estados socialistas não traem as forças e teorias revolucionárias que levaram a eles; mais do que isso, revelam sua ambivalência ao enfatizar a face do progresso moderno e eliminar os elementos de antimodernidade.

Não é simples coincidência que nas últimas décadas do século XX, quando a "grande esperança" de que realmente existisse o socialismo resvala para a desilusão, as três grandes experiências socialistas se vejam envolvidas numa crise comum. No caso da União Soviética, qual teria sido seu modelo de desenvolvimento, uma miragem de libertação traduzida na língua do desenvolvimento capitalista? Tal modelo contemplava uma saída da dependência econômica através de estágios de desenvolvimento, mediante a canhestra absorção e transfiguração da modernidade capitalista na retórica do socialismo. O marxismo foi simplificado numa teoria evolucionista do progresso, da qual todos os elementos da antimodernidade eram excluídos como atrasados e subdesenvolvidos. A crise soviética envolveu todos os aspectos do desenvolvimento social, juntamente com o status democrático das estruturas políticas, os mecanismos de gestão da elite burocrática e a situação geopolítica da expansão quase colonial soviética.

Na China, a crise não levou ao colapso, mas a uma evolução do sistema que refinou a gestão política fortemente centralizada do desenvolvimento, pelos vetores da organização capitalista do trabalho. Isto pode ser direcionado por meios socialistas, burocráticos e centralizados ou de uma forma mais socialmente descentralizada, dando espaço e apoio às forças de mercado no contexto de um mercado global unificado que oferece lucros e uma vantagem competitiva em relação às desigualdades salariais e a condições de trabalho medíocres. A via chinesa para o neoliberalismo é diferente da adotada nos países capitalistas — com privatização limitada, continuidade do controle estatal, criação de novas divisões de classe com novas hierarquias entre áreas urbanas e rurais e assim por diante —, mas não menos eficaz. Retrospectivamente, o atual regime neoliberal da China nos ajuda a identificar com mais clareza como a ideologia desenvolvimentista era forte durante o regime socialista.

Cuba, finalmente, conseguiu até agora manter à distância as supremas consequências da crise, mas ao preço de se congelar no tempo, transformando-se numa espécie de reserva da ideologia socialista que perdeu seus componentes originais. A enorme pressão da crise, todavia, continua a ter efeitos profundos. E Cuba precisa constantemente evitar as duas alternativas ameaçadoras que parecem prefigurar seu futuro: o fim catastrófico da experiência soviética ou a evolução neoliberal da experiência chinesa.

Esta mesma ideologia socialista também viajou por várias décadas através dos chamados países subdesenvolvidos ou em desenvolvimento, da Índia e do leste asiático à América Latina, passando pela África. Também aqui verificou-se uma forte continuidade entre as teorias capitalistas do desenvolvimento e as teorias socialistas da dependência.[49] O projeto de modernidade e modernização tornou-se um elemento-chave do controle e repressão das forças da antimodernidade que emergiam nas lutas revolucionárias. As noções de "desenvolvimento nacional" e "Estado de todo o povo", que constantemente ofereciam uma promessa ilusória de futuro mas serviam apenas para legitimar as hierarquias globais existentes, constituíram uma das regurgitações mais danosas da ideologia socialista. Em nome da "unidade de todo o povo", com efeito, organizavam-se operações políticas que supostamente transcenderiam os conflitos de classe (embora simplesmente os reprimissem), assim confundindo os significados políticos de direita e esquerda, assim como os de fascismo e comunismo. Esse projeto reacionário da modernidade (por trás de uma máscara de socialismo) surge mais fortemente em momentos de crise econômica: foi parte da horrível experiência da década de 1930 soviética, e sob certos aspectos repete-se novamente hoje, não em nome da "unidade de todo o povo", mas na enlouquecida corrida de forças políticas eleitas de esquerda e de direita em direção ao "centrismo" parlamentar e populista, para criar o que Étienne Balibar chama de "extremismo do centro".[50]

O "ponto de vista equivocado" das três grandes experiências socialistas, para retomar de maneira irônica uma antiga expressão dos burocratas soviéticos, não se deve tanto ao fato de as normas progressistas do desenvolvimento capitalista terem sido internalizadas na consciência das classes dominantes do "socialismo real", mas ao fato de que, paradoxalmente, essas normas haviam sido internalizadas de maneira muito débil. Embora essas experiências de socialismo tivessem fracassado, o desenvolvimento capitalista na Rússia e na China não fracassou. Depois de crises relativamente breves, esses países voltaram ao capitalismo muito mais ricos e poderosos do que eram quando supostamente romperam com o desenvolvimento capitalista. O "socialismo real" revelou-se uma poderosa máquina de acumulação primitiva e desenvolvimento econômico. Entre outras inovações, em condições de subdesenvolvimento ele inventou instrumentos (como os do keynesianismo, por exemplo) que os Estados capitalistas só adotavam em fases de crises cíclicas; e antecipou e normalizou as ferramentas de governança para controle da exceção que (como veremos na Parte 4) continuam a ser usadas na atual ordem global. Considerando-se a exaustão do desenvolvimento capitalista global hoje, as crises do "socialismo real" adquirem uma aguda relevância contemporânea. *De te fabula narratur*: a história é na realidade sobre você.

Seria equivocado, contudo, esquecer ou minimizar o quanto as vitoriosas revoluções socialistas na Rússia, na China e em Cuba ajudaram e inspiraram os movimentos de libertação anticapitalistas e anti-imperialistas em todo o mundo. Devemos tomar cuidado para que nossa crítica delas não sirva simplesmente para reforçar as vulgares tentativas da ideologia dominante de cancelá-las de nossa memória. Cada uma dessas revoluções deu início a ciclos de lutas que se disseminaram pelo mundo uma espécie de contaminação viral, transmitindo suas esperanças e sonhos a outros movimentos. Seria útil, com efeito, neste ponto da história, poder avaliar de maneira realista em que medida a crise definitiva dos Estados socialistas comprometeu ou na verdade ajudou o curso dos movimentos de libertação. Em outras palavras, se afirmamos que o "breve século XX", que teve início em 1917, chegou ao fim entre Pequim e Berlim em 1989, isto não significa de modo algum que a esperança e o movimento pelo comunismo terminou, mas apenas que teve início um outro século. Exploraremos algumas das maneiras como as forças da antimodernidade agem hoje em dia no interior dos processos de globalização capitalista e contra eles e descobriremos uma rota de fuga da jaula da ideologia desenvolvimentista em que foram apanhados os Estados socialistas.

AMBIVALÊNCIAS DA MODERNIDADE

Seja como for, um fato que surge claramente dessa história é que as lutas de libertação já não podem ser concebidas em termos de modernização e estágios de desenvolvimento. A força da antimodernidade, que não se concretizou nas revoluções socialistas e nas lutas de independência nacional, vem mais uma vez para o primeiro plano, intacta, em nossa época. Che Guevara parece intuir este fato nos últimos anos de vida, ao tentar romper com o determinismo estrutural e a linearidade histórica da doutrina socialista, os quais, reconhecia ele, meramente reproduzem as características básicas da modernidade capitalista. "Perseguir a quimera da concretização do socialismo com ajuda das armas grosseiras que nos foram deixadas pelo capitalismo", escreve ele, leva a um beco sem saída. "Para construir o comunismo, é necessário criar, juntamente com os novos alicerces materiais, o homem novo."[51] Che certamente conhece em primeira mão as limitações do desenvolvimentismo socialista. Nos anos posteriores à revolução, atua como presidente do Banco Nacional e ministro das Indústrias. Mas em 1965 desaparece misteriosamente da vida pública, partindo para se integrar às lutas revolucionárias, primeiro no Congo e depois na Bolívia, onde vem a ser morto. Há quem veja nessa decisão de deixar Cuba e seus cargos governamentais um sinal de uma inquietação romântica pela aventura ou uma falta de disposição de arregaçar as mangas e encarar a árdua tarefa de construção de uma economia nacional. Preferimos interpretá-la como uma recusa da camisa de força burocrática e econômica do Estado socialista, uma recusa de obedecer aos ditames da ideologia do desenvolvimento. O novo homem que ele busca para construir o comunismo jamais será encontrado ali. Sua fuga para a selva é na verdade uma tentativa desesperada de redescobrir as forças de antimodernidade que ele conheceu na luta de libertação. Hoje fica ainda mais claro que na época de Che só os movimentos de baixo para cima, só as subjetividades na base dos processos produtivos e políticos têm a possibilidade de construir uma consciência de renovação e transformação. Essa consciência já não descende dos setores intelectuais que são orgânicos ao que se designava outrora por ciência socialista, emergindo, isto sim, das classes trabalhadoras e das multidões que propõem de maneira autônoma e criativa esperanças e sonhos antimodernos e anticapitalistas.

Caliban se liberta da dialética

Ao longo da modernidade, não raro paralelamente aos mais radicais projetos de racionalismo e iluminismo, continuam a surgir monstros. Na Europa, de Rabelais a Diderot e de Shakespeare a Mary Shelley, os monstros apresentam figuras de sublime desproporção e aterrador excesso, como se os limites da racionalidade moderna fossem por demais estreitos para conter seus extraordinários poderes criativos. Fora da Europa, igualmente, forças de antimodernidade são configuradas como monstros para controlar seu poder e legitimar sua dominação. Histórias de sacrifício humano entre os ameríndios servem de prova de sua crueldade, violência e loucura para os espanhóis do século XVI, assim como o conceito de canibalismo funciona para os colonizadores africanos em período posterior. As caças às bruxas, o sacrifício na fogueira e os julgamentos que se disseminam pela Europa e as Américas nos séculos XVI e XVII são outros exemplos das forças da antimodernidade apresentadas como irracionalidade e superstição, traindo a razão e a religião. As caças às bruxas com frequência se manifestam, na verdade, em regiões onde ocorreram recentemente intensas rebeliões camponesas, não raro lideradas por mulheres, resistindo à colonialidade, ao domínio capitalista e à dominação patriarcal.[52] Mas a modernidade encontra dificuldade para lidar com seus monstros e tenta descartá-los como ilusões, fábulas derivadas de uma imaginação hiperexcitada. "Perseu usava um chapéu mágico, para que os monstros que caçava não o vissem", escreve Marx. "Nós preferimos encobrir os olhos e os ouvidos com o chapéu mágico para negar que haja monstros."[53] Os monstros, contudo, são reais, e devemos abrir os olhos e os ouvidos para entender o que têm a nos dizer sobre a modernidade.

Max Horkheimer e Theodor Adorno tentam capturar os monstros da antimodernidade — o irracionalismo, o mito, a dominação e a barbárie — trazendo-os a uma relação dialética com o iluminismo. "Não temos dúvida", escrevem, "de que a liberdade na sociedade é inseparável do pensamento iluminista. Julgamos ter percebido com igual clareza, todavia, que o próprio conceito desse pensamento, assim como as formas históricas concretas, as instituições de sociedade com as quais está entrelaçado, já contêm o germe da regressão [sua reversão] que hoje ocorre em toda parte."[54] Eles veem a modernidade inextricavelmente apanhada numa relação íntima com seu oposto, levando inevitavelmente a sua autodestruição. Horkheimer e Adorno, escrevendo do exílio nos Estados Unidos no início da década de 1940, tentam entender a ascensão do nazismo na Alemanha e a mistura de racionalidade e barbárie do regime. Mas os nazistas não são anômalos em sua visão, e sim um sintoma da natureza da própria modernidade. Também os proletários, sustentam eles, estão sujeitos a essa mesma dialética, de tal maneira que seus projetos de liberdade e organização social racional são inevitavelmente funcionais à criação de uma sociedade total, administrada. Horkheimer e Adorno não veem qualquer momento de subsunção ou resolução dessa dialética, mas apenas uma constante frustração dos ideais da modernidade e mesmo uma degradação progressiva em direção ao oposto, de tal maneira que, em vez de afinal realizar uma condição verdadeiramente humana, estamos mergulhando numa nova espécie de barbárie.

A tese de Horkheimer e Adorno é extraordinariamente importante por se afastar decisivamente da linha modernizadora teleológica do pensamento marxista, mas do nosso ponto de vista, ao construir a relação entre modernidade e antimodernidade como uma dialética, eles cometem dois erros. Primeiro, a formulação tende a homogeneizar as forças da antimodernidade. Certas antimodernidades, como o nazismo, de fato constituem terríveis inimigos que escravizam a população, mas outras desafiam as estruturas de hierarquia e soberania com figuras de incontável liberdade. Em segundo lugar, ao enfeixar essa relação numa dialética, Horkheimer e Adorno limitam as antimodernidades a se posicionar em oposição e mesmo contradição com a modernidade. Em vez de ser um princípio de movimento, portanto, a dialética conduz a relação a um impasse. Isto explica o fato de Horkheimer e Adorno não enxergarem uma saída, deixando a humanidade fadada ao eterno jogo dos opostos. Parte do problema, assim, é a incapacidade de reconhecer diferenças entre figuras de antimodernidade, pois as mais poderosas dentre elas, aquelas que mais nos interessarão, não se posicionam numa relação especular e negativa com a modernidade, em vez disso, adotam uma atitude diagonal, não se opondo simplesmente a tudo que é moderno e racional, mas inventando novas racionalidades e novas formas de libertação. Precisamos sair do círculo vicioso estabelecido pela dialética de Horkheimer e Adorno, reconhecendo de que maneira os monstros positivos e produtivos da antimodernidade, os monstros da libertação, sempre superam a dominação da modernidade e apontam na direção de uma alternativa.

Uma maneira de romper com essa dialética é examinar a relação do ponto de vista dos monstros da modernidade. Em *A tempestade*, de Shakespeare, por exemplo, o selvagem e deformado Caliban é um poderoso símbolo do nativo colonizado como monstro terrível e ameaçador. (O próprio nome Caliban poderia ser considerado um anagrama de canibal, ao mesmo tempo que evoca os caribenhos, a população nativa das ilhas do Caribe exterminada no período colonial.) Próspero, o mago conta que tentou se aproximar e educar o monstro, mas, tendo ele ameaçado sua filha, Miranda, não teve outra escolha senão conter o brutamontes, aprisionando-o numa árvore. A monstruosidade e selvageria do nativo, segundo o script clássico, legitima o domínio do europeu em nome da modernidade. Caliban, contudo, não pode simplesmente ser morto ou descartado. "Não podemos perdê-lo", explica Próspero a Miranda. "Ele acende a fogueira para nós / junta a lenha e presta serviços / que nos são valiosos."[55] O trabalho do monstro é necessário, e assim ele deve ser mantido na sociedade insular.

A figura de Caliban também tem sido usada como símbolo de resistência das lutas anticoloniais do século XX no Caribe. A imagem monstruosa criada pelos colonizadores é reavaliada do outro ponto de vista, para contar a história do sofrimento dos colonizados e de suas lutas de libertação contra os colonizadores. "Próspero invadiu as ilhas", escreve Roberto Fernández Retamar, "matou nossos antepassados, escravizou Caliban e lhe ensinou sua língua para fazer-se entendido. Que mais poderia fazer Caliban, senão usar essa mesma língua — hoje ele não tem nenhuma outra — para amaldiçoá-lo, para desejar que a 'peste vermelha' se abata sobre ele? Não conheço outra metáfora mais expressiva de nossa situação cultural, de nossa realidade. (...) Que é nossa história, que é nossa cultura, senão a história e a cultura de Caliban?"[56] A cultura de Caliban é a cultura de resistência que volta as armas da dominação colonial contra ela própria. Desse modo, para Retamar, a vitória da Revolução Cubana é a vitória de Caliban sobre Próspero. Aimé Césaire reescreve a peça de Shakespeare de uma forma semelhante, para que agora Caliban, por tanto tempo tiranizado por Próspero, finalmente conquiste sua liberdade, não só rompendo as amarras de seu aprisionamento físico como se libertando ideologicamente da imagem monstruosa — subdesenvolvida, incompetente e inferior — que havia internalizado dos colonizadores. A "razão de Caliban" transforma-se assim numa figura do pensamento afro-caribenho em seu desenvolvimento distinto e autônomo em relação ao cânone europeu.[57]

Esse Caliban anticolonial oferece uma saída da dialética em que Horkheimer e Adorno nos aprisionaram. Da perspectiva dos colonizadores europeus, o monstro está contido na luta dialética entre razão e loucura, progresso e barbárie, modernidade e antimodernidade. Da perspectiva do colonizado, contudo, em sua luta pela libertação, Caliban, dotado de tanta razão e civilização quanto os colonizadores ou mesmo mais, só é monstruoso na medida em que seu desejo de liberdade ultrapassa os limites da relação colonial de biopoder, arrebentando as amarras da dialética.

Para reconhecer esse poder selvagem dos monstros, voltemos a um outro momento da filosofia europeia que, além de expressar o típico racismo e medo da alteridade, enfatiza o poder de transformação do monstro. Spinoza recebe uma carta do amigo Pieter Balling relatando que após a recente morte do filho ele continua às vezes a ouvir perturbadoramente a sua voz. Spinoza responde com um intrigante exemplo de suas próprias alucinações: "Certa manhã, quando o céu já começava a clarear, despertei de um sonho muito profundo, constatando que as imagens que nele me apareciam continuavam diante de meus olhos com a mesma vividez, como se as coisas fossem verdadeiras — especialmente [a imagem] de um negro brasileiro sarnento que eu jamais vira antes."[58] A primeira observação a fazer a respeito desta carta é sua construção racista do brasileiro negro sarnento como uma espécie de Caliban, muito provavelmente derivando do conhecimento de segunda mão que Spinoza tinha de experiências de comerciantes e empreendedores holandeses, particularmente judeus, que montaram negócios no Brasil no século XVII. Naturalmente, Spinoza não está nem de longe sozinho entre os filósofos europeus ao utilizar tais imagens racistas. Muitos dos mais importantes autores do cânone — destacando-se Hegel e Kant — não só invocam os não europeus em geral e as raças escuras especificamente como figuras da falta de razão como também montam argumentos para demonstrar suas capacidades mentais inferiores.[59] Entretanto, se interrompemos nossa leitura da carta neste ponto, perdemos o mais interessante no monstro de Spinoza, pois ele explica então de que maneira este configura para ele o poder da imaginação. Para Spinoza, a imaginação não gera ilusão, mas é uma real força material. É um campo aberto de possibilidades, no qual reconhecemos o que é comum entre um corpo e outro, uma ideia e outra, e as resultantes noções comuns são os blocos que permitem construir a razão e as ferramentas do constante projeto de aumento de nosso poder de pensar e agir. Para Spinoza, contudo, a imaginação é sempre excessiva, indo além dos limites do conhecimento e do pensamento atuais, apresentando a possibilidade de transformação e libertação. Seu monstro brasileiro, assim, além de ser um indício de sua mentalidade colonial, é uma figura que expressa os poderes excessivos, selvagens da imaginação. Quando reduzimos todas as figuras da antimodernidade a um domesticado jogo dialético de identidades opostas, perdemos as possibilidades libertadoras de suas fantasias monstruosas.[60]

É verdade, naturalmente, que sempre existiram e continuam a existir hoje forças de antimodernidade que não são em absoluto libertadoras. Horkheimer e Adorno têm razão de ver uma antimodernidade reacionária no projeto nazista, e também podemos reconhecê-la nos vários projetos modernos de limpeza étnica, nas fantasias supremacistas brancas da Ku Klux Klan e no delírio de dominação mundial dos neoconservadores americanos. O elemento antimoderno de todos esses projetos é a tentativa de romper a relação que está no coração da modernidade e liberar o dominador do trato com o subordinado. As teorias da soberania, de Juan Donoso Cortés a Carl Schmitt, são antimodernas na medida em que também procuram romper a relação de modernidade e pôr fim à luta que está no seu cerne, liberando o soberano. A chamada autonomia do político proposta por essas teorias é na realidade a autonomia dos que dominam em relação aos dominados, liberdade frente aos desafios e à resistência dos subjugados. Esse sonho é uma ilusão, naturalmente, pois os que governam jamais podem sobreviver sem os subordinados, exatamente como Próspero não pode dispensar o seu Caliban e, em última análise, como o capitalista nunca pode ver-se livre desses incômodos operários. Mas o fato de se tratar de uma ilusão não impede que continue hoje em dia gerando terríveis tragédias. Esses monstros são a matéria-prima dos pesadelos.

Isto nos atribui duas tarefas positivas para uma análise das forças da antimodernidade. A primeira é estabelecer uma clara distinção entre noções antimodernas reacionárias de poder que buscam romper a relação liberando o soberano e antimodernidades libertadoras que desafiam e subvertem hierarquias, afirmando a resistência e expandindo a liberdade dos subordinados. A segunda tarefa, então, é reconhecer de que maneira essa resistência e liberdade sempre ultrapassa a relação de dominação, não podendo, assim, ser recuperada em qualquer dialética com o poder moderno. Esses monstros detêm a chave para liberar novas forças criativas que vão além da oposição entre modernidade e antimodernidade.

2.3

Altermodernidade

> Mesrin: De onde você é?
> Azor: Do mundo.
> Mesrin: Está se referindo ao meu mundo?
> Azor: Oh, não sei, existem tantos mundos!
> — Marivaux, *La dispute*

> Um mundo no qual são possíveis muitos mundos.
> — Slogan zapatista

Como não ficar preso na antimodernidade

Até aqui exploramos a antimodernidade como uma forma de resistência interna da modernidade em pelo menos três sentidos. Primeiro, ela não é uma tentativa de preservar o pré-moderno ou o não moderno das forças em expansão da modernidade, e sim uma luta pela liberdade no interior da relação de poder da modernidade. Segundo, a antimodernidade não é geograficamente externa à modernidade, mas coextensiva com ela. O território europeu não pode ser identificado com a modernidade e o mundo colonial, com a antimodernidade. E assim como as partes subordinadas do mundo são igualmente modernas, assim também a antimodernidade perpassa a história do mundo dominante, em rebeliões de escravos, revoltas camponesas, resistências proletárias e todos os movimentos de libertação. Finalmente, a antimodernidade não é temporalmente externa à modernidade, no sentido de que não se manifesta simplesmente após o exercício do poder moderno, como uma reação. Na verdade, a antimodernidade é anterior, no sentido de que a relação de poder da modernidade só pode ser exercida sobre sujeitos livres que expressam essa liberdade através da resistência à hierarquia e à dominação. A modernidade precisa reagir para conter essas forças de libertação.

Neste ponto, contudo, especialmente depois de reconhecer o caráter selvagem, excessivo e monstruoso das lutas de libertação, deparamo-nos com os limites do conceito e das práticas da antimodernidade. Com efeito, assim como a modernidade nunca pode esquivar-se à relação com a antimodernidade, também a antimodernidade está no fim das contas presa à modernidade. Isto também vem a ser uma limitação geral do conceito e das práticas de resistência: correm o risco de ficar presos numa posição de confronto. Precisamos ser capazes de nos mover da resistência à alternativa e reconhecer de que maneira os movimentos de libertação podem alcançar autonomia e se libertar da relação de poder da modernidade.

Uma pista terminológica do movimento de protesto da globalização nos mostra uma saída desse dilema. Quando começaram a ocorrer grandes manifestações regulares nas reuniões dos líderes do sistema global em toda a América do Norte e na Europa, no fim da década de 1990 e nos primeiros anos do novo milênio, os meios de comunicação se apressaram a chamá-los de "antiglobalização". Os participantes desses movimentos não se sentiam à vontade com essa designação, pois, embora contestem a atual forma de globalização, em sua vasta maioria não se opunham à globalização como tal. Na verdade, suas propostas estão voltadas para relações de comércio, trocas culturais e processos políticos alternativos mas igualmente globais — e os próprios movimentos construíam redes globais. O nome que quiseram adotar, assim, em vez de "antiglobalização", foi "alterglobalização" (ou *altermondialisme*, como se tornou comum na França). A mudança terminológica sugere uma linha diagonal que escapa do jogo limitador de opostos — globalização e antiglobalização — e desloca a ênfase da resistência para a alternativa.

ALTERMODERNIDADE

Uma mudança terminológica semelhante permite-nos deslocar o terreno de discussão sobre a modernidade e a antimodernidade. *Altermodernidade* tem uma relação diagonal com modernidade. Assinala o conflito com as hierarquias da modernidade da mesma forma que as da antimodernidade, mas orienta as forças de resistência mais claramente para um terreno autônomo. Cabe notar, contudo, que a expressão altermodernidade pode gerar mal-entendidos. Para alguns, o termo pode implicar um processo reformista de adaptação da modernidade à nova condição global, ao mesmo tempo preservando suas características básicas. Para outros, poderia sugerir formas alternativas de modernidade, especialmente na medida em que sejam definidas geográfica e culturalmente, ou seja, uma modernidade chinesa, uma modernidade europeia, uma modernidade iraniana e assim por diante. Porém, com a expressão "altermodernidade", pretendemos indicar um rompimento decisivo com a modernidade e a relação de poder que a define, pois, em nossa concepção, altermodernidade surge das tradições da antimodernidade — mas também se afasta da modernidade, estendendo-se além da oposição e da resistência.

A proposta de estágios de evolução do "intelectual colonizado" feita por Frantz Fanon fornece uma orientação inicial para esse deslocamento da modernidade e da antimodernidade para a altermodernidade. No primeiro estágio de Fanon, o intelectual colonizado é tão assimilado quanto possível à cultura e ao pensamento europeus, acreditando que tudo que é moderno, bom e certo se origina na Europa e assim desvalorizando o passado colonial e sua presente cultura. Esse intelectual assimilado torna-se mais moderno e mais europeu que os europeus, à parte a pele escura. Mas alguns poucos intelectuais colonizados corajosos alcançam um segundo estágio e se rebelam contra o eurocentrismo de pensamento e a colonialidade de poder. "Para garantir sua salvação", explica Fanon, "para escapar à supremacia da cultura branca, o intelectual colonizado sente a necessidade de retornar a suas raízes desconhecidas e se perder, aconteça o que acontecer, no meio de seu povo bárbaro."[61] É fácil reconhecer também toda uma série de formas paralelas que os intelectuais antimodernos assumem nos países dominantes, buscando escapar e desafiar as hierarquias institucionalizadas da modernidade em termos de raça, gênero, classe ou sexualidade e afirmar a tradição e a identidade dos subordinados como alicerce e bússola. Fanon reconhece a nobreza dessa posição intelectual antimoderna mas também adverte para suas armadilhas, da mesma forma como alerta contra os riscos da consciência nacional, da negritude e do pan-africanismo. O risco é que, afirmando a identidade e a tradição, seja voltando-se para o sofrimento passado ou para as glórias passadas, seja gerada uma posição estática, mesmo em sua oposição à dominação da modernidade. O intelectual precisa evitar ficar preso na antimodernidade e atravessá-la em direção a um terceiro estágio. "Tentar aferrar-se à tradição ou reviver tradições negligenciadas é não só ir contra a história, mas contra o próprio povo", prossegue Fanon. "Quando um povo apoia uma luta armada ou mesmo política contra um colonialismo implacável, a tradição muda de significado."[62] E tampouco a identidade mantém-se fixa, ao contrário, deve ser transformada num devir revolucionário. O resultado final do processo revolucionário, para Fanon, deve ser a criação de uma nova humanidade, que vai além da oposição estática entre modernidade e antimodernidade e surge como um processo dinâmico e criativo. A passagem da antimodernidade para a altermodernidade não é definida pela oposição, mas pela ruptura e transformação.

Um campo particularmente complexo para a investigação da fronteira entre antimodernidade e altermodernidade são os movimentos e discursos de indigenismo que se desenvolveram nas últimas décadas, sobretudo nas Américas e no Pacífico. Trata-se, naturalmente, de um terreno clássico da antimodernidade: desde as invasões europeias, a afirmação das tradições e identidades indígenas tem servido como poderosa arma de defesa. Ao mesmo tempo, paradoxalmente, as reivindicações de direitos indígenas em certas sociedades, especialmente naquelas em que os direitos se baseiam em tratados históricos, como a Austrália, a Nova Zelândia e o Canadá, estão associadas à preservação da memória e da tradição, com isto efetivamente punindo o desvio da identidade. De acordo com a ideologia do multiculturalismo liberal comum às sociedades coloniais, os sujeitos indígenas são convocados ou mesmo obrigados a apresentar uma identidade autêntica.[63] E no entanto muitos movimentos e discursos indígenas contemporâneos conseguem escapar à antimodernidade e abrir-se para a altermodernidade.

As ambiguidades entre as posições anti e altermodernas ficam evidentes, por exemplo, numa antologia de textos de teóricos indígenas latino-americanos editada por Guillermo Bonfil Batalla no início da década de 1980. O projeto de *indianidad* (indianidade) comum a esses autores, explica ele na introdução, está voltado na realidade para o aniquilamento do "índio". Por aniquilamento ele não quer dizer, naturalmente, a destruição física dos índios, que de fato chegou a ser um subproduto quando não um objetivo direto da modernidade ao longo dos últimos quinhentos anos. Tampouco se refere a um processo alinhado com as políticas de "modernização" das oligarquias liberais em toda a América Latina, no sentido de hispanizar e assimilar as populações indígenas, fazendo com que "o índio" desapareça através dos casamentos cruzados, da migração e da educação, de tal maneira que as civilizações indígenas ficassem relegadas aos museus. O projeto de abolição do índio é, isto sim, a destruição de uma identidade criada pelos colonizadores e portanto solidamente baseada na antimodernidade. O ponto crucial para nós, no entanto, vem no passo seguinte da argumentação. Uma alternativa, uma vez abolida a identidade colonial, é restabelecer as identidades "autênticas" — o quiché, o maia, o quechua, o aymara e assim por diante — tal como existiam antes do encontro com a civilização europeia, com seus modos tradicionais de organização social e autoridade. Esta noção mantém-se estritamente dentro da tradição da antimodernidade e do segundo estágio da sequência de Fanon. O discurso de Bonfil Batalla, neste como em outros trabalhos seus, mantém-se enfeixado nas formações de identidade da antimodernidade; mas de qualquer maneira, sugere uma abertura para uma outra opção. "A identidade étnica não é uma entelequia abstrata e a-histórica", escreve ele; "não é uma dimensão alheia ao devir social nem um princípio eterno e imutável."[64] Este conceito de devir social sugere a possibilidade de sair da antimodernidade do indigenismo na direção de uma altermodernidade indígena.

A romancista Leslie Marmon Silko é uma das mais interessantes teóricas da altermodernidade. Seus romances demonstram como o roubo de terras, o domínio da propriedade privada, o militarismo e outros aspectos da dominação moderna continuam a arruinar as vidas de tantos americanos nativos. Mas ressaltam, por outro lado, os processos de mistura, movimento e transformação que perturbam quaisquer formações antimodernas de identidade e tradição. Eles estão cheios de *mestizas/mestizos*, índios negros, "*half-breeds*" [mestiços], índios excluídos de suas tribos e outras figuras híbridas, constantemente se deslocando pelo deserto e atravessando fronteiras. Seus protagonistas nunca se esquecem do passado, da sabedoria dos mais velhos e dos livros sagrados dos antepassados, mas para manter a tradição viva e honrar as antigas profecias, precisam estar constantemente criando de novo o mundo e, com isto, transformando a si mesmos. As práticas, formas de conhecimento e cerimônias dos americanos nativos precisam ser constantemente transformadas para manter sua força. Desse modo, no mundo de Silko, a revolução é a única maneira não só de nos rebelarmos contra os que destroem e assegurar nossa sobrevivência, mas, paradoxalmente, de preservar nossa mais preciosa herança do passado.[65]

As campanhas zapatistas pelos direitos dos indígenas no México representam um claro exemplo político dessa altermodernidade. Os zapatistas não adotam qualquer das duas estratégias convencionais que vinculam direitos a identidade: nem exigem o reconhecimento jurídico das identidades indígenas em pé de igualdade com outras identidades (em alinhamento com uma tradição do direito positivo); tampouco proclamam a soberania das estruturas e autoridades tradicionais indígenas de poder no que diz respeito ao Estado (de acordo com o direito natural). Para a maioria dos zapatistas, com efeito, o processo de se tornar politizado já envolve tanto um conflito com o Estado mexicano quanto uma recusa das tradicionais estruturas de autoridade das comunidades indígenas. Desse modo, a autonomia e a autodeterminação foram os princípios que orientaram a estratégia zapatista nas negociações com o governo de Ernesto Zedillo, em 1996, para as reformas constitucionais dos Acordos de San Andrés sobre

ALTERMODERNIDADE

Direitos e Cultura Indígenas. Todavia, como o governo não honrasse o acordo, os zapatistas começaram uma série de projetos para pôr em prática os seus princípios, instituindo centros administrativas regionais autônomos (*caracoles*) e "juntas de bom governo". Embora os membros das comunidades zapatistas sejam predominantemente indígenas, e ainda que lutem de forma enérgica e coerente contra o racismo, sua política não repousa numa identidade fixa. Eles exigem o direito de não "ser quem somos", mas de "nos tornarmos o que queremos". Tais princípios de movimento e autotransformação permitem aos zapatistas evitar o aprisionamento na antimodernidade e evoluir para o terreno da altermodernidade.[66]

A altermodernidade, assim, envolve não só a inserção na longa história de lutas antimodernas como também a ruptura com qualquer dialética fixa entre soberania moderna e resistência antimoderna. Na passagem da antimodernidade para a altermodernidade, assim como a tradição e a identidade são transformadas, também a resistência adquire um novo significado, voltando-se agora para a constituição de alternativas. A liberdade que forma a base da resistência, como explicamos anteriormente, vem a primeiro plano, constituindo um acontecimento que anuncia um novo projeto político. Esta concepção da altermodernidade oferece uma maneira preliminar de estabelecer a distinção entre socialismo e comunismo: enquanto o socialismo abarca de maneira ambivalente a modernidade e a antimodernidade, o comunismo deve romper com ambas, apresentando uma relação direta com o comum para desenvolver os caminhos da altermodernidade.

A multidão em Cochabamba

A altermodernidade não é apenas uma questão de cultura e civilização, mas também de trabalho e produção. Ao longo do período moderno, todavia, esses campos de luta muitas vezes foram considerados separados e mesmo antagônicos. O estereótipo em muitas partes do mundo, não inteiramente falso, é que as lutas trabalhistas são lideradas por classes operárias industriais engajadas em projetos de modernização, ao passo que as lutas civilizatórias são povoadas por gente de cor e grupos indígenas com programas antimodernos. Do ponto de vista das lutas civilizatórias, portanto, as metas e políticas dos movimentos trabalhistas podem ser tão prejudiciais quanto as das classes dominantes, repetindo suas práticas racistas e promovendo suas visões culturais eurocêntricas; e, da perspectiva dos movimentos trabalhistas, as lutas civilizatórias frequentemente são consideradas atrasadas, pré-modernas e até primitivas. Muitas outras subjetividades também foram arrastadas neste conflito. Em certos momentos, os movimentos camponeses aproximaram-se mais de um ou outro lado dessa linha divisória, e as lutas de gênero às vezes se aliaram a um ou a ambos os lados, mas com frequência têm ficado subordinadas aos dois. Esses conflitos ideológicos e práticos têm tensionado e mesmo rompido alianças em movimentos comunistas, de libertação nacional e lutas anti-imperialistas. A passagem da antimodernidade para a altermodernidade traz consigo um significativo deslocamento, por meio do qual esses campos de lutas adotam pelo menos potencialmente um novo alinhamento, não no sentido de se unificarem ou de estabelecerem uma hegemonia de um sobre os demais, mas na medida em que marcham em frente, de maneira autônoma, por caminhos paralelos.

Os movimentos sociais que na Bolívia abriram caminho para a eleição de Evo Morales para a presidência em 2005 constituem um forte exemplo desse paralelismo da altermodernidade, realçando formas políticas que expressam a autonomia e a conexão de diferentes conjuntos de reivindicações e subjetividades sociais. Dois pontos altos desse ciclo de lutas foram a disputa em 2000 pelo controle dos recursos de água em Cochabamba e no vale que a circunda; e a batalha de 2003 pelo direito de controlar os recursos de gás natural em El Alto e nos altiplanos. Em linhas gerais, temos aqui exemplos clássicos da resistência ao neoliberalismo que surgiu em todo o mundo nos últimos anos. No caso de Cochabamba, cidade de porte médio no interior da Bolívia, o Banco Mundial recomendou ao governo nacional que eliminasse os subsídios necessários para o serviço público de abastecimento de água, vendendo o sistema de abastecimento a investidores estrangeiros, que estabeleceriam um "sistema adequado de

ALTERMODERNIDADE

cobrança". Tendo o governo seguido a recomendação e vendido o sistema de abastecimento de água, o consórcio estrangeiro imediatamente elevou em 35% as taxas locais de água e tiveram início os protestos. A guerra do gás em 2003 segue o mesmo script. Não se trata, porém, de incidentes isolados, mas apenas dos pontos mais visíveis de um nível constantemente alto de mobilização em todo o país pelo menos de 2000 a 2005. O mais notável nessas lutas é a maneira como conseguem coordenar uma ampla variedade de reivindicações econômicas e sociais em redes horizontais, demonstrando talvez de maneira mais clara que qualquer outra experiência a mudança da antimodernidade para a altermodernidade.

Para melhor avaliar a complexidade dessa situação, devemos reconhecer que a sociedade e os movimentos bolivianos apresentam multiplicidades a cada passo. Em primeiro lugar, o que está em questão nessas lutas não é meramente um problema econômico (de terras, trabalho e recursos naturais), nem se trata apenas de um problema racial, cultural ou civilizatório. É tudo isto ao mesmo tempo. Em segundo lugar, em cada um desses terrenos manifesta-se uma multiplicidade de subjetividades engajadas na luta. O sociólogo René Zavaleta percebe essa multiplicidade ao caracterizar a Bolívia da década de 1970 como uma *sociedad abigarrada*, o que poderia ser traduzido como uma sociedade multicolorida, diversificada e mesmo heterogênea.[67] Zavaleta vê essa diversidade social a uma luz negativa, como sinal do caráter "pré-moderno" da Bolívia, como se modernidade fosse definida por classes, identidades e instituições sociais homogêneas. Em nossa concepção, todavia, a Bolívia não só é tão moderna quanto a França, a Índia ou o Canadá como igualmente aberta à altermodernidade. A diversidade reconhecida por Zavaleta é, no contexto da altermodernidade, uma chave potencial para a transformação social. A questão aqui é de que maneira as multiplicidades sociais em questão interagem e, especificamente, de que maneira cooperam na luta comum. Para entender esta dinâmica, precisamos examinar mais atentamente a natureza dessa *sociedade abigarrada* e reconhecer as relações entre as várias singularidades sociais que compõem os movimentos sociais.

A ampla diversidade de grupos raciais engajados nas lutas é evidente: além dos elementos de ascendência europeia, existem oficialmente 36 diferentes etnias ou povos indígenas na Bolívia, sendo os mais numerosos os aymara e os quechua, juntamente com várias populações de herança mestiça. É um dos eixos em torno dos quais os movimentos se mostram plurais ou multicoloridos. As formas e setores de trabalho são igualmente diversos, mas este eixo não pode ser entendido sem um certo conhecimento da história econômica boliviana. Depois da revolução de 1952, os movimentos de trabalhadores e camponeses se organizaram em poderosos sindicatos, e os mineiros bolivianos, juntamente com uma força de trabalho industrial relativamente pequena, desempenharam um papel central na política nacional. A hegemonia da antiga classe trabalhadora chegou ao fim no fim da década de 1980, contudo, em consequência da repressão política e militar e, o que é mais importante, da reestruturação econômica que transformou a força de trabalho boliviana. Algumas das maiores minas foram fechadas, e muitos dos camponeses que haviam sido recrutados como mineiros uma geração antes tiveram de migrar novamente em busca de trabalho. À medida que os trabalhadores eram cada vez mais forçados a se deslocar de um lugar para outro, de uma ocupação para outra, e tendo uma parte cada vez maior da força de trabalho de trabalhar sem contratos fixos, a classe trabalhadora tornou-se mais complexa em sua composição, e, como outras classes trabalhadoras em todo o mundo, teve de se tornar mais flexível e móvel. A resultante multiplicidade de trabalhadores e condições de trabalho impede que a classe continue sendo organizada verticalmente, em estruturas centralizadas. Os mineiros já não podem representar hegemonicamente os interesses de toda a classe trabalhadora boliviana, assim como, em outros países, os trabalhadores do setor automotivo ou siderúrgicos já não podem desempenhar tal papel. Desse modo, passam a ser questionadas todas as relações de hegemonia e representação no interior da classe trabalhadora. Nem mesmo é possível para os sindicatos tradicionais representar de maneira adequada a complexa multiplicidade dos sujeitos e experiências de classe. Essa mudança, contudo, não representa um adeus à classe trabalhadora nem mesmo um declínio da luta dos trabalhadores, mas antes uma crescente multiplicidade do proletariado e uma nova fisionomia das lutas. Os movimentos sociais bolivianos são "multicoloridos", portanto, em pelo menos dois eixos que se cruzam: o eixo racial, étnico e cultural; e o eixo dos diferentes setores de trabalho engajados na luta comum.[68]

Seguindo Zavaleta, um grupo de estudiosos bolivianos contemporâneos emprega a expressão "forma-multidão", em contraste com a velha "forma-classe", para designar as lutas internamente diferenciadas da altermodernidade. A forma-multidão é o que caracteriza as lutas numa *sociedad abigarrada*. Enquanto Zavaleta via a multidão como passiva ou meramente espontânea, em virtude de sua multiplicidade, em contraste com a unidade ativa da classe, esses estudiosos contemporâneos entendem-na como protagonista de um projeto político coerente. A multidão é uma forma de organização política que, por um lado, enfatiza a multiplicidade de singularidades sociais em luta e, por outro, busca coordenar suas ações comuns e manter sua igualdade em estruturas organizacionais horizontais. A "Coordenação pela Defesa da Água", por exemplo, organizando as lutas em Cochabamba em 2000, é uma dessas estruturas horizontais. O que as recentes experiências bolivianas deixam claro, na verdade, é a maneira como a forma-multidão consegue construir a organização política não só entre os diversos componentes da classe trabalhadora, e não só em meio a multiplicidade no terreno racial e étnico, mas também entre esses eixos. "Esta fragmentação dos movimentos", explica Álvaro García Linera, "expressa a realidade étnica, cultural, política, de classe e regional estruturalmente segmentada da própria sociedade, o que nos obriga a reinventar os meios de articulação do social, não como uma fusão hierárquica, mas na forma de redes horizontais provisórias."[69] A forma-multidão não é uma chave mágica que abre todas as portas, mas de fato coloca adequadamente um real problema político e postula, como meio para enfrentá-lo, um conjunto aberto de singularidades sociais que são autônomas e iguais, e que têm juntas, a partir da articulação de suas ações em caminhos paralelos de uma rede horizontal, a capacidade de transformar a sociedade.[70]

A multidão, desse modo, é um conceito de paralelismo aplicado, capaz de apreender a especificidade das lutas altermodernas, que se caracterizam pelas relações de autonomia, igualdade e interdependência entre vastas multiplicidades de singularidades. Nas lutas bolivianas, como em tantas outras semelhantes ao redor do mundo, não existe uma única figura de trabalho, como os mineiros, que possa liderar ou alegar estar representando todos os trabalhadores. Em vez disso, mineiros, operários industriais, camponeses, pessoas desempregadas, estudantes, trabalhadores domésticos e numerosos outros setores do trabalho participam igualmente da luta. Da mesma forma, as lutas bolivianas não são lideradas por grupos não indígenas nem tampouco, na verdade, por grupos indígenas. Uma multiplicidade de singularidades sociais definidas mais ou menos por sua cultura ou etnia ou posição de trabalho coordena suas lutas conjuntamente na multidão. O princípio orientador aqui é o mesmo que vimos anteriormente no contexto dos zapatistas: voltado não para o reconhecimento, a preservação ou a afirmação de identidade, mas para o poder de autodeterminação da multidão. Na altermodernidade, os obstáculos e divisões da antimodernidade — particularmente os que se manifestam entre as lutas civilizatórias e do trabalho — foram deslocados por uma nova fisionomia de lutas que postula a multiplicidade como um elemento primordial do projeto político.

As lutas da multidão boliviana também demonstram outra característica essencial da altermodernidade: sua base no comum. Em primeiro lugar, as exigências centrais dessas lutas estão explicitamente voltadas para a garantia de que recursos como a água e o gás não sejam privatizadas. A multidão da altermodernidade, neste sentido, vai de encontro à república da propriedade. Em segundo lugar, e mais importante, as lutas da multidão baseiam-se em estruturas organizacionais comuns, nas quais o comum não é visto como um recurso natural, mas como um produto social, e esse comum é uma fonte inesgotável de inovação e criatividade. Na cidade de El Alto, por exemplo, os Comitês de Defesa do Gás Nacional, que mobilizaram as lutas em 2003, funcionavam com base em práticas locais e estruturas de autogoverno já existentes. El Alto é um enorme subúrbio de La Paz, habitado basicamente por populações aymaras que migraram para a capital provenientes dos altiplanos rurais ao longo dos últimos vinte anos. Assim, as lutas surgiram dos padrões organizacionais e das práticas de autogoverno das comunidades aymaras rurais e eram por eles condicionadas, sempre com base no comum: acesso comum aos recursos e à propriedade, responsabilidade comum pelas questões comunitárias e assim por diante. Por outro lado, os conselhos de vizinhança de El Alto, organizados numa federação municipal, constituem outra base do autogoverno. Os conselhos de vizinhança asseguram todo um leque de serviços que não são oferecidos pelo governo, da educação à saúde, passando por outros serviços sociais, tomando decisões sobre recursos compartilhados e responsabilidades da cidadania. Quando tiveram início em 2003 as mobilizações de massa, não se tratava, como presumiram alguns, de uma rebelião espontânea, mas de uma estrutura organizacional madura que emanava diretamente de redes já existentes e bem estabelecidas práticas de autogoverno.[71]

Esta visão de uma multidão composta de um conjunto de singularidades e baseada em práticas de autodeterminação e do comum ainda carece de um elemento essencial da altermodernidade: sua constante metamorfose, sua mistura e movimento. Toda singularidade é um devir social. O que a multidão apresenta, então, não é apenas uma *sociedad abigarrada* engajada numa luta comum, mas também uma sociedade em constante processo de metamorfose. A resistência e a colaboração com outros, afinal, é sempre uma experiência transformadora. Em vez de ser um mosaico estático de partes multicoloridas, essa sociedade mais se assemelha a um caleidoscópio no qual as cores estão constantemente mudando para formar novos e mais belos padrões, e mesmo se misturando para formar novas cores.

Ruptura e constituição

Neste capítulo, viajamos por algumas paisagens da altermodernidade, enfatizando a maneira como emanam de lutas antimodernas e vão além delas. A tarefa da altermodernidade, ilustrada por alguns movimentos sociais que fazem experimentação com a forma multidão, trata-se de não só resistir e desafiar as relações hierárquicas estabelecidas pela modernidade e as identidades de antimodernidade, mas também criar alternativas baseadas no comum. A altermodernidade, assim, compartilha certos atributos dos discursos da hiper e da pós-modernidade mas é fundamentalmente diferente.

Poderíamos dizer, em uma divertida simplificação nacionalista, que os alemães são basicamente responsáveis pelo conceito de hipermodernidade, os intelectuais americanos, pelo de pós-modernidade e os franceses, pelo de altermodernidade — embora nossa preferência pela posição da altermodernidade não se deva a nenhuma tendência francófila. Todos esses conceitos representam algum tipo de ruptura histórica na modernidade ou em relação a ela, mas a natureza dessa ruptura e as possibilidades que descortina apresentam diferenças importantes. Nossa intenção é agrupar todos esses conceitos, sob o termo "hipermodernidade", ou então segunda modernidade e modernidade reflexiva, expressões usadas por autores como Ulrich Beck e Jürgen Habermas, cujo argumento é de que não há no mundo contemporâneo uma ruptura com os princípios da modernidade, mas uma transformação de algumas das principais instituições da modernidade. Embora essas perspectivas efetivamente reconheçam bem muitas das mudanças estruturais do Estado-nação, os desdobramentos e regulamentações do trabalho e da produção capitalista, a organização biopolítica da sociedade, da família nuclear e assim por diante, nada disso implica o rompimento com a modernidade; na verdade, essas perspectivas não consideram isto um resultado desejável. Ao contrário, elas contemplam a modernização e o aperfeiçoamento da modernidade, aplicando seus princípios de uma forma reflexiva a suas próprias instituições. Do nosso ponto de vista, todavia, esta hipermodernidade simplesmente dá continuidade às hierarquias centrais à modernidade, depositando sua fé na reforma e não na resistência, e, portanto, não desafia o domínio capitalista, mesmo quando reconhece as novas formas da "real subsunção" da sociedade no interior do capital.[72]

A pós-modernidade assinala uma ruptura muito mais substancial que a hipermodernidade, postulando o fim dos elementos centrais da modernidade, o que é motivo de comemoração para certos autores e de lástima para outros. Em trabalhos anteriores, também utilizamos o conceito de pós-modernidade para enfatizar a importância da ruptura histórica que apresenta novas condições e possibilidades numa ampla variedade de campos sociais: no terreno econômico, por exemplo, com a reorganização das relações de produção na emergência da hegemonia da produção imaterial; e no terreno político, com o declínio das estruturas de soberania nacional e a emergência de mecanismos globais de controle. A expressão "pós-modernidade", contudo, é conceitualmente ambígua, pois constitui primordialmente uma designação negativa, enfatizando o que chegou ao fim. Na verdade, muitos autores que afirmam o conceito de pós-modernidade podem ser vinculados às tradições do "pensamento negativo" e/ou às filosofias da *Krisis*.[73] Eles concentram sua atenção no destino destrutivo do Iluminismo e na impotência da razão diante das novas figuras de poder; mas, apesar de denunciarem e protestarem vigorosamente contra a incapacidade da razão de reagir à crise, não reconhecem as capacidades das subjetividades vivas de resistir a esse poder e lutar pela liberdade. Desse modo, os filósofos da *Krisis* apreendem corretamente, e talvez, em certos casos, sem sabê-lo, o declínio definitivo da linha dominante do pensamento iluminista e seu eurocentrismo. Eles têm a oferecer apenas pensamento débil e esteticismo ao se postarem sobre o túmulo da crítica iluminista — e, naturalmente, ao redor do túmulo começam a falar de teologia.[74] As diferentes teorias da pós-modernidade, que são extraordinariamente diversas, geralmente fazem referência à volatilidade contemporânea das normas e convenções sociais, mas a própria expressão não captura uma noção muito forte de resistência nem articula o que constitui o "além" da modernidade.

A altermodernidade, em contraste, assinala uma ruptura mais profunda com a modernidade que a hipermodernidade ou a pós-modernidade. Na verdade, ela se encontra a uma dupla distância da modernidade, pois, em primeiro lugar, se alicerça nas lutas da antimodernidade e na resistência às hierarquias que estão em seu cerne, e, em segundo lugar, rompe com a antimodernidade ao recusar a oposição dialética, deslocando-se da resistência para a proposição de alternativas. Não temos, aqui, uma convicção de que os princípios essenciais da modernidade possam ser reformados e aperfeiçoados, como acontece no caso dos propositores da hipermodernidade. As lutas da antimodernidade há muito varreram qualquer resíduo desse tipo de ilusão. E, em contraste com a maioria das propostas da pós-modernidade, a altermodernidade oferece uma forte noção de novos valores, novos conhecimentos e novas práticas; em suma, a altermodernidade constitui um dispositivo para a produção de subjetividade.

Para construir uma definição de altermodernidade em seus próprios termos, e não simplesmente em contraste com outros conceitos, propomos três linhas gerais de investigação, cada uma delas designando histórias de luta que convergem na altermodernidade. A primeira é a linha do Iluminismo europeu, ou melhor, uma linha alternativa no interior do Iluminismo europeu. Demos um exemplo dessa linha anteriormente, ao retraçar as ligações entre Maquiavel, Spinoza e Marx. Desde o início da sociedade burguesa e da filosofia europeia moderna, essa linha corresponde à busca da democracia absoluta diante da soberania absolutista, seja qual for a sua organização, mesmo sob capa republicana.[75] Muitas das figuras centrais do cânone da filosofia europeia, como Immanuel Kant e Friedrich Nietzsche, ocupam posições ambíguas no que diz respeito a esta linha; mas a necessidade de criticá-los e ao pensamento europeu como um todo não nos deve levar a esquecer que a tradição e seus principais filósofos também contêm concepções extraordinariamente poderosas da libertação. O desejo de libertar a humanidade do peso da pobreza e da exploração, da superstição e da dominação pode às vezes submergir e tornar-se irreconhecível pela formação transcendental dominante que legitima e consolida as relações de poder da modernidade; porém continua sendo, no pensamento europeu, uma linha alternativa subterrânea.

ALTERMODERNIDADE

Os movimentos de trabalhadores em todo o mundo constituem uma segunda linha que, de maneira não raro dramática e às vezes trágica, tem atuado na fronteira entre a modernidade, a antimodernidade e a altermodernidade. Também aqui, tanto na teoria marxista quanto na prática socialista, a linha alternativa com frequência se torna irreconhecível. Nas teorias dominantes dos movimentos de trabalhadores, a ideologia linear do progresso e do desenvolvimento capitalista muitas vezes vem associada à convicção de que o pensamento e a sociedade europeus são a fonte da inovação, assim prefigurando os futuros rumos do resto do mundo. Os Estados socialistas e o "socialismo real" sempre ocultam em seus armários a certeza de que as relações produtivas da modernidade capitalista precisam ser mantidas e de que o progresso deve avançar por "estágios de desenvolvimento". A incansável crítica disto, todavia, não nos deve cegar para a linha alternativa que existe ao longo da tradição. Devemos manter em mente os momentos de forte ambivalência que, como vimos anteriormente, caracterizam os pensadores centrais da tradição: no primeiro e no último Marx, em suas tentativas de identificar o comunismo na crítica da propriedade privada e nas críticas da natureza progressista e eurocêntrica de suas próprias teorias; na tendência recorrente do pensamento de Lenin para reabrir o terreno de uma luta anti-imperialista e afastar a ação comunista do bloco estrutural do desenvolvimento capitalista; e na contradição, em Mao, entre o impulso para uma revolução anticapitalista radical, com a construção de uma nova civilização baseada no comum, e a construção burocrática de uma economia de mercado e de um Estado autoritário, tensão que vai da guerra de guerrilha contra os japoneses e a Longa Marcha até o Grande Salto Adiante e a Revolução Cultural. (Na verdade, talvez a melhor maneira de entender a revolta da Praça Tiananmen em 1989 seja ler as reivindicações dos estudantes e trabalhadores de Pequim como uma tentativa de renovar a radical esperança dessa linha democrática contra o canto de sereia e a violência das novas estruturas de disciplina e gestão capitalistas que vinham sendo impostas pela hierarquia do partido.) Apesar das derrotas e catástrofes dessa tradição, contudo, na realidade da experiência revolucionária das lutas de libertação contra a exploração e a hierarquia, e em todos os momentos de resistência antimoderna, também esteve presente um caminho alternativo que postula a possibilidade de romper definitivamente com a relação de comando inventada pela modernidade. Talvez dentro de alguns anos possamos olhar para trás e ver que o resultado do socialismo real e seu colapso foi demonstrar de que maneira a relação social entre exploração e dominação, que parecia apenas definir a organização do trabalho, na verdade atravessa toda a sociedade. Com as experiências do socialismo real, em outras palavras, a passagem ao domínio do biopoder assumiu sua forma completa, e desse modo as forças da biopolítica emergem aqui também, configurando as linhas da altermodernidade.

Uma terceira linha associa as forças da antimodernidade que resistem à colonialidade, ao imperialismo e às inúmeras facetas do domínio racializado. Descrevemos anteriormente o risco de que esses movimentos fiquem presos numa posição reativa e opositora, sem conseguir sair da relação dialética com a modernidade. Mas um perigo ainda maior é o de que sucessivas revoltas acabem reproduzindo as relações de poder hierárquicas da modernidade. Quantas lutas de libertação nacional vitoriosas não terão levado à construção de Estados pós-coloniais que simplesmente perpetuam as relações capitalistas de propriedade e comando com base num pequeno grupo de elites, conformando-se à posição de nação na base da hierarquia global e aceitando o fato de que amplas camadas de sua população sejam condenadas à miséria! E no entanto, no interior das tradições da antimodernidade, sempre vive a possível emergência de forças e formas altermodernas, especialmente, como vimos, quando o comum aparece como base e meta das lutas — não só o comum como um fato dado, como a terra ou os recursos naturais, mas também, e mais importante, o comum como um resultado, como as redes de relações sociais ou formas de vida.

Nenhuma dessas três linhas, todavia, é por si só suficiente para construir uma definição adequada de altermodernidade. Nossa hipótese é de que as forças da antimodernidade em cada um desses terrenos, continuamente derrotadas e contidas no passado, podem voltar a ser propostas hoje como altermodernidade quando se vinculam às linhas de resistência nos outros terrenos. A totalidade capitalista não é, como pareceu a muitos, o ponto de chegada ou o fim da história, onde podem ser absorvidos todos os antagonismos, mas o limite no qual as resistências proliferam através da esfera da produção e todos os reinos da vida social. As três linhas precisam ser de tal maneira entrelaçadas que seja possível reconhecer a metamorfose, a transformação antropológica exigida pela altermodernidade. Como afirmaram Frantz Fanon e Che Guevara, em contextos diferentes, para derrotar a modernidade e ir além da antimodernidade, é preciso criar uma nova humanidade.

Essa passagem da antimodernidade para a altermodernidade esclarece certos aspectos do papel contemporâneo do intelectual. Em primeiro lugar, embora a crítica — das estruturas normativas, das hierarquias sociais, da exploração e assim por diante — continue sendo necessária, não representa uma base suficiente para a atividade intelectual. O intelectual deve ser também capaz de criar novos arranjos teóricos e sociais, traduzindo as práticas e os desejos das lutas em normas e instituições, propondo novos modos de organização social. A vocação crítica, em outras palavras, deve ser compelida a se mover constantemente da ruptura com o passado para o mapeamento de um novo futuro. Em segundo lugar, não há lugar aqui para vanguardas nem mesmo para intelectuais orgânicos às forças do progresso, no sentido gramsciano. O intelectual é e só pode ser um militante, engajado como uma singularidade entre outras, embarcado no projeto de pesquisa participativa voltado para a produção da multidão. Desse modo, o intelectual não está "à frente", para determinar os movimentos da história, ou "à parte", para criticá-los, e sim completamente "dentro". A função do intelectual hoje, embora seja de muitas formas radicalmente diferente, compartilha certos aspectos do que se desenvolveu no contexto patrístico nos primeiros séculos do cristianismo. Este foi, sob muitos aspectos, um movimento revolucionário que, no interior de um império, organizou os pobres contra o poder e exigiu não só o rompimento radical com o conhecimento e os costumes tradicionais mas também a invenção de novos sistemas de pensamento e prática, exatamente como, hoje, precisamos encontrar uma saída da modernidade capitalista para inventar uma nova cultura e novos modos de vida. Vamos chamá-la então, de forma um tanto jocosa, de uma *nova patrística*, na qual o intelectual é incumbido não só de denunciar o erro e desmascarar ilusões, não só de encarnar os mecanismos de novas práticas de conhecimento, mas também, juntamente com outros, em um processo de pesquisa participativa, de produzir uma nova verdade.

DE HOMINE 1: RAZÃO BIOPOLÍTICA

> Imagine só pessoas que só pudessem pensar alto. (Como existem pessoas que só podem ler alto.)
> — Ludwig Wittgenstein, *Investigações Filosóficas, nº 331*

Em sua *História da loucura,* Foucault não só detalha de que maneira a loucura é inventada através de uma série de delimitações e exclusões de mentalidades e populações; além de revelar essa história, busca solapar o soberano domínio da razão, como aponta para outras verdades encontradas além da loucura. "Será possível", especula Foucault, "que a produção da verdade da loucura seja manifestada em formas que não são as das relações de conhecimento?"[76] A perspectiva da altermodernidade repousa nessa outra racionalidade, que se estende além da dupla razão/loucura. Mas qual é a verdade *além* da loucura? Ou, de maneira mais simples, como esse *outro* é possível e onde pode ser encontrado?

Uma resposta lógica a essas perguntas consistiria em buscar uma verdade e uma racionalidade "fora". Assim que citarmos o estudo de Foucault sobre a loucura, com efeito, devemos estendê-lo além dos limites europeus do seu pensamento para analisar os efeitos da razão colonial sobre os colonizados e a atribuição de loucura que a eles é feita.[77] Algumas das mais poderosas críticas da epistemologia na segunda metade do século XX com efeito estabelecem pontos de vista fora ou em outro lugar, sempre alicerçados na identidade e na posição dos subordinados. A "razão de Caliban" e as epistemologias pós-coloniais são exemplos que confrontam o eurocentrismo; e as epistemologias feministas desafiaram a força da dominação de gênero na produção de pensamento e conhecimento.[78] Uma das grandes contribuições desses arcabouços tem sido desmascarar a falsa universalidade e objetividade das epistemologias tradicionais, demonstrando que esses sistemas de conhecimento estão incrustados nas hierarquias e relações de poder que caracterizam a modernidade.

O ponto de vista externo e o alicerce identitário que conferem força a essas críticas epistemológicas também podem, como sabem perfeitamente muitos de seus praticantes, revelar-se uma limitação. Donna Haraway, por exemplo, adverte que toda busca de um ponto de vista externo e identitário vem marcada pelo sonho de retorno a um Jardim do Éden, um local de absoluta pureza.[79] Outra maneira de postular esse perigo, para usar o slogan que anteriormente derivamos de Fanon, é que tais projetos arriscam-se a ficar presos na antimodernidade. Na epistemologia, como na política, precisamos concentrar a atenção nas forças de crítica e resistência que estão no interior da modernidade e, dessa posição interna, descobrir os meios de criar uma alternativa. A passagem da antimodernidade para a altermodernidade, no contexto epistemológico, deve levar a uma concepção biopolítica da racionalidade.

Duas instituições nos servem inicialmente de guia na exploração do terreno da razão biopolítica. Em primeiro lugar, *a experiência do comum* fornece um arcabouço para romper o impasse epistemológico criado pela oposição do universal ao particular. Uma vez tenhamos criticado os falsos universais que caracterizam a racionalidade moderna dominante, qualquer nova tentativa de promover verdades universais é devidamente encarada com desconfiança, pois a crítica desmascarou não só essas pretensões específicas à universalidade como também a base transcendente ou transcendental sobre a qual são proclamadas as verdades universais. Para reagir a isto, contudo, não basta que nos limitemos a conhecimentos particulares, sem pretensão de verdade. O comum efetua um corte diagonal na oposição entre o universal e o particular. O uso de expressões corriqueiras como "senso comum" e "conhecimento comum" captura algo do que temos em mente, na medida em que elas vão além

DE HOMINE 1: RAZÃO BIOPOLÍTICA

das limitações do particular e apreendem uma certa generalidade social; mas essas expressões geralmente encaram o comum como algo passivo, já dado na sociedade. Em vez disso, concentramo-nos aqui, seguindo a concepção de "noções comuns" de Spinoza, na *produção e produtividade* do comum através de práticas sociais coletivas. Tal como o universal, o comum reivindica a verdade, mas, em vez de descer do alto, essa verdade é construída de baixo para cima.[80]

Isto nos conduz diretamente à nossa segunda intuição orientadora: a epistemologia precisa alicerçar-se no terreno da luta — luta que não só impulsiona a crítica da presente realidade de dominação como anima a constituição de outra realidade. Dizer que a verdade é construída de baixo para cima significa que ela é forjada através da resistência e das práticas do comum. Nossa concepção da biopolítica e seu desenvolvimento não é apenas análoga à passagem política da antimodernidade para a altermodernidade, como sugerimos anteriormente. É, em certo sentido, o mesmo processo de luta visto agora através de um atributo diferente — uma luta biopolítica que produz ao mesmo tempo uma nova realidade e uma nova verdade.

Descobrir uma base de conhecimento no comum envolve, em primeiro lugar, uma crítica da pretensão de objetividade da tradição científica, mas uma crítica que, naturalmente, não busca o lado de fora dessa tradição. Essa crítica surge, isto sim, do interior, através daquilo que Foucault chama de "insurreição dos conhecimentos (...) contra os efeitos de poder centralizadores estreitamente associados à institucionalização e ao funcionamento de qualquer discurso específico organizado numa sociedade como a nossa".[81] A crítica da objetividade da ciência, que é aliada à política da verdade que tem sustentado e desenvolvido práticas de dominação coloniais, capitalistas, masculinistas e imperiais, já se tornou convencional e amplamente aceita, pelo menos em círculos acadêmicos progressistas. O que nos interessa especificamente, contudo, e é particularmente revelado na perspectiva interna e insurrecional, é que aqui se forma um sujeito comum que nada tem a ver com o transcendental.

A emergência do comum, com efeito, é o que atraiu tantos autores para as possibilidades epistemológicas e políticas abertas pelos conceitos de jogos de linguagem e formas de vida desenvolvidos por Ludwig Wittgenstein. "Você está dizendo então que a concordância humana decide o que é verdadeiro e o que é falso?", pergunta Wittgenstein a si mesmo retoricamente. E responde: "O que os seres humanos *dizem* é que é verdadeiro e falso; e eles concordam na *linguagem* que usam. Não se trata de acordo nas opiniões, mas nas formas de vida [*Lebensform*]."[82] Cabe aqui ressaltar dois aspectos da operação de Wittgenstein. Primeiro, ao alicerçar a verdade na linguagem e nos jogos de linguagem, ele afasta a verdade de qualquer fixidez transcendental, situando-a no terreno fluido e mutante da prática e deslocando os termos da discussão do saber para o fazer. Segundo, depois de desestabilizar a verdade, ele lhe devolve uma certa consistência. A prática linguística é constitutiva de uma verdade que é organizada em formas de vida: "Imaginar uma linguagem significa imaginar uma forma de vida."[83] Os conceitos de Wittgenstein conseguem esquivar-se, de um lado, à experiência individual e fortuita, e, por outro, às identidades e verdades transcendentais, revelando, pelo contrário, entre elas ou além delas, o comum. A linguagem e seus jogos, afinal, são organizações e expressões do comum, como no conceito de forma de vida. A biopolítica wittgensteiniana desloca-se do conhecimento à vida, passando pela prática coletiva, tudo no terreno do comum.[84]

Numerosos outros casos na tradição filosófica da crítica da epistemologia estão vinculados de maneira semelhante ao comum. Já exploramos brevemente, por exemplo, o caminho da fenomenologia que vai de Merleau-Ponty a Levinas e Derrida, no qual a crítica do conhecimento é associada a uma analítica do *Mitsein* (o estar-com), que vem a ser, naturalmente, outra poderosa concepção do comum. A questão, todavia, não é simplesmente a referência ao comum, mas ao lugar onde o comum é postulado — se o comum é, por um lado, naturalizado ou hipostasiado de alguma outra forma, ou, por outro, alicerçado na prática coletiva. Veja-se, por exemplo, o tipo de hipostasia presente na antropologia e na sociologia funcionalistas. Philippe Descola caracteriza esse funcionalismo como uma perspectiva na qual todos os elementos constitutivos de um conjunto natural concordam — baseados num lugar definido — em servir à perpetuação de uma totalidade estável.[85] Assim como Claude Lévi-Strauss afirma que "todo emprego do conceito de identidade deve começar com a crítica dessa noção", ou seja, a crítica de toda "identidade essencial" ou totalidade natural, assim também qualquer uso da noção de comum deve começar com sua crítica.[86] Desse modo, o comum está na paradoxal posição de se encontrar num terreno ou pressuposição que é também resultado de um processo. Nossa análise, assim, a partir desse ponto de nossa pesquisa, não deve preocupar-se em "ser comum", mas em "fazer o comum".

Certos antropólogos contemporâneos, seguindo um caminho paralelo ao nosso, chegam a uma conclusão semelhante a respeito do papel do comum numa racionalidade alternativa e biopolítica, que vai além da divisão entre natureza e cultura, entre *Naturwissenschaften* e *Geisteswissenschaften*. Eduardo Viveiros de Castro, por exemplo, usa a ontologia nada moderna dos ameríndios da Amazônia brasileira como ponto de partida para criticar a tradição da epistemologia moderna. De maneira provocadora, ele apresenta a perspectiva dos ameríndios como inversão de uma série de posições filosóficas modernas convencionais, para explicar as consequências do fato de os ameríndios conceberem os animais e outros não humanos como "pessoas", como tipos humanos, de tal maneira que as interações humanas com aquilo que normalmente seria chamado de "natureza" assumem a forma de algo como "relações sociais". Consequentemente, enquanto a filosofia moderna (de Kant a Heisenberg) postula que o ponto de vista cria o objeto, aqui o ponto de vista cria o sujeito; e ao passo que a filosofia moderna concebe uma natureza e muitas culturas, aqui temos uma cultura (todos são, em certo sentido, humanos) mas muitas naturezas (ocupando diferentes mundos). Viveiros de Castro descobre assim, em contraste com o "multiculturalismo" da filosofia moderna, um "multinaturalismo" ameríndio: "Uma cultura, múltiplas naturezas — uma epistemologia, múltiplas ontologias. Perspectivismo implica multinaturalismo, pois uma perspectiva não é uma representação. Uma perspectiva não é uma representação porque as representações são propriedade da mente ou do espírito, ao passo que o ponto de vista está situado no corpo", e "o que eu chamo de 'corpo' não é sinônimo de substância distintiva ou forma fixa; corpo é, neste sentido, um agrupamento de afetos ou maneiras de ser que constituem um *habitus*".[87] Múltiplas ontologias não implicam divisões fixas entre seres. Em vez disso, Viveiros de Castro descreve, em seu estudo da cosmologia *araweté*, um universo no qual Tornar-se é anterior a Ser e onde a relação com a alteridade não é apenas um meio de estabelecer identidade, mas um processo constante: tornar-se jaguar, tornar-se outro.[88] Nosso objetivo aqui — e também o de Viveiros de Castro — não é advogar uma ontologia ameríndia não moderna, mas usar essa perspectiva para criticar a epistemologia moderna e impulsioná-la na direção de uma racionalidade altermoderna. Como vimos no caminho percorrido através de Wittgenstein, também aqui o que é necessário é uma mudança de ênfase do conhecer para o fazer, gerando uma multiplicidade de seres constantemente abertos à alteridade e revelados através da perspectiva do corpo, que é um agrupamento de afetos ou maneiras de ser, ou seja, formas de vida — tudo isto repousando num processo de produção do comum.

Bruno Latour chega por meios diferentes a uma afirmação semelhante de que o comum deve ser construído, mas se limita nesse ponto a simplesmente concluir: devemos organizar o *tâtonement*, ou seja, o tateante processo de tentativa e erro da experiência. Concordamos com Latour em que, entre a natureza e a cultura, sempre vivenciamos o mundo em fragmentos, mas insistimos num poder muito mais forte, não para recompor certas totalidades perdidas, mas para traduzi-las na textura de uma experiência comum e, *através da prática*, constituir uma nova forma de vida.[89]

Vendo-nos atribuir tanto peso ao comum, haverá quem objete que isto redunda numa presunção de uniformidade ou identidade que nega a diferença. Devemos enfatizar, no entanto, que quando o comum aparece no pensamento de Wittgenstein ou de Viveiros de Castro, traz consigo

DE HOMINE 1: RAZÃO BIOPOLÍTICA

uma afirmação de singularidades. As concepções de jogos de linguagem e formas de vida de Wittgenstein só apresentam o comum na medida em que envolvem a alteridade: o comum é composto de interações entre singularidades, como as singularidades de expressão linguística. O mesmo se aplica às múltiplas ontologias ameríndias e aos processos de devir descritos por Viveiros de Castro. As diferenças de perspectiva assinalam diferenças não só sobre opiniões ou princípios, mas também sobre o mundo que habitamos — ou, por outra, indicam que habitamos mundos diferentes. E no entanto todo mundo é definido por devires, constantemente envolvidos com a alteridade. Enquanto a identidade e a diferença se colocam em oposição, o comum e a singularidade são não só compatíveis mas mutuamente constitutivos.

Estamos agora em posição de oferecer provisoriamente três características que uma razão biopolítica teria de preencher: pôr a racionalidade a serviço da vida; a técnica a serviço das necessidades ecológicas, ecológicas entendidas não só como preservação da natureza, mas como desenvolvimento e reprodução de relações "sociais", como diz Viveiros de Castro, entre humanos e não humanos; e a acumulação de riqueza a serviço do comum. Isto deixa claro (para percorrer agora os mesmos três itens em sentido inverso) que a valorização econômica já não é possível senão com base na apropriação social dos bens comuns; que a reprodução do mundo da vida e seu ambiente físico já não é possível senão quando as tecnologias são diretamente controladas pelo projeto do comum; e que a racionalidade já não pode funcionar senão como um instrumento da liberdade comum da multidão, como um mecanismo para a instituição do comum.

Tudo isto permanece inerte e sem vida, todavia, se a razão biopolítica não estiver alicerçada no terreno da prática coletiva, onde o estado de estar-em-comum se transforma num processo de produção do comum. A prática coletiva da razão biopolítica precisa assumir a forma de *investigação estratégica*, uma forma de militância. Isto é necessário, primeiro que tudo, porque, como sustentamos em *De Corpore* 1, no contexto biopolítico a verdade nasce e morre como um acontecimento do ser, produzido por uma experiência comum. Spinoza brinca a certa altura que, para falar a verdade do sestércio ou do imperial (duas moedas diferentes) que trago na mão e me apoderar de seu valor, preciso recorrer à voz comum que lhes confere valor monetário. A verdade só pode ser proclamada em voz alta. Em *De Homine* 1, contudo, vemos que a verdade deve não só ser proclamada mas também posta em prática, o que Spinoza identifica com a fórmula *experientia sive praxis*, o princípio de uma verdade formada pelo ativismo de sujeitos que querem viver uma vida comum. Nenhuma força transcendente ou transcendental pode colocar-se entre sujeitos e a verdade, cidadãos e seu poder. "No que diz respeito à teoria política", escreve Spinoza, "a diferença entre Hobbes e eu (...) consiste nisto, no fato de que eu sempre preservo o direito natural em sua inteireza, e sustento que o poder soberano num Estado só tem direito sobre um sujeito na proporção do excesso de seu poder sobre o de um sujeito. É sempre este o caso num estado de natureza."[90] Proclamada em voz alta, a verdade é produzida em ação efetuada em comum, sem intermediários.

O tipo de investigação estratégica que temos em mente assemelha-se, por um lado, à tradicional "investigação de fábrica" marxista que pesquisava as condições e relações dos trabalhadores com uma mistura de distanciamento sociológico e metas políticas, mas se mantendo fundamentalmente externa à situação, nas mãos da elite intelectual do partido.[91] Ela também se assemelha, por outro lado, ao tipo de produção interativa de conhecimento comum aos "*teach-ins*" da década de 1960, que foi na verdade concebida como uma prática ética inteiramente investida no tecido comum da situação social, mas sem ser efetivamente mobilizada como ação política.[92] Mais próxima da investigação estratégica que temos em mente é uma terceira concepção, que incorpora elementos dessas duas mas vai além delas: o conceito de dispositivos em Foucault, ou seja, os mecanismos materiais, sociais, afetivos e cognitivos que agem na produção de subjetividade. Foucault define o dispositivo como uma rede de elementos heterogêneos voltada para um objetivo estratégico:

DE HOMINE 1: RAZÃO BIOPOLÍTICA

> Por dispositivo entendo uma espécie de formação, digamos, cuja função básica, em dado momento histórico, é atender a uma urgência. O dispositivo tem, assim, uma função eminentemente estratégica [o que significa que] envolve uma certa manipulação das relações de força, uma intervenção racional e concertada nessas relações de força, seja para desenvolvê-las em determinada direção ou para bloqueá-las ou viabilizá-las e utilizá-las. O dispositivo sempre está inscrito num jogo de poder, mas sempre igualmente preso a um ou vários limites de conhecimento, que derivam dele e, ao mesmo tempo, o condicionam.[93]

O conceito de conhecimento estratégico desenvolvido por Foucault permite-nos conceber a produção coletiva do comum como uma intervenção nas atuais relações de força, com o objetivo de subverter os poderes dominantes e reorientar as forças em determinada direção. A produção estratégica de conhecimento, neste sentido, implica imediatamente uma produção alternativa de subjetividade. A dinâmica do dispositivo não só se estende de um processo de conhecimento à prescrição de subjetividade como está sempre aberta à constituição do comum, interna, poderíamos dizer, à história e à vida, e se engaja no processo de revolucioná-las. A razão biopolítica define-se, assim, por uma espécie de ressonância ontológica entre os dispositivos e o comum.

Porém, tudo o que acabamos de dizer através de Foucault também foi alcançado por meio de diferentes caminhos pelas discussões internas dos movimentos da multidão nas últimas décadas. Um desses caminhos partia da crise dos movimentos operários industriais e de seus conhecimentos científicos na década de 1960. Dentro e fora das fábricas, intelectuais lutavam por se apropriar do processo de produção de conhecimento da hierarquia do partido, desenvolvendo um método de "pesquisa participativa" para construir junto com os trabalhadores, e de baixo para cima, conhecimentos alternativos que fossem completamente internos à situação, podendo intervir nas atuais relações de poder.[94] Outro caminho foi o forjado por professores e estudantes que levaram seu trabalho para fora das universidades com o intuito de colocar sua qualificação a serviço dos movimentos sociais e enriquecer sua pesquisa, aprendendo com os movimentos e participando da produção de conhecimento neles desenvolvida. Essa pesquisa militante não é concebida como um serviço comunitário — um sacrifício de valor erudito para atender a uma obrigação moral —, mas como superior em termos de erudição, pois abre um maior poder de produção de conhecimento.[95] Um terceiro caminho, que se desenvolveu basicamente nos movimentos de globalização dos últimos anos, adota os métodos da "pesquisa participativa" desenvolvidos de maneira experimental nas fábricas, aplicando-os a todo o terreno da produção biopolítica. Em centros sociais e universidades nômades, em sites da Web e jornais dos movimentos, formas extraordinariamente avançadas de produção militante de conhecimento se desenvolveram, completamente incrustadas nos circuitos da prática social.[96] Por todos esses caminhos, a investigação estratégica é sempre a produção de conhecimento através dos dispositivos. É um engajamento ativo com a produção de subjetividade para transformar a realidade, o que em última análise envolve a produção de novas verdades. "Sonhos revolucionários irrompem do engajamento político", escreve Robin Kelley; "movimentos sociais coletivos são incubadoras do novo conhecimento."[97] A investigação estratégica é realmente algo de que não se pode falar sem tê-la praticado.

Persistimos em buscar confirmações e verificações de nossa prática na realidade, esperando que sejam revolucionárias, diz Enzo Melandri, mas na realidade não há escassez de confirmações. O que falta são revoluções. Precisamos deixar de concentrar a atenção no palheiro para encontrar a agulha. Teremos êxito ou fracasso nesta tarefa dependendo das flutuações da revolução.[98]

PARTE 3

Capital (e as lutas pelo bem-estar comum)

> Assim requisitamos e decidimos tomar tanto as terras Comuns quanto os bosques Comuns para serem um meio de vida para nós, e os consideramos como iguais a nós, e não acima de nós, sabendo muito bem que a *Inglaterra*, a terra de nossa Natividade, deve ser um Tesouro de subsistência para todos, sem distinção de pessoas.
>
> — Gerard Winstanley et al.,
> "A Declaration from the Poor Oppressed People of England"

3.1

Metamorfoses da composição do capital

> O efeito em nossa mente de se escrever numa língua estrangeira é como o efeito de repetidas perspectivas de uma câmera obscura, no qual a câmera obscura é capaz de reproduzir com precisão imagens distintas que correspondem a objetos e perspectivas reais de tal maneira *que o efeito depende da câmera obscura, e não do objeto real.*
> — Giacomo Leopardi, *Zibaldone*

A composição técnica do trabalho biopolítico

A produção econômica passa por um período de transição no qual os resultados da produção capitalista são cada vez mais relações sociais e formas de vida. Em outras palavras, a produção capitalista torna-se biopolítica. Antes de começarmos a inventar novas ferramentas para essa nova situação, devemos voltar ao método de Marx para apreender o atual estado da vida econômica: investigar a composição do capital, o que envolve a distinção da proporção e do papel da força de trabalho e do capital constante nos processos contemporâneos de produção. E, especificamente, devemos investigar primeiro a "composição técnica" do capital, ou, melhor dizendo, a composição técnica do trabalho, para avaliar quem produz, o que é produzido e de que maneira é produzido na economia global de hoje. A determinação das linhas gerais da composição técnica do trabalho vai-nos fornecer uma base não só para reconhecer as formas contemporâneas de exploração e controle capitalistas como para avaliar os meios à nossa disposição para um projeto de libertação em relação ao capital.

Três grandes tendências enfatizadas pelos estudiosos da economia política oferecem uma boa aproximação inicial das atuais transformações por que passa o trabalho em muitas partes do mundo. Primeiro temos a tendência para a hegemonia ou prevalência da produção imaterial nos processos de valorização capitalista.[1] "A dimensão imaterial dos produtos", afirma André Gorz, seu valor simbólico, estético e social, "predomina sobre a realidade material."[2] Imagens, informação, conhecimento, afetos, códigos e relações sociais, por exemplo, estão adquirindo maior peso que as mercadorias materiais ou os aspectos materiais das mercadorias no processo capitalista de valorização. Isto não significa, naturalmente, que a produção de bens materiais, como automóveis e aço, esteja desaparecendo ou mesmo diminuindo em quantidade, mas que o seu valor depende cada vez mais de fatores e bens imateriais e a eles está subordinado. As formas de trabalho que produzem esses bens imateriais (ou os aspectos imateriais dos bens materiais) podem ser chamadas coloquialmente de trabalho da mente e do coração, incluindo as formas de prestação de serviço, trabalho afetivo e trabalho cognitivo, embora não devamos deixar-nos iludir por essas sinédoques convencionais: o trabalho cognitivo e afetivo não está isolado em órgãos específicos, envolvendo conjuntamente todo o corpo e a mente. Mesmo quando os produtos são imateriais, em outras palavras, o ato de produzir continua sendo ao mesmo tempo corpóreo e intelectual. O que é comum a essas diferentes formas de trabalho, uma vez abstraídas suas diferenças concretas, se expressa melhor em seu caráter biopolítico. "Se tivéssemos de arriscar um palpite sobre o modelo que emergirá nas próximas décadas", postula Robert Boyer, "provavelmente teríamos de nos referir à *produção do homem pelo homem* e explorar de saída o contexto institucional que permitiria sua emergência."[3] E, como observa Christian Marazzi, a atual transição na produção capitalista move-se na direção de um "modelo antropogenético", ou, em outras palavras, uma virada biopolítica da economia. Seres humanos como capital fixo estão no centro dessa mudança, e a produção de formas de vida transforma-se na base da acumulação. Temos aqui um processo no qual o funcionamento de faculdades, competências e conhecimentos humanos — os que são adquiridos no trabalho, mas, o que é mais importante, os que são acumulados fora do trabalho e interagem com sistemas produtivos automatizados e computadorizados — é diretamente produtor de valor.[4] Uma característica distintiva do trabalho da mente e do coração é que, paradoxalmente, o *objeto* da produção é na realidade um *sujeito*, definido, por exemplo, por uma relação social ou uma forma de vida.

A segunda grande tendência da composição técnica do trabalho é a chamada feminização do trabalho, que geralmente se refere a três mudanças relativamente separadas. Primeiro, quantitativamente, ela indica o rápido aumento na proporção de mulheres no mercado de trabalho assalariado nas duas ou três últimas décadas, tanto na parte dominante quanto na parte subordinada do mundo. Segundo, a feminização do trabalho assinala uma mudança qualitativa na jornada de trabalho e portanto na "flexibilidade" temporal do trabalho tanto para mulheres quanto para homens. Verificou-se um rápido declínio da jornada de trabalho regularmente dividida que havia sido conquistada por muitos trabalhadores, especialmente na Europa e em alguns outros países dominantes, e que facultava oito horas de trabalho, oito horas de lazer e oito horas de sono. O emprego em tempo parcial e informal, os horários irregulares e os múltiplos empregos — aspectos que havia muito tinham se tornado característicos do trabalho nas partes subordinadas do mundo — generalizam-se agora até mesmo nos países dominantes. Terceiro, a feminização do trabalho indica de que maneira qualidades tradicionalmente associadas ao "trabalho das mulheres", como tarefas afetivas, emocionais e de relacionamento, tornam-se cada vez mais centrais em todos os setores do trabalho, embora em formas diferentes nas diferentes partes do mundo. (O que se alinha com a predominância da produção biopolítica que constitui a primeira tendência.) A tradicional divisão econômica entre trabalho produtivo e reprodutivo sai de cena nesse contexto, à medida que a produção capitalista volta-se cada vez mais para a produção não só (e talvez nem mesmo primordialmente) de mercadorias, mas também de relações sociais e formas de vida. À medida que se vai confundindo a divisão entre tempo de trabalho e tempo de vida, a força produtiva do trabalho transforma-se numa força de geração de vida social. Podemos aceitar a expressão "feminização" para indicar essas mudanças desde que seja dita com uma amarga ironia, pois não resultou numa igualdade de gêneros nem destruiu a divisão de gênero do trabalho. Pelo contrário! O trabalho afetivo é exigido das mulheres de maneira desproporcional, no emprego e fora dele. Na verdade, qualquer mulher que não esteja sempre disposta a efetuar trabalho afetivo quando necessário — sorrir no momento exato, administrar sentimentos feridos, tecer relacionamentos sociais e desempenhar de maneira geral tarefas de cuidado e atenção — é considerada uma espécie de monstro. Além disso, apesar da entrada maciça na força de trabalho assalariado, as mulheres ainda são basicamente responsáveis, em países de todo o mundo, pelo trabalho doméstico e reprodutivo não remunerado, como as tarefas domésticas e o cuidado dos filhos, além de carregarem um fardo mais pesado nos empregos do setor informal, tanto nas áreas rurais quanto nas urbanas. A dupla jornada de trabalho das mulheres é um forte obstáculo para maior educação e acesso a formas melhores e mais bem remuneradas de trabalho. As transformações do trabalho, no que diz respeito a determinadas qualidades tradicionalmente associadas ao trabalho das mulheres e a crescente entrada de mulheres na força de trabalho assalariado, resultaram na maioria dos casos no agravamento das condições para as mulheres (assim como para os homens). Os aspectos enganosos da expressão "feminização" são um dos motivos pelos quais consideramos mais útil, desde que tenhamos em mente o caráter de gênero desses processos, entender essas mudanças como trabalho *tornando-se biopolítico*, o que enfatiza a diluição cada vez mais acentuada das fronteiras entre trabalho e vida, e entre produção e reprodução.[5]

A terceira grande tendência da composição técnica do trabalho é resultado de novos padrões de migração e processos de mistura social e racial. Todos os níveis hierárquicos de empresas capitalistas nos países dominantes, das grandes corporações aos pequenos negócios, do agronegócio à manufatura, do trabalho doméstico à construção, precisam de constantes fluxos de migrantes, tanto legais quanto ilegais, para complementar a força de trabalho local — o que constantemente gera conflitos ideológicos no interior das classes capitalistas, como veremos adiante, obrigadas como se veem por suas carteiras a favorecer os fluxos migratórios, mas opostas a eles em sua consciência moral, nacionalista e não raro racista. Verificam-se também enormes fluxos internacionais de trabalho sul-sul e maciças migrações no interior de determinados países, muitas vezes em setores extremamente específicos da produção. Essas migrações transformam os mercados de trabalho em termos quantitativos, tornando-os propriamente globais, muito embora, naturalmente, os movimentos do trabalho não sejam livres, mas altamente confinados a rotas específicas, não raro acarretando grave perigo. Ao mesmo tempo, os mercados de trabalho também são transformados qualitativamente. Por um lado, o perfil de gênero da migração de mão de obra está mudando de tal maneira que as mulheres já constituem uma parte cada vez maior dos fluxos, que vêm demandando não só empregos tradicionalmente designados para as mulheres — como o trabalho doméstico, o trabalho sexual, o cuidado de idosos e a enfermagem — como também para ocupar posições de baixa qualificação e mão de obra intensiva em setores manufatureiros, como indústria eletrônica, têxtil, de calçados e brinquedos, nos quais as trabalhadoras jovens atualmente predominam. Essa mudança vai de par com a "feminização" do trabalho, muitas vezes combinada com o estereótipo racial dos "dedos ágeis" das mulheres no Sul global. "Ideias de *flexibilidade, temporalidade, invisibilidade* e *domesticidade* na naturalização de categorias de trabalho", escreve Chandra Mohanty, "são cruciais na construção das mulheres do Terceiro Mundo como uma conveniente força de trabalho barata."[6] Por um lado, a migração do trabalho é (e sempre foi) caracterizada por divisão e conflito raciais. As migrações às vezes chamam a atenção para as divisões raciais globais do trabalho, atravessado suas fronteiras, e em outras oportunidades, especialmente nos países dominantes, as hierarquias raciais transformam-se em pontos críticos e centelhas de conflito. Mas a migração, mesmo quando gera condições de extraordinária privação e sofrimento, sempre contém o potencial de subverter e transformar a divisão racial, em termos tanto econômicos quanto sociais, através do êxodo e do confronto.

Em grande medida, essas três principais tendências apresentam consideráveis desafios aos conceitos e métodos tradicionais da economia política porque a produção biopolítica desloca o centro econômico da produção de mercadorias materiais para as relações sociais, confundindo, como dissemos, a divisão entre produção e reprodução. Os valores e bens intangíveis, como são chamados pelos economistas, representam um problema porque os métodos de análise econômica geralmente se apoiam em mensurações quantitativas e calculam o valor dos objetos que podem ser contados, como carros, computadores e toneladas de trigo. Também a crítica da economia política, inclusive a tradição marxista, em geral focaliza a mensuração e os métodos quantitativos para entender o valor excedente e a exploração. Os produtos biopolíticos, no entanto, tendem a *exceder* toda mensuração quantitativa e assumir formas *comuns*, compartilhadas com facilidade e dificilmente delimitadas como propriedade privada. Se voltarmos a Marx sob essa nova luz, constatamos que as progressivas definições do capital presentes em sua obra na verdade nos oferecem uma importante pista para a análise desse contexto biopolítico. Embora a riqueza na sociedade capitalista apareça inicialmente como um imenso coletivo de mercadorias, Marx revela que o capital é na realidade um processo de criação de valor excedente através da produção de mercadorias. Mas Marx avança um passo à frente para constatar que, em sua essência, o capital é uma relação social ou, melhor dizendo, é a constante reprodução de uma relação social através da criação de valor excedente por meio da produção de mercadorias. Reconhecer o capital como uma relação social fornece uma primeira chave para analisar a produção biopolítica.

Michel Foucault reconhece toda a estranheza e riqueza da linha de pensamento de Marx que leva à conclusão de que "l'homme produit l'homme" (o homem produz o homem). Foucault adverte que não devemos entender a frase de Marx como expressão de humanismo. "Para mim, o que deve ser produzido não é o homem como a natureza o designou, ou como determina sua essência; devemos produzir algo que não existe ainda e não temos como saber o que será." Ele também adverte no sentido de que isso não seja entendido meramente como continuação da produção econômica, tal como se concebe convencionalmente: "Não concordo com aqueles que tenderiam a entender essa produção do homem pelo homem como sendo realizada como produção de valor, produção de riqueza ou de um objeto de uso econômico; trata-se, pelo contrário, da destruição daquilo que somos e da criação de algo completamente diferente, de uma total inovação."[7] Em outras palavras, não podemos entender essa produção em termos do sujeito produtor e do objeto produzido. Em vez disso, produtor e produto são ambos sujeitos: seres humanos produzem e seres humanos são produzidos. Foucault claramente percebe (sem aparentemente entendê-lo plenamente) o caráter explosivo da situação: o processo biopolítico não se limita à reprodução de capital como uma relação social, mas também apresenta o potencial de um processo autônomo que poderia destruir o capital e criar algo completamente novo. A produção biopolítica e as três grandes tendências que expusemos implicam, obviamente, novos mecanismos de exploração e controle capitalistas, e a seguir vamos investigá-los mais detalhadamente. Todavia, devemos desde o início ficar de olho, seguindo a intuição de Foucault, na maneira como a produção biopolítica, particularmente pelas formas como excede os limites das relações capitalistas e remete o tempo todo ao comum, conferindo ao trabalho uma autonomia cada vez maior, proporcionando as ferramentas ou armas que poderiam ser empunhadas num projeto de libertação.

Exploração biopolítica

Revelando as linhas gerais da composição técnica do trabalho — quem produz, o que é produzido e de que maneira —, abordamos a primeira metade do método de Marx para investigar a composição do capital no que diz respeito à forma emergente da produção biopolítica. Voltamo-nos agora para a "composição orgânica" do capital, que consiste na relação entre capital variável e capital constante ou, para recorrer aos termos que sugerem a Marx a metáfora "orgânica", entre o trabalho vivo e o trabalho morto (na forma de máquinas, dinheiro, matérias-primas e mercadorias). Para investigar a composição orgânica do capital contemporâneo, será necessário tratar das novas condições da produção de valor excedente no contexto biopolítico, assim como das novas formas de exploração. A composição orgânica, em outras palavras, remete não só às condições "objetivas" da produção capitalista mas também, de maneira ainda mais significativa, às condições "subjetivas" contidas na relação de antagonismo entre capitalistas e trabalhadores, que se expressam em exploração e revolta.

A acumulação capitalista hoje é cada vez mais externa ao processo de produção, de tal maneira que a exploração assume a forma de *expropriação do comum*. Essa mudança pode ser reconhecida em duas manifestações básicas. Os estudiosos que criticam o neoliberalismo costumam enfatizar que hoje a acumulação capitalista revela-se cada vez mais uma operação predatória que funciona através da desapropriação, transformando em propriedade privada tanto a riqueza pública quanto a riqueza produzida socialmente em comum.[8] Naomi Klein recorre ao conceito de "capitalismo do desastre", por exemplo, para analisar o modelo de política econômica neoliberal que, aplicada em muitos países, se prevalece de um momento de choque, seja ele gerado militar e politicamente de maneira consciente, seja decorrente de catástrofe ambiental, para facilitar a privatização maciça de indústrias públicas, estruturas públicas de bem-estar, redes públicas de transporte e assim por diante.[9] Os estudiosos que analisam as regiões subordinadas, especialmente os países nos quais as estruturas de Estado são particularmente fracas (entre eles muitas partes da África), chamam a atenção para casos nos quais a acumulação neoliberal envolve a expropriação do comum basicamente na forma de recursos naturais. Os processos extrativistas — de petróleo, diamantes, ouro e outros materiais — prosperam em regiões mergulhadas em guerras, sem Estados soberanos nem estruturas jurídicas fortes. Empresas capitalistas estrangeiras, não raro empregando poucos trabalhadores locais, extraem riquezas e as transportam para fora do país de maneiras que lembram muito a pilhagem promovida no passado sob os regimes coloniais.[10] Não surpreende, assim, que os estudiosos marxistas tenham nos últimos anos dado nova atenção ao conceito de acumulação primitiva, pois este conceito permitiu a Marx entender a acumulação de riqueza fora do processo capitalista de produção, através da direta expropriação de riqueza humana, social e natural — como, por exemplo, a venda de escravos africanos a donos de plantações ou a pilhagem de ouro nas Américas. Contudo, os estudiosos marxistas contemporâneos geralmente se desviam de Marx, como vimos na Parte 2, ao mostrar que não existe uma relação histórica linear entre tais mecanismos de acumulação primitiva e os processos capitalistas de produção, nem uma história progressiva de desenvolvimento na qual aqueles processos dão lugar a estes, mas sim um constante movimento de vaivém no qual a acumulação primitiva continuamente reaparece e convive com a produção capitalista. E, na medida em que a economia liberal de hoje cada vez mais favorece a acumulação através da expropriação do comum, o conceito de acumulação primitiva torna-se uma ferramenta analítica ainda mais central.[11]

Essa primeira manifestação da expropriação do comum, focalizada em políticas neoliberais em termos de desapropriação e expropriação, contudo, não nos fornece meios suficientes para analisar a composição orgânica do capital. Embora articule plenamente as políticas de Estado e a sina do trabalho morto, pouco nos diz a respeito do outro elemento necessário para uma investigação da composição orgânica do capital: a produtividade do trabalho vivo. Para colocar em termos diferentes, os economistas políticos (e os críticos da economia política) não deviam satisfazer-se com relatos do neoliberalismo que postulam a acumulação capitalista mera ou basicamente como expropriação de riqueza existente. O capital é e precisa ser, em sua essência, um sistema *produtivo* que gera riqueza através da força de trabalho que emprega e explora.

Uma segunda manifestação da expropriação do comum, centrada na exploração do trabalho biopolítico, é muito mais adequada para efetuar uma investigação marxiana da composição orgânica do capital. As três principais tendências da transformação da composição técnica do trabalho anteriormente delineadas estão todas envolvidas na produção de formas comuns de riqueza, como conhecimentos, informação, imagens, afetos e relações sociais, que serão posteriormente expropriadas pelo capital para gerar valor excedente. Note-se que esta segunda manifestação remete basicamente a uma noção do comum diferente em relação à primeira, que é uma noção relativamente inerte e tradicional que geralmente envolve recursos naturais. Os primeiros teóricos sociais europeus modernos concebem o comum como dádiva da natureza disponível para a humanidade, incluindo a terra fértil para ser cultivada e os frutos da terra, não raro postulando-o em termos religiosos com base nas escrituras sagradas. John Locke, por exemplo, proclama que "Deus, como diz o rei Davi, Salmo CXV, 16, deu a terra aos filhos dos homens; deu-a à humanidade em comum."[12] Já a segunda noção do comum é dinâmica, envolvendo ao mesmo tempo o produto do trabalho e os meios da futura produção. Este comum é não só a terra que compartilhamos como também as linguagens que criamos, as práticas sociais que estabelecemos, os modos de sociabilidade que definem nossas relações e assim por diante. Esta forma do comum não se presta a uma lógica da escassez, como a primeira. "Aquele que recebe de mim uma ideia", observou Thomas Jefferson, em comentário famoso, "recebe instrução sem diminuir a minha, assim como aquele que acende a vela na minha recebe luz sem apagar a minha."[13] A expropriação dessa segunda forma do comum — o comum artificial, ou o comum que borra a divisão entre natureza e cultura — é a chave para compreender as novas formas de exploração do trabalho biopolítico.

Ao analisar a produção biopolítica, somos conduzidos de volta da exploração à alienação, invertendo a trajetória do pensamento de Marx — sem, contudo, voltar ao humanismo de sua juventude. A produção biopolítica efetivamente apresenta de maneira renovada as características da alienação do trabalho. No que diz respeito ao trabalho cognitivo e afetivo, por exemplo, o capital aliena do trabalhador não só o produto do trabalho como o próprio processo de trabalho, de tal maneira que os trabalhadores não sentem suas próprias capacidades de pensar, amar e cuidar quando estão no emprego.[14] Mas essa atração para a categoria da alienação também se deve ao fato de que certas características estreitamente vinculadas à exploração, particularmente as que designam o papel produtivo do capital, desapareceram. O capital — embora possa constringir o trabalho biopolítico, expropriar seus produtos e até, em certos casos, fornecer os necessários instrumentos de produção — não organiza a *cooperação produtiva*. No que diz respeito à grande indústria, Marx reconhece que o papel essencial do capitalista no processo de produção, claramente vinculado aos mecanismos exploratórios, é fornecer cooperação, ou seja, reunir os operários na fábrica, dar-lhes ferramentas para trabalhar juntos, fornecer um plano de cooperação e fazer valer essa cooperação. O capitalista assegura a cooperação, imagina Marx, como o general no campo de batalha ou o regente de orquestra.[15] Na produção biopolítica, todavia, o capital não determina o acordo cooperativo, ou pelo menos não na mesma medida. O trabalho cognitivo e o trabalho afetivo geralmente produzem cooperação de maneira autônoma em relação ao comando capitalista, até mesmo em algumas das circunstâncias de mais limitação e exploração, como as das centrais de telemarketing ou dos serviços de alimentação. Os meios intelectuais, comunicativos e afetivos da cooperação geralmente são criados nos próprios encontros produtivos e não podem ser dirigidos de fora. Na verdade, em vez de fornecer cooperação, poderíamos até dizer que o capital expropria a cooperação como elemento central de exploração da força de trabalho biopolítica. Esta expropriação não se dá tanto em relação ao trabalhador individual (pois a cooperação já implica uma coletividade) e sim, mais claramente, no campo do trabalho social, operando no nível dos fluxos de informação, redes de comunicação, códigos sociais, inovações linguísticas e práticas de afetos e paixões. Dessa maneira, a exploração biopolítica envolve a expropriação do comum no nível da produção social e da prática social.

Desse modo, o capital captura e expropria valor através da exploração biopolítica que é produzida, em certo sentido, *externamente* a ele. Não é por coincidência que, à medida que a produção biopolítica se torna hegemônica, os economistas usam com mais frequência o conceito de "externalidades" para entender o aumento e diminuição de valor.

Segundo eles, por exemplo, uma população bem educada é uma externalidade positiva para uma corporação que atua em determinado país, assim como uma população mal educada é uma externalidade negativa: a produtividade da corporação aumenta ou diminui em função de fatores completamente externos a ela.[16] Voltaremos mais detidamente à questão das externalidades, mas podemos levantar aqui a hipótese de que os economistas estão reconhecendo a crescente importância de fatores externos ao capital porque na verdade, para inverter a formulação econômica convencional, o capital é cada vez mais externo ao processo produtivo e à geração de riqueza. Em outras palavras, o trabalho biopolítico é cada vez mais autônomo. O capital é predatório, como afirmam os críticos do neoliberalismo, na medida em que busca capturar e expropriar riqueza comum produzida de maneira autônoma.

Para postular este mesmo ponto em termos econômicos diferentes e de uma perspectiva também diferente, a exploração da força de trabalho e a acumulação de valor excedente não devem ser entendidas em termos de lucro, mas de *renda capitalista*.[17] Se, por um lado, o lucro é gerado basicamente através de um envolvimento interno no processo de produção, a renda é geralmente concebida como um modo externo de extração. Na década de 1930, John Maynard Keynes antecipou e saudou a perspectiva da "eutanásia do rentista" e portanto o desaparecimento do "investidor sem função" como figura básica do capital. Keynes encarava "o aspecto rentista do capitalismo como uma fase transitória que desaparecerá quando tiver cumprido sua função". O futuro do capital pertencia ao investidor capitalista ativamente engajado na organização e supervisão da produção.[18] Em vez disso, nas redes contemporâneas de produção biopolítica, a extração de valor do comum é cada vez mais realizada sem intervenção do capitalista em sua produção. A renovada primazia da renda oferece uma percepção essencial sobre o motivo pelo qual o capital financeiro, juntamente com o amplo extrato desprezado por Keynes dos investidores sem função, ocupa hoje posição central na gestão da acumulação capitalista, capturando e expropriando o valor criado em um nível muito abstraído do processo de trabalho.

METAMORFOSES DA COMPOSIÇÃO DO CAPITAL

Uma última observação sobre os conceitos de Marx: em vários pontos de nosso trabalho, consideramos útil o conceito de subsunção real do trabalho no interior do capital, quando ele se refere a um momento em que o capital não mais se limita a absorver em seu aparato disciplinar e nos processos de produção atividades de trabalho preexistentes criadas fora do capital (aqui teríamos uma subsunção meramente formal), mas de fato cria novas formas propriamente capitalistas de trabalho, integrando o trabalho plenamente, por assim dizer, no corpo capitalista. No contexto biopolítico, pode-se considerar que o capital subsume não só o trabalho mas a sociedade como um todo, ou, ainda, a própria vida social, já que a vida é ao mesmo tempo o que é posto para trabalhar na produção biopolítica e o que é produzido. Essa relação entre capital e vida social produtiva, todavia, já não é *orgânica* no sentido em que Marx entendia a expressão, pois o capital é cada vez mais externo e desempenha um papel cada vez menos funcional no processo produtivo. Em vez de ser um órgão funcionado no interior do corpo capitalista, a força de trabalho biopolítica torna-se cada vez mais autônoma, limitando-se o capital simplesmente a planar de maneira parasitária sobre ela, com seus regimes disciplinares, seus aparelhos de captura, seus mecanismos de expropriação, suas redes financeiras e quejandos. A ruptura da relação orgânica e a crescente autonomia do trabalho estão no cerne das novas formas de crises da produção e do controle capitalistas, para as quais voltamos agora nossa atenção.

Crises da produção e do controle biopolíticos

O capital está em crise. E daí? Diariamente lemos sobre crises nos jornais: crises dos mercados de ações, crises de crédito, crises das hipotecas — todos os tipos de crises. Algumas pessoas perdem dinheiro e outras ficam ricas. Houve um tempo em que se acreditava que os desequilíbrios objetivos da economia capitalista, seus ciclos e suas crises endêmicas de produção, circulação e realização acabariam levando ao colapso. Em vez disso, como nos dizem há tempos os mais astutos analistas do capital, este funciona mediante colapsos ou, por outra, através da destruição criativa alcançada pelas crises. Nos regimes econômicos neoliberais contemporâneos, com efeito, a crise e a catástrofe tornaram-se cada vez mais importantes como alavancas para a privatização dos bens públicos e o estabelecimento de novos mecanismos de acumulação capitalista.[19] Mas nem todas as crises capitalistas são iguais.[20] Enquanto as crises econômicas *objetivas* podem ser funcionais para a acumulação capitalista, as crises que são *subjetivas* e políticas (ou, na verdade, igualmente econômicas e políticas) representam uma real ameaça para o capital. Uma crise dessa natureza surge hoje no contexto da produção biopolítica, na qual os poderes da nova composição técnica da força de trabalho não podem ser contidos pelos modos capitalistas de controle; assim, o exercício do controle capitalista torna-se cada vez mais um impedimento para a produtividade do trabalho biopolítico.

Antes de traçar as linhas gerais da atual crise, devemos recordar os termos básicos de uma crise semelhante do controle capitalista que se manifestou na década de 1970, depois de terem as lutas trabalhistas e as lutas sociais da década de 1960 minado as bases do modelo do Estado providência nos países dominantes. A crise do Estado e da produção capitalista na época foi causada não só pelas lutas dos trabalhadores que constantemente exigiam salários mais altos, melhor redistribuição da riqueza e melhoras na qualidade de vida das classes trabalhadoras, mas também por uma generalizada insubordinação dos trabalhadores, juntamente com uma série de outros movimentos sociais, mais ou menos coordenados, apresentando cada vez mais reivindicações sociais e políticas. Samuel Huntington tinha pelo menos uma pista do perigo ao considerar que "negros, indígenas, chicanos, grupos étnicos brancos, estudantes e mulheres" que faziam exigências ao Estado estivessem gerando não só uma crise fiscal e econômica mas também, e sobretudo, uma crise de controle.[21] É importante, contudo, situar tais crises em relação a outras crises e às decorrentes transformações do capital e do Estado. O próprio Estado providência serviu durante várias décadas como efetiva resposta às crises geradas basicamente pelas lutas dos trabalhadores no início do século XX, mas na década de 1970 seus mecanismos já não eram capazes de controlar as novas forças sociais e econômicas que emergiam. Em resposta às crises da década de 1970, houve uma mudança do Estado previdenciário para o Estado neoliberal e para formas biopolíticas de produção e controle.

Lemos esses desdobramentos históricos em termos de uma relação constante e reciprocamente determinante entre as estruturas capitalistas de domínio e as lutas pela libertação. (Hesitamos em chamar essa relação de dialética por não haver uma solução de síntese, mas apenas um movimento de ida e vinda.) Por um lado, as lutas sociais e dos trabalhadores determinam a reestruturação do capital, e por outro, essa reestruturação condiciona os termos das futuras lutas. Em outras palavras, em cada era de desenvolvimento capitalista, a cada transformação da composição técnica do trabalho, os trabalhadores se valem dos meios a sua disposição para inventar novas formas de revolta e autonomia em relação ao capital; e em resposta a isto o capital é forçado a reestruturar as bases da produção, da exploração e do controle, transformando mais uma vez a composição técnica; neste ponto, novamente, os trabalhadores descobrem novas armas para novas revoltas; e assim por diante. Nossa hipótese, então, é que hoje estamos chegando a outro desses momentos de crise.

Para uma primeira abordagem da atual crise biopolítica, podemos retornar às três tendências gerais na transformação do trabalho anteriormente mencionadas. Cada uma dessas tendências indica estratégias do controle capitalista da força de trabalho, mas em cada um dos casos constatamos que os mecanismos de controle entram em contradição com a produtividade do trabalho biopolítico, obstruindo a geração de valor e portanto exacerbando a crise. No que diz respeito à primeira tendência, o desenvolvimento de formas cognitivas, afetivas e biopolíticas de trabalho, as estratégias do comando capitalista desenvolvem-se intensa e extensivamente. As estratégias intensivas basicamente segmentam o campo comum de cooperação produtiva, estabelecendo algo parecido com postos avançados de comando através dos quais agências privadas e/ou estatais fiscalizam e regulamentam os processos de produção social através de várias técnicas de disciplina, vigilância e fiscalização. Outras estratégias intensivas drenam o comum que serve de base à produção biopolítica, por exemplo, desmantelando instituições de educação pública através da privatização da educação primária e da retirada de recursos para o financiamento da educação secundária. As estratégias extensivas são exemplificadas pela ação das finanças, já que elas não interferem diretamente nas redes produtivas, mas se disseminam, expropriando e privatizando o bem-estar comum incrustado nos conhecimentos, códigos, imagens, práticas afetivas e relações biopolíticas acumuladas que são por elas produzidas. Os processos apropriativos do capital opõem-se, assim, ao comum que o trabalho biopolítico gera socialmente. A esse respeito, o mundo financeiro, em sua relativa separação, mimetiza (ou na verdade espelha e inverte) os movimentos da força de trabalho social. Quando reconhecemos o comum não como objeto, mas como sujeito do desenvolvimento, contudo, fica claro que a multidão empenhada em manter e reproduzir suas "formas de vida" não pode ser tratada com os regimes tradicionais de disciplina e controle. A crise das hipotecas *subprime* nos Estados Unidos e a subsequente crise econômica global demonstram, quando o Estado é obrigado a salvar bancos para corrigir os excessos da iniciativa privada e garantir o bem-estar social, que o conflito entre o capital e o trabalho vivo começa a ocorrer no terreno das finanças.

Deparamo-nos aqui com a primeira contradição, pois as estratégias intensivas e extensivas de controle ao mesmo tempo destroem o comum, as primeiras segmentando ou drenando as bases comuns de produção e as segundas privatizando os resultados comuns. A produtividade do trabalho biopolítico é reduzida toda vez que o comum é destruído. Vide, por exemplo, a produção de conhecimentos científicos, um campo muito especializado, mas que compartilha as características básicas da produção biopolítica como um todo. Para a produção de conhecimentos científicos, os métodos, informações e ideias relevantes, resultantes da atividade científica anterior, devem ser abertos e acessíveis a uma ampla comunidade científica, e deve haver também mecanismos de cooperação e circulação altamente desenvolvidos entre os diferentes laboratórios e pesquisadores, através de publicações, conferências e semelhantes. Quando novos conhecimentos são produzidos, também devem ser tornados comuns, para que a futura produção científica possa utilizá-los como base. Desse modo, a produção biopolítica deve estabelecer um círculo virtuoso que leva do comum existente a um novo comum, que, por sua vez, serve no momento seguinte de expansão da produção. Contudo, a segmentação e expropriação do comum inevitavelmente destroem esse círculo, de tal maneira que o capital se torna cada vez mais um empecilho à produção biopolítica.

Uma segunda estratégia de controle capitalista, que corresponde à "feminização" do trabalho, é a imposição da precariedade, organizando todas as formas de trabalho de acordo com infinitas modalidades de flexibilidade do mercado. Na Europa e no Japão, onde amplas camadas da força de trabalho vivenciaram na segunda metade do século XX uma situação de emprego relativamente estável e garantido, com jornadas de trabalho estritamente regulamentadas, o processo de precarização do trabalho nas últimas décadas tem sido particularmente visível. Os trabalhadores são cada vez mais obrigados a se movimentar entre múltiplos empregos, ao longo tanto de uma carreira quanto de uma jornada de trabalho. Um aspecto central da precariedade é a imposição de um novo regime de tempo, no que diz respeito tanto à jornada de trabalho quanto à carreira — ou, dizendo de outra forma, a precariedade é hoje um mecanismo de controle que determina a temporalidade dos trabalhadores, destruindo a divisão entre tempo de trabalho e tempo fora do trabalho e exigindo, não que os trabalhadores trabalhem o tempo todo, mas que estejam constantemente disponíveis para o trabalho.[22] A precariedade do trabalho, naturalmente, não é nova para as mulheres e as minorias raciais nos países dominantes ou para a vasta maioria dos trabalhadores, homens e mulheres, nos países subordinados, onde os acertos trabalhistas informais e sem garantias há muito constituem a norma. Agora a precariedade torna-se generalizada em todos os níveis da força de trabalho em todo o mundo, e na verdade vem assumindo algumas formas novas e extremas. Um exemplo antropológico anedótico ilustra essa precariedade extrema. Num bairro da periferia de Monróvia, Libéria, informa Danny Hoffman, um homem chamado Mohammed organiza e distribui milhares de homens ao mesmo tempo, muitos deles ex-combatentes na Libéria ou em Serra Leoa, para uma série de ocupações informais. Num dia, ele envia homens para trabalhar temporariamente numa mina ilegal de diamantes no sul da Libéria; em outro dia, distribui homens para trabalhar numa plantação de borracha em outra parte do país; e pode até enviar dois mil homens a um local específico para posar de ex-combatentes num programa de desarmamento com a finalidade de receber fundos de uma agência da ONU; e seus homens estão permanentemente disponíveis para operações militares. Esses homens constituem um caso extremo de trabalho precário: uma população flutuante que é infinitamente flexível e móvel, perpetuamente disponível para qualquer trabalho.[23] Já não tem utilidade pensar nisso como exército industrial de reserva ou um exército de reserva de qualquer natureza, pois não existe um "exército permanente" ao qual referir, ou seja, nenhuma força de trabalho estável e garantida. Sob os regimes de controle da precariedade, toda a força de trabalho torna-se um exército de reserva, ficando os trabalhadores constantemente de prontidão, à disposição do patrão. Desse modo, a precariedade pode ser entendida como um tipo especial de pobreza, uma pobreza temporal, na qual os trabalhadores são privados do controle do próprio tempo.

A precariedade do trabalho aponta a segunda contradição, pois inverte o controle do tempo necessário para a produção biopolítica. A produção de ideias, imagens ou afetos não pode ser facilmente limitada a momentos específicos do dia, e, desse modo, a produção biopolítica tende a erodir as divisões convencionais da jornada de trabalho entre tempo no trabalho e tempo fora dele. A produtividade do trabalho biopolítico, e especificamente a criatividade envolvida na produção biopolítica, requerem a liberdade dos produtores para organizar o próprio tempo; mas o controle imposto pela precariedade subtrai o tempo, de tal maneira que, quando se está trabalhando numa situação precária, não se dispõe do próprio tempo. É possível, naturalmente, pensar e produzir afetos por encomenda, mas apenas de uma maneira rotineira e mecânica, limitando a criatividade e a potencial produtividade. A contradição, assim, dá-se entre a produtividade do trabalho biopolítico, quando tem a possibilidade de organizar o tempo de maneira autônoma, e os empecilhos a ele impostos pela precariedade, que o priva de controle.

Uma terceira estratégia de controle capitalista corresponde às crescentes migrações e misturas da força de trabalho, e envolve a construção de barreiras, físicas e sociais, para canalizar e conter os fluxos do trabalho. O reforço das fronteiras já existentes e a criação de novas fronteiras muitas vezes se fazem acompanhar de uma espécie de pânico moral e até civilizatório. O medo de que os Estados Unidos sejam invadidos por mexicanos ou a Europa por muçulmanos vem misturado a estratégias de bloqueio da mobilidade do trabalho e ao mesmo tempo serve como escora. As velhas ferramentas do racismo e da segregação racial são afiadas como formas de controle em todo o mundo, tanto nos países dominantes quanto nos subordinados. A construção de barreiras ocorre não só nas fronteiras nacionais mas também e talvez de maneira mais relevante no interior de cada país, através de espaços metropolitanos e áreas rurais, segmentando a população e impedindo a mistura cultural e social. Além das muralhas erguidas contra as migrações nas fronteiras, devemos focalizar também os efeitos da situação ilegal nas populações no interior do país. A condição da clandestinidade não só priva as pessoas dos serviços sociais e dos direitos da cidadania como as desencoraja de circular e se misturar livremente com outros segmentos da sociedade. Assim como a precariedade gera uma pobreza do tempo, também as barreiras geográficas e sociais intensificam uma pobreza do espaço.

Do ponto de vista da produção, a contradição gerada pelo bloqueio das migrações e o estabelecimento de divisões é óbvio, pelo menos em um de seus aspectos. Quando os governos dos países dominantes "conseguem" manter de fora os migrantes ilegais, os negócios imediatamente denunciam a escassez de mão de obra: quem vai colher tomates e maçãs, quem cuidará dos idosos e fará o trabalho doméstico, quem fornecerá mão de obra para as fábricas de exploração intensiva e abusiva de trabalhadores (*sweat-shops*), se não há trabalhadores ilegais? "Seria mais fácil, nas situações em que a propriedade está assegurada", observou Bernard Mandeville há mais de duzentos anos, "viver sem dinheiro do que sem pobres; caso contrário, quem faria o trabalho?"[24] A contradição no que diz respeito ao movimento e à mistura repete-se ainda mais intensamente num nível mais profundo. Para elevar a produtividade, a produção biopolítica precisa não só de controle dos seus movimentos mas também de constantes interações com outros, com aqueles que são cultural e socialmente diferentes, numa situação de igualdade. Os economistas contemporâneos falam muito de criatividade, em setores como design, marcas, indústrias especializadas, moda e indústrias culturais, mas geralmente negligenciam o fato de que a criatividade do trabalho biopolítico requer uma cultura igualitária aberta e dinâmica, com constantes fluxos e misturas culturais.[25] O controle mediante fechamento do espaço e imposição de hierarquias sociais é um empecilho à produtividade. A contradição, dessa perspectiva, é na realidade um conflito entre inclusão e exclusão, ficando manifesta no nível governamental pela crise dos dois modelos dominantes de integração: a estratégia republicano-assimilacionista mais frequentemente associada à França e a estratégia multicultural típica da Grã-Bretanha. (Os Estados Unidos fizeram experiências pioneiras com ambas as estratégias, combinando-as em diferentes graus.) Esses modelos estão em crise porque, apesar das alegações em contrário, seu objetivo comum é criar e manter hierarquias sociais e fechar o espaço social, o que impede a produção biopolítica.

Essas três contradições apontam para o fato de que as estratégias e técnicas de exploração e controle do capital tendem a representar empecilhos à produtividade do trabalho biopolítico. O capital não consegue gerar um círculo virtuoso de acumulação, que levaria do comum existente, passando pela produção biopolítica, a um novo e expandido comum que por sua vez sirva de base para um novo processo produtivo. Em vez disso, toda vez que intervém para controlar o trabalho biopolítico e expropriar o comum, o capital compromete o processo, forçando-o a seguir mancando, incapacitado. Não se trata, naturalmente, de um fenômeno totalmente novo. Desde a época de Marx, a crítica da economia política tem focalizado a contradição entre a natureza social da produção capitalista e a natureza privada da acumulação capitalista; mas no contexto da produção biopolítica a contradição é dramaticamente intensificada, como se acedesse a uma nova energia.

3.2

A luta de classes da crise ao êxodo

> Já me fartei desse tom sóbrio,
> Está na hora de representar de novo o verdadeiro demônio.
> — Johann Wolfgang von Goethe, *Fausto*

A relação social aberta entre trabalho e capital

No contexto da produção biopolítica, vimos que o capital deve ser entendido não só como uma relação social, mas uma relação social *aberta*. Até aqui o capital conseguia manter juntos a força de trabalho e o comando do trabalho, ou, em linguagem marxiana, vinha se mostrando capaz de construir uma composição orgânica de capital variável (a força de trabalho assalariado) e capital constante. Hoje, no entanto, verifica-se uma crescente ruptura no interior da composição orgânica do capital, uma decomposição progressiva do capital na qual o capital variável (particularmente a força de trabalho biopolítica) se separa do capital constante, bem como de suas forças políticas de comando e controle. O trabalho biopolítico tende a gerar suas próprias formas de cooperação social e a produzir valor de maneira autônoma. Na verdade, quanto mais autônoma a organização social da produção biopolítica, mais produtiva ela é. Desse modo, o capital encontra dificuldade cada vez maior para criar um ciclo coerente de produção e sintetizar ou subsumir a força de trabalho num processo de geração de valor. Talvez sequer devamos continuar usando a expressão "capital variável" para designar essa força de trabalho, pois sua relação produtiva com o capital constante revela-se cada vez mais tênue.

Devemos então declarar o capital extinto, fadado a morrer? A revolução já teria começado? Ou, em termos mais técnicos, o capital variável definitivamente se libertou das garras do capital constante? Não; como dissemos, crise não significa colapso, e as contradições do capital, por mais graves sejam, nunca implicam em si mesmas o seu fim, tampouco criam uma alternativa ao domínio capitalista. Em vez disso, a ruptura no interior do capital e a emergente autonomia do trabalho biopolítico apresentam uma abertura política. Podemos *apostar* na ruptura da relação do capital e construir politicamente sobre a emergente autonomia do trabalho biopolítico. A relação social aberta apresentada pelo capital oferece uma oportunidade, mas é preciso organização política para fazê-la atravessar o limiar. Quando o abade Sieyès pergunta, às vésperas da Revolução Francesa, qual o valor do Terceiro Estado — tudo! mas politicamente ele nada vale! —, desencadeia uma polêmica política e filosófica baseada num limiar semelhante apresentado pela situação econômica. O Terceiro Estado, que então emergia como centro da produção social, já não se dispunha a aceitar sua subordinação e a pagar impostos aos poderes dominantes do antigo regime. O que devemos desenvolver depois de esboçar as linhas gerais da produção, da exploração e do controle biopolíticos são os termos da luta de classes hoje: quais os recursos sobre os quais se baseia, quais as linhas sociais básicas de conflito e quais as formas políticas disponíveis para sua organização?

Comecemos com alguns dados fundamentais. A emergente autonomia do trabalho biopolítico, no que diz respeito ao capital, arrombando a relação social do capital, repousa basicamente em dois fatos. Primeiro, o papel já agora central ou intensificado do *comum* na produção econômica, tanto como base quanto como produto, já por nós parcialmente explorado. Segundo, o fato de que a produtividade da força de trabalho excede cada vez mais os limites estabelecidos em seu emprego pelo capital. A força de trabalho sempre excedeu sua relação com o capital em termos do seu potencial, no sentido de que as pessoas têm a capacidade de fazer e produzir muito mais do que aquilo que fazem no trabalho. No passado, contudo, o processo produtivo, especialmente o processo industrial, restringiu severamente a concretização do potencial que excede os limites do capital. O trabalhador da indústria automobilística, por exemplo, dispõe de capacitações e conhecimentos mecânicos e tecnológicos extraordinários, mas eles são basicamente específicos do local: só podem ser concretizados na fábrica e, assim, na relação com o capital, com exceção de um ou outro conserto do carro na garagem de casa. Em contraste, os talentos afetivos e intelectuais, as capacidades de gerar cooperação e redes organizacionais, as habilidades de comunicação e as outras competências que caracterizam o trabalho biopolítico geralmente não são específicas do local. Podemos pensar e formar relações não só no emprego mas também na rua, em casa, com os vizinhos e amigos. As capacidades da força de trabalho biopolítica excedem o trabalho e se derramam pela vida. Hesitamos em usar a palavra "excesso" no que diz respeito a essa capacidade, pois, da perspectiva da força de trabalho ou do ponto de vista da sociedade como um todo, ela nunca é demais. Só é excesso da perspectiva do capital, pois não gera valor econômico que possa ser capturado pelo capitalista individual — muito embora, como logo veremos, essa produção de fato gere valor econômico passível de ser capturado pelo capital num nível social mais amplo, geralmente na forma de externalidades.

Podemos neste ponto arriscar uma primeira hipótese: no contexto biopolítico, a luta de classes assume a forma de êxodo. Com êxodo, designamos aqui, pelo menos inicialmente, um processo de *subtração* dessa relação com o capital através da concretização da autonomia potencial da força de trabalho. O êxodo, assim, não é uma recusa da produtividade da força de trabalho biopolítica, mas antes uma recusa dos empecilhos cada vez mais restritivos que o capital impõe às suas capacidades produtivas. É uma expressão das capacidades produtivas que excedem a relação com o capital, alcançada através da abertura da relação social do capital. Dessa maneira, podemos pensar nessa forma de luta de classes como uma espécie de condição do fugitivo. Como os escravos que escapam coletivamente às cadeias da escravidão para construir comunidades e quilombos autônomos, a força de trabalho biopolítica que se subtrai à relação com o capital precisa descobrir e construir novas relações sociais, novas formas de vida que lhe permitam concretizar sua força produtiva. No entanto, este êxodo não significa necessariamente ir para outro lugar. Supõe traçar uma linha de fuga permanecendo exatamente no mesmo lugar, transformando as relações de produção e o modo de organização social sob os quais se vive.

Naturalmente, a luta de classes continua envolvendo a resistência ao comando capitalista e o ataque às bases do poder capitalista, de que trataremos mais detidamente adiante, mas também requer o êxodo da relação com o capital e das relações capitalistas de produção. E embora os requisitos da *resistência* sejam imediatamente dados aos trabalhadores na própria relação de trabalho — os trabalhadores sempre têm o poder de dizer não, de deixar de fornecer seu trabalho ao capital, e sua capacidade de subverter o processo de produção está constantemente presente em sua própria capacidade de produzir —, os requisitos do *êxodo* não são tão evidentes. O êxodo só é possível com base no comum — tanto o acesso ao comum quanto a capacidade de fazer uso dele —, e a sociedade capitalista parece empenhada em eliminar ou mascarar o comum privatizando os meios de produção e, na verdade, todos os aspectos da vida social. Antes de nos voltarmos para as questões de organização política, precisamos investigar mais exaustivamente as formas existentes do comum disponíveis na sociedade hoje.

Espectros do comum

Espectros do comum aparecem em toda a sociedade capitalista, ainda que em formas veladas e mistificadas. Não obstante sua aversão ideológica, o capital não pode dispensar o comum, e hoje de maneiras cada vez mais explícitas. Para localizar esses fantasmas do comum, precisaremos seguir o caminho da cooperação social produtiva e dos vários modos de abstração que a representam na sociedade capitalista. A revelação dessas formas realmente existentes do comum constituem um primeiro passo para o estabelecimento das bases de um êxodo da multidão de sua relação com o capital.

Um amplo reservatório do bem-estar comum é a própria metrópole. A formação das cidades modernas, como explicam os historiadores da urbanidade e da arquitetura, esteve estreitamente vinculada ao desenvolvimento do capital industrial. A concentração geográfica de trabalhadores, a proximidade de recursos de outras indústrias, os sistemas de comunicação e transporte e outras características da vida urbana são elementos necessários para a produção industrial. Ao longo dos séculos XIX e XX, o crescimento das cidades e as qualidades do espaço urbano foram determinados pela fábrica industrial, suas necessidades, seus ritmos e formas de organização social. Hoje, no entanto, estamos assistindo a uma mudança da *metrópole industrial* para a *metrópole biopolítica*. E na economia biopolítica constata-se uma relação cada vez mais intensa e direta entre o processo de produção e o comum que constitui a cidade. A cidade, naturalmente, não é apenas um ambiente construído consistindo de prédios, ruas, caminhos subterrâneos, parques, sistemas de esgoto e cabos de comunicação; é também uma dinâmica viva de práticas culturais, circuitos intelectuais, redes afetivas e instituições sociais. Esses elementos do comum contidos na cidade são não apenas os pré-requisitos da produção biopolítica mas também seu resultado; a cidade é a fonte do comum e o receptáculo para o qual ele flui. (Exploraremos mais plenamente a dinâmica da metrópole biopolítica em *De Corpore* 2, após a Parte 4.)

Uma lente para o reconhecimento do bem-estar comum da metrópole e dos esforços para privatizá-la é fornecida pela economia dos bens imóveis urbanos, um campo desesperadamente necessitado de desmistificação. Será útil lembrar que as questões de arrendamento de terrenos e valor da terra sempre apresentaram grande dificuldade para os economistas políticos clássicos. Se o trabalho é a fonte de toda riqueza, segundo o axioma de Adam Smith, como se explica o valor da terra ou das propriedades imobiliárias de maneira geral? O trabalho, naturalmente, é incorporado à terra, mediante o cultivo do solo e a construção, mas isto evidentemente não explica de maneira adequada o valor das propriedades imobiliárias, especialmente em ambiente urbano. Dizer que o arrendamento de terrenos é um preço monopolístico tampouco enfoca o problema central. O valor imobiliário não pode ser explicado internamente, podendo ser entendido apenas em referência a fatores externos.[26]

Naturalmente, os economistas contemporâneos do setor imobiliário têm plena consciência de que o valor de um apartamento, de um prédio ou terreno numa cidade não é representado exclusivamente pelas características intrínsecas da propriedade, como a qualidade e o tamanho da construção, mas é também — e mesmo primordialmente — determinado pelas externalidades — sejam negativas, como a poluição do ar, a congestão do tráfego, vizinhos barulhentos, altos níveis de criminalidade e a discoteca no play, que impede os moradores de dormir nas noites de sábado; sejam positivas, como a proximidade de playgrounds, relações culturais locais dinâmicas, circuitos intelectuais de troca e interações sociais pacíficas e estimulantes. Nessas externalidades vamos encontrar um espectro do comum. A principal preocupação desses economistas é que as externalidades se situem fora do reino das relações de propriedade, revelando-se assim resistentes à lógica do mercado e às trocas. Nos mercados livres e eficientes, sustentam eles, as pessoas tomam decisões racionais, mas quando se verificam "distorções de mercado", quando as externalidades entram em ação e os custos sociais não equivalem aos custos privados, a racionalidade de mercado se perde, resultando no "fracasso de mercado". A loucura é que, especialmente em ambientes urbanos, o valor da propriedade imobiliária é determinado basicamente pelas externalidades. O fracasso de mercado é a norma. Desse modo, os economistas neoliberais mais ortodoxos passam o tempo inventando esquemas para "racionalizar" a situação e privatizar o comum para que possa ser comercializado e obedeça às regras de mercado, buscando por exemplo maneiras de monetarizar a poluição ou o tráfico, fazendo com que os custos sociais se tornem equivalentes aos custos privados e restabelecendo a lógica das trocas de mercado.[27]

Cabe abrir um parênteses e notar que o importante e crescente papel das externalidades nos permite repensar alguns dos pressupostos-padrão da economia política. Assim como existe hoje uma inversão da progressão tradicionalmente assumida pelos economistas políticos, da renda para o lucro, como dissemos anteriormente, também se verifica uma inversão da presumida tendência da "renda absoluta" (baseada na mera apropriação) para a "renda relativa" (baseada no valor do trabalho acrescido à propriedade). Na medida em que o trabalho acrescido à propriedade tem um efeito cada vez menos significativo em relação ao "trabalho comum" a ele externo — nos circuitos sociais gerais da produção biopolítica e na reprodução da cidade —, a tendência, hoje, é retornar da renda relativa para a absoluta.[28]

Os agentes imobiliários, os praticantes cotidianos do comércio de valores urbanos, com seus pés solidamente plantados no solo e suas mãos avidamente agarrando suas carteiras, não precisam de teorias complicadas para entender o papel dominante do comum. O seu mantra — "localização, localização, localização" — é a maneira que têm de expressar a estratégia para minimizar as externalidades negativas e maximizar as positivas. A localização é meramente um nome para proximidade e acesso ao bem-estar comum — não só no que diz respeito ao parque, mas também à qualidade das relações de vizinhança, às vias de comunicação, às dinâmicas intelectuais e culturais e assim por diante. Os agentes imobiliários não precisam privatizar as externalidades e "racionalizar" os mercados. De olho no comum, são perfeitamente capazes de ganhar dinheiro com a metrópole e sua "irracionalidade".

Nosso objetivo, no entanto, não é dar conselhos sobre como enriquecer com imóveis, mas identificar espectros do comum. As teorias econômicas do setor imobiliário, juntamente com as práticas de seus agentes, demonstram de que maneira a própria metrópole é um enorme reservatório do comum, não só de fatores materiais mas também imateriais, tanto bons quanto ruins. O que os economistas não entendem, todavia, é de onde vem o bem-estar comum. O comum pode ser externo da perspectiva do mercado e dos mecanismos de organização capitalista, mas é completamente interno aos processos de produção biopolítica. A riqueza produzida em comum é abstraída, capturada e privatizada, em parte, por especuladores e financistas imobiliários, o que, como vimos anteriormente, constitui um empecilho a nova produção do comum. Este dilema é ilustrado pela clássica dialética entre os bairros preferidos dos artistas, a valorização imobiliária e a remodelação concomitantes à chegada de classes altas. Os artistas pobres mudam-se para bairros de valores imobiliários mais baixos porque não podem pagar por outra coisa, e além de produzirem sua arte também acabam produzindo uma nova paisagem urbana. O valor das propriedades aumenta à medida que suas atividades tornam o bairro mais intelectualmente estimulante, culturalmente dinâmico e na moda, e o resultado é que, no fim das contas, os artistas já não têm meios de viver ali e precisam se mudar. Pessoas ricas então transferem-se para lá, e lentamente o bairro perde seu caráter intelectual e cultural, tornando-se tedioso e estéril. Apesar do fato de que o bem-estar comum da cidade está constantemente sendo expropriado e privatizado em mercados imobiliários, com sua especulação, o comum continua vivendo ali como fantasma.[29]

A finança é outro vasto reino no qual podemos detectar fantasmas do comum. Georg Simmel observa que as qualidades da metrópole são exatamente as mesmas qualidades que o dinheiro exige: uma detalhada divisão do trabalho, encontros impessoais, sincronicidade do tempo e assim por diante.[30] O que realmente fica subjacente em grande medida a essas diferentes características é a força da abstração. O capital financeiro é uma enorme máquina de abstração que ao mesmo tempo representa e mistifica o comum, como se o refletisse num espelho distorcido.[31]

O capital financeiro tem sido muito criticado por amplificar os riscos econômicos e não produzir nada — e depois da crise global de 2008, o descrédito da finança tornou-se generalizado. As finanças são o capitalismo de cassino, dizem seus críticos, pouco mais que uma forma legal de jogo, sem utilidade social. A dignidade do capital industrial, afirmam, está no fato de ele diretamente mobilizar forças produtivas e produzir valor em produtos materiais, ao passo que os produtos da finança são fictícios, gerando dinheiro a partir do dinheiro, permanecendo abstratos em relação à produção de valor real e portanto parasitários deste. As críticas são em parte verdadeiras — muito embora os instrumentos financeiros sejam usados na gestão do risco assim como na especulação e a economia biopolítica se oriente cada vez mais para produtos imateriais. Mas elas não captam a natureza essencial da finança. Se entendermos a especulação financeira como um jogo, trata-se de um jogo inteligente e informado, no qual o investidor, como alguém que aposta em cavalos de corrida avaliando a condição física do animal e a da pista, precisa avaliar o futuro desempenho de um setor da produção através de uma série de indicadores, alguns muito abstratos. O capital financeiro é, em essência, uma máquina complexa de *representação* do comum, ou seja, das relações e redes comuns necessárias para a produção de uma mercadoria específica, um campo de mercadorias ou algum outro tipo de bem ou fenômeno. Essa representação envolve um extraordinário processo de abstração do próprio comum, e de fato os produtos financeiros assumem formas cada vez mais abstratas e esotéricas, de tal maneira que podem não remeter diretamente à produção, mas a representações de uma futura produção ou a representações de representações. Os poderes de abstração da finança são vertiginosos, e é por isso que os modelos matemáticos se tornam tão centrais. A própria abstração, todavia, só é possível por causa da natureza social da riqueza que é representada. A cada nível de abstração os instrumentos financeiros capturam um nível social mais amplo de redes que, direta ou indiretamente, cooperam no processo de produção. Esse poder de abstração, em outras palavras, repousa no comum e simultaneamente o mistifica.[32]

O papel da finança no que diz respeito a outras formas de capital se expandiu exponencialmente nas últimas décadas. Giovanni Arrighi interpreta isto como um fenômeno cíclico paralelo à ascensão da finança centrada na Grã-Bretanha no fim do século XIX e em momentos anteriores.[33] Em nossa opinião, contudo, é mais importante vincular a ascensão da finança à concorrente centralidade emergente da produção biopolítica. Na medida em que o trabalho político é autônomo, a finança é um instrumento capitalista adequado para expropriar a riqueza comum produzida, instrumento externo a ela e abstrato em relação ao processo de produção. E a finança não pode expropriar sem de alguma maneira representar o produto e a produtividade da vida social comum. Neste sentido, a finança nada mais é que o poder do próprio dinheiro. "O dinheiro representa a verdadeira interação em sua forma mais pura", escreve Georg Simmel. "Ele torna compreensível o mais abstrato conceito; é uma coisa individual cujo significado essencial consiste em ir além das individualidades. Desse modo, o dinheiro é a expressão adequada da relação do homem com o mundo, que só pode ser apreendida em exemplos concretos isolados, e no entanto só vem a ser realmente concebida quando o singular se torna a encarnação do processo mental vivo que entretece todas as singularidades e, assim, cria a realidade."[34] A finança apreende o comum em sua forma social mais ampla e, através da abstração, o expressa como valor que pode ser trocado, mistificando e privatizando o comum para gerar lucros. Não temos aqui intenção de celebrar ou condenar o capital financeiro. Propomos, em vez disso, tratá-lo como um campo de investigação para capturar os fantasmas comuns que nele espreitam.

Nossos dois exemplos, o do mercado imobiliário e o das finanças, revelam uma relação tensa e ambivalente entre a abstração e o comum. Antes de encerrar a discussão, no entanto, podemos esclarecer essa ambivalência examinando brevemente a abordagem dos poderes de abstração do capital por parte de Marx. A abstração é essencial tanto para o funcionamento do capital quanto para sua crítica. O ponto de partida de Marx no *Capital*, com efeito, é a análise do trabalho abstrato como alicerce determinante do valor de troca das mercadorias. Na sociedade capitalista, explica Marx, o trabalho deve ser abstraído dos trabalhos concretos do alfaiate, do bombeiro, do maquinista para ser considerado como trabalho em geral, sem consideração por sua aplicação específica. Esse trabalho abstrato, uma vez congelado em mercadorias, é a substância comum compartilhada por todas elas, o que permite que seus valores sejam universalmente mensuráveis, em última análise permitindo que o dinheiro funcione como equivalente genérico. Demasiados leitores de

Marx, ansiosos por identificar coordenadas políticas já nas primeiras páginas do texto, relacionam essas distinções a posições políticas: a favor do trabalho concreto e contra o trabalho abstrato, a favor do valor de uso e contra o valor de troca. Marx, entretanto, encara a abstração com ambivalência. Sim, o trabalho abstrato e o sistema de trocas são mecanismos de extração de valor e preservação do controle capitalista, mas o conceito de trabalho abstrato — representando o que é comum ao trabalho em diferentes ocupações — é o que torna possível pensar a classe trabalhadora. Sem o trabalho abstrato, não existe classe trabalhadora! Temos aqui mais um exemplo das maneiras como o capital, perseguindo seus próprios interesses e garantindo suas funções essenciais, cria as ferramentas para resistir e eventualmente derrubar o modo capitalista de produção. A abstração capitalista sempre repousa no comum e não pode sobreviver sem ele, podendo apenas, em vez disso, tentar constantemente mistificá-lo. Donde a ambivalência da abstração.

Corrupção e êxodo

Toda instituição social repousa no comum e é definida pelo comum que utiliza, arregimenta e cria. As instituições sociais constituem, assim, recursos essenciais para o projeto de êxodo. Mas devemos lembrar que nem todas as formas do comum são benéficas. Assim como, na linguagem dos economistas, certas externalidades são positivas e outras, negativas, da mesma maneira certas formas do comum aumentam nossa capacidade de pensar e agir juntos, como diria Spinoza, ao passo que outras a diminuem. As formas benéficas são motores de geração, ao passo que as formas prejudiciais disseminam a corrupção, bloqueando as redes de interações sociais e reduzindo os poderes da produção social. Desse modo, o êxodo requer um processo de seleção, maximizando as formas benéficas do comum e minimizando as prejudiciais, lutando, em outras palavras, contra a corrupção. O capital certamente constitui uma forma de corrupção do comum, como vimos, através de seus mecanismos de controle e expropriação, segmentando e privatizando o comum. Mas também vamos encontrar formas relativamente independentes de corrupção do comum nas instituições sociais dominantes.

As três instituições sociais mais importantes da sociedade capitalista nas quais o comum se manifesta em forma corrompida são a família, a corporação e a nação. As três mobilizam e dão acesso ao comum, mas ao mesmo tempo o restringem, distorcem e deformam. Trata-se de terrenos sociais nos quais a multidão precisa empregar um processo de seleção, separando as formas benéficas e geradoras do comum das formas prejudiciais e corrompidas.

A família talvez siga a instituição primordial da sociedade contemporânea para a mobilização do comum. Para muitas pessoas, com efeito, a família é o local principal, senão exclusivo, da experiência social coletiva, dos acertos cooperativos de trabalho, do cuidado e da intimidade. Ela repousa sobre o alicerce do comum mas ao mesmo tempo o corrompe, impondo uma série de hierarquias, restrições, exclusões e distorções. Em primeiro lugar, a família é uma máquina de normatividade de gênero que constantemente tiraniza e esmaga o comum. A estrutura patriarcal da autoridade familiar varia nas diferentes culturas, mas mantém sua forma geral; a divisão de gênero do trabalho no interior da família, embora seja criticada com frequência, é extraordinariamente persistente; e o modelo heteronormativo ditado pela família varia realmente pouco nas diferentes partes do mundo. A família corrompe o comum ao impor hierarquias de gênero e fazer valer normas de gênero, de tal maneira que qualquer tentativa de práticas de gênero alternativas ou expressões de desejos sexuais alternativos é invariavelmente impedida e punida.

Em segundo lugar, a família funciona no imaginário social como único paradigma das relações de intimidade e solidariedade, eclipsando e usurpando todas as outras possíveis formas. As relações intergeracionais inevitavelmente se conformam ao modelo pai/mãe-filho (de tal maneira que os professores zelosos, por exemplo, devem ser como pais para os alunos), e as amizades numa mesma geração são apresentadas como relações entre irmãos. Todas as estruturas de parentesco alternativas, sejam ou não baseadas em relações sexuais, são proibidas ou delimitadas sob o domínio da família. A natureza exclusiva do modelo familiar, inevitavelmente carregando consigo todas as suas hierarquias internas, suas normas de gênero e sua heteronormatividade, constitui prova não só de uma patética falta de imaginação social para apreender outras formas de intimidade e solidariedade mas também de falta de liberdade para criar e experimentar com relações sociais alternativas e estruturas de parentesco não familiares.[35]

Em terceiro lugar, embora pretenda estender desejos e interesses além do indivíduo, em direção à comunidade, a família desencadeia algumas das formas mais extremas de narcisismo e individualismo. É notável, com efeito, o quanto as pessoas acreditam que agir pelos interesses da família constitui uma espécie de altruísmo, quando na realidade é o mais cego egoísmo. Quando as decisões da escola confrontam o interesse do seu filho contra o de outras crianças ou da comunidade como um todo, por exemplo, muitos pais recorrem aos argumentos mais absurdamente antissociais sob um halo de virtude, fazendo tudo que for necessário em nome do filho, não raro imbuídos do estranho narcisismo de vê-lo como uma extensão ou reprodução de si mesmos. O discurso político que justifica o interesse no futuro através de uma lógica da continuidade familiar — quantas vezes você já ouviu que determinada política pública é necessária para o bem dos seus filhos? — reduz o comum a uma espécie de individualismo projetado através da prole, traindo uma extraordinária incapacidade de conceber o futuro em termos sociais mais amplos.[36]

Finalmente, a família corrompe o comum servindo de instituição central para a acumulação e a transferência da propriedade privada. A acumulação da propriedade privada seria interrompida a cada geração não fosse a forma jurídica da herança baseada na família. Abaixo a família! — não, naturalmente, para nos tornarmos indivíduos isolados, e sim para realizar a participação igual e livre no comum que a família promete e constantemente nega e corrompe.

A corporação é outra forma em que o comum é ao mesmo tempo gerado e corrompido. A produção capitalista em geral serve como um enorme aparato para o desenvolvimento de redes comuns de cooperação social e captura de seus resultados como acumulação privada. Para muitos trabalhadores, naturalmente, o local de trabalho é o único, fora da família, onde vivenciam a cooperação com outros e desenvolvem projetos coletivos, o único lugar onde podem escapar ao individualismo e ao isolamento da sociedade contemporânea. Produzir conjuntamente de forma planejada estimula o "vigor animal", como diz Marx, gerando no local de trabalho as recompensas e prazeres da sociabilidade e da troca produtiva. Como se pode prever, as corporações estimulam os trabalhadores a atribuir a motivação e a satisfação que experimentam no trabalho à própria corporação, com consequentes sentimentos de dedicação e lealdade. O que é bom para a corporação, sustenta o refrão ideológico, é bom para todos nós. É verdade, e não devemos negar o fato, que o trabalho na sociedade capitalista mobiliza o comum e proporciona um lugar para a cooperação social e produtiva — em graus variados, naturalmente, e não raro muito menos nos níveis inferiores da força de trabalho. Como já explicamos detalhadamente, todavia, o comum mobilizado e gerado na produção não só é expropriado mas também restringido e corrompido através da imposição de hierarquia e controle por parte do capital. O que é preciso acrescentar aqui é que a corporação é extraordinariamente semelhante à família nas maneiras pelas quais gera e corrompe o comum. As duas instituições podem facilmente surgir como oásis do comum no deserto da sociedade contemporânea. Contudo, tal como na família, as relações de cooperação mobilizadas estão sujeitas a estritas hierarquias internas e limitações externas. Como consequência, muitos daqueles que tentam fugir aos horrores da família deparam-se com o abraço de boas-vindas da corporação; e, em sentido inverso, muitos fogem da corporação, buscando refúgio na família. O tão debatido "equilíbrio" entre trabalho e família é na realidade uma alternativa entre males menores, entre duas formas corrompidas do comum, mas para muitas pessoas em nossas sociedades são esses os únicos espaços sociais que dão acesso, por mais distorcido, ao comum.[37]

Finalmente, a nação também é uma instituição social na qual o comum é ao mesmo tempo mobilizado e corrompido. Certamente, muitas pessoas de fato vivenciam o vínculo com a nação como um terreno do comum, que mobiliza as expressões culturais, sociais e políticas coletivas da população. O direito da nação de ocupar terreno central na vida social é reforçado em épocas de crise e guerra, quando a população é convocada a deixar de lado divergências, no interesse da unidade nacional. Mais que uma história compartilhada ou um conjunto de tradições linguísticas a nação é, segundo a influente formulação de Benedict Anderson, uma comunidade imaginada, o que é outra maneira de dizer uma mobilização do comum. Que triste indicação do lastimável estado de nossas alternativas políticas, no entanto, que a nação se torne a *única* comunidade imaginável, a única forma de expressar a solidariedade social e escapar ao individualismo! Que patético quando a política *só* pode ser conduzida em nome da nação! Também na nação, naturalmente, tal como na família e na corporação, o comum é submetido a operações severamente restritivas: a nação é definida interna e externamente por hierarquias e exclusão. A nação inevitavelmente funciona através da construção e aplicação de "um povo", uma identidade nacional, que exclui ou subordina todos aqueles que são diferentes. É verdade que a nação e seu povo, juntamente com seus mecanismos centrípetos que unificam o campo social, têm funcionado em certos casos, particularmente nas lutas anticoloniais e anti-imperialistas, como parte de projetos de libertação; mas mesmo aí a nação e a consciência nacional apresentam "armadilhas", como diz Frantz Fanon, que só podem ser plenamente reconhecidas depois de ceder o furor das batalhas. As exortações ao sacrifício pela glória e a unidade da nação e do povo sempre têm uma ressonância fascista aos nossos ouvidos, pois tantas vezes as ouvimos, tanto nos países dominantes quanto nos subordinados, como o reiterado refrão das aventuras autoritárias, totalitárias e militaristas. Estas são apenas algumas das corrupções que o comum sofre nas mãos da nação.[38]

Não obstante a repulsa que nos inspiram, devemos lembrar que a família, a corporação e a nação de fato mobilizam o comum, ainda que em forma corrompida, e portanto fornecem importantes fontes para o êxodo da multidão. Todas essas instituições apresentam redes de cooperação produtiva, recursos de riqueza abertamente acessíveis e circuitos de comunicação que simultaneamente abrem o apetite pelo comum e o frustram. A multidão precisa fugir da família, da corporação e da nação, mas ao mesmo tempo construir sobre as promessas do comum que elas mobilizam. Ter em mente que a abertura e expansão do acesso ao comum no contexto da produção biopolítica significa lançar mão do controle dos meios de produção e reprodução; que é a base de um processo de subtração do capital e construção da autonomia da multidão; e que esse projeto de êxodo é a forma fundamental assumida pela luta de classes hoje.

Nossos leitores inclinados ao combate podem relutar em aceitar o êxodo como um conceito de luta de classes, por não conter suficiente dose de luta. Mas não se preocupem. Moisés aprendeu há muito tempo que os que estão no poder não permitem que ninguém se vá sem lutar. E, mais importante, êxodo não significa cair fora como vida nua, descalço e sem tostão. Não; precisamos levar o que é nosso, o que significa reapropriarmo-nos do comum — os resultados de nossos esforços passados e os meios de produção e reprodução autônomos para nosso futuro. É este o campo de batalha.

3.3

O *kairós* da multidão

> O gradual desmoronamento que deixou inalterada a face do todo é abreviado por um raio de sol que, num só lampejo, ilumina as feições do novo mundo.
>
> — G. W. F. Hegel, *Fenomenologia do espírito*

O que pode uma multidão

Todas as condições objetivas estão dadas: o trabalho biopolítico excede o tempo todo os limites do comando capitalista; existe uma brecha na relação social do capital, que gera a possibilidade de que o trabalho biopolítico reivindique sua autonomia; as bases do êxodo estão dadas na existência e na constante criação do comum; e os mecanismos de exploração e controle do capital cada vez mais entram em contradição e criam empecilhos para a produtividade biopolítica. Mas também há condições objetivas compensatórias: novos mecanismos capitalistas encontram novas maneiras de expropriar e privatizar o comum, e as velhas instituições sociais incessantemente tratam de corrompê-lo. Aonde tudo isto nos leva? A análise das condições objetivas nos traz até aqui, mas daqui não passamos. A crise capitalista não avança automaticamente para o colapso. A multiplicidade de singularidades que produzem e são produzidas no campo biopolítico do comum não realiza o êxodo nem constrói sua autonomia espontaneamente. A organização política é necessária para atravessar o limiar e gerar acontecimentos políticos. O *kairós* — o momento oportuno que rompe a monotonia e a repetitividade do tempo cronológico — precisa ser capturado por um sujeito político.

Propomos a multidão como um conceito adequado para organizar politicamente o projeto de êxodo e libertação por estarmos convencidos de que, no atual contexto biopolítico, ainda mais que antes, as formas organizacionais tradicionais que têm como base a unidade, na liderança central e na hierarquia não são desejáveis nem eficazes.[39] A proposta da multidão já foi a esta altura debatida em círculos intelectuais e políticos por vários anos, e podemos nos valer desses debates para avaliar e refinar o conceito. As críticas e desafios que consideramos mais produtivos centram-se, de maneira geral, em duas questões fundamentais: uma delas diz respeito à capacidade da multidão de empreender ações políticas coerentes e uma segunda, ao caráter progressista ou libertador dessas ações.

Os melhores críticos do conceito de multidão, no que diz respeito à primeira linha de questões, aceitam nossa avaliação de que, especialmente no contexto biopolítico, a sociedade é composta de uma pluralidade radical, ou, por outra, de uma multiplicidade de singularidades irredutíveis. A questão é saber se essas singularidades podem agir juntas politicamente, e de que maneira. Está em jogo, fundamentalmente, o próprio conceito do político. Pierre Macherey, por exemplo, explica muito acertadamente que a política requer a capacidade de tomar decisões, não em nível individual, mas social. "Como pode a carne da multidão tornar-se um corpo?, pergunta ele. "A intervenção de uma entidade política é necessária, uma entidade que, neste caso, apesar de manter a estrutura rizomática da multidão, deve continuar sendo coletiva e recusar qualquer forma vertical de ordenamento, dessa maneira mantendo-se fiel a seu destino imanente, que requer a sua expansão num plano de horizontalidade. Como pode a multidão se organizar, sem sacrificar a autonomia das singularidades que a compõem?"[40] Macherey considera que a multiplicidade da multidão representa um obstáculo ou desafio político porque ele parte do princípio de que agir como um corpo político e tomar decisões requer unidade. É assim que enxerga qualquer projeto político para a multidão preso a uma contradição: ou bem sacrificar sua multiplicidade horizontal e adotar a mobilização vertical unificada, deixando, portanto, de ser uma multidão; ou manter sua estrutura e revelar-se incapaz de decisão e ação políticas.

Da mesma forma, Ernesto Laclau considera a imanência e pluralidade da multidão uma barreira à sua capacidade política. Concorda em que existe hoje a condição inicial da multidão: o campo social é radicalmente heterogêneo. Explica, então, ainda seguindo a linha da multidão, que a ação política requer que singularidades no plano da imanência se mobilizem num processo de articulação para definir e estruturar relações políticas entre elas. Laclau diverge, no entanto, ao insistir que, para que a articulação ocorra, é necessário que uma força hegemônica norteadora emerja acima do plano da imanência, mostrando-se capaz de dirigir o processo e servir como ponto de identificação para todas as singularidades. A hegemonia apresenta a pluralidade de singularidades como uma unidade e assim transforma a multidão em um povo, o qual, em virtude de sua unidade, é considerado capaz de ação política e tomada de decisões: "A operação política por excelência será sempre a construção de um 'povo'."[41] Como Macherey, Laclau vê a multidão como uma figura no caminho para a política, mas não ainda como uma figura política.

Uma segunda linha de questionamento não diz respeito basicamente a saber se a multidão pode agir politicamente, mas ao direcionamento de suas ações políticas — não à forma, por assim dizer, mas ao conteúdo da política da multidão. Especificamente, esses autores não veem motivo para presumir que as decisões e a ação políticas da multidão sejam orientadas para a libertação. Paolo Virno, por exemplo, um dos que mais proveitosamente fizeram avançar o conceito de multidão, considera sua política profundamente ambivalente, já que, do seu ponto de vista, a multidão é dotada em graus mais ou menos equivalentes de solidariedade e agressividade sociais. Assim como uma longa tradição de filosofia política adverte que seria ingênuo ou irresponsável presumir que os seres humanos em estado natural sejam infalivelmente bons, Virno enfatiza a ambivalência do "estado natural" caracterizado pela produção biopolítica. As poderosas novas ferramentas em poder da multidão — ferramentas linguísticas, assim como ferramentas de comunicação, afeto, conhecimento e assim por diante — não têm uma necessária predisposição para o bem, podendo com a mesma facilidade ser usadas para o mal. Assim é que Virno preconiza uma posição "realista", insistindo em que qualquer debate sobre as capacidades políticas positivas da multidão deve ser acompanhado de um lúcido exame das negativas.[42]

Da mesma forma, Étienne Balibar insiste em que o conceito de multidão carece dos critérios políticos internos que poderiam assegurar a suas ações uma orientação progressista ou um caráter antissistemático. Tanto pode resistir e contestar os sistemas de exploração global quanto contribuir para eles. Como Virno, Balibar enfatiza o ponto de vista ambivalente da multidão, que explica, por exemplo, em termos do duplo significado do medo da multidão. Tanto o medo sentido pela multidão quanto o medo que ela inspira podem levar, do seu ponto de vista, a diferentes direções políticas. A multidão pode ser um sólido navio em cruzeiro, tomando emprestado esta metáfora de Balibar, mas sem um leme não é possível prever aonde ela pode parar.[43]

Slavoj Zizek e Alain Badiou levam um pouco adiante esse questionamento da orientação política da multidão, afirmando que não é ambivalente, mas alinhado com as forças da dominação. Zizek sustenta que a multidão, mesmo sob a aparência das lutas anticapitalistas, na verdade imita e apoia o poder capitalista, e retoma Marx para localizar a falha do pensamento sobre a multidão. O erro de Marx, sugere ele, é acreditar que o capital cria seus próprios coveiros, que o desenvolvimento da sociedade e da produção capitalistas gera no interior do próprio capital um sujeito político antagônico, o proletariado, capaz de revolução. Zizek afirma, no entanto, que os aparentes antagonismos e alternativas gerados internamente pelo capital acabam na realidade apoiando o sistema. Ele se concentra, por exemplo, na maneira como o capital cria multiplicidades proliferantes no reino do mercado e do consumo, através da infinita variedade de suas mercadorias e dos desejos a que dão margem. Assim, de acordo com essa perspectiva, as multiplicidades da multidão e suas estruturas horizontais em rede espelham o próprio desdobramento descentrado e desterritorializante do capital, e, mesmo quando se acredita que resistem a ele, as ações da multidão inevitavelmente repetem e reproduzem o domínio capitalista. A transformação radical e, especificamente, a oposição revolucionária ao domínio capitalista, insiste Zizek, jamais emergirá, como a multidão, do interior do próprio capital.[44]

Enquanto Zizek atribui os equívocos do pensamento sobre a multidão a um erro de Marx, Badiou os faz remontar à obra de Foucault e a sua concepção da resistência. Como está constantemente enfrentando o poder, raciocina Badiou, a resistência nunca escapa ao poder, e além disso jamais reconhece a necessidade de que o acontecimento rompa com o poder. Qualquer concepção de uma multidão criativa e antissistemática, afirma ele, não passa de um devaneio alucinado (*une rêverie hallucinée*). "O que se conhece pelo nome de 'resistência', neste caso, é apenas um componente do progresso do próprio poder." Os movimentos existentes da multidão assim redundam em muito pouco na estimativa de Badiou. "Tudo que temos visto são desempenhos muito ordinários do desgastado repertório de movimentos pequeno-burgueses de massa, que zelosamente reivindicam o direito de desfrutar sem nada fazer, ao mesmo tempo em que tomam o especial cuidado de evitar qualquer forma de disciplina. Ao passo que sabemos que a disciplina, em todos os campos, é a chave para as verdades."[45] A crítica da multidão efetuada por Badiou é na verdade uma extensão e generalização da de Zizek: enquanto este, indicando o erro de Marx, denuncia que a multidão, sob a aparência de estar contestando o capital, limita-se a imitar e apoiar seu domínio, Badiou, remetendo a Foucault, sustenta que a multidão e outros projetos de resistência não passam de componentes do progresso do próprio poder.

A natureza comum da multidão

Essas questões e críticas a respeito da capacidade e da orientação políticas da multidão são úteis porque nos ajudam a focalizar e esclarecer em que medida o conceito é adequado para projetos organizacionais de libertação em nossa realidade biopolítica. Para responder a essas questões, precisamos mostrar que a multidão não é um sujeito político espontâneo, mas um projeto de organização política, desse modo deslocando o debate do *ser* a multidão para o *fazer* a multidão. Antes de abordá-las diretamente, todavia, devemos explorar algumas das bases filosóficas e políticas do conceito de multidão, investigando em particular a maneira como a multidão interage com a natureza e a transforma.

Como "o povo", a multidão resulta de um processo de constituição política, muito embora, enquanto o povo é formado como unidade por um poder hegemônico posicionado acima do campo social plural, a multidão é formada mediante articulações no plano da imanência sem hegemonia. Podemos constatar essa diferença desde outra perspectiva ao reconhecer que esses dois processos postulam relações diferentes entre a política e o estado natural. Uma longa tradição de teoria política nos diz que a construção da hegemonia ou soberania requer uma passagem da anarquia do estado natural para a vida política do estado civil. A constituição da multidão, contudo, confunde essa divisão entre o estado natural e o estado civil ou político: ela é decididamente política, mas ao mesmo tempo nunca deixa para trás o estado natural. Isto não é tão paradoxal quanto parece, uma vez que constatemos a metamorfose da natureza operando na constituição da multidão.

Os estudiosos feministas, apreciando o obstáculo político representado por um conceito de natureza tão fixo e imutável, separado da interação cultural e social e anterior a ela, demonstraram que a natureza é constantemente construída e transformada. Judith Butler, por exemplo, desafia a tradicional distinção sexo-gênero ao questionar a fixidez da natureza. A principal corrente da teoria feminista em sua segunda onda investiga a maneira como o gênero é maleável e socialmente construído, explica Butler, mas parte do princípio de que as diferenças de sexo são naturais, biológicas e portanto imutáveis. Ela sustenta, em sentido inverso, que, além do gênero, o sexo também é socialmente construído, que o sexo e as diferenças sexuais constituem, para seguir Foucault, formações discursivas. Isto não significa negar que o sexo esteja diretamente ligado à biologia e aos corpos, mas sugere que aquilo que sabemos e pensamos sobre sexo, a maneira como o apreendemos, está inextricavelmente incorporado em discursos sociais determinados.[46] Outros estudiosos feministas levam adiante essa tese em termos científicos e biológicos, para demonstrar que a natureza é modulada em função de formulações e práticas sociais. Anne Fausto-Sterling, por exemplo, explora a maneira como a natureza e os corpos são constantemente transformados através de interações sociais e, especificamente, como aquilo que entendemos como sexo e diferença sexual está inteiramente incorporado em práticas e formas de consciência sociais e culturais. Até a estrutura óssea humana, sustenta ela, por nós considerada um dos elementos do corpo mais fixados na natureza, requer estímulos específicos para se desenvolver e se modifica de maneiras diferentes dependendo de relações complexas com práticas corpóreas durante o crescimento, muitas delas definidas por práticas específicas de gênero. A cultura modela os ossos.[47] Isto não quer dizer que não exista essa coisa chamada natureza, e sim que a natureza é constantemente transformada por interações sociais e culturais. A tese de que a natureza está sujeita a mutação está intimamente vinculada à proposta filosófica de uma ontologia constituinte — ou seja, o conceito de que o ser está sujeito a um processo de devir determinado por práticas e ações sociais. Deus, ou o ser, ou a natureza, no vocabulário de Spinoza, não está separado da interação de modos do mundo nem é anterior a eles, mas é inteiramente constituído por eles.[48]

As investigações acerca da plasticidade e mutabilidade da natureza remetem ao comum — e na verdade a natureza é apenas um outro nome do comum. Mas é importante ter em mente a distinção entre os dois conceitos do comum anteriormente mencionados. Ao passo que o conceito tradicional postula o comum como um mundo natural fora da sociedade, a concepção biopolítica do comum permeia igualmente todas as esferas da vida, remetendo não só à terra, ao ar, aos elementos ou mesmo à vida vegetal e animal, mas também aos elementos constitutivos da sociedade humana, como as linguagens, os hábitos, gestos, afetos, códigos comuns e assim por diante. E se, para pensadores como Locke e Rousseau, a formação da sociedade e o progresso da história do mundo inevitavelmente destroem o comum, isolando-o como propriedade privada, a concepção biopolítica enfatiza não só a preservação do comum mas a luta pelas condições de sua produção, assim como a seleção de suas qualidades, promovendo as formas benéficas e fugindo das formas prejudiciais e corrompidas. A isto poderíamos chamar de ecologia do comum — uma ecologia centrada igualmente na natureza e na sociedade, nos seres humanos e no mundo não humano, numa dinâmica de interdependência, cuidado e transformação mútua. Estamos agora em melhores condições de entender de que maneira o devir político da multidão não requer que se deixe para trás o estado natural, como insiste a tradição de soberania, antes convocando uma metamorfose do comum que opera simultaneamente na natureza, na cultura e na sociedade.

A metamorfose do comum nos conduz diretamente ao problema da produção de subjetividade. Será útil lembrar quão acalorados se tornaram nas décadas de 1980 e 1990 os chamados debates do pós-modernismo em torno dessa questão. De um lado os pós-modernistas, geralmente centrados na produção de consciência. Sob certos aspectos, a posição deles repetia a clássica tese da Escola de Frankfurt segundo a qual a consciência alienada é produzida na sociedade capitalista, em suas indústrias culturais, em sua pressão para o consumo e sua cultura das mercadorias, mas substituindo a melancolia da Escola de Frankfurt por uma disposição mais alegre. A tese de que a subjetividade é produzida nos circuitos da cultura capitalista mercantilizada parecia anunciar uma débil noção de liberdade baseada no jogo e na contingência. Do outro lado estavam os defensores modernistas do sujeito em nome não só da razão, da realidade e da verdade mas também das possibilidades de uma política da libertação. Considerava-se que um sujeito estável residindo fora do funcionamento do poder era necessário como alicerce para a política de classes, na política de raças, no feminismo e em outros terrenos identitários. Esses dois lados, que reconhecemos ter aqui descrito em termos redutores, monopolizavam os debates mais em evidência; uma terceira abordagem, contudo, muito mais próxima da nossa, foi desenvolvida no mesmo período por Foucault, Deleuze e Guattari. Esses autores centram-se nos mecanismos sociais da produção de subjetividade em arquiteturas institucionais, no discurso psicanalítico, nos aparatos de Estado e assim por diante, mas não acolhem com celebração nem desespero o reconhecimento de que a subjetividade é produzida através de aparatos de poder. Eles encaram a produção de subjetividade, antes, como o terreno primordial da luta política. Precisamos intervir nos circuitos da produção de subjetividade, fugir aos aparatos de controle e construir as bases de uma produção autônoma.[49]

A política da produção de subjetividade nos ajuda a entender melhor o processo econômico das metamorfoses do comum, que já analisamos anteriormente. A produção biopolítica de ideias, códigos, imagens, afetos e relações sociais lida diretamente com os elementos constituintes da subjetividade humana: é este precisamente o terreno em que a subjetividade nasce e reside. Ainda seria possível entender a produção econômica como um engajamento do sujeito com a natureza, uma transformação do objeto através do trabalho, mas cada vez mais a "natureza" transformada pelo trabalho biopolítico é a própria subjetividade. Assim, esta relação entre a produção econômica e a subjetividade puxa o tapete sob os conceitos tradicionais do processo de trabalho, abrindo uma fenda potencialmente vertiginosa. Podemos, entretanto, cortar caminho por alguns desses aparentes paradoxos, abordando o processo de produção em termos de metamorfoses do comum. E deve estar evidente que esse tipo de processo econômico, central na produção biopolítica, também é um processo ontológico através do qual a natureza e a subjetividade são transformadas e constituídas.

Desse modo, a multidão não deve ser entendida como um ser, mas como um fazer — ou, por outra, um ser que não é fixo ou estático, mas constantemente transformado, enriquecido, constituído por um processo de fazer. Trata-se, no entanto, de um tipo peculiar de fazer, na medida em que não existe por trás do processo alguém que faz. Através da produção de subjetividade, a própria multidão é a autora do seu perpétuo tornar-se outro, num processo ininterrupto de autotransformação coletiva.

Do ser ao fazer a multidão

Uma vez tendo deslocado nossa perspectiva do ser multidão para o fazer multidão, e tendo reconhecido a multidão como um constante processo de transformação alicerçado no comum, estamos em melhores condições de responder às perguntas e críticas do conceito anteriormente mencionadas. O primeiro conjunto de questões considera a multidão incapaz da política por não ser unificada pela hegemonia. Está em questão aqui saber se somente sujeitos hegemônicos e unificados ou também as multiplicidades organizadas horizontalmente são capazes de ação política. Podemos responder a essas questões remetendo a nossas anteriores investigações econômicas. A produção biopolítica ocorre e só pode ocorrer no terreno do comum. Ideias, imagens e códigos não são produzidos por um gênio solitário nem mesmo por um mestre com a ajuda de aprendizes, mas por uma ampla rede de produtores em cooperação. O trabalho tende a ser cada vez mais autônomo em relação ao comando capitalista, e desse modo os mecanismos de expropriação e controle do capital tornam-se empecilhos no caminho da produtividade. A produção biopolítica é uma orquestra que mantém o compasso sem um regente, e pararia de tocar se alguém subisse no estrado.

O modelo de produção econômica biopolítica serve-nos aqui de analogia da ação política: assim como uma ampla multiplicidade social produz bens imateriais e valor econômico, também essa multidão é capaz de produzir decisões políticas. Trata-se, no entanto, de muito mais que uma analogia, pois as mesmas capacidades necessárias num caso também são suficientes no outro. Em outras palavras, a capacidade dos produtores de organizar de maneira autônoma a cooperação e produzir coletivamente de forma planejada tem implicações imediatas no terreno político, fornecendo as ferramentas e os hábitos do processo decisório coletivo. Nesse sentido, a divisão entre produção econômica e ação política postulada por autores como Hannah Arendt rui completamente. A concepção da política em Arendt centra-se na pluralidade e na liberdade, caracterizando a ação política como um terreno de singularidades que se comunicam e cooperam num mundo comum. Ela distingue isto do terreno econômico do *Homo faber*, separado no local de trabalho e conduzido de maneira instrumental para a criação de um produto. O produtor econômico, raciocina ela, inclina-se a denunciar a ação e o discurso que definem a política como falatório e inútil e ocioso. O trabalho é estritamente conduzido a um telos, de tal maneira que "a força do processo de produção é inteiramente absorvida e exaurida pelo produto final", ao passo que a força do processo político nunca é exaurida num produto, antes crescendo "enquanto suas consequências se multiplicam; o que perdura no terreno dos negócios humanos são esses processos, e sua durabilidade é tão ilimitada e independente da perecibilidade do material e da mortalidade dos homens quanto a durabilidade da própria humanidade."[50] Arendt refere-se aqui, com toda evidência, a um paradigma econômico da produção material, tendo a fábrica como modelo primordial, mas uma vez que tenhamos desviado nosso olhar para a produção biopolítica, vemos com clareza que todas as qualidades por ela atribuídas ao político se aplicam igualmente ao econômico: a cooperação de uma ampla pluralidade de singularidades num mundo comum, o enfoque na linguagem e na comunicação e a interminável continuidade do processo ao mesmo tempo baseado no comum e resultando no comum. Eis um dos motivos para a utilização do termo "bio*político*" para designar essa forma de produção, pois os atos e capacidades econômicos são eles próprios imediatamente políticos. Cabe notar aqui que Arendt também distingue uma terceira atividade humana fundamental, a que dá o nome de labor. O labor que tem em mente corresponde ao funcionamento biológico do corpo e, portanto, à produção de necessidades vitais. Tanto a condição quanto o objetivo desse labor, explica ela, é, portanto, a própria vida. Naturalmente, Arendt usa esse conceito de labor basicamente como contraste para distinguir o terreno político, separando-o do mundo das necessidades, mas também aqui podemos ver que suas distinções progressivamente se esboroam. A política provavelmente nunca foi de fato separável do terreno das necessidades da vida, mas cada vez mais, hoje em dia, a produção biopolítica volta-se constantemente para a produção de formas de vida.

Donde a utilidade da expressão "bio*político*". Voltar a atenção para o fazer da multidão, assim, permite-nos reconhecer de que maneira a atividade produtiva também é um ato de autoconstituição política.

Finalmente estamos em condições de responder à primeira série de perguntas sobre as capacidades políticas da multidão. É verdade que a organização de singularidades exigida para a ação e para o processo decisório político não é imediata ou espontânea, mas isto não significa que hegemonia e unificação, a formação de um poder soberano e unificado — seja por parte de um Estado, um partido ou um povo —, é condição necessária para a política. Espontaneidade e hegemonia não são as únicas alternativas. A multidão pode desenvolver o poder de organizar-se através de interações conflitivas e cooperativas de singularidades no comum. Mesmo se reconhecermos essa tendência, é razoável perguntar se a multidão está pronta para tais responsabilidades, se se tornou suficientemente dotada das capacidades de organizar, agir e decidir politicamente. Lembremos a advertência de Lenin às vésperas de outubro de 1917: nunca fazer a revolução com base em alguma população ideal ou imaginada. O povo russo ainda não está pronto. O povo russo ainda não está pronto para o autogoverno, alega ele, precisando de uma força hegemônica para guiá-lo no período de transição. Ele foi treinado, no trabalho, para precisar de subordinação, supervisão e gerentes: tem um patrão no emprego e portanto precisa de um patrão na política.[51] A lógica desta advertência de Lenin pressiona ainda mais nossa demonstração anterior da hegemonia tendencial da produção biopolítica na economia contemporânea, bem como das qualidades e capacidades que a acompanham. Se pudermos estabelecer realisticamente as capacidades de auto-organização e cooperação na vida cotidiana das pessoas, em seu trabalho, ou, de maneira mais genérica, na produção social, a capacidade política da multidão deixa de ser uma questão.

O segundo conjunto de questões diz respeito à orientação política da multidão, progressista ou regressiva, resistindo ao atual sistema de poder ou apoiando-o, já não pode ser abordado com a mesma facilidade. Em capítulos anteriores, propusemos uma concepção da resistência que antecede o poder, já que o poder é exercido apenas sobre sujeitos livres, e assim, embora situada "dentro e contra", a resistência não está condenada a reforçar ou repetir as estruturas de poder. Também apresentamos um conceito biopolítico do acontecimento, diferente da concepção segundo a qual os acontecimentos procedem apenas "do exterior", e portanto nosso único dever político é manter-nos fiéis a eles e a sua verdade, para preservar a disciplina após a manifestação do acontecimento. Os que adotam esse conceito do acontecimento só podem esperar com uma espécie de fervor messiânico que venha outro acontecimento. Os acontecimentos biopolíticos, em vez disso, residem nos atos criativos da produção do comum. Existe de fato algo misterioso no ato de criação, mas é um milagre que brota diariamente do interior da multidão.

A resistência e a criação de acontecimentos, todavia, ainda não estabelecem a orientação política da multidão. As características do comum e a relação da multidão com ele nos dão algumas indicações da maneira como proceder. Pierre Macherey identifica o caráter rebelde do comum, que sempre excede os limites do poder. "Por vida comum", escreve ele, "devemos portanto entender todas as figuras de criação coletiva que fazem funcionar a cooperação e a colaboração, a rede que, uma vez posta em movimento, pode se estender infinitamente. Por isto é que a vida comum excede todo sistema e toda ordem fixada, diante dos quais se mostra necessariamente rebelde."[52] O fato de a multidão, baseada no comum, sempre exceder os limites do poder indica sua incompatibilidade com o sistema dominante — e sua natureza antissistemática, nesse sentido —, mas ainda não estabelece sua orientação política libertadora.

Uma faceta da direção política da multidão está no êxodo de todas as derivações corrompidas do comum acumuladas nas instituições sociais, inclusive a família, a corporação e a nação. A multidão precisa selecionar as formas benéficas do comum e fugir das prejudiciais. O que está corrompido no comum dessas instituições, podemos ver agora, é que, através de hierarquias, divisões e limites elas bloqueiam a produção de subjetividade e, além disso, a produção do comum. Através da seleção e do êxodo, a multidão deve pôr o comum em movimento, abrindo novamente seus processos de produção.

A orientação política também deve ser definida no *fazer* da multidão, entendida não só como sua constituição política mas também como sua produção econômica. No contexto da produção biopolítica, trabalhando no comum e produzindo o comum, a multidão constantemente se transforma. O que nos traz à mente a admiração de Marx pela percepção utópica de Charles Fourier de que o proletariado é um sujeito em transformação, moldado através do trabalho mas também e sobretudo através da atividade social, cooperativa e inventiva no tempo que sobra das obrigações laborais. "O processo", explica Marx, ampliando a percepção de Fourier, "é portanto ao mesmo tempo disciplina, no que diz respeito ao ser humano no processo de devir; e prática, ciência experimental, ciência materialmente criativa e objetificante, no que diz respeito ao ser humano que se tornou, em cuja cabeça existe o conhecimento acumulado da sociedade."[53] A autotransformação da multidão em produção, alicerçada na expansão do comum, fornece uma indicação inicial da direção do autogoverno da multidão no terreno político.

Todos esses elementos, contudo, animados por acontecimentos biopolíticos, fugindo às formas corrompidas do comum e dedicados à promoção da produção do comum em suas formas benéficas, ainda não especificam adequadamente a orientação política da multidão. Precisamos neste ponto enfrentar diretamente a questão da organização, pois é este o terreno no qual o caráter progressista, libertador e antissistêmico da multidão terá de ser verificado e consolidado em suas próprias instituições duráveis. Esta consiste em uma das tarefas primordiais que teremos de enfrentar, primeiro em *De Singularitate* 1 e no Intermezzo que se segue a esta seção e mais adiante ao longo da segunda metade do livro: uma teoria da organização política adequada para a multidão. O terreno da organização é onde devemos estabelecer que a multidão pode ser uma figura revolucionária e mesmo que é hoje a única figura capaz de revolução.

DE SINGULARITATE 1: POSSUÍDO PELO AMOR

> Que os seus amores sejam como a vespa e a orquídea.
> — Gilles Deleuze e Félix Guattari

Todos os elementos teóricos que acumulamos até aqui — da multidão dos pobres ao projeto de altermodernidade e da produtividade social do trabalho biopolítico ao êxodo do comando capitalista —, apesar de sua força, correm o risco de permanecer inertes lado a lado sem um outro elemento que os faça convergir e os anime num projeto coerente. O que está faltando é o amor. Sim, sabemos que a palavra deixa muitos leitores desconfortáveis. Alguns se contorcem na cadeira, embaraçados, e outros dão um sorriso de superioridade.[54] O amor foi de tal maneira sobrecarregado de sentimentalismo que dificilmente parece adequado no discurso filosófico e muito menos político. Que os poetas falem do amor, dirão muitos, aconchegando-se em seu caloroso abraço. Nós achamos, no entanto, que o amor é um conceito essencial para a filosofia e a política, e o fato de não ser questionado e desenvolvido é uma causa central da debilidade do pensamento contemporâneo. É insensato deixar o amor com os padres, os poetas e os psicanalistas. Precisamos, portanto, proceder a uma espécie de faxina conceitual, removendo certas concepções equivocadas que desqualificam o amor no discurso filosófico e político e redefinindo o conceito de maneira a demonstrar sua utilidade. Constataremos, assim, que os filósofos, os cientistas políticos e até os economistas, apesar da suposta precisão fria do seu pensamento, muitas vezes estão na verdade falando do amor. E se não fossem tão tímidos nos diriam exatamente isto. Este argumento nos ajudará a demonstrar de que maneira o amor é na verdade o coração vivo do projeto que vimos desenvolvendo, sem o qual permaneceria um amontoado sem vida.

Para entender o amor como conceito filosófico e político, será útil começar da perspectiva dos pobres e das inúmeras formas de solidariedade social e produção social que por toda parte reconhecemos entre aqueles que vivem na pobreza. A solidariedade, o cuidado com os outros, a criação de comunidade e a cooperação em projetos comuns são para eles um mecanismo essencial de sobrevivência. O que nos remete aos elementos da pobreza anteriormente enfatizados. Embora o pobre seja definido pela carência material, as pessoas nunca podem ser reduzidas à vida nua, estando sempre dotadas de poderes de invenção e produção. A real essência dos pobres, na verdade, não é sua carência, mas seu poder. Quando nos juntamos, quando formamos um corpo social mais poderoso que qualquer de nossos corpos individuais separadamente, estamos construindo uma subjetividade nova e comum. Nosso ponto de partida, assim, que a perspectiva dos pobres ajuda a revelar, é que o amor é um processo da produção do comum e da produção de subjetividade. Este processo não é meramente um *meio* de produção de bens materiais e outras necessidades, mas também um *fim* em si mesmo.

Se semelhante afirmação parece por demais sentimental, podemos chegar ao mesmo ponto através da análise da economia política. No contexto da produção biopolítica, como demonstramos na Parte 3, a produção do comum não está separada da produção econômica nem é externa a ela, isolada no terreno privado ou na esfera da reprodução; ela é, isto sim, parte integrante da produção de capital e inseparável dela. O amor — na produção de redes afetivas, esquemas de cooperação e subjetividades sociais — é uma força econômica. Entendido desta maneira, o amor não é, como costuma ser caracterizado, espontâneo ou passivo. Não nos acontece simplesmente, como se fosse um acontecimento chegando misticamente de outra parte. É, em vez disso, uma ação, um acontecimento biopolítico, planejado e realizado em comum.

DE SINGULARITATE 1: POSSUÍDO PELO AMOR

O amor também é produtivo num sentido filosófico — produtivo de ser. Quando nos engajamos na produção de subjetividade que é o amor, não estamos meramente criando novos objetos nem sequer novos sujeitos no mundo. Em vez disso, estamos produzindo um novo mundo, uma nova vida social. Ser, em outras palavras, não é um pano de fundo imutável contra o qual a vida transcorre, e sim uma relação viva na qual constantemente temos o poder de intervir. O amor é um acontecimento ontológico na medida em que assinala uma ruptura com o que existe e a criação do novo. O ser é constituído pelo amor. Essa capacidade ontologicamente constitutiva tem sido campo de batalha de numerosos conflitos entre filósofos. Heidegger, por exemplo, reage energicamente a esse conceito de constituição ontológica em sua palestra sobre a pobreza anteriormente lida aqui. A humanidade torna-se pobre para se tornar rica, sustenta ele, quando carece do não necessário, revelando o que o é, portanto — ou seja, sua relação com o Ser. Todavia, os pobres, tal como imaginados por Heidegger nessa relação, não têm capacidade constitutiva, e a humanidade como um todo, na verdade, é impotente diante do Ser. Neste ponto, Spinoza posiciona-se no polo oposto a Heidegger. Como Heidegger, ele poderia dizer que a humanidade se torna rica quando reconhece sua relação com o ser, mas essa relação para Spinoza é completamente diferente. Especialmente no misterioso quinto livro da *Ética* de Spinoza, constituímos o ser ativamente através do amor. O amor, explica Spinoza com sua habitual precisão geométrica, é alegria, ou seja, o aumento do nosso poder de agir e pensar, aliado ao reconhecimento de uma causa externa. Através do amor, constituímos uma relação com essa causa e procuramos repetir e expandir nossa alegria, formando novos e mais poderosos corpos e mentes. Para Spinoza, em outras palavras, o amor é uma produção do comum que constantemente se volta para cima, buscando criar mais com força cada vez maior, até o ponto de se engajar no amor de Deus, ou seja, o amor da natureza como um todo, o comum em sua figura mais expansiva. Todo ato de amor, poderíamos dizer, é um acontecimento ontológico na medida em que assinala uma ruptura com o ser existente e cria um novo ser, da pobreza ao ser, passando pelo amor. O ser, afinal, é apenas uma outra maneira de dizer o que é inelutavelmente comum, o que se recusa a ser privatizado ou enfeixado e permanece constantemente aberto a todos. (Não existe uma ontologia privada.) Dizer que o amor é ontologicamente constitutivo, assim, significa simplesmente que ele produz o comum.

Logo que identificamos o amor com a produção do comum, precisamos reconhecer que, tal como o próprio comum, o amor é profundamente ambivalente e suscetível à corrupção. Na verdade, o que hoje em dia passa por amor no discurso habitual e na cultura popular são predominantemente suas formas corrompidas. O lugar primordial dessa corrupção é a mudança, no amor, do comum para o igual, ou seja, da produção do comum para uma repetição do mesmo ou um processo de unificação. Mas o que distingue as formas benéficas do amor é a constante interação entre o comum e as singularidades.

Uma forma corrompida de amor é o amor identitário, ou seja, o amor do mesmo, que pode basear-se, por exemplo, numa interpretação estreita do mandamento de amar o próximo, entendendo-o como uma exortação a amar os mais próximos, os mais parecidos com você. O amor familiar — a pressão para amar primeiro e sobretudo os que estão na família, excluindo ou subordinando os que estão de fora — é uma forma de amor identitário. O amor racial e o amor à nação, o patriotismo, são exemplos semelhantes da pressão para amar sobretudo os mais parecidos e portanto amar menos os que são diferentes. Não surpreende, assim, que família, raça e nação, sendo formas corrompidas do comum, constituam as bases das formas corrompidas de amor. Dessa perspectiva, poderíamos dizer que os populismos, os nacionalismos, os fascismos e vários fundamentalismos religiosos baseiam-se não tanto no ódio, mas no amor — só que uma forma horrivelmente corrompida de amor identitário.

Uma estratégia inicial para combater essa corrupção consiste em empregar uma interpretação mais expansiva e generosa do mandamento de amar o próximo, entendendo o próximo não como o mais próximo e o mais semelhante, mas, pelo contrário, como o outro. "O vizinho é portanto (...) apenas o que ocupa o lugar", diz Franz Rosenzweig. "O amor

DE SINGULARITATE 1: POSSUÍDO PELO AMOR

orienta-se na verdade para a encarnação de todos aqueles — homens e coisas — que poderiam a qualquer momento tomar esse lugar do vizinho, em última instância ele se aplica a tudo, ele se aplica ao mundo."[55] Desse modo, o mandamento de amar o próximo, a própria manifestação de todos e cada um dos mandamentos das religiões monoteístas, determina que amemos o outro, ou, na realidade, que amemos a alteridade. E se você não se sente à vontade com a exegese das escrituras como explicação, pense na poesia de Walt Whitman, na qual o amor do estranho reaparece constantemente como um encontro caracterizado pelo assombro, o crescimento e a descoberta. O Zaratustra de Nietzsche faz eco a Whitman ao pregar que mais sublime que o amor do próximo é o "amor do mais distante".[56] O amor do estranho, o amor do mais distante e o amor da alteridade podem funcionar como antídoto ao veneno do amor identitário, que compromete e distorce a produtividade do amor forçando-o a repetir constantemente o mesmo. Temos aqui, então, um outro significado do amor como acontecimento biopolítico: ele não só assinala a ruptura com o existente e a criação do novo mas é a produção de singularidades e a composição de singularidades numa relação comum.

Uma segunda forma de amor corrompido postula o amor como um processo de unificação, de tornar-se o mesmo. O conceito contemporâneo de amor romântico dominante em nossas culturas, diariamente vendido por Hollywood, sua especialidade, exige que o casal se funda em unidade. A sequência obrigatória desse amor romântico corrompido — casal-casamento-família — imagina as pessoas encontrando seu par, como peças perdidas de um quebra-cabeça, que agora, unidas, fazem (ou restabelecem) um todo. O casamento e a família enfeixam o casal numa unidade que posteriormente, como dissemos antes, corrompe o comum. Esse mesmo processo de amor como unificação também se expressa em muitas tradições religiosas, especialmente em seus registros místicos: o amor a Deus significa fundir-se na unidade divina. E não surpreende que tais conceitos de união mística não raro empreguem a linguagem convencional do amor romântico, invocando a noiva ou noivo, o casamento divino e assim por diante, pois buscam o mesmo objetivo: transformar os muitos em um, transformar o diferente no mesmo. Da mesma maneira, várias formas de patriotismo compartilham esse conceito de pôr (ou empurrar) de lado diferenças e alteridade, para formar um povo nacional unido, uma identidade nacional. Esta segunda corrupção do amor como unificação está na verdade intimamente relacionada à primeira corrupção identitária do amor: o amor do mesmo, o amor fazendo o mesmo.

Uma chave filosófica de nossa tese aqui, que já deve estar clara, é que a dinâmica das múltiplas singularidades do comum nada tem a ver com a velha dialética entre o múltiplo e o uno. Enquanto o uno se opõe ao múltiplo, o comum é compatível com as multiplicidades e mesmo internamente composto delas. Essa compatibilidade entre o comum e a multiplicidade pode ser entendida em termos simples (talvez simples demais) quando postulada no campo da ação política: se não compartilhássemos um mundo comum, não seríamos capazes de nos comunicar uns com os outros nem de atender às necessidades e desejos uns dos outros; e se não fôssemos singularidades múltiplas, não teríamos necessidade de comunicar e interagir. Neste sentido, concordamos com a concepção de Hannah Arendt da política como interação e composição de singularidades num mundo comum.[57]

Promover os encontros das singularidades no comum, assim, é estratégia fundamental para combater o amor corrompido pela identidade e pela unificação, que interrompe a produção da subjetividade e anula o comum. A uniformidade e a unidade não envolvem criação, mas simples repetição sem diferença. O amor, em vez disso, deveria ser definido pelos encontros e a experimentação de singularidades no comum, que por sua vez produzem um novo comum e novas singularidades. Enquanto no contexto ontológico caracterizamos o processo de amor como *constituição*, aqui, num contexto político, devemos enfatizar seu poder de *composição*. O amor compõe singularidades, como temas numa partitura musical, não na unidade, mas como uma rede de relações sociais. Fazer convergirem essas duas faces do amor — a constituição do comum e a composição das singularidades — é o desafio central para a compreensão do amor como ato material, político.

DE SINGULARITATE 1: POSSUÍDO PELO AMOR

Começamos esta discussão sustentando que a produção econômica é na realidade uma questão de amor, mas temos perfeita consciência de que os economistas não a veem desta maneira. Os economistas, com efeito, há muito celebram a sátira *A fábula das abelhas*, escrita por Bernard Mandeville no início do século XVIII, como um hino antiamor, prova de que não existe uma possível conexão entre a economia e o amor. Mandeville conta a história de uma colmeia que é rica e poderosa, mas acometida de toda espécie de vícios privados, entre eles fraude, ganância, preguiça e covardia. Os moralistas da colmeia constantemente invectivam o vício, sem resultado. Finalmente, o deus da colmeia, cansado da mesma lenga-lenga, torna todas as abelhas virtuosas e elimina o vício, mas com isto o trabalho da colmeia é imediatamente suspenso e sua sociedade se desintegra. A fábula tem como alvo, obviamente, os moralistas sociais e os utópicos racionalistas. Como Maquiavel e Spinoza antes dele, Mandeville insiste em que, em vez de pregar como as pessoas *devem ser*, os teóricos sociais deveriam estudar como as pessoas *são* e analisar as paixões que de fato as animam.

A fábula de Mandeville escandalizou a sociedade inglesa do século XVIII, como era seu objetivo, mas alguns, entre eles Adam Smith, enxergaram nela uma confirmação da ideologia capitalista. Smith vale-se da polêmica tese de Mandeville segundo a qual o vício, e não a virtude, é a fonte do benefício público — as pessoas trabalham por ganância, obedecem às leis por covardia e assim por diante — para corroborar o conceito de que o interesse próprio é a base das trocas de mercado e da economia capitalista. Se cada um age por interesse próprio, o bem público resultará da atividade do mercado, como se fosse guiado por uma mão invisível. Naturalmente, Smith, entusiástico defensor da simpatia e outros sentimentos morais, não está preconizando o vício, mas simplesmente quer manter imperativos morais deslocados e controle público bem-intencionado fora da economia. O que Smith mais categoricamente alija do mercado é o comum: só dos interesses privados resultará o bem público. "Não é da benevolência do açougueiro, do cervejeiro ou do padeiro que esperamos nosso jantar", escreveu ele num trecho famoso, "mas da sua preocupação com o próprio interesse. Não nos dirigimos a sua humanidade, mas a seu egoísmo, e nunca lhes falamos de nossas necessidades, mas das suas vantagens."[58] Nosso amor uns pelos outros não tem lugar no terreno das trocas econômicas.

Encontramos uma fábula bastante diferente e atualizada da vida econômica quando desviamos a atenção da sociedade no interior da colmeia para a atividade de polinização fora dela. Para as abelhas, as flores localizadas ao alcance do seu voo a partir da colmeia constituem uma externalidade positiva. As abelhas voam de uma flor de macieira para outra, de uma flor de cerejeira para outra, juntando néctar para transportá-lo de volta à colmeia. Ao colher o néctar, a abelha esfrega as pernas na antera da flor, e quando segue em frente, uma parte do pólen que ficou em suas pernas é esfregado no estigma de outra flor. Para as flores, portanto, a atividade das abelhas é uma externalidade positiva, concluindo a polinização cruzada necessária para produzir frutos. A fábula econômica dessas abelhas e flores sugere uma sociedade de ajuda recíproca baseada em externalidades positivas e trocas virtuosas, na qual a abelha atende às necessidades da flor, que por sua vez preenche as necessidades da abelha.[59]

Podemos imaginar Mandeville e Smith franzindo o cenho diante desta fábula, por sugerir a virtude e a ajuda recíproca deliberada como base da produção social. Também hesitamos a respeito da fábula da polinização das abelhas, mas por um motivo diferente: o tipo de amor que ela promove. As abelhas e as flores de fato sugerem um tipo de amor, mas de uma forma estática, corrompida. (Bem sabemos que estamos antropomorfizando as abelhas e as flores, projetando nelas traços e desejos humanos, mas não é o que fazem todas as fábulas?) O casamento entre a abelha e a flor é uma união selada no céu; elas são as duas metades que se "completam" e formam um todo, enfeixando o comum na uniformidade e na unidade. Mas não seria esta união um modelo da produtividade do comum, perguntaria o leitor? Não serve ela para produzir mel e frutos? Sim, você pode referir-se a isto como um tipo de produção, mas na verdade não passa de uma repetição do mesmo. O que estamos buscando — e o que conta no amor — são a produção de subjetividade e o encontro de singularidades, que compõem novos agrupamentos e constituem novas formas do comum.

Troquemos de espécie, então, para escrever uma nova fábula. Certas orquídeas liberam o odor do feromônio sexual das vespas fêmeas, e suas flores têm a forma dos órgãos genitais das vespas fêmeas. A polinização, assim, é obtida por "pseudocópula", com o deslocamento das vespas machos de uma orquídea a outra, afundando seus membros genitais em cada flor e com isto carregando pólen em seus corpos. "Quer dizer então que as vespas fodem as flores!", exclama Félix Guattari com alegria juvenil em carta a Gilles Deleuze. "As vespas fazem esse trabalho simplesmente assim, por nada, para se divertir!"[60] A alegria de Guattari diante deste exemplo deve-se em parte ao fato de atenuar a industriosidade e o "produtivismo" geralmente atribuídos à natureza. Essas vespas não são as habituais abelhas operosas; não se sentem compelidas a produzir nada. Simplesmente querem se divertir. Um segundo ponto de interesse para Guattari é indubitavelmente a maneira como essa história de polinização reforça sua incansável diatribe contra as corrupções do amor no casal e na família. As vespas e as orquídeas não sugerem qualquer fábula moral de casamento e união estável, como fazem as abelhas e as flores, antes evocando imagens de pegação e sexo em série comuns em certas comunidades homossexuais masculinas, especialmente antes do advento da pandemia de Aids, como em trechos de escritos de Jean Genet, David Wojnarowicz e Samuel Delany. Isto não significa que a pegação e o sexo anônimo servem de modelo de amor a ser emulado, para Guattari (ou Genet, Wojnarowicz ou Delany), mas que representam um antídoto às corrupções do amor no casal e na família, abrindo o amor para o encontro de singularidades.

Quando a história da vespa e da orquídea é publicada em *Mil platôs*, de Deleuze e Guattari, vários anos depois da carta inicial de Guattari, a fábula já foi requintada e situada no contexto do discurso evolucionista. Deleuze e Guattari insistem, em primeiro lugar, que a orquídea não está imitando a vespa nem tentando enganá-la, como costumam dizer os botânicos. A orquídea está devindo-vespa (transformando-se no órgão sexual da vespa) e a vespa está devindo-orquídea (tornando-se parte do sistema reprodutivo da orquídea). O que é central aqui é o encontro e interação entre esses dois devires, que juntos formam um novo agrupamento, uma máquina vespa-orquídea. A fábula é destituída de intenções e interesses: as vespas e as orquídeas não são paradigmas de virtude em sua ajuda recíproca, nem constituem modelos de amor próprio egoísta. A linguagem maquínica de Deleuze e Guattari permite-lhes evitar a pergunta "Que significa?", centrando-se, em vez disso, em "Como funciona?" Assim é que a fábula conta a história do amor vespa-orquídea, um amor baseado no encontro da alteridade mas também num processo de tornar-se diferente.[61]

As abelhas de Mandeville (pelo menos de acordo com a leitura de Smith) são o modelo de um sonho capitalista de agentes individuais livres comerciando trabalho e bens no mercado, voltados para os próprios interesses e surdos ao bem comum. As operosas abelhas trabalhadoras, em contraste, associadas a suas flores em uma virtuosa união de ajuda recíproca, constituem o material da utopia socialista. Todas essas abelhas, contudo, pertencem à antiga era de hegemonia da produção industrial. As vespas que amam as orquídeas, pelo contrário, apontam para as condições da economia biopolítica. Como poderiam essas vespas constituir um modelo da produção econômica, perguntaria o leitor, quando não produzem nada? As abelhas e as flores produzem mel e frutos, mas as vespas e as orquídeas são apenas hedonistas e estetas, limitando-se a criar prazer e beleza! É verdade que a interação entre abelhas e orquídeas não resulta primordialmente em bens materiais, mas não devemos descartar sua produção imaterial. No encontro de singularidades desse amor, um novo agrupamento é criado, marcado pela contínua metamorfose de cada singularidade no comum. O amor vespas-orquídeas, em outras palavras, é um modelo da produção de subjetividade que anima a economia biopolítica. Chega, então, de nos preocuparmos com as abelhas trabalhadoras, e vamos prestar atenção nas singularidades e nos devires do amor vespa-orquídea!

INTERMEZZO

Uma força para combater o mal

> Há mais coisas no céu e na terra, Horácio,
> Do que sonha a vossa filosofia.
> — William Shakespeare, *Hamlet*

Como motor da associação, o amor é a força do comum num duplo sentido: ao mesmo tempo a força que o comum exerce e a força para constituir o comum. É também o movimento para a liberdade no qual a composição de singularidades conduz não à unidade ou identidade, mas à crescente autonomia de cada um que participa igualmente da rede de comunicação e cooperação. O amor é o poder dos pobres para deixar uma vida de miséria e solidão, engajando-se no projeto de fazer a multidão. No prosseguimento de nosso estudo, teremos de identificar de que maneira essa marcha da liberdade e da igualdade pode tornar-se duradoura, fortalecida e consolidada na formação das instituições sociais e políticas.

Tudo isto parece muito bom, poderia dizer você, para uma teoria política destinada aos anjos, e não aos seres humanos, mas as pessoas nem sempre agem com base no amor, e muitas vezes destroem o comum. Não seria mais realista, então, em vez de partir do princípio de que os seres humanos são fundamentalmente bons, concebê-los como fundamentalmente maus? Na verdade, essa posição "realista", ou na verdade pessimista, é o ponto de vista dominante na filosofia política euro-atlântica, do conceito de uma "guerra de todos contra todos" enunciado por Thomas Hobbes à proposta de Helmuth Plessner de uma antropologia política na qual os seres humanos são caracterizados por "agressividade intraespécie potencialmente ilimitada".[1] Dessa perspectiva, uma antropologia política baseada no amor, sem levar em consideração o mal que espreita no coração humano, é na melhor das hipóteses ingênua. Acreditar que as pessoas são aquilo que queremos que sejam e que a natureza humana é fundamentalmente boa é perigoso, na verdade, porque solapa as ferramentas políticas e conceituais necessárias para enfrentar e conter o mal. Voltando a atenção, pelo contrário, para o perigo representado pelos seres humanos, sustentam esses autores, e especificamente para o fato de a natureza humana se caracterizar pela discórdia, a violência e o conflito, uma tal teoria pode tratar esse mal, contê-lo e assim construir uma sociedade que mantenha o mal sob controle.

Concordamos em que uma perspectiva realista, empenhada em fazer com que o pensamento político entenda a humanidade tal como é, e não como queremos que seja, é extremamente importante. Os seres humanos não são naturalmente bons. Nos termos por nós desenvolvidos no último capítulo, isto corresponde à ambivalência do comum e do amor, ou seja, ao fato de que podem assumir formas tanto negativas quanto positivas. E além disso, as ações espontâneas de uma multidão de pessoas, como dissemos, não são necessariamente antissistêmicas ou orientadas para a libertação. Na verdade, as pessoas muitas vezes lutam pela própria servidão, como afirma Spinoza, como se fosse sua salvação.[2]

O problema com as concepções pessimistas da antropologia política, contudo, é que, depois de acertadamente descartar qualquer bondade fundamental, postulam o mal como um elemento igualmente fundamental e invariável da natureza humana. O mal é apresentado por alguns em termos religiosos, como algo transcendente (o pecado, por exemplo), e por outros como um elemento transcendental (um mal radical que representa um limite da sociedade humana). São Paulo consegue capturar essas duas formulações num único versículo: "Eu não conheci o pecado senão através da lei" (Romanos 7:7). Se o mal é radical, devemos tentar neutralizá-lo e contê-lo; ainda que sejam reconhecidos como "ilusões necessárias" resultando do "sono da razão", no dizer de Kant, o mal e

INTERMEZZO: UMA FORÇA PARA COMBATER O MAL

o pecado precisam ser regulados. A forma da lei (e portanto as práticas e mecanismos teóricos que conferem à lei a função de controlar todo o conjunto de comportamentos sociais de acordo com normas apriorísticas) sempre constituiu, nesse arcabouço metafísico, o complemento transcendental de uma ontologia do mal radical.[3] Na maioria dos debates políticos, entretanto, não são necessárias bases metafísicas. O mal na natureza humana é simplesmente confirmado empiricamente: basta ver o mal que os seres humanos têm feito e continuam a fazer diariamente — as guerras, a crueldade, o sofrimento! Isto equivale a algo semelhante a uma teodiceia secular: como podem os seres humanos ser bons quando existe tanto mal no mundo e eles com tanta frequência agem com maldade? Seja em bases religiosas, filosóficas e/ou empíricas, portanto, as antropologias políticas pessimistas tratam o mal como uma característica invariável da natureza humana, que precisa ser constantemente contida e reprimida na sociedade.

Deparamo-nos aqui, no entanto, com uma questão mal formulada. É um equívoco perguntar se a natureza humana é boa ou má, em primeiro lugar, porque o bem e o mal são avaliações contingentes, e não invariantes. São julgamentos decorrentes do exercício da vontade. Spinoza, por exemplo, como Nietzsche posteriormente, explica que os seres humanos não lutam por algo porque o consideram bom, mas o consideram bom porque lutam por ele. Foucault postula o argumento de Spinoza em termos mais claramente políticos ao afirmar, num debate com Noam Chomsky, que a questão da justiça — da guerra justa, no caso — só se manifesta depois da ação política: o proletariado não faz a guerra contra a classe dominante porque considera essa guerra justa, mas considera a guerra de classes justa porque quer derrubar a classe dominante.[4] Dizer que o bem e o mal, como o justo e o injusto, são termos relativos que dependem das relações de força não significa dizer que não existem, mas simplesmente que não constituem bases fixas e invariáveis.

Saber se a natureza humana é boa ou má também é uma questão mal formulada porque basear a análise da antropologia política em invariantes de qualquer natureza leva a um beco sem saída. Em outras palavras, a questão não é saber qual invariante define a natureza humana, mas *o que pode tornar-se a natureza humana*. O fato mais importante sobre a natureza humana (se ainda quisermos chamá-la assim) é poder ser e estar constantemente sendo transformada. Uma antropologia política realista precisa centrar-se neste processo de transformação. O que nos leva de volta à questão de fazer multidão, através da organização e da autotransformação. Questões de bem e mal só podem ser postuladas depois que o fazer da multidão tem início, no contexto de seu projeto.

Ao argumentar contra a fixidez do mal na natureza humana, não pretendemos impossibilitar a utilização do termo. O mal de fato existe. Podemos vê-lo ao nosso redor. Mas o problema do mal precisa ser postulado de maneira que sua genealogia seja entendida, fornecendo-nos uma chave para combatê-lo. A visão pessimista da antropologia política registra a existência do mal, mas, ao tratá-lo como uma invariante, bloqueia qualquer tentativa de entender sua gênese: o mal simplesmente é.

Nossa proposta de antropologia política é conceber o mal como um derivativo e uma distorção do amor e do comum. O mal é a corrupção do amor que cria um obstáculo para o amor, ou, para dizer a mesma coisa com um foco diferente, o mal é a corrupção do comum que bloqueia sua produção e sua produtividade. O mal, assim, não tem existência originária ou primária, apresentando-se apenas em uma posição secundária em relação ao amor. Falamos anteriormente das corrupções do amor nos fascismos, nos nacionalismos, nos populismos e nos fascismos; e também analisamos não só a destruição do comum através da expropriação e da privatização capitalistas como as corrupções institucionalizadas do comum na família, na corporação e na nação. Esta dupla posição do mal como corrupção e obstáculo fornece-nos alguns critérios iniciais para nossa investigação.

Tendo assim postulado o problema do mal, podemos voltar à concepção de Spinoza, que nos serviu de modelo para uma política do amor. Devemos começar com esta sequência tipicamente spinoziana: no nível das sensações, ele identifica uma luta (*conatus*) da vida e pela vida; essa luta é construída e direcionada no desejo (*cupiditas*), que funciona através

INTERMEZZO: UMA FORÇA PARA COMBATER O MAL

dos afetos: e o desejo por sua vez é fortalecido e afirmado no amor (*amor*), que opera na razão. O movimento desta sequência não envolve negação — a luta não é negada pelo desejo, nem o desejo pelo amor — mas uma acumulação progressiva, de tal maneira que o desejo e o amor constituem formas de luta cada vez mais poderosas pela vida. Este processo é imediatamente político, já que o objeto de todos os termos desta sequência é a formação da vida social coletiva e, de maneira mais genérica, a constituição do comum. "Como o medo da solidão existe em todos os homens", escreve Spinoza, "pois ninguém na solidão é suficientemente forte para se defender e atender às necessidades da vida, segue-se que os homens naturalmente aspiram ao estado civil; nem pode dar-se que os homens jamais venham a dissolvê-lo radicalmente."[5] Este trecho assemelha-se aos de outros autores dos séculos XVII e XVIII que teorizam a negação do estado natural na formação da sociedade, mas a diferença fundamental é que Spinoza postula isto como uma progressão positiva, cumulativa: a luta pela liberdade e o comum reside no nível mais básico da vida; o desejo, em seguida, põe em movimento a construção do comum; e finalmente o amor consolida as instituições comuns que formam a sociedade. A natureza humana não é negada, mas transformada nesta sequência.

Spinoza, contudo, é o supremo realista. Ele reconhece que a construção social do comum através do amor não funciona desimpedida e que os seres humanos são os autores dos obstáculos. Na superfície, sua explicação é que os seres humanos criam esses impedimentos e o mal em geral por ignorância, medo e superstição. Como para combater o mal, é preciso superar a ignorância e o medo e destruir a superstição, a educação na verdade do intelecto e o correto exercício da vontade são os antídotos ao mal. Mas qualquer estoico poderia dizer-nos isto! A diferença de Spinoza reside num nível mais profundo, onde a educação ou treinamento da mente e do corpo se alicerçam no movimento do amor. Ele não concebe o mal, como Agostinho, por exemplo, como uma privação do ser; nem o postula como uma falta de amor. O mal, em vez disso, é o amor que se desencaminhou, o amor de tal maneira corrompido que obstrui o funcionamento do amor. Devemos assim encarar a ignorância, o medo e a superstição não apenas como falta de inteligência, mas como o poder da inteligência voltado contra si mesmo, e igualmente o poder do corpo distorcido e bloqueado. E como o amor é, em última análise, a força da criação do comum, o mal é a dissolução do comum ou, na verdade, sua corrupção.

Isto nos fornece uma explicação spinoziana do fato de às vezes as pessoas lutarem pela própria servidão, como se fosse sua salvação; de os pobres às vezes apoiarem ditadores, de as classes trabalhadoras votarem em partidos de direita e de esposos ou esposas e filhos que sofrem abusos protegerem aqueles que deles abusam. Tais situações são evidentemente resultado da ignorância, do medo e da superstição, mas dar-lhes o nome de falsa consciência nos fornece escassas ferramentas para a transformação. Confrontar os oprimidos com a verdade e instruí-los em seu próprio interesse muito pouco ajuda a mudar as coisas. É mais fácil entender as pessoas que lutam pela própria servidão como resultado de um amor e de uma comunidade que se desencaminharam, fracassaram e foram distorcidos. A primeira pergunta a fazer ao se deparar com o mal é: *Que amor especificamente deu errado aqui? Qual instância do comum foi corrompida?* As pessoas estão profundamente viciadas no amor que dá errado e em formas corrompidas do comum. Não raro, infelizmente, são estas as únicas expressões do amor e do comum que conhecem! Nesse contexto, faz sentido que Spinoza pense na ética dentro de um arcabouço médico — curar os males do corpo e da mente, mas, ainda mais importante, identificar de que maneira nossos poderes intelectuais e corporais foram corrompidos, voltados contra si mesmos, tornando-se autodestrutivos. Talvez esse modelo terapêutico ético e político explique por que Freud era tão fascinado com Spinoza.

Mas não se trata apenas de um modelo terapêutico. A ética e a política se unem numa "ontologia da força", que elimina a separação entre amor e força que tantas perspectivas metafísicas, transcendentais e religiosas tentam fazer valer. De uma perspectiva materialista, ao contrário, o amor é a chave proposicional e constituinte da relação entre ser e força, assim como a força substancia os poderes do amor. Marx, por exemplo, fala dos "sorrisos vitoriosos" da matéria e de seu "glamour sensual e poético",

INTERMEZZO: UMA FORÇA PARA COMBATER O MAL

escrevendo: "Em Bacon [e no Renascimento em geral], o materialismo ainda retém em seu interior, de uma forma ingênua, os germes de um desenvolvimento multifacetado." Essas formas da matéria são "forças de ser", dotadas de "um impulso, um espírito vital, uma tensão" e até de um "tormento da matéria".[6] Existe algo de monstruoso na relação entre amor e força! Mas esse *monstruum*, esse transbordamento de força que corporifica a relação entre o self e os outros, é a base de toda instituição social. Já vimos que Spinoza postula o desenvolvimento das instituições no movimento da materialidade do *conatus* ou luta até o amor irracional e divino, compondo singularidades isoladas na multidão. Encontramos algo semelhante, embora de uma perspectiva completamente diferente, mas meditações de Wittgenstein sobre a dor, que é incomunicável, exceto através da construção de uma experiência linguística comum e, em última análise, da instituição de formas comuns de vida. A solidão spinoziana e a dor wittgensteiniana, ambas sinais de uma falta de ser, empurram-nos na direção do comum. A força e o amor constroem juntos armas contra a corrupção do ser e a miséria que acarreta.[7]

O amor, assim, é não apenas um motor ontológico, que produz o comum e o consolida na sociedade, mas também um campo de batalha aberto. Ao pensar no poder do amor, precisamos constantemente ter em mente que não existem garantias; nada existe de automático em seu funcionamento e em seus resultados. O amor pode dar errado, bloqueando e destruindo o processo. A luta para combater o mal envolve, assim, um treinamento ou educação em matéria de amor.

Para esclarecer, portanto, devemos individualizar e reunir três operações ou campos de atividade para o poder do amor. Primeiro, e primordialmente, o poder do amor é a constituição do comum e, em última análise, a formação da sociedade. Isto não significa negar as diferenças de singularidades sociais para formar uma sociedade uniforme, como se o amor significasse fusão na unidade, mas, isto sim, compô-las em relação social e deste modo constituir o comum. Entretanto, como o processo do amor pode ser desviado para a produção de formas corrompidas do comum, como o amor que dá errado cria obstáculos que bloqueiam e destroem o comum — em certos casos reduzindo a multiplicidade do comum a identidade e unidade, em outros, impondo hierarquias no interior de relações comuns —, o poder do amor também deve ser, em segundo lugar, uma força para combater o mal. O amor assume agora a forma de indignação, desobediência e antagonismo. O êxodo é uma forma que identificamos anteriormente para combater as instituições corruptas do comum, subtraindo das reivindicações de identidade, fugindo da subordinação e da servidão. Essas duas primeiras manifestações do poder do amor — seu poder de associação e rebelião, sua constituição do comum e seu combate contra a corrupção — funcionam juntas na terceira: fazer a multidão. Esse projeto deve fazer o processo de êxodo convergir com um projeto organizacional voltado para a criação de instituições do comum. E essas três manifestações são animadas pelo treinamento ou *Bildung* da multidão. Nada há de inato ou espontâneo no fato de o amor dar certo e realizar o comum em formas sociais duradouras. A mobilização do amor precisa ser aprendida e novos hábitos devem ser criados através da organização coletiva dos nossos desejos, num processo de educação sentimental e política. Os hábitos e práticas consolidados em novas instituições sociais constituirão nossa natureza humana já agora transformada.

Deve estar claro a esta altura que o amor sempre envolve o uso da força ou, mais precisamente, que as ações do amor constituem elas próprias mobilizações da força. O amor pode ser um anjo, mas se assim for, trata-se de um anjo armado. Vimos anteriormente que o poder constitutivo do amor e sua criação do comum implicam aquilo que poderíamos denominar uma força ontológica envolvida na produção de ser, na produção de realidade. A figura combativa da força do amor torna-se mais clara, contudo, quando focalizamos a revolta contra instituições hierárquicas e as corrupções do comum e o êxodo que suscitam. E além disso, fazer a multidão e formar suas instituições do comum acarretam o que poderia ser chamado de uma força política constituinte. Mas, na verdade, essas três forças do amor não são separadas. Constituem apenas diferentes manifestações do poder do amor.

INTERMEZZO: UMA FORÇA PARA COMBATER O MAL

A ligação entre amor e força, devemos deixar claro, tampouco vem com qualquer garantia. Sabemos que, no caso do amor, as corrupções raciais, patriarcais, identitárias e de outras naturezas não carecem de força. Na verdade, às vezes ostentam um excedente de força, como para compensar o desvio da dedicação do amor ao comum. Seria então impossível distinguir a força do amor da força de suas corrupções? Não; preocupar-se desta maneira com o uso da força é um falso escrúpulo. Podemos facilmente enumerar vários critérios disponíveis para a distinção da força do amor. Primeiro, o conteúdo do vínculo entre amor e força é o comum, que compõe a interação de singularidades em processos de solidariedade social e igualdade política. Segundo, a direção da força do amor é orientada para a liberdade dessas singularidades. Terceiro, as formas organizacionais desse exercício são sempre abertas, constitutivas e horizontais, de tal maneira que, sempre que é solidificado em relações verticais fixas de poder, o amor o excede e ultrapassa seus limites, abrindo novamente a organização à participação de todos. Quarto, a relação entre amor e força é legitimada no consenso de singularidades e na autonomia de cada um, numa relação de reciprocidade e autogoverno coletivo. Quinto, essa força sempre está dirigida para a consolidação desse processo em instituições que podem permitir que ele tenha prosseguimento com poder cada vez maior. E a lista poderia continuar.

As reais dificuldades não se encontram no nível conceitual dos critérios de distinção, mas no campo político onde devemos conduzir a batalha. Mesmo quando entendemos claramente os poderes do amor e suas corrupções, mesmo quando enfrentamos de olhos abertos o mal em nossas sociedades, o amor que dá errado e as formas corrompidas do comum nas quais nós e outros estamos viciados, não há garantia de sucesso. Em seu famoso poema *Lenta ginestra*, Giacomo Leopardi captura a fragilidade do amor e as singularidades que lutam no comum contra o destino aparentemente inelutável da morte e da destruição. O enorme vulcão Vesúvio é uma presença ameaçadora, mas as delicadas flores da giesta-das-vassouras continuam a brotar, incansáveis, em suas encostas. Seria fácil entrar na luta se tivéssemos antecipadamente garantia de vitória. Leopardi celebra o fato de que o amor constantemente combate, independentemente da enormidade das forças posicionadas contra nós. A vitória é possível e o medo do vulcão só será derrotado quando a esperança for organizada para construir a comunidade humana.[8]

Finalmente, retornamos às antropologias políticas pessimistas das quais partimos para enfatizar a diferença política assinalada por nossa concepção do mal e dos meios de combatê-lo. Mesmo entre autores cujo trabalho está muito próximo do nosso, reconhecemos uma tendência recente a vincular uma noção do mal como invariante da natureza humana a uma política voltada para conter o mal. Uma oportunidade fascinante de desenvolver esta linha de raciocínio é um trecho das epístolas de Paulo que propõe a figura do *katechon* (aquele que contém). O *katechon*, explica Paulo, contém "o fora da lei", uma figura satânica, assim retardando o apocalipse até seu momento adequado (2 Tessalonicenses 2:1-12). O misterioso "contenedor" geralmente foi interpretado na teologia cristã como um poder soberano: no início da era cristã, Tertuliano identifica o *katechon* como o Império Romano, e no século XX, Carl Schmitt propõe ser ele um Império Cristão. Independentemente do referencial específico, esses autores concordam em que o *katechon* é um mal menor que nos protege de um maior. Este conceito corresponde perfeitamente às implicações de uma antropologia política pessimista. Se aceitarmos que o mal ou a agressividade intraespécie ou algum elemento desse tipo é uma invariante da natureza humana, a contenção do mal será uma tarefa central, senão *a* tarefa central da política, limitando-nos a uma política do "mal menor".[9]

Nossa concepção do mal como uma corrupção do amor e um obstáculo a ele na criação do comum não leva a uma política de contenção, mas de combate do mal. Como o mal é secundário ao amor, não estamos limitados a uma contenção externa, tendo acesso a seus mecanismos internos. O amor é o campo de batalha da luta contra o mal. Além disso, o primado do amor indica o poder de que dispomos nessa luta. Se o mal fosse primordial, seríamos impotentes contra ele. Teríamos de confiar num Império para contê-lo e manter a morte à distância. Entretanto,

INTERMEZZO: UMA FORÇA PARA COMBATER O MAL

como o mal deriva do amor, o poder do mal é necessariamente menor. O amor é mais forte que a morte. E assim, agindo através do amor, temos o poder de combater o mal. Uma tal política do amor não precisa aceitar o domínio de um mal menor. Isto não quer dizer que devamos imaginar sermos capazes de derrotar o mal de uma vez por todas — não, as corrupções amor e do comum prosseguirão. O que significa, no entanto, é que podemos empreender e vencer a batalha.

Na segunda metade deste livro, procuramos descobrir no interior dos movimentos da multidão os mecanismos do comum que produzem novas subjetividades e formam instituições. Mas, antes de deixar para trás esta discussão, devemos considerar uma terrível experiência histórica da relação entre amor e força nas concepções socialista e bolchevista do partido. A premissa é racional e compreensível: nada é possível quando estamos isolados e só a unidade torna efetivo e multiplica o valor da indignação e da revolta individual. Assim é que os militantes avançam de mãos dadas para criar um grupo compacto, armado de conhecimento e paixão. Seria esta a centelha de transformação da sociedade. Mas a conclusão é falsa: de maneira sub-reptícia mas implacável, as determinações de normas e medidas do partido, suas decisões (até sobre o direito de vida e morte) tornam-se separadas da experiência dos movimentos e são absorvidas pela lógica da alienação capitalista, tornando-se burocráticas e tirânicas. O que deveria conferir força à multiplicidade transforma-se na violência da identidade. A unidade é projetada como um valor transcendente, e o slogan da revolução serve para corromper o comum. Não, o partido não derrotará o mal. Hoje a memória dessa corrupção serve apenas para nos compelir ainda mais a descobrir uma força para combater o mal.

PARTE 4

A volta do Império

> E talvez chegue o grande dia em que um povo, notável pelas guerras e vitórias e pelo mais alto desenvolvimento de uma ordem e inteligência militar, e acostumado aos mais pesados sacrifícios por essas coisas, venha a exclamar por livre e espontânea vontade: "Quebramos a espada", esmagando todo o seu aparato militar, até seus mais básicos alicerces.
>
> — Friedrich Nietzsche, *Humano, demasiado humano*

4.1

Breve história de um golpe de Estado fracassado

> Haveremos de gerir os negócios do mundo, queira o mundo ou não.
> O mundo nada pode fazer — tampouco nós, suponho.
>
> — Joseph Conrad, *Nostromo*

Que os mortos enterrem os mortos

O acontecimento mais importante da primeira década do milênio para a geopolítica pode ser o definitivo fracasso do unilateralismo. No fim do milênio passado, surgira uma situação global autenticamente nova, pondo em movimento novos processos de governança e começando a estabelecer novas estruturas de ordem global. Formava-se um novo Império qualitativamente diferente dos imperialismos anteriores, que se baseavam primordialmente no poder dos Estados-nação. Em vez de enfrentar diretamente a formação do Império, contudo, as forças dominantes do cenário global, em particular o governo dos Estados Unidos, negaram e reprimiram a novidade, invocando fantasmas do passado, forçando figuras mortas do domínio político a tropeçar pelo palco e repetir sonhos ultrapassados de grandeza. Ambições da conquista imperialista, de glória nacionalista, de processos decisórios unilaterais e liderança global foram revividas, com uma violência terrivelmente real. Nos Estados Unidos, fantasias de isolacionismo, imperialismo e internacionalismo, que no passado pareciam formas alternativas, foram ressuscitadas e entretecidas, revelando-se como faces diferentes de um mesmo projeto, alinhavadas numa mesma trama com o fio do excepcionalismo americano. Foram necessários poucos anos, contudo, para que essas figuras fantasmagóricas entrassem em colapso, num amontoado sem vida. A crise financeira e econômica do início do século XXI desferiu o golpe fatal na glória imperialista americana. No fim da década, foi generalizado o reconhecimento dos fracassos militares, políticos e econômicos do unilateralismo.[1] Já não existe alternativa senão encarar a formação do Império.

A década pôs fim aos sonhos de um mundo unipolar. A narrativa convencional dos especialistas em relações internacionais é que o século XX assistiu a uma decisiva transformação do mundo multipolar governado por um conjunto de Estados-nação dominantes — cujas raízes remontam à Paz da Vestfália, mas que emergiu em sua forma verdadeiramente global através dos projetos imperialistas europeus, americano e japonês — para o mundo bipolar definido pelas duas superpotências da Guerra Fria. O colapso da União Soviética e o fim da Guerra Fria abriram uma alternativa, no espírito de muitos estudiosos e dirigentes, entre um retorno a alguma forma de multipolaridade e a criação de um sistema unipolar centrado nos Estados Unidos, a única superpotência, um único imperialista sem competidores nem pares. A fracassada tentativa de estabelecer a hegemonia e o domínio unilateral dos Estados Unidos ao longo da década, todavia, demonstrou que a visão de um mundo unipolar era uma ilusão. Neste ponto, até os estrategistas do poder americano começam a reconhecer que o colapso da unipolaridade indica não um retorno a qualquer acerto bipolar ou multipolar anterior, mas a emergência de uma nova ordem. Richard Haass, ex-diretor de planejamento de políticas no Departamento de Estado americano, explica:

> À primeira vista, o mundo de hoje pode parecer multipolar. As grandes potências — a China, a União Europeia, a Índia, o Japão, a Rússia e os Estados Unidos — abrigam pouco mais de metade da população mundial, respondendo por 75% do PIB global e 80% dos gastos globais de defesa. Mas as aparências podem ser enganosas. Existe no mundo de hoje uma

diferença fundamental em relação a um mundo de multipolaridade clássica: existe muito maior número de centros de poder, e uma quantidade razoável desses polos não são Estados-nação. Com efeito, uma das características cardeais do sistema internacional contemporâneo é que os Estados-nação perderam o monopólio do poder e em certos terrenos também sua preeminência. Os Estados estão sendo desafiados de cima para baixo, por organizações regionais e globais; de baixo para cima, por milícias; e pelos lados, por uma série de organizações não governamentais (ONGs) e corporações. Atualmente o poder se encontra em muitas mãos e em muitos lugares.

Segundo Haass, portanto, nenhuma das geometrias convencionais — unipolar, bipolar ou multipolar — descreve de maneira adequada a ordem global emergente. "A principal característica das relações internacionais no século XXI", prossegue ele, "vem-se revelando a não polaridade: um mundo que não é dominado por um, dois nem mesmo vários Estados, mas por uma dúzia de atores que detêm e exercem diferentes tipos de poder. Isto representa uma mudança tectônica em relação ao passado."[2] Hoje deixou de ser polêmico, tornando-se mesmo um lugar-comum, afirmar que a ordem global contemporânea, que na verdade vem-se formando desde o fim da Guerra Fria, caracteriza-se por uma distribuição de poderes, ou, mais precisamente, por uma forma de poder em rede que requer ampla colaboração de Estados-nação dominantes, grandes corporações, instituições econômicas e políticas supranacionais, várias ONGs, conglomerados de comunicações e uma série de outros poderes. Em outras palavras, torna-se rapidamente uma questão de senso comum que o problema do século XX é o problema do Império.[3]

Terá sido, então, uma década perdida? Depois desse "detour" pelas aventuras imperialistas redivivas e as fantasias unilaterais, que "aperfeiçoaram" a máquina imperialista apenas para demonstrar sua definitiva obsolescência, estaríamos de volta aonde estávamos antes? Precisamos examinar um pouco mais de perto os fracassos do unilateralismo e a impossibilidade do multilateralismo para ver de que maneira a formação do Império teve prosseguimento ao longo desse processo — e entender ao mesmo tempo de que maneira sua forma se esclareceu e como ele se moveu em novas direções.

A tentativa de criar uma ordem unipolar centrada nos Estados Unidos foi na verdade um golpe de Estado dentro do sistema global, ou seja, uma dramática subordinação de todas as potências "aristocráticas" da ordem imperial emergente, como os outros Estados-nação dominantes e as instituições supranacionais, para elevar o poder "monárquico" dos Estados Unidos. O golpe foi uma tentativa de fazer a forma emergente do Império transformar-se novamente num velho imperialismo, só que desta vez com apenas uma potência imperialista. Os acontecimentos primordiais e o fracasso do golpe já foram a esta altura exaustivamente relatados por jornalistas e estudiosos. Os planos de um "Novo Século Americano" já estavam em andamento muito antes dos atentados do World Trade Center e do Pentágono em 11 de setembro de 2001, mas todo golpe precisa de um disparador, um acontecimento catastrófico que legitime a tomada das rédeas do poder. A retórica da "guerra ao terrorismo" justificou um estado de emergência no sistema imperial, e o golpe foi posto em andamento na tentativa de concentrar os poderes da ordem global nas mãos dos Estados Unidos, estabelecendo um controle unilateral, elevando ou baixando a posição dos Estados-nação de acordo com seu alinhamento com a vontade de Washington, minando as capacidades e a autonomia das instituições internacionais e supranacionais e assim por diante. Ao sistema imperial emergente foi imposta uma autoridade central através da qual todas as decisões globais deviam ser tomadas. A invasão e ocupação do Afeganistão e do Iraque foi a peça central, mas o golpe também envolveu uma série de operações econômicas e políticas em diferentes níveis do sistema global. Os fracassos militares foram, assim, a medida mais visível mas de modo algum a única do colapso do golpe. Dessa perspectiva, portanto, não é verdade, como tantos repetem incansavelmente, que tudo mudou em 11 de setembro. A retórica de uma ruptura histórica facilitou a tarefa das forças do golpe, mas já podemos ver com clareza agora, após o fracasso do golpe e tendo baixado a poeira, que os atentados e as subsequentes aventuras unilateralistas, por mais terríveis e trágicas, não foram na verdade momentos de mudança radical, mas passos na formação do Império.[4]

Não terá sido por mera coincidência que nos emocionantes dias iniciais do golpe alguns de seus planejadores e partidários tenham começado a entoar loas a passadas formações imperialistas, especialmente as dos Estados Unidos e da Grã-Bretanha. Se por várias décadas a expressão "imperialista" funcionara em todo o espectro político como um insulto quase comparável à acusação de "fascista", de repente um pequeno mas importante grupo de políticos e especialistas começou a endossar publicamente o imperialismo! Outros, ainda que se eximindo de empregar o termo, ressuscitaram todas as apologias convencionais do imperialismo: sua capacidade de reconstituir o ambiente global, sua influência civilizatória, sua superioridade moral e assim por diante. Estudiosos e dirigentes mais prudentes aceitaram o golpe de Estado e seu êxito como fato consumado, mas advertiram contra seus acessos, tentando tornar o seu domínio mais humano e duradouro. Bem características dessa tentativa foram as diferentes discussões sobre a hegemonia que alertavam contra os riscos de uma muito forte dependência do "hard power" (poder duro), recomendando fortes doses de "soft power" (poder suave).[5] Perpassando todas essas diferentes posições, todavia, não obstante suas diferenças, havia uma concepção imperialista da ordem política.

Os visionários mais dedicados ao golpe e mais convencidos de seu êxito eram os chamados neoconservadores, um grupo muito em evidência de jornalistas, pseudoacadêmicos e funcionários governamentais com forte presença nos setores dominantes e conservadores dos meios de comunicação americanos. Esses ideólogos são "idealistas" no sentido de que compartilham uma visão de uma ordem política global na qual os Estados Unidos detêm um poder esmagador, decidem unilateralmente as questões políticas para outras nações e portanto garantem a paz global. E também são apocalípticos, advertindo para as terríveis consequências de não seguir seus ditames. "Não existe um caminho do meio para os americanos" na guerra contra o terror, escrevem, ameaçadores, David

Frum e Richard Perle. "É a vitória ou o holocausto."[6] Esses ideólogos são fundamentalmente contrários ao Império — contrários, vale dizer, à colaboração com a ampla rede de poderes na formação imperial emergente — e favoráveis ao imperialismo. Seu grito de guerra, com efeito, é "Imperialismo ou morte!".

Apesar de enxergarem longe, os neoconservadores revelam-se extraordinariamente carentes de substância. Em sua orgulhosa arrogância, pouca atenção prestam às bases necessárias para o exercício do poder imperialista e a preservação da hegemonia unilateral. Seus planos dependem consideravelmente do poderio militar, mas eles não se mostram capazes de inventar ou desenvolver novas capacidades militares, apostando simplesmente numa transformação estratégica, como veremos no próximo capítulo. Mostram-se além disso incrivelmente despreocupados do planejamento econômico. Por vezes, aliam-se a defensores da economia neoliberal, mas isto é um dado periférico em sua visão de mundo. A essência de seu programa é política: estabelecer e exercer a capacidade unilateral dos Estados Unidos de "moldar o ambiente global", organizar e ditar os rumos das questões políticas globais. Mesmo no terreno político, contudo, os neoconservadores ignoram a necessidade de conquistar uma autoridade moral e política. Parecem dar por descontado que os Estados-nação e outros poderes importantes haverão de aceder inquestionavelmente às vontades de Washington. Os neoconservadores, em suma, assumem a pose dos grandes imperialistas britânicos de tempos passados, mas sem a substância necessária para escorar seus sonhos — sem a força de manter a dominação ou o consentimento para sustentar a hegemonia —, estão apenas compondo uma farsa.[7] Embarcaram num projeto dos mais estranhos: afirmar a hegemonia sem se preocupar efetivamente com essa hegemonia e até zombando dos seus necessários pré-requisitos.

Depois que ficou evidente o fracasso do golpe de Estado, os neoconservadores se espalharam por diferentes campos. Os mais inteligentes e oportunistas tentam salvar suas carreiras mudando de posição — por exemplo, reafirmando o poder dos Estados-nação na ordem global — e alegando que, para começo de conversa, nunca concordaram realmente com o golpe. Os integrantes da linha dura, em vez disso, continuam convencidos da visão e simplesmente culpam o governo Bush ou outros por executá-la de maneira medíocre, focalizando quase sempre os erros militares cometidos no Iraque.[8] O golpe, naturalmente, não fracassou apenas por incompetência. O unilateralismo americano e seus projetos imperialistas já estavam mortos quando o golpe veio obrigá-los a se pôr novamente de pé e se arrastar por alguns sangrentos anos. Talvez os ideólogos neoconservadores sejam os coveiros adequados para uma ideologia já defunta.

Uma outra anomalia histórica estranhamente simétrica nesse período é a explosão de livros acadêmicos e populares de esquerda analisando o golpe como uma volta ao imperialismo. Durante um par de anos, mais ou menos entre 2003 e 2005, esses livros dominaram as estantes das livrarias. Não existe uma nova ordem mundial, explicam, nenhuma nova forma de Império, e assim (que alívio!) nenhuma necessidade de novos conceitos e teorias. A ordem e a dominação globais continuam a ser definidas, como acontecia ao longo do século XX, pelo imperialismo americano. Esses argumentos estão corretos na superfície, naturalmente, já que o golpe foi de fato uma tentativa de ressuscitar o imperialismo, mas na substância estão profundamente equivocados. A tradição de gerações mortas ainda pesa como um pesadelo no cérebro dos vivos. Na verdade, esses estudiosos foram iludidos pelas fanfarronadas dos instigadores do golpe, aceitando sem maior análise suas figuras e fantasias ressuscitadas de poder imperialista. Essas teorias de um novo (ou nem tão novo) imperialismo americano são na verdade uma repetição invertida do excepcionalismo americano, de tal modo que os Estados Unidos não constituem aqui uma exceção, como gostariam seus apologistas e celebrantes, por sua virtude e sua vocação de liberdade e democracia, mas por sua vontade de dominar, e, além disso, como muitos Estados-nação compartilham dessa vontade, poder dispor de poder nesse sentido. Chegou a hora, no entanto, de deixar que os mortos enterrem seus mortos.[9]

A exaustão da hegemonia americana

Agora que o golpe de Estado fracassou e a tentativa de estabelecer o controle unilateral dos Estados Unidos sobre as questões globais foi praticamente abortada, precisamos detalhar o colapso nas questões militares, econômicas, políticas e morais para analisar a situação em que isto deixa atualmente o sistema imperial. O fracasso militar é o mais visível e dramático. A invasão do Afeganistão e o rápido colapso do governo talibã foram na verdade apenas um prelúdio. O Iraque seria o campo de provas para os Estados Unidos demonstrarem que podem "fazer sozinhos", desafiando as Nações Unidas e alguns de seus principais aliados tradicionais. Bagdá é rapidamente conquistada, com pouca resistência, forças dos Estados Unidos e seus aliados espalham-se pelo território nacional e uma administração americana de ocupação é estabelecida. No verão de 2003, a missão foi cumprida: o poder militar unilateral provou sua eficácia e o golpe de Estado parece consolidado em terreno firme. O vitorioso começa a olhar ao redor em busca de novas arenas (Síria? Irã?) para exercer seu poder.

Nos anos subsequentes, todavia, a suposta vitória militar é posta por terra: inicialmente com chuviscos, aqui e ali, de resistência às forças de ocupação, em seguida, com pancadas d'água periódicas e finalmente com aguaceiros maciços. O Afeganistão, a certa altura considerado devidamente sob controle das forças de ocupação e do governo designado, logo se revela abalado por sérios conflitos. No Iraque, as forças de ocupação militar e seus equivalentes no recém-criado governo iraquiano são forçados a assumir a posição do menino que põe o dedo no dique.*
À medida que aumenta o número de vítimas fatais, crescem também as possibilidades de uma inundação e de uma guerra civil generalizada. O eventual "incremento" das forças americanas e o declínio da violência no

---

* Referência à história, popular na Holanda e em países do hemisfério norte, do menino que põe o dedo na brecha por onde ocorre um vazamento em um dos diques dos Países Baixos para tentar contê-lo e salvar o país da inundação. (*N. do T.*)

BREVE HISTÓRIA DE UM GOLPE DE ESTADO FRACASSADO

Iraque não altera o fato que foi revelado. No campo de provas do Iraque, o poder militar unilateral não foi capaz de demonstrar sua capacidade de criar e garantir a ordem global, mas, pelo contrário, evidenciou sua total incapacidade nesse sentido. Ainda que os Estados Unidos eventualmente declarem vitória, o unilateralismo foi derrotado no Iraque.

Retrospectivamente, o fracasso no Iraque chama a atenção para duas verdades bem estabelecidas do pensamento militar. A primeira demonstra o necessário tamanho e composição de um exército de conquista e ocupação. Um elemento primordial do projeto unilateral no Iraque era a estratégia militar que costuma ser designada como "revolucionária em questões militares" (RMA, na sigla inglesa) ou "transformação de defesa". Esta estratégia, na época apoiada publicamente sobretudo pelo secretário de Defesa americano Donald Rumsfeld, muitas vezes enfrentando objeções de generais e do establishment militar, baseia-se em duas inovações estratégicas primordiais: reduzir os níveis das tropas através do uso coordenado de informações e tecnologias de armas em combate; e reorganizar as formações militares para torná-las mais leves, móveis e flexíveis. A "vitória de Bagdá" em 2003 e o aparente sucesso dessa estratégia serviram por breve tempo para inspirar sonhos de exércitos de robôs e ciborgues capazes de vencer inimigos sem a perda de soldados (de soldados americanos, claro). À medida que foi aumentando a resistência iraquiana, contudo, a eficácia da estratégia rapidamente se viu solapada. Ficou evidente que o exército relativamente pequeno organizado em unidades móveis tecnologicamente equipadas é uma poderosa arma ofensiva, mas incapaz de defender posições estabelecidas, ou, no jargão jornalístico, capaz de vencer a guerra, mas não a paz. A visão tradicional de que as ocupações exigem grandes contingentes retornou como senso comum. No início de 2007, dispensado Rumsfeld do cargo de secretário da Defesa, o governo americano efetivamente abandona as estratégias centrais da linha "revolucionária em questões militares", começando uma dramática escalada das tropas no Iraque.[10]

Uma segunda visão militar tradicional confirmada pela derrota no Iraque chama a atenção para a enorme diferença de subjetividade nos dois lados do conflito. A resistência armada, particularmente a resistência armada contra um exército de ocupação, é uma terrível máquina de produção de subjetividade. A ocupação gera entre os iraquianos uma extraordinária disposição para correr riscos e enfrentar a morte, às vezes assumindo formas horríveis e bárbaras. Ela nos ensina, mais uma vez, que a presença do ocupante é suficiente para gerar resistência. Para o exército ocupante, contudo, não existe esta produção de subjetividade, independentemente de todas as campanhas ideológicas para vincular a guerra aos atentados de 11 de setembro e, de maneira mais genérica, para apresentar o "terrorismo" ou o Islã radical como um inimigo global unificado. Em certos momentos do passado, o patriotismo permitiu uma produção de subjetividade capaz de escorar um esforço de guerra no exterior, mas hoje a eficácia desse mecanismo é limitada. Os exércitos de ocupação tendem hoje em dia, de uma maneira ou de outra, a ser constituídos de mercenários. Maquiavel reconheceu há muito tempo a superioridade de um "povo em armas" sobre qualquer exército de mercenários, em virtude da produção de subjetividade que o move. E nenhuma vantagem tecnológica jamais será capaz de compensar esse desequilíbrio subjetivo.

Esses dois obstáculos para a estratégia militar unilateral dos Estados Unidos — as limitações das transformações tecnológicas e o desequilíbrio na subjetividade — convergem de maneira poderosa na guerra urbana. Os estrategistas militares têm perfeita consciência de que as insurgências e resistências serão cada vez mais localizadas em metrópoles e de que o aparato tecnológico mobilizado pela RMA não é capaz de enfrentar esse ambiente.[11] Nos corredores labirínticos da paisagem urbana, é difícil combater e matar a distância. A metrópole também é uma fábrica de produção de subjetividade, como sustentamos em *De Corpore* 2, no final desta seção. Os espaços bem estabelecidos do comum, os circuitos de comunicação e os hábitos sociais que formam a metrópole servem de poderosos multiplicadores da produção de subjetividade na resistência. Uma metrópole pode incendiar-se da noite para o dia, e as chamas se recusam teimosamente a ser apagadas.

A derrota numa campanha, naturalmente, não invalida uma estratégia militar. Haverá quem afirme que o fiasco deveu-se meramente a erros táticos, como descartar antigos dirigentes do Partido Baathista, dissolver os efetivos militares iraquianos ou deixar de enfrentar a resistência com a devida rapidez. Podemos estar certos, igualmente, de que os estrategistas militares americanos e seus *think tanks* aliados estão mais que empenhados — com a ajuda de teorias abstratas e simulações de videogame — em reformular a RMA para os ambientes urbanos e alcançar metas como "domínio persistente de área" através de inovações tecnológicas e estratégicas.[12] Teóricos militares israelenses também trabalham com afinco no desenvolvimento de estratégias eficazes de controle de ambientes urbanos sem expor as tropas a riscos.[13] Já está claro, todavia, que, independentemente de futuras inovações e aperfeiçoamentos, esta estratégia não é capaz de escorar um projeto militar unilateral dos Estados Unidos.

Os principais arquitetos da guerra americana no Iraque podem ser estrategistas militares ingênuos ou inexperientes, mas sem dúvida são lúcidos pensadores políticos. Têm consciência de que um grande número de baixas americanas certamente compromete o apoio interno. Também projetam seu pensamento, além do Afeganistão e do Iraque, para as futuras exigências de uma ordem global unilateral. Não há hipótese de os militares americanos ficarem à altura de outras grandes potências, como a Rússia e a China, na lógica da velha estratégia militar. Eles simplesmente não contam com efetivos suficientes para isto. A promessa de uma nova estratégia é que pode superar o desequilíbrio numérico e voltar a assimetria em seu proveito. Uma tal vantagem tecnológico-estratégica, consideram seus autores, é a única esperança de estabelecer um controle militar unilateral duradouro. Embora atendam às necessidades da lógica política, contudo, essas estratégias revelaram-se incapazes de sustentação militar, nem mesmo frente a milícias relativamente pequenas e mal equipadas como as do Afeganistão e do Iraque.

A hegemonia política internacional dos Estados Unidos também declinou rapidamente no período do golpe e de seu fracasso. Alguns dos arquitetos da invasão do Iraque em 2003 provavelmente esperavam de fato que os tanques americanos fossem saudados em Bagdá com flores e beijos e, além disso, que outros Estados-nação se mostrassem agradecidos aos Estados Unidos por assumirem a liderança na guerra.

Muito em breve será difícil lembrar que em significativos períodos do século XX, especialmente nos anos mais intensos da Guerra Fria, os Estados Unidos desfrutavam de uma posição em muitas partes do mundo. A explicação ideológica da hegemonia americana tem-se baseado no conceito de que os Estados Unidos agem de maneira coerente, seja internamente ou no exterior, na promoção e defesa da liberdade e da democracia. Conhecemos perfeitamente, contudo, a longa história de iniciativas do governo americano para solapar governos democraticamente eleitos e apoiar ditaduras, mediante operações declaradas ou encobertas, da Guatemala e do Chile às Filipinas e à Indonésia.[14] A verdadeira causa do consentimento à hegemonia americana repousava no fato de que outros Estados-nação acreditavam que as ações dos Estados Unidos sistematicamente promoviam seus próprios interesses nacionais, ou, por outra, os interesses dos que estavam no poder. Trata-se, contudo, de um equilíbrio delicado, pois os interesses materiais são necessariamente associados à justificativa ideológica "idealista" e não sobrevivem sem ela.[15] Parafraseando Cícero a respeito de Roma, a liderança global americana muitas vezes mais parecia *patrocinium* do que *imperium* para seus aliados.

As fotos da prisão de Abu Ghraib podem servir de símbolo do desgaste da autoridade moral e política dos Estados Unidos e da inversão de sua imagem, de defensores da liberdade e da democracia para infratores dos direitos básicos e do direito internacional. Durante décadas, como se sabe, vozes críticas têm protestado contra a maneira como os militares americanos treinaram esquadrões da morte e estimularam o uso da tortura. As fotos de soldados americanos torturando e zombando de prisioneiros no Iraque, todavia, abalaram completamente o que restava da imagem virtuosa, movendo o foco para o generalizado uso do terror e da tortura como ferramenta política e militar por parte dos Estados Unidos, em Guantanamo e outras prisões irregulares, e frisando o fato de que o governo americano aprova e promove o uso da tortura, em violação do direito internacional. "Corremos o risco de perder algo muito mais importante que simplesmente a guerra no Iraque", adverte Thomas

Friedman após a publicação das fotos de Abu Ghraib. "Corremos o risco de perder a América como instrumento de autoridade moral e inspiração no mundo."[16] Os Estados Unidos certamente não são os maiores infratores de direitos ou praticantes da tortura, mas sua imagem já não pode funcionar como um paradigma da promoção dos direitos e do direito, da liberdade e da democracia.

A cobertura ideológica da hegemonia americana provavelmente se esgarçou, suspeitamos, porque sua substância já se esvaziara. Outras potências, em outras palavras, já haviam decidido que a ação internacional dos Estados Unidos — suas guerras, suas aventuras unilaterais, seus modelos econômicos e assim por diante — não mais promoviam sistematicamente seus próprios interesses. Teremos de analisar essa mudança mais de perto na próxima seção, em termos de interesses econômicos, mas por enquanto basta reconhecer que o fracasso do golpe de Estado coincide com o declínio do "hard" e "soft power" dos Estados Unidos, ou seja, a derrota de sua estratégia militar e o colapso de sua autoridade moral e política.

Quanto vale um dólar?

O colapso do unilateralismo americano e o fracasso da tentativa de golpe de Estado dos Estados Unidos no interior do sistema imperial não é apenas uma função do poderio ou da estratégia militar. Juntamente com a autoridade política e moral, o poder econômico faz parte do "soft power" necessário à hegemonia. Os aspectos econômicos, militares e políticos/morais do projeto unilateralista funcionam de acordo com lógicas independentes mas se fortalecem reciprocamente, fomentando uns aos outros durante a ascensão do poder mas se arrastando mutuamente para baixo durante o declínio. Em termos mais amplos, o sucesso do poder hegemônico na esfera econômica, pelo menos nas condições capitalistas contemporâneas, repousa em sua capacidade de garantir os lucros num nível genérico entre os capitalistas, não só em seus próprios interesses nacionais mas também nos das potências aliadas. Avaliar a hegemonia econômica certamente é uma ciência inexata, mas podemos ler sintomas de uma série de arenas num crescente coro de votos de "desconfiança" no controle econômico unilateral americano.

Embora a derrota militar dos Estados Unidos no Iraque seja mais visível, seu fracasso econômico talvez seja mais significativo, fornecendo uma eloquente ilustração da impossibilidade do projeto unilateralista. O controle das reservas petrolíferas do Iraque certamente é importante, mas o principal objetivo econômico da ocupação era conduzir uma experiência radical de transformação neoliberal.[17] A administração de ocupação no Iraque, liderada por Paul Bremer, foi incumbida de destruir as estruturas sociais existentes na economia iraquiana, inclusive os direitos trabalhistas, as indústrias estatais e os sistemas previdenciários — arrasar o terreno econômico, por assim dizer, criar um terreno limpo e, a partir daí, do ponto zero, inventar uma economia puramente neoliberal. Mas o regime de Bremer deparou-se com uma série de fortes resistências econômicas (para não falar de sua própria incompetência). Logo pôde constatar a dificuldade de privatizar os bens econômicos do país e vendê-los para corporações estrangeiras. Essas corporações relutam em comprar, por um lado, porque a constante violência no país praticamente impossibilita os negócios e, por outro, por temerem que o direito internacional não reconheça como legítima a propriedade de indústrias e recursos nacionais vendidos por um regime de ocupação. A criação de uma economia puramente neoliberal também se revelou impossível porque os trabalhadores iraquianos resistiram à privatização. Naomi Klein informa, com efeito, que alguns dos trabalhadores demitidos de indústrias estatais imediatamente aderiram à resistência militar. Além de fracassar militarmente no Iraque, assim, o projeto unilateral americano fracassou economicamente — vale dizer, não foi capaz de criar um novo regime econômico capaz de gerar e assegurar lucros. O Iraque é um exemplo da estratégia geral de radical transformação neoliberal vinculada a controle militar e hegemonia política no projeto unilateralista dos Estados Unidos.[18]

BREVE HISTÓRIA DE UM GOLPE DE ESTADO FRACASSADO

A questão essencial, embora seja impossível responder diretamente de modo satisfatório, é saber se o unilateralismo americano — com sua "guerra ao terror", sua hegemonia política e suas políticas econômicas — é bom para os negócios e favorece os lucros do capital global. Isto não significa perguntar, evidentemente, se ele favorece um punhado de corporações específicas, como Halliburton ou Bechtel, mas se beneficia o capital coletivo como um todo. Uma maneira interessante de abordar a questão é focalizar a capacidade dos Estados Unidos de impor seus desejos a outros Estados-nação nos acordos econômicos internacionais. Os Estados Unidos, com efeito, encontram crescente dificuldade para obter consentimento para sua hegemonia econômica. Verifica-se resistência cada vez maior, por exemplo, às propostas americanas na chamada rodada Doha das reuniões da Organização Internacional do Comércio, iniciadas em Doha em 2001 e em Cancún em 2003 e que se prolongaram por vários anos. Anualmente essas reuniões são consideradas um fracasso quando se apresenta um impasse, na maioria das vezes em torno de subsídios agrícolas nas nações dominantes e de acesso aos mercados industriais e agrícolas. A mais significativa derrota simbólica dos Estados Unidos, neste sentido, foi talvez o fato de não terem conseguido apoio latino-americano para o acordo da Área de Livre Comércio das Américas (Alca). Durante muito tempo no século passado Washington podia contar com o seu "quintal" e com o apoio dos países latino-americanos para seus projetos econômicos. Porém, em Mar del Plata, em 2005, os governos latino-americanos conseguiram, pelo menos em parte, declarar sua independência em relação à hegemonia econômica dos Estados Unidos. Não se trata apenas de uma afirmação política de soberania nacional, mas também, e sobretudo, de uma indicação de que as elites governantes desses países já não consideram a hegemonia americana benéfica a seus interesses econômicos. Todos esses discretos fracassos, assim, essas resistências à vontade de Washington, de Bagdá a Doha e Mar del Plata, podem ser lidas como uma série de "votos de desconfiança" no "soft power" dos Estados Unidos — sintomas do fracasso de seu projeto econômico unilateral.

O indicador mais fundamental de hegemonia econômica internacional pode ser a posição e a função da moeda nacional. O domínio do dólar tem sido demonstrado, ao longo de várias décadas, por seu papel como moeda primordial de troca e reserva na economia global, o que representava a confiança internacional na economia americana e o consentimento com a liderança econômica dos Estados Unidos. Isto não quer dizer que o dólar tenha constantemente mantido um valor elevado frente a outras moedas. Na verdade, a manipulação das taxas de câmbio muitas vezes serve ao poder dominante como mecanismo para resolver problemas econômicos internos no cenário internacional. O dólar continua funcionando hoje como moeda global, mas isto pode ser apenas um subproduto de sua passada glória. "A hegemonia americana, em contraste com uma pura simples dominação", escreve Giovanni Arrighi, "com toda probabilidade já chegou ao fim; entretanto, assim como a libra esterlina continuou a ser usada como moeda internacional por três ou quatro décadas após o fim da hegemonia britânica, o mesmo pode acontecer com o dólar."[19] Talvez algum dia no futuro o euro, o iuan ou ainda alguma combinação de moedas ascenda à posição dominante, mas a essa altura a hegemonia do dólar já terá há muito passado.

A crise das hipotecas nos Estados Unidos em 2007 e as subsequentes crises financeiras e econômicas globais demonstram certas facetas importantes da atual posição global da economia americana. Por um lado, revelam em que medida as conquistas do New Deal e as estruturas previdenciárias da economia americana foram desmanteladas em grande medida mediante recurso aos mercados financeiros globais. A globalização serviu para estabilizar e financiar as políticas econômicas americanas de privatização. Quando proprietários de imóveis americanos não conseguem pagar suas hipotecas, por um lado, fica claro o quanto os capitalistas de todo o mundo são afetados pela crise americana. A hegemonia do mercado americano, embora continue atraindo investimentos globais, foi dramaticamente enfraquecida. O valor do dólar depende cada vez mais não propriamente da produtividade do país do qual vem a ser símbolo monetário, mas da capacidade de chantagear os mercados financeiros globais.[20]

BREVE HISTÓRIA DE UM GOLPE DE ESTADO FRACASSADO

As diferentes manifestações do fracasso do projeto unilateral dos Estados Unidos convergiram numa perfeita tempestade depois do furacão Katrina, em 2005. A corrupção e a incompetência das agências governamentais incumbidas de reagir à situação de emergência na verdade refletiam apenas os efeitos superficiais de uma estrutura social sistematicamente dilapidada durante anos. Os efeitos de projetos econômicos neoliberais fracassados, que já eram sentidos em todo o mundo, manifestavam-se agora dramaticamente em território nacional. A fúria provocada quando certos jornalistas e políticos se referiram às populações deslocadas como "refugiadas" é indicativa da ansiedade gerada pela confusão entre o ambiente interno e externo, quando os espectadores americanos se defrontam com imagens que estão acostumados a associar a regiões subordinadas do mundo. As consequências do furacão Katrina também deixaram claras as constantes divisões raciais dos Estados Unidos e a forte correspondência entre raça e pobreza. A catástrofe serviu de lembrete não só do alto percentual de americanos de origem africana que vivem sem recursos adequados em regiões como a Louisiana e o Mississipi, mas também da maneira como as agências governamentais e os meios de comunicação reagem de maneira diferente em casos de diferentes populações raciais. Nas semanas que se seguiram ao furacão, o racismo dos Estados Unidos em todos os níveis da sociedade, das estruturas governamentais aos preconceitos comuns, ficou vividamente evidente. Finalmente, a catástrofe do Katrina assinalou uma virada no apoio da população americana à guerra no Iraque. Certos observadores assinalaram as ligações diretas — o dinheiro gasto na guerra fora retirado da infraestrutura nacional, a Guarda Nacional do Mississipi e da Louisiana mobilizada nas zonas de guerra não estava disponível para o socorro às vítimas da catástrofe, e assim por diante —, mas desconfiamos que a ligação funcionou mais poderosamente, na opinião pública, num nível mais profundo e abstrato. No verão de 2005, apenas dois anos depois das comemorações de glória imperialista na "vitória de Bagdá", rachaduras apareciam em toda parte nos projetos unilaterais, e disto serviu de confirmação o desastre que se seguiu ao Katrina. Os acontecimentos haveriam de se arrastar por vários lados, mas já era evidente que o golpe de Estado havia fracassado.

4.2
Depois da hegemonia americana

> Nas mudanças que promovem, as províncias geralmente vão da ordem à desordem, em seguida passando novamente da desordem à ordem, pois a natureza não permite que as coisas mundanas fiquem paradas.
>
> — Maquiavel, *Histórias florentinas*

Interregno

O fracasso do projeto unilateral americano leva muitos analistas a buscar candidatos à sucessão na hegemonia global. Surgiria então um novo califado para ordenar grandes extensões do globo com base na unidade muçulmana, sob controle teocrático? Virá uma Europa agora unida reclamar sua posição dominante e baixar ditames nas questões globais? Ou estaria o resto do mundo simplesmente esperando o momento em que a China estiver pronta para exercer sua hegemonia unilateral? Consideramos todas essas noções de "novos pretendentes ao trono" implausíveis, pois se baseiam no pressuposto de que a forma da ordem global continua sendo imperialista e de que, embora os Estados Unidos sejam incapazes de alcançar uma hegemonia unilateral, algum outro Estado-nação ou poder soberano poderia fazê-lo. O colapso do unilateralismo americano demonstra, do nosso ponto de vista, o fracasso não só de um projeto americano como também, e sobretudo, do próprio unilateralismo. A forma da ordem global mudou irreversivelmente. Vivemos hoje um período de transição, um interregno no qual o velho imperialismo está morto e o novo Império ainda emerge.

Giovanni Arrighi oferece-nos uma das análises mais incisivas e perspicazes do declínio da hegemonia americana. O período de ascensão de uma potência hegemônica no sistema econômico global, segundo a leitura dos ciclos de acumulação feita por Arrighi, caracteriza-se por investimento constante em novos processos produtivos, ao passo que a mudança da produção para a finança é um sintoma de declínio. A financeirização da economia americana desde a década de 1970 assinala, assim, uma fase "outonal", paralela a sua visão do período de recuo da hegemonia econômica britânica quase um século antes. Os fracassos militares dos Estados Unidos, coordenados com o recuo de sua hegemonia econômica, são mais uma prova de declínio para Arrighi, de tal maneira que a Guerra do Vietnã, não muito tempo depois da desvinculação do dólar do padrão ouro e da primeira crise do petróleo, marcou sua crise *de sinalização* e a ocupação do Iraque, sua crise *terminal*. Arrighi lança, assim, a hipótese de que o ciclo de acumulação global liderado pelos Estados Unidos será sucedido por um novo ciclo centrado no Leste asiático (vendo-se o Japão no leme em seus trabalhos anteriores e a China nos mais recentes). Seria um equívoco, no entanto, ler a tese de Arrighi — muito embora certos elementos de seu trabalho de fato apontem nesta direção — como projetando que a China ou qualquer outro Estado-nação repetirá a forma da hegemonia americana, que por sua vez repetia a britânica, remontando-se ainda mais atrás às hegemonias holandesa, genovesa e veneziana. Em vez disso, o novo ciclo de acumulação requer uma nova ordem política e uma reorganização da geografia e do modo de operação do capital mundial. Em outras palavras, a China não será a nova potência imperialista nem surgirá um mega-Estado global que repita as características da hegemonia do Estado–nação em escala ampliada. O aspecto mais inovador da análise de Arrighi, com efeito, é a proposta de emergência de uma "sociedade de mercado mundial baseada em maior igualdade entre as civilizações mundiais", que ele articula através de uma leitura criativa e atenta de

Adam Smith. Arrighi encara a ascensão da China sobretudo como um elemento da ascensão geral das nações subordinadas como um todo em relação às dominantes, inaugurando uma forma fundamentalmente nova de acumulação, não baseada na hegemonia de um único Estado-nação. Uma consequência importante da tese de Arrighi é que o declínio da hegemonia americana marca o fim da hegemonia baseada num único Estado-nação — de forma imperialista, unilateralista ou qualquer outra — sobre o sistema econômico e político global. A ordem global que surge agora terá de assumir uma forma fundamentalmente nova.[21]

Os teóricos e dirigentes anteriormente dedicados à hegemonia americana que sejam suficientemente inteligentes para reconhecer essa mudança veem-se agora forçados a encontrar outro paradigma de ordem global e enfrentar a ameaça da desordem global. Mas sua imaginação é tão limitada que, com o colapso do unilateralismo para resolver o problema da ordem global, eles logo tratam de correr de volta ao multilateralismo, ou seja, a uma ordem internacional dirigida em colaboração por um grupo limitado de Estados-nação dominantes. Henry Kissinger declara abertamente: "O mundo assemelha-se à Europa do século XVII; precisa transformar-se na Europa do século XIX."[22] Na Europa do século XVII, antes da Guerra dos Trinta Anos, o mundo era caótico. Só a Paz da Vestfália, que pôs fim à guerra, criou uma ordem europeia, cujo princípio organizador era a religião e a soberania absoluta. Não havia, assim, uma ordem internacional fora dos acordos entre as potências soberanas nem uma estrutura que exercesse o poder fora dos Estados-nação. No século XIX, o mundo político vestfaliano atingira a perfeição, do ponto de vista de Kissinger. A única diferença desejável hoje, acrescenta ele, seria o desaparecimento da religião em favor da ideologia, e portanto a renovação do concerto plural de Estados soberanos. Até Kissinger reconhece que o princípio europeu novecentista do *cuius regio, eius religio*,* vinculando o domínio político à autoridade religiosa, não pode servir hoje em dia de base à ordem planetária. Seu foco não está voltado para um choque de civilizações, mas para o concerto multilateral

---

*Expressão latina que significa "para cada região, sua religião correspondente". (*N. da R. T.*)

entre os Estados-nação. Francis Fukuyama, depois de abrir mão dos sonhos neoconservadores unilateralistas, faz eco a Kissinger em sua exortação a uma ordem multilateral baseada na colaboração de Estados fortes. Mas tanto Fukuyama quanto Kissinger imaginam um acerto multilateral de Estados que não dependa do apoio de instituições internacionais.[23] Talvez seja por isto que a imaginação de Kissinger remonta ao século XIX para descrever uma ordem dessa natureza.

O sistema internacional capaz de sustentar uma ordem multilateral na verdade desintegrou-se completamente. Todas as instituições internacionais e supranacionais construídas depois de 1945 para apoiar a ordem do pós-guerra estão em crise. Com a criação das Nações Unidas, para mencionar apenas um exemplo, acreditou-se que um imperativo moral, um *sollen* jurídico, poderia ser estabelecido internacionalmente e imposto por um concerto de Estados-nação. Hoje, contudo, a obrigação moral multilateralista perdeu sua força. Isto não quer dizer que fosse em vão, na fundação das Nações Unidas, a tentativa de constitucionalizar aspectos fundamentais da ordem internacional. Apesar das injustiças que serviu para cobrir e sua frequente manipulação pelas potências dominantes, as Nações Unidas de fato conseguiram em determinados momentos impor um padrão mínimo de paz. Vejam se, simplesmente, alguns dos muitos desastres com que a ordem jurídica das Nações Unidas lidou durante a Guerra Fria: nas duas grandes crises de 1956, por exemplo, em Suez e na Hungria, a orientação política realista das Nações Unidas contribuiu para evitar explosões mundiais muito mais destrutivas. A ordem da ONU não era uma "Santa Aliança" ou uma ditadura imperial, e sim um sistema jurídico internacional, contraditório e sempre sujeito a colapsos, mas sólido, no fim das contas, e ativo de uma maneira realista. Sua origem não se enraíza realmente no século XIX, e sim na derrota do fascismo no século XX, que desencadeou tantas aspirações democráticas. Mas as condições de sua eficácia se exauriram. A letra e o espírito da Carta das Nações Unidas estão revogados. Em suma, uma ordem multilateral, uma nova Vestfália capaz de orquestrar acordo e colaboração em escala internacional, é impossível hoje em dia em grande medida porque a ordem institucional sobre a qual repousaria — das Nações Unidas às instituições de Bretton Woods — já não funciona.

O fracasso do unilateralismo, assim, não pode levar ao ressurgimento daquele que pareceu em certo período seu principal competidor: o multilateralismo. Com efeito, o sistema internacional não pôde sobreviver à tentativa de golpe de Estado dos Estados Unidos. Na derrota, Sansão arrastou consigo os inimigos. Mas na verdade as instituições internacionais necessárias para escorar uma ordem multilateral já estavam cambaleando antes que o unilateralismo desfechasse o golpe decisivo. De qualquer maneira, derrotado o unilateralismo, o multilateralismo e suas estruturas internacionais não são capazes de atender — seja no terreno militar, no econômico, no ideológico ou no jurídico — aos desafios contemporâneos. Nesse contexto, não é possível sequer atender à exortação de Kissinger por um retorno à Vestfália.

Governança imperial

Para aqueles cuja imaginação política é povoada apenas por formas anteriormente existentes de ordem global, uma vez tendo o unilateralismo fracassado e o multilateralismo se revelado impossível, resta apenas a desordem, uma guerra de todos contra todos, com uma espécie de lei da selva prevalecendo nos mercados globais. Deve ficar claro, no entanto, que mesmo numa situação de controles unilaterais e multilaterais enfraquecidos, a globalização continua. Devemos reconhecer as novas formas de gestão, regulamentação e controle que estão surgindo para ordenar o sistema global. Com efeito, uma vez que tenhamos adotado uma nova perspectiva, podemos começar a ver que já existe uma complexa rede de normas, estruturas e autoridades globais que é parcial, incompleta e sob certos aspectos frágil, mas ainda assim real e eficaz.

As precisas análises de Saskia Sassen sobre as formas institucionais emergentes de controle econômico e político fornecem-nos uma base sólida para a investigação dessa nova ordem global. Ela deixa definitivamente de lado todos aqueles debates inúteis que opõem a constante importância dos Estados-nação aos processos de globalização, como se os dois fossem mutuamente excludentes. A ordem global emergente, sustenta ela, forma-se não só fora dos Estados-nação mas também, o que é mais importante, no interior deles, dando início a um processo de "desnacionalização" de certos componentes do Estado-nação que os orienta cada vez mais para projetos e sistemas globais. O global está dentro do nacional, em outras palavras, assim como o nacional está dentro do global. Assim é que Sassen propõe que leiamos a emergente ordem política e institucional global em termos de agrupamentos nos quais "o Estado-nação e o sistema inter-Estados continuam sendo elementos fundamentais, mas já não estão sozinhos, sendo profundamente alterados de dentro para fora".[24] Ela demonstra que as condições da ordem global mudaram de tal maneira que, por um lado, nem os Estados Unidos nem qualquer outro pretendente ao trono pode exercer controle unilateral e conduzir projetos imperialistas com êxito; e, por outro, nenhuma estrutura institucional inter-Estados pode por si só gerir e regulamentar o sistema global. Os agrupamentos que ela vê determinando a ordem global são formados por uma mistura de instituições e autoridades supranacionais, nacionais e não nacionais.

Uma ampla variedade de autores emprega a expressão "governança", em contraste com "governo", para explorar a novidade dessas autoridades e agrupamentos que se formam no interior e fora do Estado-nação. A expressão "governança global" é usada em geral para designar estruturas regulatórias que funcionam e produzem normas, não raro de modo *ad hoc* e variável, na ausência de uma autoridade política abrangente, como uma potência hegemônica ou o sistema internacional.[25] As duas genealogias mais significativas do termo coincidem sob certos aspectos, mas direcionam os debates de maneira muito distinta. Primeiro, "governança" deriva do discurso corporativo, no qual focaliza as estruturas de autoridade e os mecanismos de gestão e prestação de contas típicos das corporações capitalistas, em contraste com as estruturas de Estado. A alusão à gestão corporativa serve, no mínimo, como forma de conceber a ordem global de uma maneira que não se limite aos atores de Estado, como um sistema híbrido contendo organismos governantes estatais, corporativos e de outras naturezas.[26] Segundo, o conceito de governança também deriva de um discurso filosófico, em particular da obra de Michel Foucault e Niklas Luhmann, que, de maneiras muito diferentes, investigam a genealogia de um novo conceito de governo, focalizando a atenção na criatividade determinada pela relação entre atores, regulamentação e normatividade nos processos administrativos. Luhmann e Foucault tentam transcrever conceitos tradicionais de soberania e seu poder de mando em estruturas decisórias mais flexíveis e processos mais abertos de negociação. Nesse contexto, a governança assinala uma inversão da direção da comunicação política: um processo de baixo para cima é substituído por um processo de cima para baixo, e um procedimento indutor substitui o dedutor, à medida que o centro de gravidade do sistema se desloca para maior colaboração entre os atores estatais e não estatais no interior das redes decisórias em múltiplos níveis.[27]

Essas duas genealogias primordiais do conceito de governança, a corporativa e a filosófica, contribuem para abrir uma nova perspectiva através da qual podemos analisar a situação contemporânea. A governança global não é um modelo de gestão baseado na unidade de comando e legitimação, derivando de um único centro de poder. É, antes, um processo de negociação contínua, um acerto de instrumentos para o planejamento e a coordenação consensuais, no qual uma multiplicidade de atores estatais e não estatais com poderes muito desiguais trabalham juntos. E só a colaboração entre esses atores pode determinar os processos de adoção de políticas no terreno global. A ordem global hoje é definida por um variado conjunto de normas, costumes, estatutos e leis que constituem um conjunto heterogêneo de exigências e poderes no horizonte global.

Diferentes estudiosos desenvolvem o conceito de governança na construção de modelos significativamente diferentes de ordem global. Um desses modelos, derivado basicamente da economia e da finança, centra-se nos "valores de mercado" como medida de eficácia na governança. As figuras institucionais concretas dessa atividade contínua são aquelas que constroem e gerem as regras das relações econômicas e sociais internacionais. Este modelo concebe a governança como um mecanismo policêntrico e distribuído de regulação posto em prática por instituições estatais e não estatais, mas, como deriva basicamente do conceito corporativo, geralmente só entende as funções e estruturas da autoridade e do governo na medida em que facilitam e apoiam o comércio e os lucros.[28]

Um segundo modelo, derivando da tradição liberal neoinstitucional, concebe a governança como uma máquina que pode construir, no interior das relações de interesses e jurisdições, formas pós-soberanas de governo global. Este modelo deve ser entendido como um desvio, ainda assim muito próximo, da tradição realista nas relações internacionais, centrando-se nos Estados como atores principais e assim chamando a atenção para as maneiras como as instituições estatais e interestatais continuam a funcionar, às vezes transformadas, no novo contexto global. Este modelo revela-se útil, por exemplo, nos inúmeros campos de confronto e negociação que são abertos interna e internacionalmente para resolver e regulamentar conflitos locais. A governança neoinstitucional não se limita, todavia, a esse tipo de atividade, recorrendo igualmente a forças policiais preventivas e tribunais *ad hoc* e assim criando uma rede de mecanismos efetivos para a integração e a mobilização de estruturas governamentais.[29]

Um terceiro modelo de governança recorre aos instrumentos neocorporativos das instituições sindicais para gerir interesses diretamente coletivos, que não podem ser tratados de maneira eficaz através de procedimentos baseados no nível individual. A governança aqui é definida como um processo de autorregulação das trocas entre interesses, protagonizado por atores que concordam com uma jurisdição plural e poliárquica, forçando os Estados e as instituições governamentais a recuar do terreno da produção normativa para o da produção de regras compartilhadas, tentando construir, progressivamente, um foro único para uma ordem jurídica estável.[30] Este modelo nos proporciona uma visão muito mais relevante que os outros para a compreensão da governança do Império, reunindo uma oligarquia de diversos organismos políticos e econômicos, entre eles instituições internacionais, os Estados-nação dominantes, corporações multinacionais, alianças continentais e regionais e assim por diante, que colaboram para criar um processo aberto e constituinte. De fato, à luz desses modelos, o capital global parece misturar de maneira eclética o "regime gótico" anglo-saxão e o "modelo Puffendorf" germânico, construindo uma estrutura regulatória que articula interesses capitalistas e as forças do trabalho organizado com instrumentos de mediação geral. "Trutina Statuum" foi como o duque de Rohan a denominou no século XVII, um "equilíbrio" de Estados ou, na verdade, um mecanismo que compõe e decompõe os agrupamentos regulatórios de atores estatais e não estatais.[31] Estamos aqui muito longe do Estado hegeliano, o qual, na filosofia do Espírito absoluto, determina a marcha unificada da história. As práticas e estruturas contemporâneas da governança global fornecem, em vez disso, um processo extraordinariamente plural e flexível.

Todos esses modelos propõem a ideia de governança como uma forma de regulação pluralista, que se constrói de baixo para cima e é estabelecida numa rede configurada por uma geometria variável, multiníveis e/ou policêntrica. É claro que os Estados (alguns mais que outros) continuam a ser locais estratégicos onde são alcançadas as conexões entre as diferentes infraestruturas das políticas globais, assim como as grandes corporações e firmas multinacionais às vezes oferecem (e impõem) padrões de governança mínimos para a redistribuição e a paridade social, a serem postos em prática pelos Estados. Desse modo, os diferentes conceitos de governança compartilham uma ideia da desconstitucionalização e da governamentalização dos dispositivos da produção jurídica que subtrai o comando à soberania, torna-o adequado ao mercado e o distribui por uma variedade de atores.[32]

Mas não devemos confundir essa governança com democracia. Sim, ela é composta de atores plurais, é relativamente flexível e aberta e é formada "de baixo para cima", pelo menos no que diz respeito às estruturas de soberania de Estado. Mas sua multiplicidade é altamente restrita a um grupo privilegiado, uma oligarquia de poderes hierarquicamente inter-relacionados, e sua abertura é severamente limitada pelos efeitos do poder e da propriedade. Na verdade, sua pluralidade e abertura poderia ser melhor entendida em relação às estruturas e práticas das trocas de mercado. A governança global, neste sentido, é profundamente permeada por práticas de comando "pós-democráticas".

Estas análises da governança global deveriam deixar claro, no mínimo, que a ineficácia das estruturas unilateralistas e multilateralistas não cria necessariamente um vácuo de poder em meio ao caos. Sob certos aspectos, após o fracasso do golpe de Estado americano, o capital coletivo assumiu as rédeas da gestão da crise econômica, social, política e militar. É fácil entender, neste ponto, de que maneira o império que hoje emerge pode configurar-se aos olhos de alguns como um mundo não polar, para empregar o termo anteriormente citado. Entretanto, uma vez tenhamos recorrido a um novo par de óculos, podemos ver que existe na verdade uma pluralidade de polos e uma intensa atividade de construção de agrupamentos de atores estatais e não estatais, estabelecendo novas formas de autoridade e determinando novas normas e práticas de regulamentação e gestão. Neste sentido, poderíamos dizer que Davos, sede do Foro Econômico Mundial anual, vem-se tornando mais importante que Washington. De fato, o sistema global está em crise na medida em que suas estruturas de autoridade e seus mecanismos de regulamentação são parciais, não raro ineficazes e aplicados de maneira desigual, mas esta crise assinala simplesmente o interregno no qual os processos de governança global estão constituindo a infraestrutura do novo Império em formação.

A nova corrida à África

Reconhecer que o imperialismo acabou e que uma nova ordem imperial se materializa de modo algum implica o fim nem mesmo uma diminuição da divisão e da hierarquia entre as sociedades e no interior delas. A alegação de certos adeptos da globalização capitalista de que o mundo se torna "plano", de que a economia global transforma-se num espaço liso e de que as condições de oportunidade e produção econômicas tornam-se mais igualitárias no planeta não passa de mistificação ideológica. As novas divisões globais do trabalho e do poder e aquelas que persistem talvez não sejam tão localizadas ao longo de fronteiras nacionais — dividindo a China do Vietnã, por exemplo, a França da Argélia ou a Grã-Bretanha da Nigéria —; mas na verdade a visão da diferença e da hierarquia centrada no Estado também se revelou falha em muitos casos no passado. O importante é que as divisões não declinam na formação imperial emergente, em muitos casos tornando-se ainda mais severas. Muitos estudiosos, destacando-se entre eles antropólogos e geógrafos, demonstram que o mundo em globalização não é plano, mas dramaticamente desigual, estriado por antigas e novas linhas de diferença e hierarquia.[33]

Particularmente significativas para nossa análise são as maneiras como as divisões de trabalho e poder servem aos mecanismos de controle social. A desigualdade e as divisões geográficas ainda funcionam, como funcionavam na era imperialista, no sentido de preservar hierarquias e deslocar (e portanto controlar) antagonismos sociais. O grande imperialista Cecil Rhodes entendeu bem essas funções: "Minha ideia mais cara é uma solução para o problema social, ou seja, para salvar os 40 milhões de habitantes do Reino Unido de uma sangrenta guerra civil, nós, estadistas coloniais, precisamos adquirir novas terras para assentar a população excedente e proporcionar novos mercados para os bens produzidos por elas nas fábricas e minas. O Império, como eu sempre disse, é uma questão de feijão com arroz. Se quisermos evitar a guerra civil, temos de nos tornar imperialistas."[34] Já não existem, é claro, administrações coloniais e territórios coloniais para manter essas divisões geográficas, mas as divisões continuam necessárias para o capital e seus mecanismos de governança global, como forma de manter a hierarquia e deslocar o conflito social. Hoje em dia, às vezes a desigualdade se enquadra em áreas muito mais compactas, atravessando o terreno de uma única cidade. As divisões geográficas, por exemplo, particularmente na Europa, entre os centros urbanos brancos e ricos e as periferias pobres e escuras evoluíram para um modelo de criação e manutenção da desigualdade. As grandes cidades das Américas, de Los Angeles ao Rio de Janeiro, apresentam um modelo diferente, com um padrão geográfico de divisões definido menos concentricamente. E as expansivas megalópoles de Lagos e Jacarta apresentam ainda outros modelos de distribuição e divisão. As divisões de trabalho e poder também funcionam em outras escalas, chegando a traçar linhas transnacionais e intercontinentais que vão de norte a sul, de leste a oeste e também em diagonal. Não pretendemos explorar aqui as cartografias desses desdobramentos desiguais, embora seja uma tarefa extremamente importante. Nossa tese é simplesmente que essas divisões continuam existindo na formação do Império, às vezes radicalmente reorganizadas em escalas diferentes e não raro intensificadas, e que ainda são necessárias para manter o controle, como percebeu Rhodes, preservando a hierarquia e deslocando o conflito social.

Este ponto pode ser esclarecido pelo reconhecimento da maneira como a situação presente difere da análise de Marx sobre a gradual mudança histórica da subsunção formal do trabalho sob o capital para sua subsunção real, correspondendo aos processos da globalização capitalista. Para Marx, a subsunção continua sendo *formal* quando as práticas e relações de trabalho criadas fora da produção capitalista são importadas intactas sob o seu domínio. Veja-se, por exemplo, a maneira como os métodos de produção artesanal são preservados e adotados nos estabelecimentos de manufatura ou como as práticas agrícolas não capitalistas são preservadas em formas capitalistas de agricultura. A subsunção formal, assim, designa fenômenos que se verificam tanto dentro quanto fora do capital. Esta subsunção torna-se *real*, contudo, quando o capital cria novos processos de trabalho não mais vinculados a formas não capitalistas e que são portanto propriamente capitalistas. As formas de trabalho industrial produzidas na fábrica são, para Marx, o exemplo primordial da subsunção real. O trabalho realmente subsumido já não está na fronteira entre o exterior e o interior do capital, mas plenamente em seu interior. Alguns dos grandes teóricos do imperialismo no século XX, como Rosa Luxemburgo, ampliam a análise de Marx para além de uma única sociedade, analisando o imperialismo como um processo de subsunção formal de economias não capitalistas sob as economias capitalistas dominantes. Nesta visão, a subsunção formal assinala a fronteira entre o capital e o seu exterior, uma divisão que os imperialistas usam para manter hierarquias e deslocar conflitos sociais. Desse modo, segundo esta perspectiva, o processo de globalização envolve uma passagem geral da subsunção formal para a real, atraindo todas as sociedades para o interior dos circuitos da produção capitalista. Na famosa afirmativa de Marx e Engels, o capital compele todas as nações a adotar, sob pena de extinção, o modo capitalista de produção, criando um mundo à sua própria imagem. Entretanto, imaginar todo o mundo no palco da subsunção real, de um único todo capitalista, pode facilmente levar àquelas visões de mundo plano ou liso, sem divisões geográficas de trabalho e poder. Devemos, com efeito, reconhecer um movimento recíproco que também ocorre no processo de globalização, da subsunção real para a formal, o qual não cria novos "exteriores" ao capital, mas severas divisões e hierarquias no interior do globo capitalista. Isto, no entanto, não representa uma volta ao passado: os movimentos para a subsunção formal e real coexistem no mundo capitalista em globalização, com sua geografia estriada por antigas e novas fronteiras e clivagens.[35]

O movimento de retorno da subsunção real para a formal corresponde, sob certos aspectos, ao recente reaparecimento de muitas formas antiquadas e parasitárias de apropriação capitalista. Se existe de fato algum retorno a um acerto internacional novecentista, como imagina Kissinger, é na medida em que assistimos hoje a uma nova "corrida à África", quando, nas últimas décadas do século XIX, os Estados-nação europeus disputaram o controle imperialista de territórios, retalhando o continente em colônias. Os europeus do século XIX sonhavam basicamente com formas de riqueza que poderiam extrair da África, como o marfim e o ouro. Verifica-se hoje uma nova proeminência de um tipo semelhante de extração em regiões de todo o mundo, designada por David Harvey como acumulação por desapropriação, uma forma de apropriação que não envolve basicamente geração de riqueza, e sim apossar-se de riqueza já existente, geralmente dos pobres ou do setor público, através de meios legais ou ilegais, e quase sempre em situações nas quais não estão claros os limites da legalidade.[36] Antigos elementos da subsunção formal claramente reaparecem nessa competição geral entre os poderosos para acumular mediante a desapropriação de outros.

Essa corrida à apropriação é constantemente apoiada e facilitada, é claro, pela violência extraeconômica. Naomi Klein chama de "capitalismo do desastre" o paradigma em que a acumulação por desapropriação e a imposição de políticas econômicas neoliberais são encetadas por algum tipo de choque, que pode variar de um golpe militar ou uma invasão a uma catástrofe ecológica. O capital, como se sabe, sempre encontrou maneiras de lucrar com catástrofes, usando-as quase sempre como alavanca para a concentração de riqueza e produção. Klein sustenta, contudo, que desde a década de 1970, e cada vez mais no atual período de interregno, com suas desordens, a transformação econômica através da catástrofe e da apropriação por desapropriação passou a constituir o modelo dominante.[37]

O que designamos aqui como uma nova corrida à África ocorre, naturalmente, em todo o mundo, mas assume formas particularmente intensas e brutais na África. Das minas de diamante de Serra Leoa aos campos de petróleo de Uganda, formas de capitalismo de extração mineral, não raro nas mãos de corporações estrangeiras e sob a proteção de milícias informais, passaram a dominar as economias locais. James Ferguson observa que, ao contrário da narrativa padrão, a estabilidade, a paz e o império da lei não correspondem ao crescimento econômico nesse contexto. Pelo contrário, acrescenta ele, "os países que (nos termos dos reformistas do Banco Mundial e do FMI) constituem os maiores 'fracassos' têm estado entre os mais bem-sucedidos na atração de investimentos de capital estrangeiro".[38] Ao passo que a corrida um século atrás foi liderada por Estados europeus, hoje temos basicamente corporações dividindo as benesses sob a cobertura de complexas formas de governança global.

Talvez não surpreenda, nesse contexto, que certas expressões antigas e aparentemente superadas voltem a descrever a desigualdade e as diferenças dos processos de globalização capitalista. Um exemplo que chama a atenção é a maneira como certos destacados historiadores chineses retomam no início da década de 1980 o conceito marxiano de "modo asiático de produção". Marx emprega a expressão, fortemente calcada na teoria da história de Hegel, para designar um aparato imóvel e portanto a- histórico de produção social centrado num Estado despótico que se apropria de excedentes de aldeias e comunidades locais, contrastando com o dinamismo do desenvolvimento capitalista na Europa. O conceito de modo asiático de produção, como observamos na Parte 2, tem sido exaustivamente criticado por marxistas e não marxistas, tanto por imprecisão histórica quanto por eurocentrismo. Entretanto, os historiadores chineses que ressuscitaram a expressão na era pós-Mao, segundo explica Rebecca Karl, não o fazem para subordinar a Ásia em alguma nova concepção da história mundial, mas para identificar a excepcional posição da China no sistema capitalista global. Eles encaram a "eterna paralisação" do modo asiático de produção como uma força: a estabilidade do domínio chinês ao longo de milhares de anos afirma seu modelo de desenvolvimento capitalista centrado no Estado.[39] Deixando de lado a utilidade do conceito de modo asiático de produção, que nos parece muito questionável, as diferenças apontadas por esses historiadores são muito reais. Consideramos, entretanto, que elas não assinalam um *exterior*, e sim linhas de divisão e hierarquia no *interior* da emergente formação imperial global.

A desordem e a complexidade da atual situação global — com o ressurgimento de uma enorme variedade de formas superadas de violência, apropriação econômica, dominação política e assim por diante — levam muitos a buscar antigos modelos, como a hegemonia unilateralista e a colaboração multilateralista, para entender os termos da ordem global. Embora fantasmas do passado continuem aparecendo continuamente neste período de interregno, insistimos em que a ordem mundial emergente precisa ser lida em termos fundamentalmente novos. "O bastão da hegemonia provavelmente não será passado", sustenta William Robinson, de olho nessa novidade, "dos Estados Unidos para um novo Estado-nação hegemônico nem mesmo um bloco regional, mas para uma configuração transnacional."[40] Uma vez tenhamos centrado nossa atenção nos agrupamentos de autoridades que estão sendo formados no contexto da governança global, poderemos ver que surge uma nova formação imperial que pode funcionar apenas através da colaboração de uma série de poderes nacionais, supranacionais e não nacionais. Nossa futura política terá de ser concebida em relação a este Império.

4.3

Genealogia da rebelião

> De minha parte, detesto a plebe, o rebanho. Ela sempre me parece estúpida ou culpada de terríveis atrocidades. (...) Nunca gostei da plebe, exceto em dias de distúrbios, e mesmo assim!... Nesses dias há um grande fôlego no ar — sentimo-nos intoxicados com uma poesia humana tão *grande* quanto a da natureza, porém mais ardente.
> — Gustave Flaubert a Louise Colet, 31 de março de 1853

A revolta infunde vida na história

Delineamos neste capítulo as principais características do império emergente, sua composição de poderes estatais e não estatais, os agrupamentos de governança, as contradições internas, as hierarquias geográficas e as divisões de poder e trabalho. Devemos começar a desconfiar, no entanto, sempre que ouvimos comentários sobre a instabilidade e a incerteza da atual ordem global, que estas talvez não sejam apenas condições objetivas, e sim resultado de conflitos e antagonismos que não são prontamente visíveis, pelo menos do ponto de vista dos poderosos. Com efeito, se quisermos avançar na compreensão da ordem global, teremos de abordá-la pelo outro lado, do ponto de vista da resistência e da revolta. Isto nos leva de volta ao princípio metodológico que exploramos na Parte 2, o axioma da liberdade, que pode ser sintetizado da seguinte maneira. O poder só pode ser exercido sobre sujeitos livres, e desse modo a resistência desses sujeitos não é realmente posterior ao poder, mas uma expressão de sua liberdade, que é anterior. A revolta como exercício de liberdade não só antecede como prefigura as formas que o poder assumirá em reação. Se quisermos entender melhor a natureza do Império emergente, portanto, precisamos investigar os antagonismos, as revoltas e as rebeliões que fazem pressão contra ele. Essas lutas pela liberdade determinam todo o desenvolvimento das estruturas de poder.[41]

Segue-se também, deste princípio, que um império só cai, basicamente, em consequência de desdobramentos internos. O Império Romano, por exemplo, não caiu por causa das invasões bárbaras, mas em decorrência do declínio interno de sua legitimidade e do aumento da luta de classes e de forças contrárias ao comando imperial. Da mesma forma, o colapso da União Soviética não resultou basicamente de pressões militares e políticas da Guerra Fria, mas da revolta interna contra a falta de liberdades e, em particular, da contradição entre a gestão socialista da indústria pesada, com formas extremas de disciplina, e a autonomia necessária às formas emergentes da produção biopolítica.[42]

Nossa tarefa, portanto, é investigar o arcabouço organizacional das subjetividades antagônicas que surgem de baixo para cima, com base na *indignação* expressa por sujeitos frente à falta de liberdade e às injustiças do poder, às formas severas de controle e hierarquia e às formas cruéis de exploração e expropriação no mundo desordenado da governança global. A indignação, como observa Spinoza, é o marco zero, o material básico a partir do qual se desenvolvem movimentos de revolta e rebelião. O leitor poderia perguntar por que deveríamos assim retornar ao início. Existem partidos de oposição bem estabelecidos e até certos governos de esquerda que combatem o militarismo, a globalização capitalista e várias outras formas de injustiça em países de todo o mundo; existem sindicatos que vêm negociando em nome dos trabalhadores durante mais de um século; e existem organizações não governamentais de todas as tendências que lutam para servir e proteger os carentes de necessidades básicas. Por que, então, deveríamos tentar reinventar a roda? Por que não nos limitamos, neste ponto de nossa análise, a investigar simplesmente as formas institucionais estabelecidas de resistência? Trata-se certamente de uma tarefa importante, e em nossos trabalhos anteriores dedicamos considerável energia ao desenvolvimento de um catálogo extenso dos movimentos existentes na multidão contra o comando imperial contemporâneo, chamando a atenção para a maneira como os modelos tradicionais de contestação e rebelião precisam ser mudados e estão sendo mudados na atual situação — a maneira, por exemplo, como os sindicatos, no contexto da produção biopolítica, desenvolveram novas estratégias para incluir os pobres e os que têm empregos precários; como os movimentos sociais precisam construir redes através das fronteiras nacionais; e assim por diante.[43] Em capítulos anteriores deste livro, examinamos igualmente movimentos da multidão na altermodernidade, por exemplo, promovendo a convergência de lutas raciais e trabalhistas. Aqui, no entanto, queremos abordar a questão de um ponto de vista mais filosófico, começando do ponto mais básico e abstrato e progredindo de maneira lógica para chegar de volta com uma nova perspectiva da formação da multidão. Que esta abordagem mais filosófica seja considerada um complemento às investigações empíricas.

Comecemos, então, com a indignação, tomada como matéria-prima da revolta e da rebelião. Na indignação, lembra-nos Spinoza, descobrimos nosso poder de agir contra a opressão e enfrentar as causas de nosso sofrimento coletivo. Na expressão da indignação, nossa própria existência se rebela.[44] A indignação inclui, assim, uma certa dose de violência. Isto se vincula estreitamente ao fato, anteriormente abordado, de que a resistência ao poder, a expressão da liberdade contra a violência do poder, sempre envolve uma dimensão de força — quando o trabalhador enfrenta o patrão, o colonizado desafia o colonizador, o cidadão, o Estado e assim por diante.

A força e a resistência que surgem da indignação contra os abusos e ditames do poder, todavia, podem parecer imediatas ou espontâneas e portanto ingênuas (embora não sejam menos poderosas por este motivo). A indignação sempre surge como um fenômeno singular, em resposta a um obstáculo ou violação específico. Será possível, então, que haja uma *estratégia* da indignação? Pode a indignação levar a um processo de autodeterminação política?⁴⁵ Na história dos modernos movimentos políticos, os grandes exemplos de rebelião auto-organizada com base na indignação muitas vezes foram chamados de *jacqueries*: dos ferozes levantes camponeses europeus dos séculos XVI e XVII às revoltas espontâneas de trabalhadores nos séculos XIX e XX, das insurgências anticoloniais aos distúrbios raciais, várias formas de rebelião urbana, revoltas da fome e assim por diante. Normalmente, tais acontecimentos são retratados negativamente nas historiografias políticas. Sim, com certeza, afirma a versão-padrão, essas pessoas estão sofrendo e têm uma causa justa, mas a espontaneidade de seus atos conduz a um caminho equivocado. A violência da *jacquerie*, por um lado, ultrapassa as medidas razoáveis e destrói os objetos de sua ira de maneira aparentemente indiscriminada: basta pensar nas histórias de colonos brancos mortos por escravos em revolta no Haiti ou nas imagens de Detroit em chamas durante os distúrbios do verão de 1967. A espontaneidade da *jacquerie*, por outro lado, segundo a narrativa padrão, não deixa de pé nenhuma estrutura organizacional, nenhuma instituição legítima que possa servir de alternativa ao poder derrubado. A *jacquerie* se consome num lampejo e acabou. A grande poesia de François Villon está cheia das breves aventuras e dos destinos trágicos das *jacqueries*. No entanto, é preciso reconhecer aquilo a que alguns se referem como a disseminação epidêmica e a constante presença desses levantes pontuando a história moderna, da Europa e da Rússia à Índia e à China, da África às Américas e além.⁴⁶ Apesar de sua brevidade e descontinuidade, o recorrente ressurgimento dessas *jacqueries* determina profundamente não só os mecanismos de repressão como também as estruturas do próprio poder.

Antes de abordar o problema político levantado pelas *jacqueries*, devemos observar que elas se caracterizam fortemente pelas relações de produção contra as quais investem. Dessa perspectiva, as revoltas são muito menos genéricas e mais inteligentes do que em geral se presume: uma *jacquerie* pode ser *zweckadequat*, nos termos de Max Weber, ou seja, ser adequada a sua meta e dotada portanto de alguma forma "organizada" em sua espontaneidade. As revoltas camponesas ao longo da modernidade se insurgem contra as instituições do arrendamento, reconhecendo e destruindo os lugares simbólicos do poder aristocrático e colonial. As rebeliões de trabalhadores industriais, por sua vez, desenvolvem-se essencialmente através da sabotagem do capital fixo e da maquinaria. E, o que é mais interessante para nós, as lutas contra o regime biopolítico da produção social, como os acontecimentos que tiveram lugar nos subúrbios de Paris em novembro de 2005, demonstram uma nova inteligência ao voltar sua atenção para escolas e meios públicos e privados de transporte, ou seja, as condições de mobilidade e divisão sociais que são essenciais à exploração metropolitana da força de trabalho social.[47]

A revolta, a destruição de riqueza e a sabotagem social das estruturas de poder sempre constituíram, com efeito, escolas de organização. O terror das *jacqueries* corresponde ao impulso de libertação contido em seu interior — contra senhores feudais, potências coloniais, regimes racistas e assim por diante. Embora nas revoltas a organização surja como um conjunto de exigências singulares, sempre existe uma pressão para tornar comum a ação da multidão, e essa iniciativa organizacional na maioria das vezes assume a forma de construção e reprodução de redes informais. No passado, as organizações surgidas das *jacqueries* eram geralmente vistas como insurrecionais nas cidades e nômades no campo — na história europeia, por exemplo, das revoltas dos *ciompi* na Florença do século XIV à revolta Masaniello na Nápoles do século XVII, e das rebeliões camponesas alemãs do século XVI a todas que se insurgiram contra o antigo regime na França. Neste sentido, a Revolução Russa poderia ser considerada um modelo de *jacquerie* urbana (com atividades coordenadas igualmente no campo) e a Revolução Chinesa, um modelo de *jacquerie* nômade e rural até a Longa Marcha. À medida que avançarmos em nossa análise, contudo, veremos que hoje as *jacqueries*, especialmente no que diz respeito ao terreno metropolitano, combinam essas duas características em uma nova figura organizacional.

Cabe notar, neste ponto, que os teóricos reacionários, particularmente os alinhados com as grandes tradições contrarrevolucionárias espanhola e alemã, como Carl Schmitt, também lançam um olhar sobre as *jacqueries*, mas lhes atribuem um significado oposto, lendo-as como acontecimentos conservadores que legitimam e defendem os poderes estabelecidos frente às transformações promovidas por movimentos revolucionários.[48] Um limite dessas análises que do nosso ponto de vista se revela essencial é que só enxergam a maneira como as *jacqueries* conferem legitimidade "popular" a uma estrutura de governo tradicional, sem enxergar a legitimidade mais profunda que conferem a um poder criativo e nômade. À sua maneira, as *jacqueries* sempre expressam um duplo poder: um poder novo oposto ao poder governante, uma forma de vida contra uma estrutura de exploração, um projeto de libertação contra uma figura de comando. Quanto mais os modelos urbano e rural das *jacqueries* se misturam e sobrepõem no mundo contemporâneo, mais emerge esse duplo poder.

Muitas vezes em nossas análises, neste livro e em outros, focalizamos a ruptura da ordem constituída a partir da recusa das relações de produção por parte dos produtores e de sua organização das condições materiais para derrubá-las. Com efeito, as tradições marxista e revolucionária comunista, que constituem um dos principais pontos de partida de nosso trabalho, consideram que o processo revolucionário ocorre primordialmente no campo da produção econômica. Hoje, mesmo para aqueles que pretendem continuar fazendo parte dessas tradições, a perspectiva da ação revolucionária precisa ser concebida de maneira muito mais ampla, no horizonte biopolítico. Como insistimos na Parte 3, os lugares da produção econômica se disseminaram pelo terreno social, e a produção de valor econômico cada vez se distingue menos da produção de relações sociais e formas de vida. Uma revolução dos trabalhadores já não é suficiente; torna-se necessária uma revolução na vida, da vida. Georges Sorel parece intuir essa mudança mas não consegue conceber a ligação material entre a luta contra a exploração e as expressões de indignação contra a corrupção da ordem social. Sorel formula *le grand soir* como um mito — um mito necessário, acredita ele. Mas o que realmente é necessário, como insiste corretamente Lenin, é a ligação entre a indignação ético-política e a irreversível sequência de atos de violência, expropriação e sabotagem contra os símbolos e as realidades institucionais do poder expressa pelas *jacqueries*.[49]

Entretanto, acrescenta Lenin, e nós basicamente concordamos, o problema central é como traduzir cada momento de insurgência num momento de governo, como tornar a insurreição duradoura e estável, ou seja, como tornar eficaz a *jacquerie*. Para os trabalhadores fabris em muitos períodos e em muitas partes do mundo, a estabilização da relação antagônica foi alcançada mediante sua tradução, através da luta de classes, numa questão salarial (tanto no nível individual quanto no social, incluindo a previdência social, os serviços sociais e assim por diante). No contexto da produção biopolítica, contudo, torna-se cada vez mais impossível traduzir a luta em torno da exploração, da previdência social e da sobrevivência em questões monetárias e salariais. Como será possível, assim, estabilizar a ação insurrecional no horizonte biopolítico? As velhas respostas socialistas e comunistas não têm lugar aqui. Para explorar novas respostas a essa questão, voltamo-nos agora para uma antropologia política da resistência. Continuamos convencidos de que a expressão de indignação e revolta nas *jacqueries* é essencial para um processo de transformação, mas que, sem organização, ela não pode ser alcançada. Em outras palavras, as *jacqueries* são necessárias, mas não são suficientes.

Antropologia da resistência

Neste ponto, precisamos desenvolver uma teoria da "biopolítica revolucionária", ou, melhor dizendo, uma teoria da revolução no contexto biopolítico. Para explorar suas bases, devemos começar pela análise das estruturas antropológicas da política hoje, ou seja, das condições de obediência e resistência. Na seção Intermezzo, criticamos a tradição pessimista da antropologia política, de Hobbes a Schmitt. Agora, para completar o cenário, devemos acrescentar uma crítica da tradição liberal, de Locke a Kant, que constitui uma efetiva apologia da ordem social capitalista ao fincar os pés na presunção de um individualismo possessivo, enquanto a cabeça busca legitimidade num esquema transcendental — mas na realidade o jovem Marx e C. B. Macpherson já criticavam eficazmente essa posição.[50]

Talvez nos seja mais útil apontar de que maneira a antropologia política implícita nas ideologias neoliberais e neoconservadoras contemporâneas combinam essas duas tradições. Isto resulta num ilimitado individualismo possessivo situado num mundo vital de generalizada insegurança e medo: extraordinária mistificação de uma sociedade profundamente capitalista sob o domínio absoluto do biopoder.[51] Contra essas mistificações, devemos reconhecer que a exploração continua sendo a base dessa sociedade, e que, portanto, o trabalho vivo é chamado a sustentá-la, e que a multidão deve consentir com a autoridade capitalista. Temos aqui o soberano contra o qual a indignação se levanta e a revolta deve dirigir-se. Se uma forma inteiramente capitalista de biopoder constitui a base fundamental de todas as condições antropológicas da sociedade contemporânea, não será difícil deduzir que as formas de desobediência, revolta e insurreição serão da mesma forma biopolíticas, ou seja, manifestando-se como expressões singulares imersas na realidade do comum. "A indignação", segundo a definição de Spinoza, "é o ódio contra alguém que feriu um outro."[52] É assim que a revolta se alicerça no comum.

Indignação, desobediência, revolta e rebelião constituem figuras de rompimento no tecido antropológico da sociedade, mas, paradoxalmente, também de continuidade. Elas reaparecem constantemente, como vimos, no contexto das *jacqueries*, e além disso estabelecem as condições de uma organização social duradoura. Michel Foucault insiste tanto na natureza singular e local da revolta quanto na continuidade de seus efeitos duradouros: "Ninguém tem o direito de dizer 'Revolte-se por mim, isto contribuirá para a libertação de toda a humanidade.' Mas não concordo com aqueles que dizem 'Não adianta se revoltar, será sempre a mesma coisa.' Não deveríamos julgar moralmente aqueles que arriscam a vida contra o poder. Está certo ou não revoltar-se? Deixemos a questão em aberto. As pessoas se insurgem, é um fato. E é assim que a subjetividade (não a dos grandes homens, mas a de qualquer um) é introduzida na história e lhe dá fôlego."[53] Não só a ruptura da revolta é antropologicamente contínua — "as pessoas se insurgem, é um fato" — como a revolta é a maneira como a multidão faz história, como infunde vida naquilo que de outra maneira estaria morto.

GENEALOGIA DA REBELIÃO

No movimento revolucionário dos operários industriais, "dentro e contra" constituíam o imaginário da ação dos trabalhadores: no interior da fábrica e contra o capital. Da era do operário industrial profissional à do trabalhador de massa, essa relação do "capital variável" dentro e contra o "capital constante" assumiu várias formas no que diz respeito à composição técnica do trabalho e à composição política do proletariado organizado. Hoje, no contexto da produção biopolítica, quando a fábrica já não é o lugar primordial da produção de capital, esse imaginário permanece, mas transformado: o proletariado está dentro da sociedade como um todo e ali produz; e se posiciona contra essa mesma totalidade social. Isto assinala outra condição antropológica da política e da revolta. A recusa da exploração e da alienação volta-se agora mais claramente contra a sociedade do capital em sua totalidade, assim designando um processo de êxodo, uma espécie de separação antropológica (e ontológica) da dominação do capital.

A antropologia política da resistência hoje também se caracteriza por uma nova temporalidade que reorganiza a relação entre passado, presente e futuro. Temos uma primeira abordagem dessa mudança examinando de que maneira as temporalidades do trabalho e da exploração capitalista mudaram. Marx e a tradição marxista voltam sua atenção para duas divisões temporais primordiais: a divisão entre o tempo de trabalho necessário (no qual é produzido o valor necessário para reproduzir o trabalhador) e o tempo de trabalho excedente (no qual o valor expropriado pelo capitalista é produzido); e a divisão entre tempo de trabalho e tempo de vida. Como sustentamos na Parte 3, na produção biopolítica essas duas divisões temporais estão entrando em colapso. O tempo de trabalho necessário e o tempo de trabalho excedente devem hoje ser cada vez mais concebidos não em sequência, mas simultaneamente; e, da mesma forma, o tempo de trabalho tende a se disseminar pelo tempo de vida, investindo-o com suas lógicas de exploração e comando. A temporalidade capitalista de valorização e expropriação precisa, portanto, ser entendida não mais em termos de sucessão de unidades medidas de tempo, e sim numa espécie de simultaneidade que constantemente aparece como uma exceção à temporalidade linear. Nossas análises anteriores da produção biopolítica reiteradamente retornavam à figura dos pobres para entender esse progressivo colapso das tradicionais divisões capitalistas do tempo, essa sobreposição de produção e exploração, trabalho e vida. E do ponto de vista dos pobres, reconhecemos um caráter diferente nessa nova temporalidade. A produtividade biopolítica dos pobres sempre excede toda medida a ela imposta, sempre transborda dos mecanismos da exploração capitalista. Deparamo-nos aqui com duas temporalidades, ambas indo além das antigas medidas de tempo: a temporalidade capitalista da exceção e a temporalidade multitudinária do excesso. Antes, o capital e o trabalho entravam em conflito em temporalidades assimétricas, não sincrônicas — com a temporalidade capitalista bem implantada no presente, como afirma Ernst Bloch, e a temporalidade proletária orientada para o futuro —, mas elas agora postulam duas alternativas no mesmo horizonte temporal.[54] Hoje, a revolução já não é imaginável como um acontecimento separado de nós no futuro, devendo ser vivida no presente, um presente "excessivo" que em certo sentido já contém o futuro. O movimento revolucionário reside no mesmo horizonte de temporalidade que o controle capitalista, e sua posição de estar dentro e contra ele se manifesta por um movimento de êxodo, que postula a produtividade excedente da multidão contra a excepcionalidade do comando capitalista.

As lutas de 1968 provavelmente revelaram pela primeira vez esta coincidência de planos e temporalidades na qual o desenvolvimento capitalista e a revolução social entram em conflito. Em 1968, com efeito, o movimento dos trabalhadores socialistas entrou na etapa final de sua história, já que se situava e se movimentava de acordo com uma relação dialética entre a exploração e as instituições contratuais do trabalho. Esta dualidade dialética foi destruída: um sindicato "separado" do processo de trabalho já não faz sentido, como tampouco um patrão "separado" da inteligência social comum que caracteriza a produção. Donde o ódio burguês aos acontecimentos de 1968. Uma vez retiradas as condições dialéticas do movimento trabalhista, foram igualmente removidos os mecanismos institucionais de mediação dos quais depende o capital.

É esta a situação à qual a governança capitalista precisa trazer ordem — tarefa difícil e talvez impossível. E as estruturas de governo, como sustentamos anteriormente, já não podem se posicionar acima do campo social para ditar os processos de exploração, precisando residir, por assim dizer, em seu interior. Por isto é que a ordem global de governança caracteriza-se necessariamente por instabilidade e insegurança.

É esta também a situação em que precisamos repensar a *jacquerie*. Que pode expressar a *jacquerie* quando situada nessa nova condição antropológica, à luz de sua base ontológica comum e de sua tendência para o êxodo? Como organizar o furor da indignação na revolta, sua urgência e agressividade? Qual o caminho da espontaneidade para a organização nesse contexto? As condições antropológicas da resistência, com efeito, estão completamente mudadas aqui. É interessante constatar que, enquanto em nossos outros trabalhos encontramos muitas vezes grande dificuldade para distinguir a multidão da turba, da plebe e das massas, aqui vemos a possibilidade de recuperar essas formações sociais quando sua indignação e revolta é dirigida e organizada. Esta recomposição de todas as classes subordinadas, com efeito, os escravizados, os oprimidos, os explorados, sempre foi a função da luta de classes. Podemos dizer, então, fazendo eco a Flaubert na epígrafe desta seção, que detestamos a plebe, exceto em seus dias de rebelião, quando alcança uma espécie de poesia humana. Esta poesia do futuro é o que precisa ser composto para fazer a multidão.

Geografias da rebelião

Depois de analisar algumas das dimensões temporais das transformações biopolíticas do trabalho, precisamos examinar suas dimensões espaciais. Podemos começar pela afirmação a que chegamos na Parte 3 de que a metrópole se tornou o lugar primordial da produção biopolítica. Com isto queremos dizer que a produção do capital não se limita mais à fábrica ou qualquer outro lugar separado, disseminando-se por todo o território social. As qualidades tradicionalmente associadas às metrópoles, como a comunicação, os encontros inesperados com a diferença social, o acesso ao comum e a produção de formas coletivas de vida cada vez mais caracterizam hoje em dia tanto os ambientes urbanos quantos os rurais, e além disso essas qualidades são os fatores centrais da produção biopolítica. Nesse território metropolitano, a vida social produz e é produzida.

A flexibilidade e mobilidade impostas à força de trabalho biopolítica junto com as pressões da migração criam uma extraordinária dinâmica de desterritorialização. Quando falamos de colapso das fronteiras e nomadismo, devemos deixar claro que o colapso das fronteiras não determina o nomadismo, mas que o próprio nomadismo derruba as fronteiras e ameaça a estabilidade territorial do controle capitalista.[55] O velho plano de desenvolvimento típico do capital industrial conseguiu vincular urbanização, industrialização e formações de Estado, mas a produção biopolítica rompe com este processo. O capital coletivo defronta-se cada vez mais com uma multidão móvel e flexível. Da perspectiva do comando e exploração, isto só pode parecer caótico e desordenado. Assim, a tarefa com a qual o capital se defronta constantemente é a de reconstruir fronteiras, reterritorializar as populações trabalhadoras e reconstruir as dimensões fixas do espaço social. Em outras palavras, o capital deve buscar definições sempre novas de hierarquias sociais localizadas para reconstruir as fronteiras necessárias a sua ordem e comando.

Esta criação de novas linhas de divisão e hierarquia é um exemplo do processo genérico anteriormente descrito de inversão do movimento, indicado por Marx, da subsunção formal à real. Deve ficar claro, no entanto, que a construção de fronteiras e o movimento em direção à subsunção formal não assinalam simplesmente um retorno a velhas hierarquias, como se a divisão entre trabalho camponês ou artesanal e trabalho industrial, ou entre sociedades capitalistas e territórios coloniais, tivesse reaparecido. Não se trata de regressão de um processo evolutivo, mas de uma inovação histórica.[56] Isto também se aplica a figuras de autoridade e dominação política: mesmo quando parece que figuras superadas estão ressurgindo, elas são na verdade novas. Mas a diferença é que as figuras de domínio político são resultado, e não causa, do processo de transformação. As estruturas políticas que costumávamos chamar de superestruturais mantêm relativa independência em relação aos ritmos e qualidades das transformações sociais. Voltaremos a examinar essas novas estruturas políticas nas restantes partes do livro.

A característica central do trabalho que resulta da flexibilidade e mobilidade a ele impostas na produção biopolítica é sua natureza precária, ou seja, a falta de contratos assegurados, de prazos estáveis, de emprego seguro, na qual o tempo de trabalho e o tempo de vida se misturam nas tarefas e desafios dos empregos informais e cambiantes. O espaço emblemático do trabalhador precário no contexto europeu é a periferia metropolitana pobre, a *banlieue*. Os moradores das periferias atravessam as fronteiras da cidade todos os dias para simplesmente ganhar a vida, e grande número deles participa ao longo da vida de maciças migrações continentais e intercontinentais. No entanto, este movimento está o tempo todo sujeito a um complexo conjunto de obstáculos, detido pela polícia e pelas hierarquias da propriedade no metrô, nas ruas e shopping centers, por toda a cidade. Os *banlieusards* são socialmente excluídos ao mesmo tempo em que se encontram perfeitamente no interior dos processos de produção econômica e social, e desse modo constituem um símbolo adequado dos modos de exploração e controle do trabalho precário.[57]

Neste mundo de trabalho precário que continuamente rompe as fronteiras entre o interior e o exterior, com toda evidência já não resta lugar para uma vanguarda política que busque liderar ou representar as massas. Existe apenas a rede de subjetividades trabalhadoras que cooperam e se comunicam. Essa rede frequentemente contém elementos contraditórios, é claro, especialmente quando a centralidade política da *banlieue* ou gueto ressurge, não simplesmente como um elemento fenomenológico, mas como dispositivo político.[58] Dissemos anteriormente que as estruturas de exploração requerem hoje a reformulação do espaço e uma contínua reconstrução das fronteiras, mantendo a pobreza e a precariedade da força de trabalho social. E no entanto, na passagem por essas diversas hierarquias, há um momento em que a indignação e sua expressão em *jacqueries* se torna essencial. Os problemas políticos surgem aqui quando os pobres, os precários e os explorados querem se reapropriar do tempo e do espaço da metrópole. O programa central deve deslocar-se da resistência à proposição e da *jacquerie* à organização — mas esta é uma tarefa extremamente difícil, cujos obstáculos devemos enfrentar frontalmente.

Tanto a temporalidade quanto a espacialidade da produção biopolítica e de suas redes são, assim, contraditórias, embora essa natureza contraditória indique no mínimo uma abertura, um potencial. Como é possível que, através dessas redes, passemos da resistência à defesa de propostas que permitam que as subjetividades produtivas acumulem força? A questão não é tanto de como facilitar e estender os movimentos de revolta, mas como identificar as bases da acumulação de poder e da maturação de lutas. E as diversas temporalidades explodem no acontecimento e as diversas figuras espaciais se coligam na *jacquerie*. Como a governança capitalista, a *jacquerie* reformula o espaço social, mas o faz pelo outro lado, destruindo hierarquias, abrindo novos caminhos de movimento e criando novas relações territoriais. Como pode acontecer essa recomposição? Como pode essa força tornar-se a alma de um projeto social, articulando o amor que nutre a indignação? Devemos notar que as lutas por reprodução social, renda, proteção previdenciária e o exercício dos direitos da cidadania não raro assumem a forma de reapropriação do tempo de vida e do espaço de vida da multidão. Isto não basta para definir um programa organizacional, mas é ainda assim uma determinação positiva, um índice de poder. No momento em que exigências econômico-políticas estão estreitamente entrelaçadas ao exercício da força por parte da multidão, determinando com êxito um acontecimento, é que a força da rebelião se engaja com a história e começa a renascer um programa revolucionário.

Contra esse desdobramento e mesmo contra seu potencial é mobilizado o terror — terror contra toda forma de resistência, paradoxalmente designada como "terrorista". As *jacqueries*, as lutas de reapropriação e as sublevações metropolitanas transformam-se no inimigo essencial do biopoder capitalista. E no entanto são estas apenas as revoltas sociais nascidas no terreno da produção biopolítica, que estão para a metrópole exatamente como as lutas da classe operária industrial estavam para a fábrica. E, tal como na fábrica, também aqui existe uma dupla relação: os moradores da periferia, posicionados dentro e contra, querem ao mesmo tempo reapropriar-se da metrópole e destruí-la, reapropriar-se de sua riqueza, de suas redes de comunicação e cooperação e destruir suas hierarquias, sua divisão e suas estruturas de comando. É uma teimosa e fundamental contradição.

Nesta situação, qualquer proposta de solução e qualquer definição de programa deve se dar em um espaço social global. Como vimos, as soberanias nacionais não são capazes de organizar por si próprias o espaço social global, como tampouco as instituições internacionais, as corporações ou as ONGs. Mesmo as composições híbridas desses diferentes poderes em regimes de governança global não têm condições de determinar acertos espaciais globais. A única base possível reside nos movimentos globais de populações e em sua recusa das normas e regras globais de exploração. Levar a rebelião ao terreno do espaço social global em nível cosmopolítico significa atravessar o aprofundamento das resistências locais nas redes sociais produtivas, nas *banlieues*, nas metrópoles e em todas as redes que interligam o proletariado em seu processo de fazer a multidão. A construção de espaços públicos globais requer que a multidão, em seu êxodo, crie as instituições capazes de consolidar e fortalecer as condições antropológicas da resistência dos pobres.

Nas Partes 5 e 6, investigaremos a organização política e a revolução em termos muito mais concretos do que os empregados até então. Antes de chegar a esse ponto, todavia, devemos enveredar pela crítica da economia política na atual situação para em seguida desenvolver uma teoria das instituições políticas. Mas devemos lembrar, antes de deixar este tema, que sem a rebelião dos explorados e as *jacqueries* dos pobres não há possibilidade de pensamento crítico ou de um projeto de organização.

DE CORPORE 2: METRÓPOLE

> Farei cidades inseparáveis, umas com os braços nos ombros das outras.
> Pelo amor dos camaradas,
> Pelo amor viril dos camaradas.
>
> — Walt Whitman, "For You O Democracy"

A metrópole pode ser considerada o esqueleto e a espinha dorsal da multidão, ou seja, o ambiente construído que sustenta sua atividade, e o ambiente social que constitui um repositório de relações sociais, hábitos, desejos, conhecimentos e circuitos culturais. A metrópole não só inscreve e reativa o passado da multidão — suas subordinações, seu sofrimento e suas lutas — como estabelece as condições, positivas e negativas, do seu futuro. Essas metáforas orgânicas, contudo, podem ser enganosas, pois muitas vezes são entendidas como implicando relações funcionalistas e hierárquicas: a cabeça comanda, a mão obedece e assim por diante. Entendemos a metrópole, em vez disso, como o corpo inorgânico, ou seja, o corpo sem órgãos da multidão. "A natureza", escreve Marx, numa passagem que inspirou Deleuze e Guattari, "é o corpo inorgânico do homem — ou seja, a natureza, na medida em que não é o corpo humano."[59] A natureza constitui a riqueza do comum que é a base da atividade humana criativa, explica Marx, e por sua vez a atividade humana passada é inscrita, registrada na natureza. Na era da produção biopolítica, a metrópole cada vez mais desempenha esse papel de corpo inorgânico da multidão.

Quando focalizamos a produção, com efeito, chegamos a uma analogia mais precisa e sugestiva: *a metrópole está para a multidão como a fábrica estava para a classe operária industrial*. A fábrica constituía na era anterior o lugar primordial e estabelecia as condições de três atividades centrais da classe operária industrial: sua produção; seus encontros e sua organização internos; e suas expressões de antagonismo e rebelião. As atividades produtivas contemporâneas da multidão, contudo, ultrapassam os muros da fábrica e permeiam toda a metrópole, e nesse processo as qualidades e o potencial dessas atividades são fundamentalmente transformados. Começamos a rastrear essas mudanças examinando sucessivamente as atividades da multidão em cada um desses domínios: produção, encontro e antagonismo.

A metrópole é o lugar da produção biopolítica porque é o espaço do comum, das pessoas vivendo juntas, compartilhando recursos, comunicando-se, trocando bens e ideias. O italiano contemporâneo, ainda, preserva o uso latino medieval, pelo qual o comum — *il comune*, em italiano — é a palavra que designa a cidade. O comum que serve de base à produção biopolítica, como descobrimos na Parte 3, não é tanto o "comum natural" integrado aos elementos materiais da terra, dos minerais, da água e do gás, mas o "comum artificial" que reside nas linguagens, imagens, conhecimentos, afetos, códigos, hábitos e práticas. Esse comum artificial perpassa o território metropolitano e constitui a metrópole. A metrópole, assim, está totalmente inserida e integrada no ciclo da produção biopolítica: o acesso à reserva do comum a ela integrada é a base da produção, e os resultados da produção por sua vez são novamente inscritos na metrópole, reconstituindo-a e transformando-a. A metrópole é uma fábrica de produção do comum. Em contraste com a indústria em grande escala, contudo, esse ciclo de produção biopolítica é cada vez mais autônomo em relação ao capital, pois seus esquemas de cooperação são gerados no próprio processo produtivo e qualquer imposição de comando representa um obstáculo à produtividade. Enquanto a fábrica industrial gera *lucro*, já que sua produtividade depende do esquema de cooperação e do comando do capitalista, a metrópole gera primordialmente *renda*, que vem a ser o único meio de o capital capturar a riqueza criada de maneira autônoma. Os valores imobiliários urbanos em grande medida representam, assim, expressões do comum, ou o que os economistas chamam de "externalidades", integrados ao terreno metropolitano circundante. Exploramos esses aspectos da produção biopolítica na Parte 3, mas agora podemos entender melhor como eles se situam na metrópole.

A produção biopolítica está transformando a cidade, criando uma nova forma metropolitana. A periodização-padrão da cidade entre arquitetos e historiadores urbanos assinala suas mudanças de acordo com as alterações de sua função econômica. Em sociedades dominadas pela produção agrícola, assim como nas sociedades pré-capitalistas de maneira geral, as cidades representam um local para as trocas. A *cidade comercial* é separada da produção, pois os bens são basicamente produzidos em outra parte, garimpados nas colinas ou cultivados nos campos. A formação das grandes cidades industriais a partir do século XVIII concentra os trabalhadores no território urbano, aproximando uma série de indústrias — fundições de coque de usinas siderúrgicas e fábricas de automóveis. A *cidade industrial* é uma das alavancas primordiais que possibilitam a ascensão da produção capitalista. Sempre houve alguma produção no interior da cidade, naturalmente, como as manufaturas e ofícios artesanais, mas a fábrica transfere para a cidade a instância hegemônica de produção da economia. Embora se encontre no interior da cidade, o espaço da fábrica é separado dela. A classe operária industrial produz na fábrica e em seguida atravessa seus muros até a cidade, para as outras atividades de sua vida. Hoje, finalmente, começa a surgir a *cidade biopolítica*. Com a transição para a hegemonia da produção biopolítica, o espaço da produção econômica e o espaço da cidade tendem a se sobrepor. Não existe mais uma muralha separando um do outro, e as "externalidades" já não são externas ao lugar de produção que as valoriza. Os trabalhadores produzem por toda a metrópole, em cada um de seus recantos. Na verdade, a produção do comum vem-se tornando pura e simplesmente a vida da própria cidade.[60]

Além da imersão no comum produzida pela vida social e produtora dela, uma outra qualidade define a metrópole: o imprevisível e aleatório ou, por outra, o encontro com a alteridade. As grandes representações literárias modernistas da metrópole na Europa, de Charles Baudelaire a Virginia Wolf e de James Joyce a Robert Musil e Fiodor Dostoievski, enfatizam essa relação entre o comum e o encontro. A vida na aldeia é retratada como uma monótona repetição do mesmo. Você conhece todo mundo na sua aldeia, e a chegada de um estranho é um acontecimento. A metrópole, em contraste, é um lugar de encontros imprevisíveis entre singularidades, não só com aqueles que você não conhece mas também os que vêm de outros lugares, com diferentes culturas, línguas, conhecimentos, mentalidades. Baudelaire, por exemplo, entende a entrada na metrópole como "banhar-se na multidão" (*prendre un bain de multitude*), o que dá margem à embriaguez da "comunhão universal" quando alguém se entrega completamente aos encontros, "ao imprevisto que surge, ao desconhecido que passa" (*à l'imprevu qui se montre, à l'inconnu qui passe*).[61] Embora à primeira vista o comum possa parecer estar em conflito ou mesmo em contradição com a multiplicidade e os encontros de singularidades, na verdade, como vimos anteriormente, no contexto da produção biopolítica, o comum, em contraste com a uniformidade, é perfeitamente compatível. Como demonstra Baudelaire no contexto da metrópole, o comum e os encontros imprevistos são mutuamente necessários.

Uma vez que tenhamos definido a metrópole por essas qualidades — integrada no comum e aberta aos encontros aleatórios —, fica evidente que a vida metropolitana vem-se tornando uma condição planetária geral. Em termos quantitativos, isto corresponde ao fato de que a história mundial atravessou recentemente um limiar: pela primeira vez, a maioria da população do planeta vive em áreas urbanas. Mas essa visão quantitativa do espaço urbano e da população mundial não apreende totalmente a transformação que queremos focalizar. Nosso ponto de vista qualitativo fornece uma visão diferente da maneira como as divisões tradicionais entre cidade e campo, urbano e rural caíram por terra e foram reorganizadas. Quando Marx analisa a paisagem política da França do século XIX, por exemplo, distinguindo as capacidades políticas do proletariado urbano daquelas do campesinato, seu raciocínio volta-se para a comunicação e a cooperação. O proletariado não só tem acesso a notícias e informação como tem a capacidade de se comunicar internamente, criando circuitos de troca e debate entre os proletários. O proletariado urbano dispõe de práticas já prontas de cooperação na fábrica, trabalhando lado a lado. O campesinato francês do século XIX, todavia, pelo menos na estimativa de Marx, era incomunicativo, no sentido de que os camponeses estavam isolados em unidades familiares ou de pequenas comunidades espalhadas pelo campo, sem um tecido de relações e sociedade em comum. Ou então, colocando em outros termos, Marx vê os camponeses integrados ao "comum natural" e os proletários, ao "comum artificial", o que ele considera necessário para a ação política. Hoje, contudo, os circuitos de comunicação e cooperação social tornam-se generalizados em todo o planeta. A vida rural não é mais caracterizada pelo isolamento e a incomunicabilidade. Existem, naturalmente, intensidades diferentes do comum, mas as linhas divisórias têm cada vez menos relação com o ambiente urbano ou rural.[62]

Quando observamos a metropolização do mundo, de modo algum queremos dar a entender que todos os lugares estão se tornando o mesmo, e sim que devem ser distinguidos pelas diferentes qualidades do comum e pelos encontros que apresentam. Como vimos anteriormente com relação às externalidades econômicas, o comum pode ser positivo ou negativo: os dinâmicos circuitos culturais locais de uma metrópole são uma forma positiva do comum, ao passo que a poluição, o tráfico, os conflitos sociais e semelhantes são formas negativas. Da mesma forma, os encontros podem ser benéficos ou prejudiciais. Quando os arquitetos e os historiadores da arquitetura lamentam a ascensão da "megalópole" nos Estados Unidos, os amontoados sem regulamentação nem forma que substituem as formas metropolitanas clássicas e concentradas características de cidades como Berlim, Nova York e Xangai na década de 1930, estão protestando contra a diminuição do comum e a crescente obstrução dos encontros entre singularidades. O que sobretudo falta à megalópole, explicam, é uma densa diferenciação da cultura.[63] Da mesma forma, quando Mike Davis emprega o termo "favela" para definir a condição planetária crescentemente geral, está querendo enfatizar não tanto a pobreza dos que aí residem mas as formas negativas do comum que os cercam e os encontros prejudiciais a que estão sujeitos.[64] Todas essas formações são metrópoles, do nosso ponto de vista, diferenciadas pelos graus de intensidade e qualidades do comum e dos encontros que apresentam.

Uma série de estudos recentes investiga a especificidade das formas urbanas africanas, a afrópolis, de Lagos a Kinshasa e Johannesburgo. Não basta, insistem esses estudiosos, vê-las simplesmente como favelas ou cidades fracassadas, embora muitas se caracterizem por extrema privação e pobreza. De um ponto de vista externo, é evidente que o planejamento urbano tem-se mostrado em grande medida ausente ou ineficaz na maioria das metrópoles africanas. Mas esses estudiosos centram sua atenção no fato de que, não obstante as infraestruturas em desagregação e as populações destituídas, as metrópoles de fato funcionam — quase sempre através de redes informais de comunicação, mobilidade, emprego, troca e cooperação que são em grande medida invisíveis aos que estão de fora. Em outras palavras, a multidão dos pobres inventa estratégias de sobrevivência, encontrando abrigo e produzindo formas de vida social, constantemente descobrindo e criando recursos do comum através de circuitos expansivos de encontro. Naturalmente, isto não significa dizer: não se preocupem com os pobres, sua vida é adorável! Todas as cidades deveriam ser assim! A importância desses estudos é demonstrar o que os pobres podem fazer, mesmo em condições de extrema adversidade, de que maneira podem produzir o comum e organizar encontros.[65]

No entanto, o conceito de encontro até aqui empregado como característico da metrópole é meramente passivo e espontâneo. Para que a metrópole seja para a multidão o que a fábrica era para a classe operária industrial, precisa ser um local não só de encontro, mas também de organização e política. Esta poderia ser uma definição do conceito grego de *polis*: o lugar onde encontros entre singularidades são organizados politicamente. A grande riqueza da metrópole revela-se quando o encontro oportuno resulta numa nova produção do comum — quando, por exemplo, as pessoas comunicam seus diferentes conhecimentos, suas diferentes capacidades de formar algo novo de maneira cooperativa. O encontro oportuno, com efeito, produz um novo corpo social que é mais capaz que qualquer dos dois corpos isolados. Naturalmente, nem todo encontro é prazeroso. A maioria dos encontros espontâneos com outros na metrópole é conflitante e destrutiva, gerando formas nocivas do comum, quando por exemplo o barulho do vizinho o impede de dormir à noite ou você sente o cheiro do seu lixo ou, de maneira mais genérica, quando o tráfego fica congestionado e a poluição do ar da metrópole degrada a vida de todos os moradores. Não é fácil formar com os outros uma nova relação que promova a comunicação e a cooperação, que crie um novo corpo social mais forte, gerando uma vida comum mais prazerosa. Pelo contrário, os encontros inoportunos e conflitantes decompõem o corpo social e corrompem a vida comum da multidão. Muitas vezes, com efeito, como tantos encontros ao acaso são prejudiciais, os moradores da metrópole acabam se isolando para evitar encontros com outros, se cruzam calados sem ver uns aos outros, erguendo muralhas invisíveis em um espaço comum, endurecidos ao contato como se a pele se tivesse tornado calosa, insensível, mortificada. E os privilegiados fecham-se em enclaves para que, embora vivam perto de pessoas radicalmente diferentes, consigam interagir apenas com os que são iguais. É aí que as características definidoras da metrópole degeneraram, quando ela deixa de ser um espaço do comum e do encontro com o outro, o lugar da comunicação e da cooperação.[66]

A política da metrópole é a organização dos encontros. Isto requer, em primeiro lugar, uma abertura à alteridade e à capacidade de formar relações com os outros, de gerar encontros prazerosos e assim criar corpos sociais com capacidades sempre maiores. Em segundo lugar, e talvez mais importante, requer que se aprenda a recuar das relações conflitantes e destrutivas e decompor os corpos sociais perniciosos que delas resultam. Finalmente, como tantos encontros espontâneos não são imediatamente prazerosos, essa política da metrópole requer que se descubra de que maneira transformar, tanto quanto possível, encontros conflitantes em encontros prazerosos e produtivos.[67]

Deve ficar claro neste ponto que a organização dos encontros na metrópole é uma questão não só política mas também imediatamente econômica. Os encontros prazerosos são atos economicamente significativos e, na verdade, sob muitos aspectos constituem o pináculo da economia biopolítica. Neles, o comum é descoberto e o comum é produzido. Isto nos dá uma nova visão do slogan que propusemos anteriormente: a metrópole está para a multidão assim como a fábrica para a classe operária industrial. A organização dos encontros prazerosos da multidão corresponde à mobilização produtiva dos trabalhadores na fábrica, em equipes cooperativas arregimentadas ao redor de máquinas específicas ou coordenadas nas sequências da linha de montagem; mas a produção biopolítica da riqueza — e aqui está o ponto central — deve ser apreendida pelo outro lado, não da perspectiva do capital, mas do ponto de vista da multidão. O capital, com efeito, não é capaz de organizar encontros prazerosos na metrópole, podendo apenas capturar ou expropriar a riqueza comum produzida. A multidão deve organizar esses encontros de maneira autônoma e pôr em ação o tipo de treinamento necessário para uma política da metrópole. No meado da década de 1960, no contexto do movimento Black Power, quando grandes cidades americanas tornavam-se predominantemente negras, Grace e James Boggs propuseram uma política semelhante de organização autônoma da metrópole, com o slogan "A cidade é a terra do negro".[68] Com efeito, as revoltas urbanas sob a bandeira da autonomia foram o motor primordial da crise da cidade industrial, associadas, eventualmente, à crise da hegemonia americana. Mas hoje as revoltas urbanas, embora ainda sejam fortemente definidas pela raça, já não são lideradas por essas figuras industriais. Quando a produção metropolitana está integrada à valorização capitalista, as sublevações urbanas apresentam elementos originais que prenunciam novas formas de organização, assim como as primeiras greves dos operários industriais, que deram início a verdadeiras epidemias de sabotagem contra as fábricas e suas máquinas.

DE CORPORE 2: METRÓPOLE

A multidão, contudo, nunca pode gerir livre e pacificamente a organização da metrópole. Além do comum e dos encontros, a metrópole é definida também, e talvez sobretudo, pelo antagonismo e pela violência. Uma última indicação etimológica destaca este aspecto: na Grécia antiga, *metropolis* é a "cidade-mãe", que domina e controla as colônias. Assim também a expressão francesa foi usada na era imperialista: a França metropolitana distinguia o território europeu das colônias francesas na África, na Ásia, no Pacífico e no Caribe. Hoje, "metrópole" ainda remete à hierarquia, mas sua geografia mudou, tornando-se mais complexa. É verdade, naturalmente, que em termos gerais persistem substanciais desigualdades entre metrópoles contemporâneas, fazendo eco a relações coloniais: entre Nova York e a Cidade do México, por exemplo, Londres e Mumbai, Paris e Dakar, Xangai e Chengdu. Além dessas hierarquias, contudo, também precisamos ver as que existem no interior de cada metrópole, às vezes em proximidade muito estreita, entre diferentes bairros e no interior de cada um deles. É uma geografia de intensidades e limites, comparável a esses mapas do calor da superfície da Terra vista do espaço.

Todas as metrópoles contemporâneas são "patológicas" no sentido de que suas hierarquias e divisões corrompem o comum e bloqueiam os encontros benéficos através de racismos institucionalizados, segregações entre ricos e pobres e várias outras estruturas de exclusão e subordinação. Dizer que São Paulo é uma cidade de muralhas, por exemplo, é diagnosticar sua doença.[69] E a patologia é que ela não só impede encontros positivos como bombardeia qualquer um com encontros negativos. Em muitas partes dominantes do mundo, alguém que seja pobre e tenha a pele escura não pode andar no metrô ou dirigir o próprio carro sem ser interceptado pela polícia. Nas regiões subordinadas do mundo, a vizinhança de qualquer um pode ser assolada pelo crime e pelas doenças por falta de água corrente e esgotos. A metrópole é uma selva, e as formas do comum e do encontro que ela apresenta são de sair correndo!

As divisões da metrópole são constantemente produzidas e impostas economicamente pela renda e pelos valores imobiliários. A valorização urbana de determinados bairros afluentes é uma arma que cria e mantém divisões sociais, reproduzindo em toda metrópole, em escala menor, as hierarquias e desigualdades globais. Como afirmamos na Parte 3, a renda e os valores imobiliários derivam diretamente do comum, aquilo que os economistas chamam de externalidades positivas e negativas da metrópole circundante. Entretanto, a relação entre a renda e o comum não é puramente passiva, parasitária. É claro que, em contraste com formas de capital industrial que geram lucro, a renda não tem uma relação direta com a organização da produção; mas a captura e redistribuição de riqueza, que preserva e amplia divisões de classe, não deixa de envolver a produção social e, especificamente, a organização da produtividade da força de trabalho imaterial. Isto ajuda a explicar por que a renda tornou-se o instrumento econômico paradigmático do neoliberalismo e seus regimes de financeirização, que se dedicam, como veremos na Parte 5, à produção de serviços e bens materiais, assim como à redistribuição da riqueza segundo parâmetros de classe. A renda funciona através de uma *dessocialização do comum*, privatizando nas mãos dos ricos o bem-estar comum produzido e consolidado na metrópole. As nítidas linhas visuais das avenidas parisienses de Haussmann não são necessárias para esta manifestação de poder. A renda e os imóveis são aparatos onipresentes de segmentação e controle que se estendem de maneira fluida pela paisagem urbana e configuram os dispositivos de exploração social. O próprio tecido da metrópole contemporânea exerce um silencioso controle econômico que é tão brutal e odioso quanto qualquer outra forma de violência.[70]

Isto configura um terceiro e derradeiro sentido no qual a metrópole está para a multidão como a fábrica para a classe operária industrial: como a fábrica, a metrópole é o lugar da hierarquia e da exploração, da violência e do sofrimento, do medo e da dor. Para muitas gerações de operários, a fábrica é o lugar onde seus corpos são quebrados, onde eles são envenenados por substâncias químicas industriais e mortos por máquinas perigosas. A metrópole é um lugar perigoso e nocivo, especialmente para os pobres. Mas precisamente por este motivo a metrópole também é, como a fábrica, o lugar do antagonismo e da rebelião. Como a produção biopolítica requer autonomia, como vimos anteriormente,

DE CORPORE 2: METRÓPOLE

o capital torna-se cada vez mais exterior ao processo produtivo, e desse modo todos os seus meios de expropriação de valor representam obstáculos e destroem ou corrompem o comum. O capital transforma-se, talvez paradoxalmente, numa barreira à produção de riqueza. A indignação e o antagonismo da multidão voltam-se, assim, não só contra a violência da hierarquia e do controle, mas também para a defesa da produtividade do comum e da liberdade dos encontros. Mas onde exatamente se pode rebelar essa multidão produtiva? Para os operários industriais, a fábrica representa o lugar óbvio: o patrão está bem à sua frente, as máquinas podem ser sabotadas, as instalações, ocupadas, a produção, interrompida, e assim por diante.

Na metrópole, aparentemente, a multidão não tem um lugar comparável para sua rebelião, correndo portanto o risco de extravasar a raiva no vazio, mas nos últimos anos temos assistido a uma série de *jacqueries* metropolitanas que experimentam com soluções para este problema. Os *piqueteros* que começaram a se manifestar na Argentina em 2001, por exemplo, desenvolvem em termos literais nossa analogia entre a fábrica e a metrópole: trabalhadores desempregados, sem portões de fábrica para bloquear, decidem montar "piquetes" na cidade, bloqueando ruas, obstruindo o trânsito, paralisando a metrópole. Em outras palavras, os *piqueteros* testaram uma espécie de greve selvagem contra a metrópole. As batalhas bolivianas em torno da água e do gás em 2000 e 2003, analisadas aqui na Parte 2, desenvolveram táticas semelhantes, não raro bloqueando a rodovia que liga as principais cidades. No auge da luta em 2003, a multidão rebelde desceu de El Alto, o subúrbio pobre e predominantemente indígena que cerca La Paz, e ocupou o centro da cidade e os exclusivos bairros brancos, extravasando as barreiras da segregação racial e da riqueza e gerando pânico nas elites. Da mesma forma, a rebelião iniciada nos subúrbios de Paris em 2005 atacou hierarquias raciais e de riqueza bloqueando a mobilidade da metrópole, incendiando automóveis e estruturas educacionais, alvos identificados pelos *banlieusards* como instrumentos de mobilidade social a eles negados. E, igualmente como na Bolívia, a revolta francesa associou antagonismos de raça e trabalho num protesto contra a expropriação do comum e os obstáculos aos encontros. Essas rebeliões não se dão apenas *na* metrópole, mas também *contra* ela, ou seja, contra a forma da metrópole, suas patologias e corrupções.[71]

Como sustentamos anteriormente, todavia, as *jacqueries* e as rebeliões espontâneas não são necessariamente benéficas e podem muitas vezes revelar-se autodestrutivas. Assim, a terceira tarefa da política da multidão na metrópole deve em muitos casos se manifestar antes da promoção da produção do comum e dos encontros prazerosos, consiste em organizar antagonismos contra as hierarquias e divisões da metrópole, canalizar o ódio e a raiva contra sua violência. Também existe alegria na destruição — atacar aquilo que odiamos, a causa de nosso sofrimento! A metropolização do mundo não significa necessariamente apenas uma generalização de estruturas de hierarquia e exploração. Pode significar também uma generalização da rebelião e então, possivelmente, o crescimento de redes de cooperação e comunicação, a crescente intensidade do comum e dos encontros entre singularidades. É aí que a multidão vai encontrando sua casa.

PARTE 5

Além do capital?

> O decadente capitalismo internacional mas individualista, em cujas mãos nos encontramos depois da guerra, não é um sucesso. Ele não é inteligente, não é belo, não é justo, não é virtuoso — e não funciona. Em suma, não gostamos dele, e começamos a desprezá-lo. Mas quando nos perguntamos o que botar em seu lugar, ficamos extremamente perplexos.
>
> — John Maynard Keynes, "National Self-Sufficiency"

5.1

Termos da transição econômica

> Quando a casa pega fogo, esquecemos até do jantar. — Sim, mas tratamos de recuperá-lo entre as cinzas.
> — Friedrich Nietzsche, *Além do bem do mal*

Zumbis neoliberais

O casamento entre o unilateralismo americano e o neoliberalismo econômico é uma união relativamente recente. A corte pode ter começado com o golpe de Estado liderado por Augusto Pinochet no Chile em 1973, apoiado pela CIA e que pôs em prática um plano econômico criado por Milton Friedman e os *"Chicago boys"*. As coisas ficaram sérias com a eleição de Margaret Thatcher para a chefia do governo do Reino Unido em 1979. Mas a união só seria consumada com a chegada de Ronald Reagan à Casa Branca na década de 1980. Nesse ponto, começou a parecer natural e inevitável que uma política econômica de radical privatização de bens e indústrias públicos, o incansável ataque às organizações trabalhistas e uma ideologia de livre comércio andasse de mãos dadas com o domínio americano das questões políticas e militares globais. Reagan derrubou o Muro de Berlim, segundo o mito, e derrotou não só a União Soviética como o próprio socialismo, de tal maneira que já não existe em qualquer parte do mundo uma alternativa à política econômica neoliberal apoiada pelo poderio americano.[1]

Havia alternativas, naturalmente, não obstante a retórica em sentido contrário. Em particular, como vimos na Parte 4, vários acertos multilaterais de poder global, quase sempre envolvendo um concerto entre os Estados-nação dominantes da Europa, competiam ao longo desse período com o multilateralismo americano. Naturalmente, as alternativas multilateralistas não eram anticapitalistas, mas ofereciam diversas misturas de controle estatal e privatização, estruturas previdenciárias e livre mercado. Na verdade, essa competição baseava-se, poderíamos dizer, na disputa para ver qual arranjo político pode melhor garantir os lucros e a continuidade do sistema capitalista global. A decisão política pela união entre o neoliberalismo e o unilateralismo americano — decisão que, naturalmente, não foi tomada num gabinete de diretoria ou de governo, mas por um amplo espectro de protagonistas — elevou e centralizou o comando capitalista para controlar a transição econômica global, do fordismo para o pós-fordismo, como afirmam certos economistas, ou de um paradigma centrado na produção industrial para outro centrado na produção biopolítica. Foi uma decisão radical, especialmente quando considerada em retrospecto, mas essa radicalidade é uma indicação da imensidade da tarefa que devia cumprir e da dificuldade de gerir a transição.

Com o colapso do unilateralismo americano, o casamento se desfez. O arsenal político e militar do unilateralismo revelou-se incapaz de gerir a transição capitalista, e mais recentemente, ao longo de uma década ou mais de guerra global aparentemente infindável, a desordem econômica só aumentou. As insuficiências ficaram evidentes com o desmoronamento financeiro dos Estados Unidos e a subsequente crise econômica global. É evidente, na verdade, quando examinamos a natureza da crise e a transição do capital, que as armas do unilateralismo são completamente inadequadas para os desafios com que se defronta o neoliberalismo.

A crise é causada, para recorrer aos termos mais sintéticos, pela nova ontologia do trabalho biopolítico. As formas de trabalho intelectual, afetivo e cognitivo que estão assumindo o papel central na economia contemporânea não podem ser controladas pelas formas de disciplina e comando desenvolvidas na era da sociedade fabril. Sustentamos em outro momento, com efeito, que essa transição para a hegemonia da produção biopolítica foi posta em movimento pela acumulação de lutas em todo o planeta, nas décadas de 1960 e 1970, contra esse modelo disciplinar imperialista e industrial de controle capitalista. A transição era uma resposta à derrota de uma forma de produção e comando capitalistas por parte dos movimentos de trabalhadores e das lutas sociais.[2] O recurso ao unilateralismo americano, com seu imaginário imperialista, para gerir essa transição foi uma tentativa de tratar uma nova doença com velhos remédios. Em última análise, a principal responsabilidade por essa decisão de vincular a estratégia econômica capitalista ao unilateralismo recai não tanto no governo americano, mas nas nervosas bolsas de valores de todo o mundo e nas almas em pânico dos ricos. Cuidado com a insegurança burguesa! Não foi a primeira vez, naturalmente, em que o capital voltou-se para uma autoridade política central forte para acalmar os mercados e proporcionar estabilidade aos lucros. Mas se constata que a natureza dessa transição e as condições necessárias para a produção biopolítica são opostas a essas formas ultrapassadas de disciplina e controle.

Quando os fracassos do unilateralismo ficam aparentes, como vimos em termos políticos e militares na Parte 4, os principais políticos e observadores invariavelmente recorrem ao multilateralismo como forma de apoio político do neoliberalismo. Esta sempre foi a ideologia oficial, por exemplo, das reuniões do Foro Econômico Mundial, que reúne em Davos, na Suíça, dirigentes governamentais e corporativos de todo o mundo. Um mundo cada vez mais globalizado, sustenta essa lógica, precisa escorar-se crescentemente num sistema de poder multilateral — só que esse apoio multilateral não pode ser encontrado em parte alguma. O unilateralismo derrotou o multilateralismo: os Estados Unidos podem ter-se revelado fracos demais para dominar sozinhos, mas eram suficientemente fortes para bloquear os acertos multilaterais. Isto não significa, todavia, que, tendo fracassado o unilateralismo, o multilateralismo possa assumir as rédeas. Não, os alicerces do multilateralismo já estavam apodrecendo antes de receber o golpe de misericórdia do unilateralismo. Nem o unilateralismo nem o multilateralismo é capaz de dar sustentação a um projeto econômico neoliberal. Talvez seja inútil, com efeito, buscar uma forma política capaz de dar sustentação ao neoliberalismo. Ao contrário dos partidários da "autonomia do político", não acreditamos que uma força política possa configurar um sistema econômico de maneira independente e mantê-lo. O problema aqui não é apenas falta de apoio político, mas também, e sobretudo, as incapacidades do próprio neoliberalismo.

Para entender de que maneira o neoliberalismo fracassou e, na verdade, que nunca foi capaz de se constituir num programa de produção capitalista, precisamos mudar de perspectiva e focalizar o terreno biopolítico. Todas as características primordiais da política neoliberal — fortes direitos privados de propriedade e direitos trabalhistas fracos, privatização do comum e dos bens públicos, livres mercados e livre comércio — estão voltadas para o comércio e a redistribuição de riqueza. "A principal conquista substantiva da neoliberalização", sustenta com razão David Harvey, "tem sido a redistribuição, mais que a geração, de riqueza e renda", graças primordialmente à estratégia de acumulação para os ricos, através da desapropriação do público e dos pobres. Neste sentido, prossegue Harvey, o neoliberalismo é basicamente um projeto para o restabelecimento do poder de classe.[3] Nas políticas neoliberais, os ricos, com efeito, ficaram muito mais ricos e os pobres, concomitantemente, mais pobres em cada nação e em termos globais. Os processos extrativos — de petróleo, gás e minerais — são as indústrias paradigmáticas do neoliberalismo. Mas uma grande parte da "geração" de riqueza sob o neoliberalismo foi obtida meramente por rapinagem do cadáver do socialismo, no antigo segundo mundo, assim como no primeiro e no terceiro, transferindo para mãos privadas a riqueza que havia sido consolidada em propriedades, indústrias e instituições públicas. Devemos ter em mente que a essência do modo capitalista de produção é e deve ser *produzir* riqueza; mas é esta precisamente a fraqueza do neoliberalismo. A crise do neoliberalismo, assim, deve-se não tanto ao fracasso do unilateralismo ou do multilateralismo no sentido de proporcionar um acerto político que o escorasse com eficiência e garantisse suas redistribuições de propriedade, e sim à incapacidade do neoliberalismo de apresentar um esquema de estímulo e organização da produção. Nenhuma estratégia capitalista pode sobreviver por muito tempo sem isto.

A ilusão de que o neoliberalismo pudesse ser um programa econômico sustentável dá testemunho da dificuldade de muitos para reconhecer a natureza da produção numa economia pós-industrial. É fácil, certamente, ver e contar os automóveis, as vigas de aço e as geladeiras que saem pelos portões das fábricas ou as toneladas de cereais que chegam das fazendas, mas como apontar os produtos imateriais que se tornam predominantes na economia biopolítica — as imagens, os códigos, os conhecimentos, os afetos e até as relações sociais e as formas de vida?

Para entender a novidade desta situação, vejamos, por exemplo, uma breve resenha do papel produtivo do conhecimento na história econômica capitalista. Os historiadores econômicos têm insistido no fato de que o conhecimento, desenvolvido na prática e no trabalho, já era uma força produtiva na era mercantilista.[4] No capitalismo industrial, o conhecimento continuou sendo uma força fundamental do desenvolvimento, mas cada vez mais, à medida que o paradigma industrial se configurava, sua importância já não era tanto como elemento interno, encarnado na prática dos trabalhadores e consolidado em suas capacitações e habilidades, e sim como um elemento externo, independente dos trabalhadores e portanto capaz de controlá-los. Com o amadurecimento do capitalismo industrial, o conhecimento tornou-se fundamental mas completamente absorvido no interior do sistema de comando. Na economia de hoje, em contraste, o conhecimento disseminado pela sociedade — a intelectualidade de massa — torna-se uma força produtiva central, fora do alcance do sistema de controle, e essa mudança solapa o paradigma industrial. Carlo Vercellone escreve:

> A crise do capitalismo industrial resulta em grande medida de uma transformação social que já havia configurado um modelo de desenvolvimento alternativo estruturado em dois eixos principais: a reapropriação e socialização dos conhecimentos que foi muito além da chamada organização científica do trabalho, criando formas alternativas de trabalho que rejeitam o produtivismo; e a expansão dos serviços coletivos do Estado do bem-estar (saúde, educação, pesquisa e assim por diante) como setores e motores de um modo não produtivista de desenvolvimento, baseado não em mercadorias mas em produções intensivas de conhecimento voltadas para a "produção do homem pelo homem" e a reprodução de capacidades intelectuais disseminadas.[5]

Em outras palavras, a produção torna-se "antropogenética", gerando formas de vida. Dessa trajetória do conhecimento no interior da produção econômica, decorrem dois fatos importantes. Primeiro, o conhecimento já não é apenas um meio para a criação de valor (em forma de mercadoria): a produção de conhecimento é ela mesma criação de valor.[6] Segundo, não só este conhecimento deixa de ser uma arma do controle capitalista como o capital se defronta, na verdade, com uma situação paradoxal: quanto mais é forçado a buscar a valorização através da produção de conhecimento, mais esse conhecimento escapa ao seu controle.

Chegamos aqui a um dilema que, na era da produção biopolítica, confronta o capital enquanto tal, e não apenas suas formas neoliberais. Exploraremos suas consequências mais detalhadamente, mas por enquanto basta reconhecer que o neoliberalismo não entrou em crise apenas por ter sido vinculado ao unilateralismo e estar afundando com ele. O neoliberalismo já estava morto, na verdade, porque não é capaz de apreender e mobilizar as forças produtivas biopolíticas; não tem como proporcionar um esquema de fomento da produção e aumento da geração de riqueza. Em outras palavras, a produção biopolítica representa um problema para o capital e o neoliberalismo não tem uma resposta.

Ilusões socialistas

Uma vez que se torna evidente o fracasso do unilateralismo, os principais observadores e políticos correm de volta para o multilateralismo (sem reconhecer que já está morto), da mesma maneira que, tornando-se evidente o fracasso do neoliberalismo, as mesmas figuras se voltam para o socialismo ou alguma forma de gestão e controle estatal da economia (sem entender que sua força já se exauriu completamente). Essas duas ideologias, o neoliberalismo e o socialismo, parecem os únicos polos do imaginário econômico contemporâneo. E no entanto nenhuma das duas é capaz de controlar e estimular a produção na economia biopolítica.

O socialismo de fato ofereceu um poderoso modelo de produção econômica ao longo do século XX, em ambos os lados da linha divisória da Guerra Fria. É importante entender que o socialismo e o capitalismo nunca foram opostos, e sim, como sustentavam muitos analistas críticos da União Soviética, que o socialismo é um regime para a gestão estatal da produção capitalista. Fortes elementos socialistas — planejamento burocrático e regulação da economia, gestão estatal das indústrias e serviços públicos, regulamentação estatal coordenada do capital e do trabalho organizado e assim por diante — também eram comuns nos países capitalistas. E as diferentes formas de desenvolvimentismo que dominaram a ideologia econômica nos países subordinados na segunda metade do século, tanto em países alinhados com os Estados Unidos quanto com a União Soviética, estavam da mesma forma centradas no aumento das capacidades produtivas através de intervenção estatal e planejamento burocrático. Os programas de industrialização através da substituição de importações, estreitamente vinculados às teorias da dependência, também se escoravam fundamentalmente no controle estatal dos mercados e tarifas e na intervenção na formação e regulamentação das indústrias nacionais.[7] Em última análise, o socialismo é um regime para a promoção e regulamentação do capital industrial, um regime de disciplina do trabalho imposto através de instituições governamentais e burocráticas. Com a passagem da economia industrial para a biopolítica, contudo, a gestão e a regulamentação socialistas perderam sua eficácia.

A incapacidade da ideologia e do domínio socialistas de ir além do paradigma industrial é um elemento importante, por exemplo, que levou ao colapso da União Soviética. As narrativas-padrão a respeito dos custos da corrida armamentista, da derrota militar no Afeganistão e até do desejo popular de mercadorias têm algum poder explicativo, mas é muito mais importante, em nossa opinião, examinar a dinâmica social interna e os obstáculos à produção social nas últimas décadas da União Soviética. Alexei Yurchak demonstra num maravilhoso estudo etnográfico do "socialismo tardio", o período da década de 1960 à de 1980, que a sociedade soviética longe estava de ser o deserto que os teóricos do totalitarismo na Guerra Fria alegavam, antes se apresentando como um ambiente cultural e ideológico extraordinariamente dinâmico. Este dinamismo, naturalmente, não era promovido ou fomentado pelo regime socialista; pelo contrário, o regime apresentava infindáveis obstáculos à criatividade social e cultural, o que resultou em profunda estagnação. Segundo a sugestiva formulação de Yurchak, então, os que sobreviveram ao colapso o acharam absolutamente inesperado e também completamente previsível: parecia que o poder do regime socialista poderia durar para sempre, mas ao mesmo tempo já se sabia que ele não tinha como sobreviver.[8] O regime socialista mostrou-se eficaz na imposição da disciplina sobre uma sociedade industrial, mas ao começar a emergir a transição para a produção biopolítica, a disciplina socialista tornou-se apenas um empecilho à autonomia social e à criatividade cultural por ela requeridas.

A incompatibilidade entre socialismo e produção biopolítica aplica-se a todas as formas de socialismo, planejamento burocrático, regulamentação estatal e assim por diante, e não apenas ao modelo soviético. No nível mais fundamental e portanto mais abstrato, os dois aspectos primordiais do socialismo, tal como o entendemos, a gestão pública da atividade econômica e um regime de trabalho disciplinar, entram em conflito direto com a produção biopolítica. Sustentamos anteriormente que o trabalho biopolítico é cada vez mais autônomo em relação ao controle capitalista, pois seu esquema de cooperação já não é proporcionado externamente, pelo capital, como na fábrica, mas gerado no interior do processo produtivo. Também é necessária autonomia em relação ao controle estatal e às formas governamentais de disciplina. Talvez seja possível "pensar no comando" ou "criar relações afetivas de mando", mas os resultados haverão de se revelar pálidos, em comparação com o que se consegue através da atividade social autônoma. Além disso, os resultados da produção biopolítica, inclusive as subjetividades e relações sociais, formas de vida, têm uma dimensão imediatamente ontológica. Nesse processo, é gerado valor, mas ele não pode ser medido, ou, por outra, constantemente excede as unidades de qualquer esquema de contabilização; ele extravasa os livros de contabilidade das corporações e confunde os balanços do Estado-nação. Como medir o valor de uma ideia, de uma imagem ou de uma relação? A autonomia do processo de trabalho biopolítico e a natureza incomensurável e transbordante de valor produzido são os dois elementos-chave da atual contradição do comando capitalista. Para capturar o valor excedente, o capital precisa alienar as singularidades produtivas, apoderar-se do controle da cooperação produtiva, neutralizar o caráter imaterial e excedente do valor e expropriar o comum que é produzido — todas essas são, operações que representam obstáculos ao próprio processo de produção e o solapam. A gestão e o controle governamentais geram exatamente a mesma contradição. Seja o comum expropriado e seu valor enfeixado em mãos privadas ou por bens públicos, sob comando capitalista ou controle governamental, o resultado é o mesmo: o ciclo da produção biopolítica é entravado e corrompido.

Para investigar qual regime político pode ao mesmo tempo fomentar e controlar a produção hoje em dia, temos de explorar mais em termos econômicos o que significam a produção social e a riqueza social. Muitos economistas usam o conceito de "capital social" para mergulhar nessa questão e ir além de grosseiras noções economicistas de produção. De acordo com esta explicação, não somos sociedades atomizadas de indivíduos, mas estamos interligados num tecido social consistindo de redes de entendimento e confiança, partilha de conhecimentos e normas de comportamento, linguagens e hábitos, e assim por diante. Sem confiança e simpatia, as trocas de mercado não ocorreriam. Sem conhecimentos e normas sociais, os trabalhadores não poderiam cooperar e produzir juntos. Desse modo, o capital social é um conceito suplementar: as diferentes formas de comunidade constituem um fundo de riqueza que possibilita o funcionamento do capital industrial, do capital financeiro, do capital mercantil e de todos os demais.[9] Esta concepção do capital social lança com êxito o foco de atenção no papel econômico das relações imateriais e sociais, porém considerando-as apenas periféricas ao processo produtivo propriamente dito. Em outras palavras, o capital social não é em si mesmo capital produtivo. Como é entendido como subsidiário às formas primordiais de capital, os economistas estão constantemente tentando adaptá-lo a seus esquemas, concebendo formas para medir o capital social e enfeixá-lo nos parâmetros das tabelas de contabilidade industrial. Entretanto, como essas noções de capital social vêm na realidade para complementar e completar o paradigma industrial da produção capitalista, permanecendo em sua ordem conceitual de quantidades e equilíbrios, não resolvem qualquer dos paradoxos de regulamentação e controle causados pela transição para a produção biopolítica, sua produtividade autônoma e suas medidas transbordantes.

Versões tradicionais da democracia social continuam hoje em dia a ser propostas como uma política justa, humana e sustentável de gestão da produção capitalista e da sociedade capitalista; mas essas teorias não têm como enfrentar os desafios apresentados pela produção biopolítica e acabam completamente desorientadas nesta nova situação. A doutrina social-democrata da geração de acordo e confiança entre os grandes negócios e os sindicatos institucionalizados, mediando possíveis conflitos e obtendo modestas conquistas para os trabalhadores, não só ficou completamente bloqueada no beco sem saída do corporativismo como se mostra cada vez mais afastada de um crescente número de categorias de trabalhadores. Como as teorias do capital social, a social-democracia pode na melhor das hipóteses apreender as novas figuras da produção biopolítica como suplementos ou apêndices do modo de acumulação fordista.

TERMOS DA TRANSIÇÃO ECONÔMICA

Dessa perspectiva, as únicas figuras do trabalho biopolítico consideradas politicamente relevantes são aquelas que podem ser forçadas a se adaptar às estruturas sindicais tradicionais. Com efeito, a social-democracia só enxerga as formas e relações de produção que provêm do passado, e todo o resto simplesmente não existe.

A social-democracia da "terceira via" teorizada por Anthony Giddens e praticada por Tony Blair de fato representa um avanço analítico em relação aos socialismos doutrinários, na medida em que reconhece que a política sindical corporativista da era fordista foi (pelo menos ideologicamente) superada. Essa social-democracia revisitada aceita basicamente alguns dos elementos-chave da política neoliberal — desregulamentação, privatização e assim por diante —, combinando-os com maior compreensão do valor econômico gerado através do desenvolvimento social e cooperativo da força de trabalho biopolítica. O resultado talvez seja uma maior consciência da produção biopolítica e mais intensas tentativas de capturar seus resultados, disponibilizando-os para o lucro e o desenvolvimento capitalista, mas sem ainda alcançar os meios de resolver os desafios por ela apresentados. Nenhuma forma de regulamentação socialista, nem mesmo combinada a elementos de neoliberalismo, pode "racionalizar" a produção biopolítica dentro de suas estruturas ou promover seu crescimento. A produção biopolítica pertence ao comum. Não pode ser gerida ou contida em mecanismos públicos nem privados.

Hoje também se fazem ouvir apelos urgentes e desesperados ao socialismo ou a alguma forma de controle governamental na economia, em consequência das crises e da devastação causadas pelo neoliberalismo e pelo capitalismo desregulamentado. O capital de fato está destruindo o comum em velocidade alarmante, em suas formas tanto físicas quanto sociais. Mudanças climáticas, esgotamento de recursos e outros desastres ecológicos representam ameaças cada vez mais fortes. Extrema desigualdade social, barreiras e hierarquias de riqueza, raça e nacionalidade, pobreza devastadora e uma série de outras ameaças também vêm abalando as formas sociais do comum. Como pano de fundo de muitos relatos dos desdobramentos apocalípticos com que nos defrontamos, presume-se que a gestão e a regulamentação governamentais são a solução. A regulamentação estatal poderia pelo menos evitar as piores hipóteses de colapso financeiro! Com certeza uma certa dose de controle estatal pode salvar o planeta, ou pelo menos retardar sua ruína! No mínimo, pode redistribuir aos pobres parte da riqueza que as elites globais acumularam pela desapropriação! O socialismo muitas vezes funciona como tratamento de reserva para os estragos espalhados pelo capitalismo desregulamentado. Concordamos plenamente, é claro, que os governos precisam pôr fim à destruição do planeta e que seria justo e benéfico redistribuir a riqueza de maneira equânime no mundo. Mas a concepção de socialismo que prevalece nessas visões, de maneira muito parecida com a do neoliberalismo por nós criticada anteriormente, o enxerga exclusivamente como um mecanismo de distribuição, e não de geração de riqueza. Porém, o ponto primordial a respeito das ilusões do socialismo, a nosso ver, é que, tal como o neoliberalismo, o socialismo não pode cumprir na era da produção biopolítica a tarefa de promover, gerir e regulamentar a produção.

Antes de concluir esta breve reflexão sobre o socialismo, devemos lembrar a diferença entre socialismo e comunismo, diferença que tem sido decididamente obscurecida no último século. Na prática jornalística de hoje em dia, o comunismo tem toda probabilidade de ser identificado a controle estatal centralizado da economia e da sociedade, uma forma totalitária de governo paralela ao fascismo. Às vezes, quando um conceito é assim corrompido, pode parecer necessário abandoná-lo e encontrar uma maneira alternativa de designar aquilo que desejamos. Em vez disso, neste caso pelo menos, preferimos lutar pelo conceito e insistir em seu significado adequado. Em nível puramente conceitual, podemos começar definindo o comunismo desta maneira: o que o privado é para o capitalismo e o público é para o socialismo, o comum é para o comunismo.[10] Mas que significa isto? O que seria uma instituição e um governo do comum? Esta é uma das questões que teremos de investigar no resto do livro.

A aristocracia global e a governança imperial

Todas as opções disponíveis de domínio político e econômico global parecem ter sido desqualificadas. Quando o unilateralismo demonstra seu definitivo fracasso, o multilateralismo já ruiu sobre seus alicerces podres; e quando o neoliberalismo revela-se incapaz de gerir a produção capitalista, todas as versões do socialismo e da gestão estatal já demonstraram sua incapacidade de mobilizar e desenvolver as forças biopolíticas produtivas. E, no entanto, a economia capitalista global continua a funcionar. De que maneira a produção é regulamentada e gerida? Como se mantêm e garantem os lucros? Não existe em funcionamento um sistema econômico plenamente realizado para atender a essas necessidades. Assim como as complexas formas de governança imperial em múltiplos níveis estabelecem uma forma de domínio no atual interregno em termos de estruturas globais de poder, assim também uma intrincada colcha de retalhos de estruturas jurídicas e políticas nacionais e transnacionais dá esteio ao funcionamento da economia global no atual período de transição, regulando a produção, o comércio, a finança e as relações de propriedade.

As características da governança imperial discutidas anteriormente também se aplicam a esse terreno econômico. Também aqui, os velhos debates que opõem o papel do Estado-nação à globalização não oferecem qualquer ajuda. Ao confrontar a crescente globalização do capital, ou, mais precisamente, a intensificação e enraizamento do capital global, fica claro, por um lado, que as estruturas nacionais sozinhas não são adequadas à tarefa da regulamentação, e, por outro, que não existe um Estado global para regulamentar o capital global da maneira como os Estados-nação regulamentavam o capital nacional. Em vez disso, é a *interdependência política* que define os mecanismos de gestão econômica, regulamentação e controle. Trata-se, naturalmente, de um terreno extraordinariamente misturado, composto, entre outras coisas, de mecanismos nacionais coordenados, acertos bilaterais e multilaterais, instituições internacionais e supranacionais. A mistura é frágil não só por causa do ecletismo dos elementos, mas também porque as grandes instituições econômicas internacionais das quais depende fortemente, em sua maioria desenvolvidas no anterior arcabouço global multilateralista, são elas próprias fracas e instáveis. Cada vez mais, hoje em dia, vemos como essas instituições se revelam incapazes de enfrentar as crises para as quais foram concebidas: o Fundo Monetário Internacional não é capaz de resolver uma crise monetária; o Banco Mundial não resolve uma crise de pobreza; a Organização das Nações Unidas para Agricultura e Alimentação (FAO) não resolve uma crise de alimentos; a Organização Mundial do Comércio não é capaz de resolver uma crise comercial; e assim por diante. Essas instituições não são totalmente inúteis, é claro, mas não constituem uma base suficiente para uma ordem econômica global estável e duradoura. A globalização capitalista — o mercado mundial, as redes de distribuição, as estruturas produtivas vinculadas e assim por diante — avançou muito além das estruturas do poder capitalista.

Isto não significa que ninguém está cuidando do botequim — ou seja, que o capital global funciona sem regulamentação e apoio políticos, jurídicos e institucionais. As estruturas globais do poder capitalista estão funcionado, mas são provisórias e *ad hoc*, alinhavadas em diferentes níveis do sistema. Exploramos em outro momento alguns dos mecanismos específicos que estão sendo desenvolvidos no terreno da gestão e da regulamentação econômicas globais, como as novas convenções jurídicas para reinterpretar a velha *lex mercatoria* de modo a gerir contratos governamentais que não são tratados de maneira adequada pelos sistemas jurídicos nacionais.[11] Queremos aqui, em vez disso, examinar o problema de uma estrutura de poder capitalista global e seu arcabouço jurídico de um ponto de vista mais abrangente em relação às estruturas da governança imperial.

O que logo fica evidente da perspectiva da governança imperial é a natureza "aristocrática" dessas estruturas globais de poder econômico. Identificamos no Império emergente, recorrendo de maneira algo irônica ao elogio fúnebre de Políbio na Roma antiga, uma constituição mista definida por uma estrutura piramidal, associando o monarca único, uma aristocracia limitada e uma base (pseudo)democrática mais ampla.[12]

TERMOS DA TRANSIÇÃO ECONÔMICA

Joseph Nye apresenta a mesma imagem piramidal desse Império misto com uma analogia mais moderna. Nye explica:

> O programa da política mundial tornou-se como um jogo de xadrez tridimensional no qual só é possível vencer jogando verticalmente, além de horizontalmente. No tabuleiro superior das clássicas questões militares entre Estados, é provável que os Estados Unidos continuem sendo a única superpotência durante anos, e faz sentido falar em termos tradicionais de unipolaridade ou hegemonia. Entretanto, no tabuleiro intermediário das questões econômicas entre Estados, a distribuição de poder já é multipolar. Os Estados Unidos não têm condições de alcançar os resultados que desejam nas questões comerciais, antitruste ou de regulamentação financeira sem o acordo da União Europeia, do Japão e outros. Não faz muito sentido referir-se a essa distribuição como "hegemonia americana". E no tabuleiro de baixo, o das questões transnacionais, o poder é amplamente distribuído e organizado caoticamente entre protagonistas estatais e não estatais. Não faz sentido em absoluto falar, aqui, de "mundo unipolar" ou de um "império americano".[13]

O tabuleiro intermediário do jogo de poder de Nye é onde domina a aristocracia, preocupada primordialmente, como diz ele, com a gestão e a regulamentação econômicas globais — o terreno das relações multilaterais entre Estados, das corporações multinacionais e transnacionais e das instituições econômicas globais. Muitos estudiosos documentaram recentemente a formação de uma classe capitalista transnacional ou global, estreitamente associada às corporações e às diferentes figuras estatais e institucionais que as regulamentam, e que funciona como uma nova aristocracia global.[14] Nossa principal preocupação aqui, contudo, não é a definição sociológica dessa aristocracia, mas uma visão estrutural das funções aristocráticas de gestão e regulamentação econômicas globais no interior do acerto piramidal do sistema imperial.

Um aspecto a ser observado inicialmente a respeito desse nível aristocrático é que não vem a ser composto de poderes homogêneos e equivalentes em pacífica colaboração. Os aristocratas sempre foram litigiosos. Quando examinamos o funcionamento interno da aristocracia global — nas reuniões do Foro Econômico Mundial, por exemplo, ou nas negociações da Organização Mundial do Comércio —, as hierarquias entre os poderes são óbvias, assim como as manobras sorrateiras, que permitem que os Estados dominantes imponham a sua vontade à exclusão dos outros Estados subordinados que se unem para enfrentá-los, além de várias outras estratégias e jogos de poder envolvendo comércio, ações antitruste, regulamentação financeira, direitos de propriedade e quejandos. E as dinâmicas entre as estruturas regulatórias governamentais e as corporações, seja nacional ou internacionalmente, é outro campo de disputa no interior da aristocracia, ocorrendo dentro e fora dos tribunais. Assim é que as notícias das páginas de finanças dos jornais às vezes ficam parecendo com as das páginas de esportes (quando não, com as policiais).

A aristocracia, naturalmente, organiza-se de acordo com modelos muito diferentes nos diversos países. As aristocracias "pós-socialistas" talvez sejam os modelos mais recentes. Na Rússia, surgiu uma aristocracia composta de oligarcas industriais e financeiros, juntamente com mafiosos e toda uma série de funcionários governamentais. Na China, em vez disso, o modelo pós-socialista de aristocracia está mais estreitamente vinculado ao Estado e ao partido, com participação estritamente controlada de empreendedores e elites empresariais. O que resta do socialismo nessas aristocracias pós-socialistas são sobretudo os mecanismos de privilégio burocrático e partidário, juntamente com os circuitos centralizados de poder.

Igualmente significativas, ou ainda mais que a composição e a dinâmica interna da aristocracia, todavia, são as complexas relações da aristocracia global considerada como um todo com os outros níveis da estrutura imperial. Por um lado, vemos constantes conflitos entre a aristocracia e o monarca. O unilateralismo, no qual o monarca se recusava a ouvir as reivindicações dos aristocratas, fracassou não só por causa da exaustão de suas forças militares e políticas mas também por milhares de pequenas rebeliões aristocráticas. As queixas aristocráticas são ruidosas e numerosas: os outros Estados-nação dominantes, assim como os subordinados, querem participar do sistema capitalista global e colher suas recompensas; as corporações têm consciência de que o unilateralismo, com suas guerras intermináveis, é ruim para os negócios; e uma infinidade de outras. Como afirma Nye, não faz muito sentido considerar que o acerto multipolar desse nível aristocrático médio do Império seja definido por uma "hegemonia americana". Mas esses constantes conflitos com o monarca não nos devem levar a pensar que a aristocracia pretenda pôr fim à monarquia ou se alinhar com a multidão. (A história da França no século XIX está cheia desses ardis em que a aristocracia e a burguesia induzem o proletariado e os pobres a lutar na linha de frente, para em seguida eliminá-los quando a batalha foi vencida e restabelecer uma nova ordem monárquica ou imperial.) A aristocracia global precisa do monarca: precisa de um poder militar central em Washington (ou Pequim); de um poder cultural central em Los Angeles (ou Mumbai); de um poder financeiro central em Nova York (ou Frankfurt); e assim por diante. A aristocracia simplesmente luta constantemente para negociar uma relação mais vantajosa, forçando o monarca a colaborar e garantindo para si mesma uma grande parte dos lucros.

A aristocracia global também precisa colaborar, por outro lado, com os organismos e instituições que alegam representar "o povo" no terceiro e mais baixo nível da pirâmide imperial. Em certos casos, as elites políticas dos Estados-nação subordinados se mascaram de representantes do povo global, como fazem os papas e imãs das grandes religiões, mas na maioria dos casos não passam de "primos pobres" da aristocracia tentando conseguir sua parte no botim; ou ainda, as várias ONGs humanitárias e organizações de ajuda são apresentadas como representantes do povo (ou pelo menos de seus interesses); e também os meios de comunicação dominantes, naturalmente, adoram vestir a capa da voz do povo. Este nível do sistema imperial é todo fumaça e espelhos, pois no fim das contas não existem meios adequados de representação nem um povo global a ser representado. Mas as alegações de representação não deixam de desempenhar um papel essencial. Especificamente, no que diz respeito à aristocracia, este terceiro nível proporciona mecanismos de mediação para conter a multidão efervescente. A única coisa que une todos os aristocratas e monarcas, afinal, apesar de suas constantes disputas e da permanente competição, é o medo da plebe. Embora a aristocracia não seja capaz de mobilizar e gerir a multidão, suas constantes negociações com o terceiro nível do sistema imperial, embora conflituadas, proporcionam-lhe certos mecanismos de controle e meios de acalmar seus medos.

Não há hipótese, assim, de uma secessão aristocrática em relação ao sistema imperial. A aristocracia global entrará constantemente em conflito tanto com o nível monárquico acima dela quanto com o nível "popular" abaixo, além de se ver constantemente assolada por lutas internas, mas isto nunca passará de uma mera disputa de posições, exigindo uma parte maior do poder e negociando a distribuição dos lucros. Os três níveis da constituição imperial precisam uns dos outros e não podem funcionar por conta própria.

A real ameaça ao sistema imperial não reside em seus conflitos e contradições internos, mas nas resistências da multidão. "Desse modo, o motivo pelo qual, na prática, o governo [aristocrático] não é absoluto", escreve Spinoza, "só pode ser este, que a multidão é motivo de medo para os governantes, assim mantendo certo grau de liberdade para si mesma, que ela trata de afirmar e preservar, se não expressamente na lei, por entendimento tácito."[15] A multidão dos pobres, as forças da altermodernidade e as forças produtivas biopolíticas, como analisamos na primeira metade deste livro, são cada vez mais autônomas e ultrapassam as formas de mensuração e controle que anteriormente as continham. Precisamos descer mais uma vez ao terreno do comum para dar prosseguimento a nossa análise e explorar as alternativas que surgem para desafiar e eventualmente substituir o domínio imperial.

5.2
O que resta do capitalismo

> Mas a produção capitalista gera, com a inexorabilidade de um processo natural, sua própria negação. É a negação da negação. Ela não restabelece a propriedade privada, mas de fato estabelece a propriedade individual com base nas realizações da era capitalista: a saber, a cooperação e a posse em comum da terra e dos meios de produção produzidos pelo próprio trabalho.
>
> — Karl Marx, *O capital*

O ciclo biopolítico do comum

A chave para entender a produção econômica hoje é o comum, tanto como força produtiva quanto como a forma pela qual a riqueza é produzida. Mas a propriedade privada nos tornou estúpidos, como afirma Marx, tão estúpidos que ficamos cegos ao comum! Parece que os economistas e os políticos só enxergam o mundo dividido entre o privado e o público, entre a propriedade de capitalistas e o controle do Estado, como se o comum não existisse. Os economistas de fato reconhecem o comum, mas geralmente projetado fora das relações propriamente econômicas, como "economias externas" ou simplesmente "externalidades". Para entender a produção biopolítica, contudo, precisamos inverter essa perspectiva e *internalizar as externalidades produtivas*, trazendo o comum ao centro da vida econômica. O ponto de vista do comum revela de que maneira, e crescentemente na atual transição, o processo de valorização econômica torna-se cada vez mais interno nas estruturas da vida social.[16]

O conceito de externalidade tem uma longa história no pensamento econômico. No início do século XX, Alfred Marshall usa a expressão "economia externa" para se referir à atividade e ao desenvolvimento econômicos que ocorrem fora das firmas ou da indústria individual, abrangendo formas de conhecimento e especialização capazes de se desenvolver socialmente nos distritos industriais.[17] A expressão é utilizada com frequência cada vez maior na subsequente literatura econômica do século XX, mas seus significados variam, não raro se revelando ambíguos. O que não chega a surpreender, naturalmente, já que "economia externa" é essencialmente uma expressão negativa, designando tudo aquilo que está fora da economia propriamente dita, fora do terreno das trocas da propriedade privada. Para a maioria dos economistas, assim, economia externa designa simplesmente tudo que resta lá fora, no escuro. Na década de 1950, J. E. Meade esclarece uma parte do que é designado pela expressão, ao distinguir dois tipos de economia externa ou "deseconomia": os "fatores não pagos", entre os quais inclui a atividade das abelhas para polinizar as árvores frutíferas; e a "atmosfera", abrangendo a chuva que cai no pomar.[18] É fácil reconhecer, todavia, que cada um desses fatores também tem componentes humanos e sociais: atividades humanas não remuneradas, como o trabalho doméstico; e atmosferas sociais, inclusive todas que afetam o ambiente natural — a maneira como, por exemplo, o excesso de desmatamento afeta as precipitações pluviométricas. Até no caso da produção de maçãs podemos ver de que maneira esses fatores "externos", apontando para o comum, têm uma importância central. A questão torna-se ainda mais interessante quando os economistas, dando-se conta de que já não podem simplesmente ignorar tudo que é externo ao mercado, passam à ofensiva contra ele. Segundo certos economistas, as economias externas são "mercados perdidos" ou até indicações de "fracassos do mercado". Nada deve ficar fora do mercado, nenhum bem produtivo deve ficar "sem propriedade", sustentam esses economistas, pois essas externalidades escapariam aos mecanismos de eficiência impostos pelo mercado.[19]

Não foi em decorrência do trabalho de economistas, mas de advogados e teóricos jurídicos que o comum passou a ser visto com mais clareza nos últimos anos. Com efeito, os debates sobre a propriedade intelectual tornam impossível deixar de focalizar o comum e sua interação com o público. "O recurso mais importante que governamos como comuns abertos", escreve Yochai Benkler, "sem o qual a humanidade não poderia ser concebida, é todo o conhecimento e a cultura anterior ao século XX, a maior parte do conhecimento científico da primeira metade do século XX e boa parte da ciência e do saber acadêmico contemporâneos."[20] Esse conhecimento e essa cultura comuns por nós herdados divergem, e não raro entram em conflito, tanto com o privado quanto com o público. O conflito do comum com a propriedade privada é quase sempre o foco da atenção: patentes e copyrights são dois mecanismos de transformação do conhecimento em propriedade privada que desempenharam o papel mais destacado nos últimos anos. A relação do comum com o público é igualmente significativa, mas é com frequência obscurecida. É importante manter conceitualmente separados o comum — como o conhecimento e a cultura comuns — e os acertos públicos e institucionais que tentam regulamentar o acesso a ele. Parece tentador, assim, pensar nas relações entre o privado, o público e o comum como triangulares, mas isto também poderia dar a impressão de que os três pudessem constituir um sistema fechado, com o comum entre os outros dois. Em vez disso, o comum existe num plano diferente em relação ao privado e ao público, e é fundamentalmente autônomo em relação aos dois.

No terreno da economia da informação e da produção de conhecimento, torna-se perfeitamente claro que a liberdade do comum é essencial para a produção. Como assinalam tantas vezes os usuários e estudiosos da internet e do software, o acesso ao comum num ambiente de rede — conhecimentos comuns, códigos comuns, circuitos comuns de comunicação — é essencial para a criatividade e o crescimento. A privatização do conhecimento e dos códigos através dos direitos de propriedade intelectual, sustentam eles, compromete a produção e a inovação, destruindo a liberdade do comum.[21] É importante entender que, do ponto de vista do comum, a narrativa-padrão da liberdade econômica está completamente invertida. Segundo essa narrativa, a propriedade privada é o lugar da liberdade (assim como da eficiência, da disciplina e da inovação), posicionando-se contra o controle *público*. Agora, pelo contrário, o comum é o lugar da liberdade e da inovação — livre acesso, livre uso, livre expressão, livre interação — que se posiciona contra o controle *privado*, ou seja, o controle exercido pela propriedade privada, suas estruturas jurídicas e suas forças de mercado. Nesse contexto, a liberdade só pode ser a liberdade do comum.

Na era da produção biopolítica, o comum, que anteriormente era apresentado como externo, vai-se tornando completamente "internalizado". Em outras palavras, o comum, em sua formas naturais ou artificiais, torna-se o elemento central e essencial em todos os setores da produção econômica. Assim, em vez de enxergar o comum na forma de externalidades como "mercados perdidos" ou "fracassos de mercado", devemos ver a propriedade privada em termos de "comum perdido" e "fracassos do comum".

Uma vez adotado o ponto de vista do comum, muitos dos conceitos centrais da economia política precisam ser repensados. Nesse contexto, por exemplo, a valorização e a acumulação necessariamente adquirem um caráter antes social que individual. O comum existe em amplas redes sociais abertas e é por elas posto em funcionamento. Assim, a geração de valor e a acumulação do comum remetem ambas a uma expansão das forças sociais produtivas. Neste sentido, o crescimento econômico deve ser entendido como o crescimento da sociedade. Mas "crescimento econômico" pode parecer um conceito por demais vago e abstrato para ter utilidade aqui. Podemos conferir maior precisão filosófica a esse conceito — reconhecendo, naturalmente, que não será suficiente para satisfazer os de espírito mais econômico — concebendo-o em termos do sensório social. Acumulação do comum não significa que tenhamos mais ideias, mais imagens, mais afetos e assim por diante, e sim, o que é mais importante, que nossos poderes e nossos sentidos se ampliam:

nosso poder de pensar, de sentir, de ver, de nos relacionarmos uns com os outros, de amar. Em termos mais próximos da economia, portanto, esse crescimento envolve ao mesmo tempo um aumento da reserva do comum acessível na sociedade e também maior capacidade de produtividade baseada no comum.

Um dos aspectos que nos levam a repensar os conceitos da economia política em termos sociais é que a produção biopolítica não é limitada pela lógica da escassez. Ela tem a característica única de não destruir nem diminuir as matérias-primas a partir das quais gera riqueza. *A produção biopolítica põe os "bios" para funcionar sem consumi-los.* Além disso, seu produto não é exclusivo. Quando compartilho uma ideia ou uma imagem com você, minha capacidade de pensar com ela não é diminuída; pelo contrário, nossa troca de ideias e imagens aumenta minha capacidade. E a produção de afetos, circuitos de comunicação e modos de cooperação é imediatamente social e compartilhada.

As características da produção biopolítica também nos obrigam a repensar o conceito de ciclo econômico. A compreensão dos ciclos de negócios é a essência de qualquer curso de macroeconomia. As economias capitalistas sob hegemonia da produção industrial avançam periodicamente por uma sequência repetida: expansão, auge, período de baixa, recessão, expansão e assim por diante. Os economistas geralmente concentram sua atenção nas causas "objetivas" do ciclo, como a inflação, os índices de desemprego e os desequilíbrios entre oferta e demanda, com isto preconizando soluções fiscais e monetárias para moderar os períodos de euforia e depressão, buscando manter os índices de crescimento e emprego ao mesmo tempo em que a inflação é contida. Ao analisar os ciclos industriais de negócios em nosso trabalho anterior, consideramos mais esclarecedor focalizar as causas "subjetivas", especificamente a recusa e resistência organizada dos trabalhadores contra o comando capitalista. Naturalmente, a insurgência dos trabalhadores frequentemente está por trás de muitos dos indicadores econômicos objetivos, como a inflação, os desequilíbrios de oferta e demanda e os contratempos da produção e da distribuição. Essa perspectiva, por exemplo, encara as crises fiscais e econômicas da década de 1970 à luz da proliferação e da intensidade das lutas dos trabalhadores na década de 1960.[22] Com efeito, pelo menos desde a década de 1930, os governos têm procurado gerir as flutuações dos ciclos de negócios com políticas sociais que tratam das causas "subjetivas" através de programas salariais, de emprego e previdência. Seja do ponto de vista objetivo ou subjetivo, contudo, a periodicidade dos ciclos industriais de negócios através das fases de euforia e depressão permanece, às vezes moderada mas não negada por políticas fiscais, monetárias e sociais.

O ciclo biopolítico é muito diferente. A economia ainda está sujeita a ciclos de crescimento e recessão, mas estes terão de ser entendidos agora em relação às *qualidades* do comum. Existem formas tanto prejudiciais quanto benéficas do comum, como temos reiteradamente afirmado, e enquanto certas instituições sociais promovem o comum, outras o corrompem. Se o crescimento econômico biopolítico for concebido como um processo de composição social, aumentando nosso poder social geral, a recessão deve ser entendida como decomposição social, no sentido de que certos venenos decompõem um corpo. Formas prejudiciais do comum e instituições que o corrompem destroem a riqueza social e representam obstáculos para a produtividade social. Como um dos fatores centrais necessários para a produtividade biopolítica é a autonomia das redes produtivas em relação ao comando capitalista e às instituições sociais corruptas, a luta de classes muitas vezes assume a forma de êxodo, para escapar ao controle e estabelecer a autonomia.

Os indicadores quantitativos dos economistas profissionais pouco permitem esclarecer esse terreno biopolítico, em particular porque a produção do comum constantemente extravasa não só as relações de controle como também os arcabouços de mensuração. Do contrário, os indicadores econômicos úteis teriam de ser qualitativos. Quais são as qualidades do comum que constituem a sociedade? Até que ponto o comum é acessível às forças sociais produtivas? Qual o grau de autonomia das redes produtivas em relação às formas de controle? Em que medida as instituições sociais promovem ou obstruem o acesso às formas benéficas do comum e a sua produtividade? Se existissem tais indicadores, eles traçariam um ciclo biopolítico fundamentalmente arrítmico, definido por limiares de composição e decomposição social. Mas ainda está por inventar uma ciência econômica adequada da produção biopolítica.

O *Tableau économique* do comum

Em 1758, François Quesnay publicou a primeira versão do seu *Tableau économique*, que apresenta os equilíbrios do investimento e do consumo na economia agrícola. Seu quadro descreve as trocas monetárias na sociedade de uma forma ziguezagueante: os artesãos compram cereais, os agricultores compram produtos artesanais, os senhores trocam com comerciantes estrangeiros e assim por diante. Os movimentos ziguezagueantes do dinheiro demonstram a coerência do sistema econômico, pois cada classe social depende das outras para comprar e vender. O quadro de Quesnay destina-se a demonstrar duas afirmações centrais da doutrina fisiocrática: a riqueza de uma nação não é definida pelo ouro e a prata em seus cofres, mas por seu produto líquido; e a agricultura é o único setor produtivo da economia, pois se considera que o artesanato e a manufatura não geram valor superior ao que é investido neles. Para Quesnay, assim, o valor excedente é basicamente extraído pelos senhores na forma de renda.

Karl Marx ficou fascinado com o *Tableau économique*, e sob muitos aspectos suas análises da reprodução simples e expandida do capital procuram formular no caso da economia industrial o que Quesnay havia mapeado na agrícola, descrevendo os caminhos do valor através dos circuitos da produção, da circulação, das trocas e do consumo capitalistas. Duas das importantes diferenças que definem o trabalho de Marx em relação a Quesnay são que o trabalho, e não a terra, é considerada a fonte da riqueza na economia capitalista, e que o sistema capitalista não é um equilíbrio estável, estando em constante necessidade de expansão, continuamente buscando novos mercados, novos materiais, novas forças produtivas e assim por diante. Nesse sistema, o valor excedente é basicamente extraído pelos capitalistas na forma de lucro.

Precisamos criar hoje um novo *Tableau économique* que descreva a produção, a circulação e a expropriação do valor na economia biopolítica. Isto não quer dizer, naturalmente, que a produção industrial já não represente um setor importante da economia, assim como a concentração de Marx no capital industrial não implicava que a agricultura tivesse deixado de ser importante. Nossa tese, em vez disso, é que a produção biopolítica vem-se tornando hegemônica na economia contemporânea, desempenhando o papel que foi o da indústria por bem mais de cem anos. Assim como, no período anterior, a agricultura teve de se industrializar, adotando os métodos mecânicos, as relações salariais, os regimes de propriedade e a jornada de trabalho da indústria, também a indústria, agora, terá de se tornar biopolítica e integrar de maneira cada vez mais central redes comunicativas, circuitos intelectuais e culturais, a produção de imagens e afetos e assim por diante. Em outras palavras, a indústria e todos os demais setores da produção gradualmente serão forçados a obedecer ao *Tableau économique* do comum.

A criação de um novo *Tableau économique*, no entanto, enfrenta duas dificuldades imediatas. Primeiro, a autonomia do trabalho biopolítico ameaça a coerência do quadro, eliminando um dos lados dos zigue-zagues de Quesnay. O capital ainda depende do trabalho biopolítico, mas a dependência do trabalho biopolítico ao capital torna-se cada vez mais débil. Em contraste com o trabalho industrial, que depende do comando capitalista ou alguma outra forma de gestão para o abastecimento de materiais e o estabelecimento das relações cooperativas necessárias para a produção, o trabalho biopolítico tende a ter acesso direto ao comum e a capacidade de gerar internamente a cooperação. Segundo, embora os quadros econômicos geralmente sejam eivados de valores quantitativos, a vida social, o comum e todos os produtos da produção biopolítica desafiam e excedem as mensurações. Como seria possível gerar um quadro econômico cheio de qualidades? Como equilibrar a entrada e saída de elementos qualitativos para determinar o equilíbrio do sistema? Veja-se, por exemplo, o fato de que a produção de subjetividade é cada vez mais central para a geração biopolítica de valor. A subjetividade é um valor de uso, que no entanto tem a capacidade de produzir de maneira autônoma; e a subjetividade é um valor de troca, mas impossível de quantificar. Com toda evidência, terá de ser um tipo de quadro diferente.[23]

Os termos desenvolvidos por Marx no caso da produção industrial ainda são úteis no contexto da produção biopolítica mas precisam ser reformulados. Marx divide a jornada de trabalho, por exemplo, entre o tempo de trabalho necessário, no qual o valor necessário para reproduzir a sociedade de trabalhadores é criado, e o tempo de trabalho excedente, quando o valor excedente apropriado pelo capitalista é gerado. No contexto biopolítico, *o trabalho necessário deve ser considerado aquilo que produz o comum*, pois no comum está integrado o valor necessário para a reprodução social. No contexto do capital industrial, as relações salariais eram um campo primordial do conflito de classes em torno do trabalho necessário, lutando os trabalhadores para elevar o que era considerado socialmente necessário e tentando os capitalistas diminuí-lo. Na economia biopolítica, esse conflito tem prosseguimento, mas as relações salariais já não o contêm. Ele se transforma cada vez mais numa luta pelo comum. A reprodução social baseada no comum poderia parecer semelhante às posições sustentadas pelos teóricos do "capital social", os quais, como vimos anteriormente, apontam as necessidades e mecanismos da reprodução social, insistindo em que não podem ser atendidos apenas pelos salários. De maneira geral, contudo, os adeptos do "capital social" escoram-se em propostas social-democratas de que a atividade governamental assegure a reprodução social. Em contraste, a reprodução social baseada no comum deve ser concebida fora da gestão ou do comando privado ou público.

Se o trabalho necessário e o valor por ele gerado são entendidos em termos das redes de reprodução social no comum, temos de entender o trabalho excedente e o valor excedente como as formas de cooperação social e os elementos do comum que são apropriados pelo capital. O que o capital expropria não é a riqueza individual, mas o resultado de um poder social. O índice de valor excedente, assim, para reescrever a definição de Marx, é a expressão do nível de exploração, pelo capital, não só da força de trabalho do trabalhador, mas também dos poderes comuns de produção que constituem a força de trabalho social.[24] Em consequência, a contradição frequentemente invocada por Marx entre a natureza *social* da produção capitalista e o caráter *privado* da acumulação capitalista torna-se cada vez mais extrema na era biopolítica. E devemos ter em mente que, quando o capital acumula o comum, tornando-o privado, sua produtividade é bloqueada ou diminuída. Trata-se, portanto, de uma situação extraordinariamente violenta e explosiva, na qual as forças produtivas sociais, antagônicas e autônomas, dentro e fora do mercado, são necessárias para a acumulação capitalista mas ameaçam o seu comando. O capital, por assim dizer, enfrenta o famoso dilema: se correr o bicho pega, se ficar o bicho come.[25]

O capital é definido pela crise. Quase um século atrás, Rosa Luxemburgo chegou a esta conclusão ao reconhecer que os ciclos de expansão da reprodução capitalista levavam inevitavelmente a guerras interimperialistas. Aqui, também vemos a crise no interior da própria relação do capital, enfrentado o capital formas de força de trabalho social cada vez mais autônomas, antagônicas e impossíveis de gerir. Duas alternativas parecem disponíveis para manter o controle capitalista: a guerra ou a finança. A opção da guerra foi tentada e em grande medida exaurida com as aventuras militares unilateralistas dos últimos anos. Medidas de segurança, encarceramento, fiscalização social, desgaste da base de direitos civis e humanos e tudo mais que vem com a sociedade da guerra pode a curto prazo aumentar o controle, mas também solapa a produtividade, de maneira mais dramática na economia biopolítica, onde a liberdade, a comunicação e a interação social são essenciais. A aristocracia global contribuiu para acabar com o unilateralismo e seu regime militar, como vimos anteriormente, em parte porque era ruim para os negócios. A alternativa das finanças é muito mais eficaz. Sob muitos aspectos, a financiarização tem sido a resposta capitalista à crise da relação social fordista e das outras bases sociais sobre as quais se escorava o capital industrial. Só a finança é capaz de acompanhar os circuitos de produção social da economia biopolítica, sempre em rápida mudança e cada vez mais globais, extraindo riqueza e impondo comando. Só a finança é capaz de supervisionar e compelir a flexibilidade, a mobilidade e o caráter precário da força de trabalho biopolítica, ao mesmo tempo reduzindo os gastos em previdência social! A chave da finança é o fato de se manter externa ao processo produtivo. Ela não tenta organizar a força de trabalho social nem ditar como ela deve cooperar. Ela reconhece a autonomia da produção biopolítica mas ainda assim consegue extrair riqueza dela a distância.[26]

Um *Tableau économique* do comum não pode ser criado na forma usada por Quesnay e Marx para as economias agrícola e industrial respectivamente. Esses quadros descrevem as linhas não só das trocas mas também das relações de interdependência entre os vários atores econômicos e, em última análise, as classes sociais. Com a crescente autonomia do trabalho biopolítico integrada no comum, a reciprocidade dessas relações é rompida. O capital, naturalmente, ainda precisa do trabalho para produzir riqueza que possa ser apropriada, mas enfrenta crescente antagonismo e resistência do trabalho biopolítico. Em vez de um quadro econômico de trocas, assim, o que temos aqui é um quadro de lutas, que talvez pudéssemos organizar em três colunas. A primeira coluna é definida pela defesa da liberdade do trabalho biopolítico. A composição da força de trabalho pós-industrial caracteriza-se por mobilidade e flexibilidade forçadas, destituída de contratos fixos e garantias de emprego e tendo de migrar de um emprego para outro ao longo de uma carreira e, às vezes, ao longo de uma jornada de trabalho, e em muitos casos precisando migrar grandes distâncias através de uma cidade e através de continentes para trabalhar. O trabalho biopolítico não rejeita a mobilidade e a flexibilidade em si mesmas (como se sonhasse com um retorno à fixidez da fábrica fordista), mas apenas o controle externo sobre elas. A produtividade do trabalho biopolítico requer autonomia para determinar seus próprios movimentos e transformações; requer a liberdade de construir encontros produtivos, formar redes de cooperação, esquivar-se às relações prejudiciais e assim por diante. As lutas nesta primeira coluna, portanto, são lutas do *comum contra o trabalho* — ou seja, recusando o comando do trabalho, em defesa dos livres poderes da criatividade. A segunda coluna define-se pela defesa da vida social. No sistema fordista, o salário, complementado por serviços previdenciários de Estado, destinava-se a garantir a reprodução do proletariado, embora muitas vezes fracassasse nesse sentido. A classe dos trabalhadores precários de hoje, o precariado, tem uma relação totalmente diferente com o salário. Ela continua dependendo dos salários para sua reprodução, mas é cada vez mais externa a essa relação com o capital, contando crescentemente com rendas e meios de reprodução que pode colher em outras fontes de riqueza social. Nesta segunda coluna, assim, as lutas podem ser concebidas em termos do *comum contra o salário* — ou seja, em defesa de uma renda para reproduzir a vida social mas contra a dependência cada vez mais violenta e não confiável ditada pelas relações salariais. Uma terceira coluna de nosso quadro teria de ser definida pela defesa da democracia. Essas lutas ainda estão na infância, mas terão de inventar instituições sociais para alcançar a organização democrática das forças produtivas sociais, proporcionando uma base estável para a autonomia da produção biopolítica. As lutas nesta terceira coluna serão, assim, lutas do *comum contra o capital*. O preenchimento das colunas desse quadro vem-se tornando a ordem do dia.

O um divide-se em dois

Em meados da década de 1960, em pleno fervor da Revolução Cultural, os intelectuais chineses que seguiam Mao Tsé-tung lançaram o slogan "O um divide-se em dois" como exortação ao prosseguimento da luta de classes e à afirmação da perspectiva proletária. Seus adversários, alegavam, assumem a perspectiva burguesa e são guiados pelo slogan "Os dois fundem-se em um".[27] Este slogan maoísta captura a crise do capital que vimos analisando nesta parte do livro. À medida que o trabalho biopolítico torna-se cada vez mais autônomo e antagônico em relação à gestão e ao comando capitalistas, o capital enfrenta crescente dificuldade para integrar o trabalho em suas estruturas de domínio.

No contexto da produção industrial, a capacidade do capital de integrar o trabalho era dada por certa. Conceitualmente, isto se expressa da maneira mais clara quando Marx, analisando o processo de produção, divide o capital em capital constante — todos os elementos produtivos que simplesmente transferem seu valor para o valor do produto, como as matérias-primas e as máquinas — e capital variável, ou seja, a força de trabalho, cujo valor varia no sentido de que contribui com mais valor para o produto do que o seu próprio valor, o salário. O próprio conceito de capital variável situa a força de trabalho, e portanto a classe trabalhadora como um todo, no interior do capital. Esta integração do trabalho no interior do capital não significa, é claro, que o trabalho seja sempre pacífico e funcional no desenvolvimento capitalista. Pelo contrário, a longa história dos movimentos radicais dos operários industriais revela o trabalho no interior do capital e contra ele, bloqueando, sabotando e subvertendo seu desenvolvimento. Uma das grandes contribuições das análises de Mario Tronti na década de 1960 foi demonstrar a prioridade das lutas operárias no que diz respeito ao desenvolvimento capitalista. "Precisamos inverter o problema", escreve Tronti, "mudar de direção e começar do início — e o início é a luta da classe operária. No nível do capital socialmente desenvolvido, o desenvolvimento capitalista subordina-se às lutas operárias, vem depois delas e tem que fazer com que o mecanismo político de sua própria reprodução corresponda a elas."[28] Poderíamos pensar na revolta da classe operária analisada por Tronti como um exemplo do um se dividindo em dois, já que na revolta os trabalhadores demonstram sua autonomia e antagonismo em relação aos proprietários capitalistas, mas em momentos subsequentes, quando a greve chega ao fim, os dois voltam a se fundir em um. Ou, melhor dizendo, a dialética de Tronti é um movimento em duas partes: as lutas dos trabalhadores forçam o capital a se reestruturar; a reestruturação capitalista destrói as antigas condições de organização dos trabalhadores, postulando novas condições; novas revoltas de trabalhadores forçam o capital a se reestruturar novamente; e assim por diante. Mas, esta dialética em duas partes, enquanto não se transforma em atividade revolucionária, não é capaz de romper a relação interna do capital.

 A passagem da economia industrial para a biopolítica muda essa situação, realizando e sob certos aspectos ampliando o acerto que Tronti anteviu na fábrica. A empresa industrial já não é capaz, como anteriormente, pelo menos nos países dominantes, de centralizar as forças produtivas e integrar a força de trabalho no capital. Como vimos, todavia, a exaustão dos poderes hegemônicos e de integração do capital baseado na empresa não implica o fim do desenvolvimento capitalista. No lugar do capital baseado na empresa surgiu um capital baseado na sociedade, no qual a sociedade como um todo é o principal lugar de atividade produtiva e, de maneira correspondente, o local primordial de conflito e revolta do capital contra o capital.[29] Neste terreno social da produção biopolítica, no contexto do capital baseado na sociedade, os mecanismos de integração que funcionavam no capital baseado na empresa já não funcionam. Aqui, o um realmente divide-se em dois: uma força de trabalho cada vez mais autônoma e, em consequência, um capital que se torna sempre mais puro comando. A força de trabalho não mais, capital variável, integrado ao corpo do capital, mas uma força separada e cada vez mais opositora.[30]

 Esta divisão em dois resulta de um duplo movimento. Por um lado, o trabalho biopolítico afirma crescentemente sua autonomia. Não só ele se mostra progressivamente mais capaz de organizar a cooperação produtiva e autogerenciar a produção social, como também todos os mecanismos do comando capitalista impostos a ele diminuem sua produtividade e geram antagonismo. Pelo outro lado, o capital vê-se cada vez mais forçado a excluir o trabalho de suas relações, mesmo tendo de extrair riqueza dele. As características da composição técnica do trabalho por nós analisadas na Parte 3 oferecem boa demonstração deste duplo movimento. Na produção biopolítica, por exemplo, verifica-se uma progressiva dissolução da jornada de trabalho. A promessa industrial fordista da jornada de oito horas, mais oito horas de lazer e oito horas de sono, que na verdade se aplicava globalmente a um número relativamente pequeno de trabalhadores, já não serve de ideal regulador. Tanto nos setores privilegiados quanto nos subordinados da economia, a divisão entre tempo de trabalho e tempo sem trabalho se esfarela. E, mais importante, as temporalidades da vida fabril — seus métodos de gestão do tempo, sua precisão temporal e sua disciplina temporal, que se haviam generalizado fora da fábrica, pela sociedade como um todo — já não prevalecem. Sob muitos aspectos, os trabalhadores podem organizar seu próprio tempo, não raro uma tarefa impossível. Os sociólogos alemães falam da *Entgrenzung der Abeit* (uma nova delimitação ou remoção das fronteiras do trabalho) para designar o transbordamento do trabalho na sociedade (em termos espaciais) e na vida (em termos temporais).[31] Um segundo exemplo, estreitamente associado a este, é a crescente precariedade do trabalho na produção biopolítica. O emprego garantido e estável era sob muitos aspectos a síntese da natureza interna do trabalho industrial no capital. Numa extremidade estava a imagem dos leais trabalhadores e suas famílias, sob os cuidados da empresa durante toda a vida de trabalho e mesmo além. Entretanto, ao tornar o trabalho cada vez mais precário para uma parte sempre maior da força de trabalho, o capital está expulsando o trabalho, cortando vínculos de estabilidade, bem-estar e apoio. A dissolução da jornada de trabalho e a crescente precariedade do trabalho não significam, naturalmente, que os trabalhadores estejam livres da dominação capitalista — longe disto! Os trabalhadores ainda têm de organizar suas vidas no mundo das mercadorias de acordo com as temporalidades mercantilizadas da vida social capitalista. Os trabalhadores precários continuam tendo de pensar em si mesmos, ainda mais, como mercadorias. Sob aspectos muito importantes, todos os trabalhadores continuam submetidos à dominação capitalista.

Assim, ao afirmar que "o um divide-se em dois", não estamos proclamando o fim do capital, mas identificando a crescente incapacidade do capital de integrar a força de trabalho em seu interior, com isto assinalando a ruptura do conceito de capital em duas subjetividades antagônicas. A situação que daí resulta caracteriza-se por uma dupla produção de subjetividade, ou, colocando em outros termos, a produção de duas subjetividades opostas e conflitantes que coabitam no mesmo mundo social. Um poder capitalista que progressivamente perde seu papel produtivo, sua capacidade de organizar a cooperação produtiva e sua capacidade de controlar os mecanismos sociais de reprodução da força de trabalho coabita, não raro desconfortavelmente, com uma multidão de subjetividades produtivas, que cada vez mais adquirem as capacidades constitutivas necessárias para se sutentar de maneira autônoma e criar um novo mundo.

Seria possível, a esta altura, reintegrar a classe trabalhadora no interior do capital? Esta é a ilusão promovida pela democracia social, que analisamos anteriormente. Significaria, por um lado, recriar os mecanismos pelos quais o capital pode mobilizar, gerir e organizar as forças produtivas, e, por outro, ressuscitar as estruturas previdenciárias e os mecanismos sociais necessários para que o capital garanta a reprodução social da classe trabalhadora. Não acreditamos, contudo, ainda que houvesse vontade política por parte das elites, que isto seja possível. O segredo já foi revelado, e, para o pior ou para o melhor, não há como voltar atrás. Ou, para formular de outra maneira, a antiga dialética em três partes, que poderia unificar as duas subjetividades conflitantes, não funcionará mais. A esta altura, as alegações de unidade e integração não passam de falsas promessas.

A estratégia capitalista primordial para preservar o poder nessa situação dividida, como dissemos anteriormente, é o controle financeiro. Marx previu esta situação, sob muitos aspectos, em suas análises da natureza dual do dinheiro. Em sua face politicamente neutra, o dinheiro é a equivalência universal e o meio de troca que, na sociedade capitalista, representa o valor das mercadorias com base na quantidade de trabalho nelas consolidado. Em sua outra face, contudo, o dinheiro, como terreno exclusivo da representação do valor, detém o poder de comandar o trabalho. Ele é uma representação da riqueza da produção social, acumulada em caráter privado, que por sua vez tem o poder de dominar a produção social.[32] O mundo das finanças, com seus complexos instrumentos de representação, amplia e estende essas duas faces do dinheiro, as quais, juntas, são essenciais para expropriar o valor e exercer controle sobre a produção biopolítica.

Depois de identificar essas duas faces do dinheiro, Marx ressalta que elas entram em conflito uma com a outra, registrando um antagonismo social entre a representação do valor do trabalho como equivalência geral da troca de mercadorias e as condições de produção social dominadas pelo capital. Uma estratégia anticapitalista tradicional para enfrentar a dominação do dinheiro consiste em destruir suas duas funções representativas — eliminar não só o comando capitalista mas também o papel do dinheiro como equivalência geral —, construindo um sistema de trocas baseado no escambo e/ou em representações *ad hoc* do valor e ao mesmo tempo sonhando com a volta a um mundo antediluviano de valores de uso. Uma segunda estratégia é defender uma face do dinheiro e atacar a outra: preservar o dinheiro como representação do valor mas destruir seu poder de representar o campo social geral da produção, que é instrumental no comando, com o ideal do comércio justo e das trocas igualitárias. Seria possível uma terceira estratégia que conservasse as duas funções representativas do dinheiro, mas privando o capital do seu controle? O poder do dinheiro (e do mundo financeiro em geral) de representar o campo social da produção poderia transformar-se, nas mãos da multidão, num instrumento de liberdade, capaz de derrubar a miséria e pobreza? Assim como o conceito de trabalho abstrato foi necessário para entender a classe operária industrial como sujeito ativo e coerente, incluindo trabalhadores de uma ampla variedade de setores, as abstrações do dinheiro e da finança poderiam da mesma forma fornecer os instrumentos para constituir a multidão a partir das diferentes formas de trabalho flexível, móvel e precário? Ainda não podemos responder satisfatoriamente a essas perguntas, mas nos parece que essas tentativas de reapropriação do dinheiro apontam na direção de uma atividade revolucionária hoje. E isto assinalaria uma definitiva ruptura do um dividido em dois.

5.3
Pré-choques nas linhas de cisão

> O desempenho capitalista não é sequer relevante para o diagnóstico [do futuro desenvolvimento do capital]. A maioria das civilizações desapareceu antes de ter tempo de cumprir plenamente suas promessas. Por conseguinte, não sustentarei aqui, com base nesse desempenho, que o intermezzo capitalista deva provavelmente prolongar-se. Na verdade, vou agora fazer a dedução exatamente oposta.
>
> — Joseph Schumpeter, *Capitalismo, socialismo e democracia*

O diagnóstico do capital

As coisas não vão bem com o capital — e os tratamentos tradicionais não se revelam capazes de curar suas doenças. Nem a medicina privada e neoliberal (sob orientação unilateral ou multilateral) nem os remédios públicos centrados no Estado (keynesianos ou socialistas) têm qualquer efeito positivo, e na verdade servem apenas para agravar as coisas. Devemos envidar nossos melhores esforços para encontrar um novo tratamento, muito embora tenhamos perfeita consciência de que tratar a doença com seriedade e agressividade pode levar à morte do paciente. No fim das contas, a eutanásia pode ser a alternativa mais humana; antes de se resignar a isto, contudo, um médico consciencioso deve fazer todas as tentativas para descobrir o diagnóstico correto e inventar um tratamento suscetível de êxito.

O capital vai muito bem, poderiam responder alguns, apesar de suas crises. Basta ver todas essas pessoas enriquecendo! A recuperação das bolsas de valores! Todos esses bens sendo produzidos! Bem, como diz Joseph Schumpeter na epígrafe desta seção, essas medidas mais convencionais de desempenho, e mesmo outras, como a taxa de lucro, talvez não sejam os instrumentos mais adequados para avaliar o estado de saúde.[33] O capital não é imortal, naturalmente, tendo nascido e devendo morrer exatamente como todos os outros modos de produção. Nossa tarefa consiste em distinguir os sintomas relevantes, avaliar de que maneira podem ser tratados e chegar a um diagnóstico para o capital.

Um sintoma, diagnosticado por Schumpeter há mais de meio século, é o declínio das capacidades de empreendimento do capital. No início do século XX, trabalhando na Áustria e cercado de modelos novecentistas de desenvolvimento capitalista, Schumpeter celebrava o espírito de empreendimento como uma força vital do capital. Muitos entenderam mal a essência da função empreendedora como disposição de assumir riscos, explica ele, mas assumir riscos é apenas especular. O empreendedor de Schumpeter é aquele que introduz o novo, o inovador movido pela alegria da criação — uma figura com fortes conotações de um herói nietzschiano, que confere ao capital seu constante movimento para a frente. No meado do século XX, contudo, agora nos Estados Unidos e fazendo uma análise da cultura corporativa norte-americana, cada vez mais burocratizada, Schumpeter prevê a obsolescência da função empreendedora do capital e sua substituição por uma forma mecanizada e rotineira de progresso econômico, ditada pela gestão racional e os ternos cinzentos e sem personalidade das salas de diretoria. Uma vez tendo perdido sua força de inovação e empreendimento, acredita Schumpeter, o capital não tem mais como sobreviver.[34]

Muitos alegariam, no entanto, que hoje, na era do computador, a função empreendedora do capital foi reinventada e revigorada por figuras como a do presidente da Microsoft, Bill Gates, e Steve Jobs, da Apple Computers. Eles de fato desempenham este papel para os meios de comunicação, mas não são realmente empreendedores no sentido de Schumpeter. São apenas vendedores e especuladores: apresentam a face da corporação para vender a mais recente versão do iPod ou do Windows e apostam uma parte de sua fortuna em seu sucesso, mas não são o centro da inovação. Corporações como a Apple e a Microsoft sobrevivem alimentando-se das energias inovadoras que surgem na vastas redes de produtores baseados na computação e na Internet que se estendem muito além das fronteiras da corporação e seus empregados. A produção biopolítica, na verdade, é movida de baixo para cima por um empreendedorismo multitudinário. Schumpeter tinha razão, portanto, no que diz respeito à obsolescência do empreendedor capitalista como origem da inovação econômica, mas não tinha como reconhecer que uma multidão surgiria em seu lugar com as múltiplas cabeças de uma hidra como empreendedor biopolítico.

Isto nos indica um segundo sintoma da doença do capital: sua incapacidade de mobilizar e desenvolver forças produtivas. Quando Marx e Engels descrevem a multicentenária passagem das relações feudais de produção para as capitalistas, na Europa, concentram a atenção na expansão das forças produtivas: à medida que as relações feudais vão obstruindo o desenvolvimento das forças produtivas, surgem relações capitalistas de propriedade e troca para fomentá-las e fazê-las avançar. "Em determinada etapa do desenvolvimento desses meios de produção e troca", escrevem Marx e Engels no *Manifesto*, "as condições nas quais a sociedade feudal produzia e trocava, a organização feudal da agricultura e da indústria manufatureira, numa palavra, as relações feudais de propriedade não eram mais compatíveis com as forças produtivas já desenvolvidas; transformaram-se em empecilhos. Precisavam ser explodidas; e foram explodidas."[35] Todo modo de produção, inclusive o capital, inicialmente expande de maneira espetacular as forças produtivas, mas acaba por refreá-las, com isto dando origem à geração do próximo modo de produção. Não se trata de uma tese sobre a pauperização. A questão não é saber se as pessoas estão em pior situação que antes, mas se suas capacidades e seu potencial podem ser mais plenamente desenvolvidos.

As relações capitalistas de propriedade tornam-se hoje cada vez mais esse tipo de empecilho. Seria possível objetar que o desenvolvimento capitalista prossegue em nível elevado: a velocidade e a capacidade dos dispositivos eletrônicos digitais, por exemplo, continuam a dobrar a cada dois anos. Mas essas medidas de desempenho não refletem o desenvolvimento das forças produtivas, que devem ser avaliadas sobretudo em termos de energia humana, social e subjetiva, para a qual não existe na verdade mensuração científica. Precisamos avaliar se as capacidades e a criatividade das pessoas são fomentadas e desenvolvidas plenamente e, alternativamente, quantas vidas são desperdiçadas. É esta, no nível mais elementar, a maneira como a saúde de um modo de produção precisa ser avaliada. Vemos no mundo de hoje, com efeito, sinais cada vez mais evidentes de que as relações capitalistas de produção restringem as capacidades de parcelas cada vez maiores da população. Nas regiões dominantes, com frequência se ouve falar de "crescimento sem empregos", ao passo que nas regiões subordinadas um crescente número de pessoas torna-se "descartável", inútil do ponto de vista do capital. E, num sentido mais genérico, é evidente que a maioria dos que são empregados pelo capital muito pouco consegue desenvolver suas plenas capacidades produtivas, ficando limitada a tarefas rotineiras, distantes do seu potencial. No contexto da produção biopolítica, isto nada tem a ver com pleno emprego ou a necessidade de dar emprego a todos; tem a ver, isto sim, com a expansão da nossa capacidade de pensar e criar, de gerar imagens e relações sociais, de comunicar e cooperar. Não há necessidade de postular isto como uma acusação moral, como se o capital tivesse o dever de atender às necessidades da população. Desejamos encarar a situação não como moralistas, mas como médicos que avaliam a saúde de um paciente. Num sistema econômico, não pode se prevalecer das forças produtivas existentes e fomentar o seu crescimento, desperdiçando os talentos e capacidades da população, é um importante sintoma de doença.

Esses sintomas da doença do capital resultam em repetidas crises de acumulação capitalista. As grandes crises financeiras e econômicas que tiveram no início em 2008 tornaram a chamar a atenção geral para este fato. Tradicionalmente, a crise capitalista é entendida em termos objetivos, como dissemos; de uma certa perspectiva, o foco de atenção se dirige aos bloqueios do circuito que vai da produção à circulação e à realização, voltando em seguida à produção. Quando o valor, seja em sua forma monetária ou de mercadorias, fica ocioso em qualquer ponto do circuito — por causa de carência de mão de obra ou de greves que suspendem a produção, por exemplo, ou impasses de transporte que suspendem a circulação ou ainda insuficiente demanda para vender os produtos e realizar seu valor e o lucro —, o resultado é uma crise. Hoje, em vez disso, a crise deve ser vista em termos subjetivos. Os bens biopolíticos — como as ideias, os afetos, os códigos, os conhecimentos, a informação e as imagens — ainda precisam circular para realizar seu valor, mas essa circulação passou a ser interna ao processo de produção. O circuito biopolítico está na verdade completamente contido na produção do comum, que também é simultaneamente a produção de subjetividade e de vida social. O processo, dependendo da perspectiva de cada um, pode ser entendido ao mesmo tempo como produção de subjetividade através do comum e como produção do comum através de subjetividade. Desse modo, as crises do circuito biopolítico devem ser entendidas como um bloqueio na produção de subjetividade ou um obstáculo à produtividade do comum.

Certo dia, Monsieur le Capital, sentindo-se doente, visita Doctor Subtilis e confessa que toda noite é assaltado por um sonho. (Sabemos muito bem que é enganoso tratar simbolicamente o capital, como se fosse um sujeito com atributos e desejos humanos, exatamente como atribuir uma vida emocional às bolsas de valores: nervosas, deprimidas ou eufóricas. Em vez de evitar a alegoria, contudo, vamos levá-la um passo adiante!) No sonho, explica Monsieur le Capital, ele está de pé diante de uma árvore cheia de frutos maduros, que reluzem ao sol, mas seus braços sofrem de artrite e ele não consegue levantá-los o suficiente para colher nem mesmo nos galhos mais baixos. Seu estômago se retorce de tanta fome, mas ele só consegue observar os deliciosos frutos à sua frente. Finalmente, com grande esforço, ele dá um jeito de agarrar um fruto, mas de repente se dá conta, horrorizado, de que tem nas mãos uma cabeça humana murcha! Doutor, por favor, que significa isto? Seu problema, responde Doctor Subtilis, não é apenas uma consciência perturbada, mas também um corpo comprometido. Na era da produção biopolítica, a tradicional divisão entre sujeitos e objetos fica borrada. Os sujeitos já não produzem objetos que posteriormente reproduzem os sujeitos. Existe uma espécie de circuito abreviado no qual os sujeitos simultaneamente produzem e reproduzem sujeitos através do comum. O que está tentando tomar nas mãos, então, Monsieur le Capital, é a própria subjetividade. Paradoxal e tragicamente, contudo, ao pôr as mãos na produção de subjetividade, você destrói o comum e corrompe o processo, fazendo murcharem as forças produtivas. Naturalmente, Monsieur le Capital fica completamente perplexo com este diagnóstico, mas ainda assim pede ao médico um tratamento. Muito bem, pondera Doctor Subtilis, os velhos remédios do controle privado e público, do neoliberalismo e das estratégias social-democratas servirão apenas para agravar as coisas. Finalmente, depois de muito pensar, ele responde enigmaticamente: Posso dizer-lhe apenas isto, Monsieur le Capital: não toque nos frutos!

Com este sombrio prognóstico do futuro do capital, não estamos sugerindo que ele entrará em colapso da noite para o dia. Tampouco flertamos com aqueles velhos conceitos do apocalipse capitalista chamados *Zusamenbrückstheorien*, ou teorias do colapso, destinadas a assustar a burguesia e incitar fervor revolucionário no proletariado.[36] Hoje, com efeito, mesmo diante de crises dramáticas, fica parecendo que qualquer um que ouse falar de um eventual fim do capital é imediatamente descartado como um teórico da catástrofe. (É digno de nota que tão poucos economistas contemporâneos enfrentem, como fizeram Keynes e Schumpeter numa época anterior, a questão de saber quando e de que maneira o modo capitalista de produção chegará ao fim.)[37] Não estamos pregando o apocalipse, mas simplesmente lendo os sintomas da doença do capital com dois pressupostos básicos: o capital não continuará dominando para sempre; e, ao buscar o próprio domínio, criará as condições do modo de produção e da sociedade que eventualmente o substituirão. Trata-se de um processo longo, exatamente como a transição do modo feudal de produção para o capitalista, e não podemos saber quando ele atravessará o limiar decisivo, mas já podemos identificar — na autonomia da produção biopolítica, na centralidade do comum e na crescente separação dos dois em relação à exploração e ao comando capitalistas — os ingredientes de uma nova sociedade dentro da casca da antiga.

Êxodo da república

A forma republicana que surgiu historicamente como dominante, com o objetivo central de proteger a propriedade e servi-la, durante muito tempo funcionou como meio adequado para o capital, fomentando seu desenvolvimento, regulando seus excessos e garantindo seus interesses. Mas a república da propriedade já não serve bem ao capital, tendo-se tornado, em vez disso, um empecilho para a produção. Examinamos anteriormente a diferença entre república e multidão, paralelamente ao êxodo da multidão que foge da república, primordialmente de uma perspectiva política. Devemos agora abordar a mesma questão do ponto de vista da produção econômica, tendo em mente, é claro, que na era biopolítica os processos econômicos e políticos estão cada vez mais entrelaçados de tal maneira que às vezes é impossível distingui-los. Que aspectos da república bloqueiam o desenvolvimento das forças produtivas e a produção do comum? Que acertos políticos e sociais podem remover esses obstáculos, fomentar esses desdobramentos e tratar os males do capital? Veremos nesta seção que, para uma nova expansão das forças produtivas e uma produção do comum livre de empecilhos — em outras palavras, para salvar o capital —, é necessária uma política de liberdade, igualdade e democracia da multidão.

Já vimos na seção anterior em que sentido a liberdade é necessária para a produção do comum. A multidão de subjetividades produtoras precisa hoje ser autônoma tanto da autoridade privada/capitalista quanto da pública/estatal, para produzir e desenvolver o comum. Anteriormente, a produção podia — e em muitos casos até precisava — ser organizada pelo capitalista. O capitalista fornecia os meios de cooperação, reunindo o proletariado na fábrica, por exemplo, organizando-o ao redor das máquinas, atribuindo-lhe tarefas específicas e impondo a disciplina de trabalho. O Estado também podia às vezes organizar a produção da mesma maneira, proporcionando os meios de cooperação e comunicação necessários para o processo produtivo. A relação da república com o capital caracterizava-se por este equilíbrio e esta alternativa entre o privado e o público, sustentando a autoridade de cada um deles sobre a multidão. Às vezes a república centrava-se mais no privado e em outras, no público, mas esses dois polos, cada um servindo como autoridade para organizar a produção, eram os limites exclusivos. Na produção biopolítica, contudo, a cooperação e a comunicação necessárias para a organização da multidão de subjetividades produtivas são geradas internamente. Já não é necessário que o capitalista ou o Estado organizem de fora a produção do exterior. Pelo contrário, qualquer tentativa de organização externa serve apenas para perturbar e corromper os processos de auto-organização que já funcionam no interior da multidão. A multidão só produz com eficiência e só desenvolve novas forças produtivas quando tem liberdade para fazê-lo em seus próprios termos, à sua maneira, com seus próprios mecanismos de cooperação e comunicação. Esta liberdade requer um êxodo da república da propriedade como aparato de controle tanto em seus aspectos privados quanto públicos.

A liberdade necessária aqui com toda evidência não é uma liberdade individualista, pois o comum só pode ser produzido socialmente, através da comunicação e da cooperação, por uma multidão de singularidades. E tampouco é esta liberdade coletivista, como se todas aquelas subjetividades produtoras fossem unificadas num todo homogêneo. É neste sentido que dissemos anteriormente que a metrópole é o espaço da liberdade, o espaço da organização de encontros entre subjetividades singulares. A exigência de liberdade mostra de que maneira as velhas formas de contrato — tanto o contrato entre cidadãos e o Estado quanto o contrato entre trabalhadores e capital — constituem cada vez mais empecilhos à produção. Haja uma troca de segurança por obediência ou de salário por tempo de trabalho, o resultado do contrato é sempre o estabelecimento e a legitimação da autoridade, que sempre e inevitavelmente enfraquece ou mesmo bloqueia a produção do comum através da subjetividade. O individualismo das partes que entram em contrato também bloqueia a produção do comum — vejamos esses indivíduos como preexistentes ou como resultado de processos histórico-políticos. No contrato, os indivíduos são levados a uma relação vertical com a figura de autoridade e não a relações horizontais com outros como eles. Um indivíduo nunca pode produzir o comum, como tampouco poderia gerar uma nova ideia sem recorrer ao alicerce de ideias comuns e da comunicação intelectual com os outros. Só uma multidão pode produzir o comum.

Assim como é necessária liberdade política para atender aos interesses da produção econômica, também é necessária a igualdade política. As hierarquias segmentam o comum e excluem populações, perturbando as formas necessárias de cooperação e comunicação. A metáfora de uma grande conversa tornou-se já uma forma convencional de apreender os circuitos sociais da produção biopolítica. Quando a produção de conhecimento ou de afetos é configurada como uma conversa, por exemplo, seria absurdo e contraproducente presumir, por um lado, que todo mundo já tem os mesmos conhecimentos, talentos e capacidades e portanto que todos estão dizendo a mesma coisa. A conversa é produtiva precisamente por causa dessas diferenças. A igualdade, vale a pena repetir, não implica uniformidade, homogeneidade ou unidade; pelo contrário. A produção também é restringida quando as diferenças configuram hierarquias e, por exemplo, só os "especialistas" falam e outros ouvem. No terreno biopolítico, a produção do comum é tanto mais eficiente na medida em que mais pessoas participam livremente da rede reprodutiva, com seus diferentes talentos e capacidades. A participação, além disso, é uma espécie de pedagogia que expande as forças produtivas, já que todos os incluídos tornam-se mais capazes através dessa participação.

A metáfora de uma grande conversação, todavia, pinta dessas relações produtivas um quadro por demais harmonioso e pacífico, indiferente à qualidade dos encontros que as constituem. Muitas pessoas são caladas mesmo quando incluídas numa conversa. E o simples acréscimo de mais vozes sem os meios adequados de cooperação pode rapidamente resultar em cacofonia, impossibilitando que se entenda qualquer coisa. Como vimos no que diz respeito à metrópole em *De Corpore* 2, considerando-se o atual estado da sociedade, a maioria dos encontros espontâneos é inadequada, resultando numa corrupção do comum ou na produção de uma forma negativa e prejudicial. Embora a igualdade necessária para fazer avançar a produção e fomentar a expansão das forças produtivas seja caracterizada pela participação em uma rede aberta e expansiva de encontros tão isentos quanto possível de hierarquias, o fato é que nossa primeira medida para alcançá-la exigirá muitas vezes que a conversa seja interrompida, esquivando-nos a relações prejudiciais e a formas corruptas do comum. Essas práticas de ruptura são, em muitos casos, o primeiro passo para a igualdade.

Liberdade e igualdade também implicam uma afirmação de democracia em oposição à representação política que constitui a base da hegemonia. Dois casos de representação são mais relevantes aqui, além de se revelarem estreitamente relacionados. Primeiro temos a representação exigida para construir um povo a partir de uma multidão. Um povo, naturalmente, como explica com brilhantismo Ernesto Laclau, não é uma formação natural ou espontânea, o povo se forma por mecanismos de representação que traduzem a diversidade e a pluralidade das subjetividades existentes numa unidade através da identificação com um líder, um grupo governante ou em certos casos uma ideia central. "Não existe hegemonia", deixa claro Laclau, "sem a construção de uma identidade popular a partir de uma pluralidade de demandas democráticas."[38] O segundo caso de representação, visto com mais clareza no nível constitucional, efetua uma síntese disjuntiva entre representantes e representados. A Constituição americana, por exemplo, destina-se simultaneamente a ligar os representados ao governo e a separá-los dele. Esta separação entre representantes e representados é igualmente a base da hegemonia.[39] A lógica da representação e da hegemonia nesses dois casos determina que um povo só exista em relação a sua liderança e vice-versa, e desse modo esse acerto determina uma forma de governo aristocrática, e não democrática, ainda que o povo eleja essa aristocracia.

As necessidades da produção biopolítica, contudo, entram diretamente em conflito com a representação e a hegemonia políticas. O ato da representação, na medida em que eclipsa ou homogeneiza as singularidades na construção da identidade, restringe a produção do comum ao solapar a necessária liberdade e a pluralidade de que falamos anteriormente. Um povo pode ser capaz de conservar o comum existente, mas para produzir novas instâncias do comum é necessária uma multidão, com seus encontros, sua cooperação e a comunicação entre singularidades. Além disso, a hegemonia criada pela divisão entre representantes e representados também constitui um obstáculo à produção do comum. Não só todas essas hierarquias solapam a produção biopolítica, como qualquer instância de hegemonia ou controle exercido de fora da multidão sobre o processo produtivo o corrompe e restringe.

A democracia — e não a aristocracia configurada pela representação e pela hegemonia — é necessária para fomentar a produção do comum e a expansão das forças produtivas, em outras palavras, para evitar as crises biopolíticas do capital e tratar seus males. Esta democracia dos produtores implica, além da liberdade e da igualdade, outro elemento essencial: o poder decisório, capaz de organizar a produção, gerar formas de cooperação e comunicação e fomentar a inovação. A mitologia do empreendedor capitalista persiste, embora qualquer tentativa de algum capitalista individual ou mesmo da classe dos capitalistas de inovar por meio da intervenção na cooperação produtiva e na sua organização sirva apenas para corromper o comum e obstruir sua produção. O que, em vez disso, deve surgir (e já está surgindo) é o empreendedorismo do comum, um empreendedorismo da multidão, que funcione no interior de uma democracia de subjetividades produtoras dotadas conjuntamente de poder decisório.

Finalmente, o êxodo da multidão fugindo da república da propriedade, das hierarquias de comando sobre a produção e de todas as outras hierarquias sociais constitui talvez o exemplo mais significativo de uma decisão comum. Como deverá ser tomada esta decisão? Haverá votação? Ainda não estamos em condições de descrever as estruturas e o funcionamento de uma tal democracia, mas já podemos pelo menos ver que sua construção é necessária para tratar os males do capital e fomentar a expansão da produção biopolítica.

Adequação a terremotos: Um programa reformista para o capital

Nossa análise levou-nos à conclusão de que o capital está num caminho de destruição, e destruição não só dos outros — do ambiente global e das populações mais pobres, para começar — mas também de si mesmo. Pode o capital ser salvo da sua pulsão de morte? O último grande pensador econômico a propor um tratamento bem-sucedido para os males do capital foi John Maynard Keynes. Com base em seu trabalho, desenvolveram-se regimes de regulamentação estatal da produção, estruturas previdenciárias para os produtores, estímulo à demanda efetiva e numerosos outros remédios. Já vimos, todavia, que hoje, na era biopolítica, esses velhos remédios não funcionam mais e às vezes acabam contribuindo para agravar a doença. Isto não significa que não seja mais possível promover reformas. Não é tão difícil, segundo nossa tese, estabelecer uma lista de reformas benéficas, mas com toda certeza existe algo de paradoxal na proposta de um programa assim. Para começar, é improvável que a aristocracia global fosse capaz hoje de promover reformas significativas ou de se desviar de maneira substantiva de seu caminho de destruição. Em segundo lugar, se fossem de fato instituídas, tais reformas, ao mesmo tempo que tratassem dos males do capital, imediatamente apontariam para além dele, em direção a um novo modo de produção. Tal situação lembra-nos uma antiga piada iídiche. Pergunta: Qual a diferença entre um corvo? Resposta: As duas asas têm o mesmo tamanho, exceto a esquerda. Adotemos este mesmo espírito paradoxal: caminhando até onde pudermos segundo a lógica, presumindo que no fim das contas fará sentido, mas sabendo ao mesmo tempo que acabará desmoronando no absurdo.

As crises capitalistas contemporâneas, como vimos, devem ser entendidas não só em sua aparência objetiva — aperto do crédito, inflação, recessão, preços da energia disparando, preços da habitação despencando, crises monetárias, devastação ecológica e assim por diante — mas também, e sobretudo, em sua aparência subjetiva. Inúmeros obstáculos se antepõem às subjetividades produtivas: barreiras que impedem o acesso ao comum e corrompendo-o, ausência dos elementos necessários para criar junto e organizar os encontros produtivos, e assim por diante. As reformas mais urgentes são as que se destinam a fornecer os elementos necessários para o desenvolvimento do empreendedorismo do comum e a inovação das redes sociais cooperativas. Não esperamos que a aristocracia global venha pressurosa nos consultar, mas aqui vão de qualquer maneira algumas reformas possíveis e capazes de constituir um programa para o capital.

O primeiro conjunto de reformas destina-se a proporcionar a infraestrutura necessária para a produção biopolítica. Especialmente óbvia é a necessidade de uma infraestrutura física adequada, ausente na maior parte do mundo. Nas grandes metrópoles das regiões subordinadas do mundo, vastas populações estão condenadas a suportar a miséria em ambientes envenenados carentes de água potável limpa, condições sanitárias elementares, eletricidade, alimentos de preços acessíveis e outras necessidades físicas de apoio à vida. Em vez de biopolítica, sugere Achille Mbembe, devíamos estar falando aqui de uma necropolítica, presidindo à morte social e à morte física. O atendimento de necessidades infraestruturais elementares é também imediatamente uma questão ambiental, pois a devastação do ambiente representa um obstáculo central ao acesso a alimentos adequados, ar puro e água limpa, além de outros elementos necessários à sobrevivência. O capital não pode simplesmente descartar certas populações; ele precisa que todo mundo seja produtivo na economia biopolítica.[40]

A vida nua não é, todavia, suficiente para a produção biopolítica. Uma infraestrutura social e intelectual também é necessária para o apoiar as subjetividades produtivas. Na era da produção biopolítica, as ferramentas centrais já não são o tear, a descaroçadora ou a prensa de metal, mas as ferramentas linguísticas, as ferramentas afetivas de construção de relacionamentos, as ferramentas para pensar e assim por diante. Os seres humanos, naturalmente, já têm cérebros, capacidades linguísticas e habilidades de relacionamento, mas tudo isso precisa ser desenvolvido. Por isto é que a educação básica e avançada torna-se ainda mais importante na economia biopolítica do que anteriormente. Todo mundo precisa aprender a trabalhar com a linguagem, os códigos, as ideias e os afetos — e, além disso, trabalhar com os outros —, e nada disso vem naturalmente. Seria necessário instituir algo como uma iniciativa de educação global, significando educação obrigatória para todos, a começar pela alfabetização e chegando à educação avançada em ciências da natureza, sociais e humanas.[41]

Como corolário desta educação social e intelectual, teria de ser construída uma infraestrutura aberta de informação e cultura para desenvolver plenamente e pôr em prática as capacidades da multidão para pensar e cooperar. Semelhante infraestrutura deve incluir uma camada física aberta (incluindo acesso a redes de comunicação com e sem fio), uma camada lógica aberta (por exemplo, códigos e protocolos abertos) e uma camada de conteúdo aberta (abrangendo obras culturais, intelectuais e científicas). Tudo isso se opondo aos mecanismos de privatização, inclusive patentes, copyrights e outras formas de propriedade imaterial, que impedem as pessoas de mobilizar suas reservas de ideias, imagens e códigos e usá-las para produzir outros. Esse acesso aberto ao comum também tem a vantagem de garantir que todos os bens necessários, como remédios e outros frutos da pesquisa científica, estejam disponíveis a todos a um custo acessível.[42]

Outra reforma infraestrutural necessária é prover recursos financeiros suficientes para atender às agências tecnológicas da pesquisa avançada. Um dos argumentos usados em defesa da manutenção das patentes, por exemplo, muito embora restrinjam o acesso ao comum e portanto diminuam as capacidades produtivas, é que as corporações precisam dos lucros para poder apoiar a pesquisa e desenvolvimento. Com efeito, que muitos tipos de pesquisa — como na medicina, na farmácia, na informática e nas ciências de materiais — requerem grandes investimentos. Se os enormes lucros gerados por patentes e copyrights forem retirados, alguma outra fonte de financiamento terá ser providenciada, através de instituições privadas ou públicas, para apoiar essa pesquisa.

Além de reformas da infraestrutura física, social e material, um outro conjunto de reformas terá de proporcionar a liberdade necessária para a produção biopolítica. Uma primeira liberdade necessária é a da mobilidade, e com isto nos referimos à liberdade de migrar no interior das fronteiras nacionais e através delas, bem como à liberdade de se estabelecer em determinado lugar. Como discutimos anteriormente em vários pontos de nossa análise, a produtividade biopolítica depende da capacidade de organizar encontros benéficos e evitar relações prejudiciais e formas nocivas do comum. A liberdade de movimento configuraria, assim, uma liberdade de espaço, permitindo que a multidão flua para onde possa ser mais criativa, organizar os encontros mais felizes e estabelecer as relações mais produtivas. O estabelecimento de alguma forma de cidadania aberta é a única maneira que vemos para apoiar essa liberdade e assim expandir a produção biopolítica.

Uma segunda reforma da liberdade diz respeito ao tempo, e a parte mais importante de tempo não livre em nossa vida é gasta no trabalho. Como já apontamos, toda violação da autonomia do trabalho biopolítico, inclusive o comando do patrão, é um obstáculo à produtividade. (Na era biopolítica, o tempo que somos obrigados a perder — trabalhando no telemarketing, no escritório, nos campos ou na fábrica — é uma boa medida da exploração.) Uma reforma que poderia proporcionar liberdade de tempo é o estabelecimento da renda mínima garantida em escala nacional ou global, a ser paga a todos, independentemente do trabalho. A separação efetiva entre renda e trabalho facultaria a todos maior controle do tempo. Muitos autores, nós inclusive, têm preconizado uma renda garantida com base na justiça econômica (a riqueza é produzida em toda uma vasta e disseminada rede social, e portanto o salário que compensa a produção dessa riqueza deve ser igualmente social); no caso da previdência social, como não se pode alcançar nada sequer próximo do pleno emprego na atual economia, também se deve ter meios de proporcionar renda aos que ficam sem trabalho. É preciso, no entanto, reconhecer que a garantia de que toda a população disponha do mínimo básico para a vida é do interesse do capital. Conceder à multidão autonomia e controle do tempo é essencial para fomentar a produtividade da economia biopolítica.[43]

A liberdade necessária para a produção biopolítica também incluiu o poder de construir relações sociais e criar instituições sociais autônomas. Uma possível reforma para desenvolver essas capacidades é o estabelecimento de mecanismos de democracia participativa em todos os níveis do governo, para permitir que a multidão aprenda a cooperação social e o autogoverno. Como argumenta Thomas Jefferson, a participação no governo é uma pedagogia do autogoverno, desenvolvendo as capacidades das pessoas e despertando seu apetite por mais. A democracia é algo que só se aprende fazendo.[44]

Estas são apenas algumas reformas necessárias para salvar a produção capitalista, e, como dissemos antes, não temos motivos para crer que a aristocracia global que domina as relações econômicas esteja disposta ou seja capaz de instituí-las, mesmo enfrentando enormes crises financeiras e econômicas. Essas reformas só acontecerão através da luta, somente quando o capital for obrigado a aceitá-las. Inúmeras lutas exigindo infraestrutura física e imaterial para a vida social já estão em andamento, incluindo as lutas da multidão por liberdade e autonomia. Elas precisarão se desenvolver e intensificar para poder alcançar as reformas.

Alguns leitores poderão a esta altura começar a duvidar de nossas intenções revolucionárias. Por que estaríamos propondo reformas para *salvar* o capital? Isto não serviria apenas para atrasar a revolução? Gostaríamos de frisar que trabalhamos aqui com um conceito diferente de transição. O nosso pressuposto, naturalmente, é diferente das teorias do colapso, que, segundo o slogan "Quanto pior, melhor", contemplam o fim do domínio capitalista como resultado de crises catastróficas, seguidas de uma nova ordem econômica surgida de suas cinzas. É também diferente da noção de transição socialista que pressupõe uma transferência de riqueza e controle do privado para o público, aumentando a regulamentação, o controle e a gestão da produção social por parte do Estado. O tipo de transição com que trabalhamos, requer ao invés disso a crescente autonomia da multidão, tanto em relação ao controle privado quanto ao controle público; a transformação dos sujeitos sociais através da educação e do treinamento na cooperação, na comunicação e na organização dos encontros sociais; e portanto uma progressiva acumulação do comum. É assim que o capital criará seus próprios coveiros: promovendo seus próprios interesses e tentando cuidar da própria sobrevivência, ele não pode deixar de fomentar o crescente poder e autonomia da multidão produtiva. E quando essa acumulação de poderes ultrapassar um certo limiar, a multidão surgirá com a capacidade de gerir autonomamente o bem-estar comum.

DE HOMINE 2: ATRAVESSAR O LIMIAR!

> Se alguém pudesse escrever um livro sobre Ética que fosse realmente um livro sobre Ética, esse livro explodiria todos os outros livros do mundo.
>
> — Ludwig Wittgenstein, "Lecture on Ethics"

Qual o valor de uma empresa na era pós-industrial? Tradicionalmente, o valor de uma empresa era estabelecido pelo cálculo do investimento inicial, acrescidos dos custos trabalhistas, os valores pagos por materiais, manutenção das instalações, transporte de bens e assim por diante. Podiam ser cálculos complexos, mas tudo se adequava às colunas de crédito e débito dos livros contábeis. Thomas Gradgring, o desalmado dono de fábrica de *Hard Times*, de Charles Dickens, pode quantificar tranquilamente todas as facetas da vida: "Com uma régua e um par de medidas, e as tabelas de multiplicação sempre em suas estacas (...) pronto para pesar e medir qualquer parte da natureza humana e dizer exatamente a que se resume."[45] Qualquer valor podia ser avaliado com precisão e, como nos dizem os clássicos da economia política, todo valor remetia ao trabalho como sua fonte. Desse modo, o valor dependia da capacidade de disciplinar o trabalho e mensurar seus esforços, os esforços perfeitamente materiais de milhares de trabalhadores e a dureza do comando organizado na manufatura.

Hoje, o valor de uma empresa depende em medida cada vez maior de ativos imateriais como "goodwill"* e outros fatores intangíveis,

---

* Conceito que pode ser traduzido como "patrimônio" da marca, refere-se aos bens intangíveis de uma empresa. (*N. da R. T.*)

que podem ser gerados ou eliminados com extraordinária rapidez. Os economistas definem o conceito de goodwill como o valor decorrente da reputação de uma companhia, de sua posição no mercado, das relações com os empregados, do talento gerencial, das relações com funcionários do governo e outros bens imateriais. Quantificar este patrimônio e medir outros ativos intangíveis torna-se uma operação extremamente difícil que atormenta os contadores. Com efeito, o valor de uma companhia, incluindo seus ativos intangíveis, é determinado quase sempre por avaliações consensuais entre bolsas de valores, bancos, vendedores e compradores, vários empreendedores do mesmo setor, agências de cotação e os industriais e corretores do imaterial. O valor de uma companhia e de seus ativos intangíveis parece ser uma materialização monetária das funções do mercado.[46] Seria, então, uma questão de valor como patrimônio intangível versus valor como trabalho? Essa alternativa seria risível se os mercados financeiros já não se tivessem apropriado dela e o capitalismo contemporâneo não se tivesse adaptado a ela. Quase poderia gerar uma pergunta para saber se ainda existe alguma força de trabalho em produção hoje em dia. A riqueza realmente flui do cérebro dos senhores? Não, é claro que não. Por que, então, em vez de zombar de conceitos como goodwill e desmistificar os ativos intangíveis, nós os levamos a sério?

Para abordar a questão do valor intangível, precisamos fazer um breve desvio pelas concepções tradicionais da teoria do valor-trabalho. Na tradição marxista, à qual nos sentimos integrados, a teoria do valor assume duas formas. Primeiro, é uma teoria do trabalho abstrato, que está presente em todas as mercadorias, na medida em que o trabalho é a substância comum de toda atividade produtiva. Os marxistas analisam de que maneira essa concepção qualitativa é transformada numa noção quantitativa da lei do valor centrada no problema da mensuração do valor do trabalho. A magnitude do valor expressa o vínculo entre uma certa mercadoria e o tempo de trabalho necessário para produzi-la, que pode ser expressa em unidades de "trabalho simples". O problema fundamental colocado por essa teoria quantitativa do valor, segundo

Paul Sweezy, é encontrar as leis que regulam a distribuição da força de trabalho pelos diferentes ramos da produção numa sociedade de produtores de mercadorias. "Para usar uma expressão moderna", explica Sweezy, "a lei do valor é essencialmente uma teoria do equilíbrio geral, desenvolvida em primeiro lugar com referência à simples produção de mercadorias e posteriormente adaptada ao capitalismo."[47] Por trás de cada forma particular assumida pelo trabalho existe, em determinados casos, uma força de trabalho social global capaz de ser transferida de um uso para outro de acordo com as necessidades sociais, cuja importância e desenvolvimento depende — em última análise — da capacidade da sociedade de produzir riqueza.

A lei do valor também assume uma segunda forma, que diz respeito ao valor do trabalho como uma figura de antagonismo, como sujeito de uma ruptura aberta e sempre presente no sistema, e não como um elemento de equilíbrio. Ao longo da obra de Marx, o conceito de força de trabalho é considerado um elemento da produção que se valoriza de maneira relativamente independente do funcionamento do equilíbrio buscado pela primeira versão da lei do valor. Isto significa que, em vez de ser idealizada como medida, a "unidade" é encontrada numa relação com o "trabalho necessário", o qual, em vez de ser uma quantidade fixa, é um elemento dinâmico do sistema. Historicamente, o trabalho necessário é determinado pela luta e embutido nas necessidades sempre crescentes do proletariado: é o produto da luta contra o trabalho e do esforço para transformar a atividade produtiva. Surge então um segundo ponto de vista, considerando a lei do valor como um motor de desequilíbrio constitucional, e não de equilíbrio do sistema capitalista. Dessa perspectiva, a lei do valor é parte da lei do valor excedente, na medida em que contribui para gerar uma crise constitucional de equilíbrio. Quando a lei do valor é aplicada ao desenvolvimento capitalista como um todo, gera crise — não só crises de circulação e desproporção (vale dizer, fenômenos redutíveis ao modelo do equilíbrio sistêmico), mas também crises causadas pelas lutas e pelos desequilíbrios subjetivos do ciclo, que resultam da impossibilidade de conter o crescimento da demanda, em outras palavras, as necessidades e desejos dos sujeitos produtivos. Nesse arcabouço, a lei do valor/valor excedente surge ao mesmo tempo como lei da contínua desestruturação e reestruturação do ciclo do desenvolvimento capitalista e lei de composição e recomposição da multidão como poder de transformação. Desse modo, a teoria do valor-trabalho definida pela economia política clássica está se extinguindo no processo de desenvolvimento capitalista, à medida que o capital produz novas formas de organização na era pós-industrial.[48]

Contudo, esse processo que consiste em ir além da lei do valor traz de volta e aprofunda as contradições que originalmente suscitou. A primeira delas é a oposição do "trabalho simples" ao "trabalho qualificado e complexo". Este não pode ser reduzido a um multiplicador daquele, que é considerado uma unidade de medida. Aqui está a origem da absurda alegação de que o maior valor de uso do trabalho qualificado (ou seja, seu maior nível de produtividade) pode ser deduzido do valor de seu produto, em vez ser explicado pela "diferença" inerente ao trabalho empregado na produção. A segunda contradição é a oposição entre trabalho "produtivo" e "improdutivo". Ao contrário do trabalho improdutivo, afirma a definição clássica, o trabalho produtivo gera capital diretamente. Mas esta definição é terrivelmente redutora da noção de produtividade e, de maneira mais genérica, de força produtiva. O trabalho produtivo, se quisermos empregar tal expressão, deve ser definido por sua inscrição na cooperação social, e não em relação à quantidade de unidades de trabalho simples que congrega; e quanto mais o trabalho é subsumido sob o capital, mais isto se verifica. A cooperação e o comum tornam o trabalho produtivo, e a cooperação cresce à medida que se desenvolvem as forças produtivas, transformando-se cada vez mais em ativos comuns. Finalmente, a terceira contradição é que a força de trabalho biopolítica, incluindo atividades intelectuais, científicas, comunicativas e afetivas, não é redutível à soma do trabalho simples nem à cooperação (por mais complexa seja). O trabalho biopolítico é caracterizado pela criatividade — e a criatividade é uma expressão do comum.

Essas contradições tornaram-se hoje reais, presentes e significativas, o que significa dizer que elas não mais representam apenas tendências contraditórias no sistema. À medida que o capitalismo se desenvolveu, essas contradições foram se tornando aporias concretas. A distinção entre trabalho simples e complexo pode ter sido válida na fase histórica do desenvolvimento capitalista definida por Marx como cooperação simples, mas já na fase da manufatura torna-se uma aporia. Da mesma forma, a distinção entre trabalho produtivo e improdutivo, que tinha certa validade na manufatura, torna-se uma aporia no período da indústria de grande escala. E agora, na era pós-industrial, o valor produtivo do trabalho biopolítico tornou-se hegemônico através da inclusão e não da exclusão dos demais elementos da produção. Em virtude desta evolução, é evidentemente impossível considerar a lei do valor (em sua formulação clássica) como uma lei de medida da produtividade global do sistema econômico e como a regra de seu equilíbrio. As tentativas contemporâneas de reinventar a medida em termos de valores de mercado, goodwill, ativos intangíveis e semelhantes demonstram a inadequação da lei do valor para medir a produtividade, mas de fato indicam uma real mudança na natureza da força produtiva, que ainda se baseia no trabalho.[49] Embora a mensuração continue sendo indispensável para o capital, todos os dispositivos destinados a medir o trabalho e o valor — como o trabalho produtivo e improdutivo, o tempo de trabalho e a organização da jornada de trabalho, a hegemonia da composição do trabalho e/ou da indústria sobre a produção como um todo e os salários do trabalho e as rendas sociais — encontram-se atualmente em crise e não podem ser aplicados à sociedade biopolítica.

Precisamos a esta altura de uma nova teoria do valor. Mas será ela realmente uma teoria do valor? Na sequência das discussões no fim de cada parte deste livro, apontamos situações em que o valor-trabalho excede os fluxos da economia e do poder. Na primeira, insistimos em que o acontecimento biopolítico excede a continuidade do desenvolvimento, a rotina temporal e o desdobramento linear da história. Na segunda, enfatizamos que a razão biopolítica e a produção de conhecimento excedem as normas instrumentais de conhecimento e poder construídas na modernidade. Na terceira, analisamos de que maneira o amor como impulso social constituinte excede todos os poderes constituídos. No Intermezzo, que vai se alinhando com essas discussões, insistimos no fato de que o amor, com sua força transbordante, também requer um treinamento de defesa contra o amor que dá errado e precisa de uma força para combater o mal. Finalmente, na quarta, começamos a dar uma dimensão concreta ao exceder da multidão em sua produção do comum na metrópole. Estamos agora em condições de apresentar a relevância subjetiva deste mundo de transbordamento histórico e ontológico.

Para precisar o que significa para a biopolítica exceder, precisamos estabelecer a diferença entre esta figura da desmedida e os modelos tradicionalmente propostos para medir o valor. No contexto biopolítico, o valor transborda qualquer limiar de controle político e econômico. A medida do valor não pode derivar da quantidade de tempo dedicado à reprodução da força de trabalho, nem da ordem social daí decorrente. O valor biopolítico se alicerça no comum da cooperação. As necessidades que são interpretadas pela valorização emergem dos objetos e por sua vez os transformam continuamente: o terreno do comum é animado pela produção de subjetividade. "Se dois se unem e somam suas forças", afirma Spinoza, "têm mais poder e, consequentemente, mais direito sobre a natureza que qualquer dos dois sozinho: e quanto maior o número dos que se juntam em aliança, mais direito terão juntos."[50] Na situação contemporânea, o valor deve remeter à atividade vital como um todo, e portanto a incomensurabilidade e o transbordamento do trabalho produtivo são um processo que atravessa todo o tecido biopolítico da sociedade.[51]

Atravessar o limiar da medida nos dá uma primeira definição do processo do exceder biopolítico, que transborda das barreiras construídas pela tradição da moderna economia política para controlar a força de trabalho e a produção de valor. Em termos epistemológicos, exceder é um ato linguístico de ruptura e inovação, que não se limita a recompor a continuidade da linguagem, mas que revela uma força acumulada e ainda não expressa dos significados, por um lado, e, por outro, uma expressão inovadora dos signos.[52] Em termos físicos, ou melhor, nos termos

DE HOMINE 2: ATRAVESSAR O LIMIAR!

do que chamaríamos de biofísica dos corpos, exceder é a metamorfose contínua dos modos de vida e a invenção sempre mais acelerada de novas formas de vida social no comum. Na história da filosofia materialista, a inovação física dos corpos sempre foi apresentada como um *clinâmen*, o elemento que intervém na queda dos átomos para fazê-los desviar de seu curso singular e assim determinar o acontecimento. O exceder deve ser entendido como um dispositivo, um desejo dinâmico que não só reconhece sua própria formação como experimenta com ela e intervém no processo. Finalmente, na ética, quando visto como uma experiência de treinamento no amor, esse exceder explode em toda a sua clareza — como afirma Wittgenstein na epígrafe deste capítulo —, não mais como produto do processo biopolítico, mas como sua máquina biopolítica.[53]

Na história da filosofia, existe um legado que, apesar de permanentemente reprimido, defende a afirmação do valor como uma expressão de vida, interpretando-o como uma força de criação. O princípio da desmedida vontade sobre o conhecimento instrumental desde a Grécia antiga enfrenta forte oposição, oriunda das hierarquias intelectuais impostas pela filosofia dogmática. Mas a corrente alternativa na história da filosofia, de resistências e linhas de fuga, tem tido prosseguimento. Podemos reconhecê-la, por exemplo, na afirmação, por parte de Agostinho, da livre vontade que eleva o homem ao limiar de transformação do próprio ser. Contra o intelectualismo que identifica a verdade com a racionalidade instrumental, Agostinho afirma que a livre vontade permeia tudo: "Voluntas est quippe in omnibus; imo omnes nihil aliud quam voluntates sunt."[54] Também podemos reconhecê-la, como nos lembra Ernst Bloch, na "esquerda aristotélica" de Ibn Sinã (Avicena) e Ibn Ruchd (Averróis), que insistem na criatividade da matéria e descobrem, com a *eductio formarum*, o poder humano em interpretar e desenvolver as forças da vida.[55] De Duns Scotus a Nicolau de Cusa, de Spinoza a Nietzsche e Deleuze, poderíamos mapear o desenvolvimento desses dispositivos da desmedida e do desempenho ético. Esta genealogia alternativa culmina, talvez, num entendimento do amor como vontade de poder, ou seja, amor como a produção ontológica das subjetividades comuns.

Porém, ainda precisamos de uma nova teoria do valor alicerçada na desmedida, atravessando o limiar da medida. Cabe notar, sobretudo, que não esperamos que uma tal teoria revele o valor como algo diferente da percepção de um acontecimento histórico. Na mais poderosa experiência teórica que vai de Marx a Nietzsche, o valor já é considerado uma inovação historicamente determinada, ou seja, atividade constituinte. É como muito apropriadamente resume Wilhelm Dilthey ao escrever: "Tudo que o homem faz nessa realidade sócio-histórica é produzido pela mobilização da vontade; na vontade, o fim torna-se o agente sob a aparência do motivo."[56] Da mesma forma, Michel de Certeau nos mostra de que maneira os dispositivos na pesquisa histórica de Foucault provocam uma explosão de acontecimentos vitais, que constroem para o futuro, "como o riso".[57] Precisamos, contudo, avançar mais. Estamos na etapa da explosão, como define Wittgenstein: uma determinação singular, ética, nova e irredutível.

Tudo isso significa que uma teoria do valor pode e deve ser construída como um dispositivo que, rompendo com o determinismo, redefina a temporalidade e os espaços da vida em termos criativos. Exceder é uma atividade criativa. Uma nova teoria do valor deve basear-se nas forças de inovação econômica, política e social que hoje constituem expressões do desejo da multidão. O valor é criado quando a resistência se torna transbordante, criativa e sem limites, e, portanto, quando a atividade humana excede e determina um rompimento do equilíbrio de poder. Em consequência, cria-se valor quando as relações entre os elementos constituintes do processo biopolítico e a estrutura do biopoder são desequilibradas. Quando o controle do desenvolvimento, assumido pelo Estado e pelos organismos coletivos do capital para definir sua própria legitimidade, já não for capaz de conter a resistência da multidão, da força de trabalho e de todo o conjunto de singularidades sociais, só então haverá valor.

Esta hipótese leva a uma série de posições políticas. Primeiramente, temos *a força de trabalho contra a exploração*. Os elementos que determinam o desequilíbrio do comando capitalista são a insubordinação, a sabotagem, a *jacquerie* industrial, as exigências de renda básica, a libertação e organização do trabalho intelectual da multidão e assim por diante. O poder capitalista pode rastrear e governar esse desequilíbrio de maneira estática ou dinâmica. A escolha entre diferentes técnicas de contenção e/ou governança é determinada pela intensidade das resistências. Quando as forças excedentes da multidão vencem, o sistema entra em estado de crise, e a repressão só pode ser imposta nos níveis mais avançados e sofisticados de organização capitalista, ou, melhor dizendo, começando por processos de reforma nas estruturas de poder.[58]

A segunda articulação da disputa, que apresenta o conceito de atividade desmedida do ponto de vista das subjetividades resistentes, postula a ideia de *singularidade contra a de identidade*. Mencionamos anteriormente e voltaremos na Parte 6 a analisar de que maneira a identidade representa um instrumento fundamental de mistificação e repressão capitalistas. Nesse contexto, ela age no sentido de neutralizar ou esmagar os desdobramentos produzidos pelas singularidades na construção da multidão e do comum através de uma dialética identitária. As singularidades jamais podem ser reduzidas à identidade, assim como a multidão não pode ser transformada em unidade.

Em terceiro lugar, nossa hipótese postula *o comum contra a república da propriedade*. Quando o trabalho e a vida excedem, sempre apontam na direção da construção do comum, que é o único sinal de produtividade hoje. Mas a república da propriedade tenta subjugar, explorar e privatizar o comum para redistribuí-lo de acordo com as leis da propriedade individual e da representação política liberal. Este projeto asfixia as singularidades e neutraliza a força do comum. A política identitária burguesa da exploração capitalista e da transcendência republicana é na realidade uma necropolítica ou tanatopolítica. O biopoder reage por toda parte e sempre contra a atividade excedente da produção biopolítica.

Qual seria, então, a definição de valor em termos econômicos? Trata-se de uma questão ociosa, a menos que transformemos a economia em bioeconomia, o que vale também para a biopolítica, biossociedade, biorresistência, biorrevolução e até biofelicidade! Se os capitalistas destruíram a economia transformando-a em matemática, cabe a nós trazê-la de volta ao terreno da vida e ao antigo significado de *oikonomia*. O valor econômico é definido pelo processo transbordante e excedente realizado pela atividade cooperativa (intelectual, manual, afetiva ou comunicativa) contra e além da regulamentação capitalista da sociedade exercida através das convenções financeiras do mercado. Se a *medida* de valor deve continuar tendo um significado, precisa ser determinada através do exercício democrático da produção do comum. Seria útil recuperar para nós, como comunistas, o velho adágio: a liberdade não é apenas um valor político, mas acima de tudo um valor econômico ou, melhor ainda, biopolítico. A partir dessas considerações políticas, podemos começar a entender o movimento excedente da atividade social e do trabalho comum. A ontologia do presente indicada pela biopolítica da produção precisa ser complementada, como veremos na Parte 6, por uma estrutura radicalmente democrática.

Estamos propondo um caminho íngreme, mas que realmente pode ser percorrido. Ao estudar o desenvolvimento da resistência dos trabalhadores ao capitalismo industrial, Marx traça um processo semelhante: "Foram necessários tempo e experiência para que os trabalhadores aprendessem a distinguir entre a maquinaria e o seu uso por parte do capital, transferindo seus ataques dos instrumentos materiais de produção para a forma de sociedade que utiliza esses instrumentos."[59] Os sujeitos da produção biopolítica no proletariado contemporâneo também precisam aprender para onde dirigir seus ataques, o que só é facilitado pelo fato de que a multidão está atualmente estabelecida no comum, e de que o capital pode ser cada vez mais reconhecido como um mero obstáculo.

PARTE 6
Revolução

> Temos escrito com frequência a palavra Democracia. Mas jamais repetirei o bastante que é uma palavra cuja real essência ainda dorme, desacordada, não obstante a ressonância e as muitas furiosas tempestades de onde provêm suas sílabas, seja pela pena ou pela língua. É uma grande palavra, cuja história, suponho, ainda não foi escrita, pois essa história ainda está por cumprir-se.
>
> — Walt Whitman, "Democratic Vistas"

6.1

Paralelismos revolucionários

> Não tenho raça, exceto aquela que me é imposta. Não tenho país, exceto aquele ao qual sou obrigado a pertencer. Não tenho tradições. Sou livre. Tenho apenas o futuro.
>
> — Richard Wright, *Pagan Spain*

> Como *mestiza*, não tenho país, minha pátria me expulsou. (...) (Como lésbica, não tenho raça, meu povo me renega; mas sou todas as raças, pois a *queer* que existe em mim está em todas as raças.)
>
> — Gloria Anzaldúa, *Borderlands*

> Sou de uma raça inferior para toda a eternidade.
>
> — Arthur Rimbaud, "Uma estação no inferno"

Política identitária no purgatório

A política identitária tem recebido muitas críticas negativas ultimamente. Por um lado, o reflexo dominante da direita (assim como de partes significativas da esquerda) é de manter e policiar um ponto de vista ideológico "cego à identidade", acusando todo aquele que fale de hierarquias sociais, de segregações e de insultos à identidade de havê-los criado. A eleição de Barack Obama como presidente dos Estados Unidos serviu apenas para reforçar as alegações de que entramos numa era "pós-racial". Muitos na esquerda radical, por outro lado, e de modo mais significativo no que diz respeito aos nossos objetivos, criticam a política identitária por criar obstáculos à revolução. O reconhecimento e a afirmação das identidades — de classe, raça, gênero, sexo e até, às vezes, de identidades religiosas — podem revelar as feridas sociais, sustenta essa tese, exigir a correção dos males sociais e criar armas de revolta e emancipação, mas não podem operar a metamorfose social, especialmente a autotransformação, necessária para a revolução. E, no entanto, todos os movimentos revolucionários estão alicerçados na identidade. É este o enigma que enfrentamos: a política revolucionária precisa começar da identidade mas não pode terminar nela. A questão não é estabelecer uma divisão entre política identitária e política revolucionária, mas, pelo contrário, seguir as correntes revolucionárias paralelas de pensamento e prática no interior da política identitária, todas elas, talvez paradoxalmente, voltadas para a abolição da identidade. Em outras palavras, o pensamento revolucionário não deve evitar a política identitária, e sim trabalhar através dela e aprender com ela.

É inevitável que a identidade se torne um veículo primordial de luta no interior da república da propriedade e contra ela, já que a própria identidade se baseia na propriedade e na soberania. Num primeiro nível, o domínio da propriedade é uma maneira de criar identidade e manter a hierarquia. A propriedade está profundamente entrelaçada com a raça, por exemplo, não só porque em muitas partes do mundo a história dos direitos de propriedade esteja incrustada nas sagas da propriedade de escravos, mas também porque os direitos de ter e dispor da propriedade são racializados, com ou sem a ajuda de esquemas legalizados de segregação. Da mesma forma, em todo o mundo os privilégios de propriedade masculina definem formas de subordinação feminina, indo da concepção da esposa como propriedade e do tráfico de mulheres às leis de herança e formas mais sutis de propriedade com viés de gênero. Num segundo e mais profundo nível, todavia, a identidade *é* propriedade. Os conceitos de individualidade soberana e individualismo possessivo que constituem as origens da ideologia burguesa nos séculos XVII e XVIII postulam a identidade como propriedade num sentido filosófico: "Todo homem tem a *propriedade*", escreve John Locke, "de sua própria *pessoa*."[1] A identidade também funciona como propriedade em termos materiais. A brancura é propriedade, explica Cheryl Harris, na medida em que "a lei concedeu aos 'detentores' de brancura os mesmos privilégios e benefícios concedidos aos detentores de outros tipos de propriedade".[2] Embora não seja alienável, a identidade, como muitas outras formas de propriedade, é título e possessão que confere poderes de exclusão e hierarquia. A identidade é uma arma da república da propriedade, mas uma arma que pode ser voltada contra ela.

Na nossa leitura dos projetos revolucionários dentro de cada um desses terrenos identitários, identificamos três tarefas básicas. A primeira é revelar a violência da identidade como propriedade e assim, em certo sentido, reapropriar-se dessa identidade. Por exemplo, a "cena primária" da identidade afro-americana poderia ser considerada o grito da Tia Hester: Frederick Douglass conta em sua autobiografia que a identidade escrava e a negritude em geral para ele estão ligadas ao terror de ouvir os gritos de sua tia sendo chicoteada pelo senhor.[3] Reconhecer o fato da negritude, como também testemunham W. E. B. Du Bois e Frantz Fanon em relatos autobiográficos, é uma descoberta não só da diferença mas também, da subordinação e da violência coletivas. E, no entanto, a violência da identidade é em grande medida invisível, especialmente aos que não estão sujeitos a ela, o que torna ainda mais difícil contestá-la. É este um dos significados da famosa afirmação de Du Bois de que um véu separa os subordinados da visão da sociedade dominante. Eles estão misteriosamente fora do alcance da visão, invisíveis, mesmo quando são aqueles que, em plena luz do dia, limpam as casas, cuidam das crianças, produzem os bens e de maneira geral sustentam a vida dos dominantes. Dessa maneira, a tarefa inicial de insubordinação, ao que se constitui como a forma mais generalizada de política identitária requer que se ataque, justamente, esta invisibilidade, rasgando ou suspendendo o véu, para revelar as estruturas hierárquicas que perpassam a sociedade.

A luta para tornar visíveis as violências identitárias pode ser ainda mais urgente hoje, num tempo em que o discurso dominante, especialmente na América do Norte e na Europa, proclama que as hierarquias de raça, gênero e classe foram superadas. Sim, havia hierarquias sociais lamentáveis, afirma esta versão, havia a escravidão e as leis de Jim Crow,* havia uma generalizada subordinação das mulheres sob o patriarcado, repressão e genocídio de populações nativas, opressão de trabalhadores nas fábricas e estabelecimentos de trabalho precário — mas como tudo isto agora é passado, a sociedade deve ficar "cega à identidade". Um negro na Casa Branca é apresentado como a suprema confirmação deste discurso. O mandato do feminismo, a militância antirracista, as lutas dos trabalhadores e outras políticas identitárias se acabaram, segundo esta visão, e as divisões identitárias sociais só são perpetuadas por aqueles que continuam a falar delas. Assim é que os que promovem a consciência das desigualdades sociais em linhas identitárias são apresentados como criadores das divisões de classe, raça, gênero e outras clivagens de natureza identitária. Em consequência, enfrentamos cada vez mais formas paradoxais de racismo "cego à cor", sexismo "cego ao gênero", opressão de classe "cega às classes" e assim por diante.[4]

Os estudiosos mais críticos das questões de raça nos Estados Unidos, por exemplo, explicam que, por uma ironia do destino, saiu vitoriosa uma versão do paradigma jurídico dos direitos civis, na medida em que, em nome do antirracismo, o discurso jurídico dominante hoje estabelece perspectivas "cegas à raça" no pensamento e na prática jurídicos. Esta cegueira jurídica à raça, sustentam, simplesmente esconde as persistentes hierarquias raciais, tornando mais difícil enfrentá-las com instrumentos legais.[5] Em toda a América Latina, desde a independência das ex-colônias, as oligarquias liberais mobilizaram uma ideologia "cega à raça", tentando hispanizar as populações indígenas com o objetivo de erradicar o "índio" — através da educação, dos casamentos e da migração (quando não pela aniquilação física) —, de tal

---

* Leis em vigor nos estados sulistas e limítrofes dos Estados Unidos entre 1876 e 1965, segregando negros, asiáticos e membros de outras raças em escolas, locais e meios de transporte públicos. (*N. do T.*)

maneira que os vestígios das civilizações indígenas fossem relegados aos museus, permanecendo apenas como curiosidades turísticas. Naturalmente esses discursos de integração nacional não eliminaram, e na maioria dos casos sequer diminuíram, a subordinação racial, tendo servido apenas para tornar a permanente colonização menos visível e portanto mais difícil de combater.[6] A ideologia de mercado, para dar mais um exemplo, é "cega às classes" na medida em que encara cada indivíduo como um proprietário que vem ao mercado livremente e em igualdade de condições para vender bens: proletários com sua força de trabalho e capitalistas trazendo dinheiro e propriedades. Mas essa ideologia de mercado mascara a hierarquia e o comando envolvidos no próprio processo de trabalho, juntamente com a violência "econômica" da propriedade e da pobreza e a violência "extraconômica" da conquista, do imperialismo, da exclusão e do controle social que cria e mantém as divisões de classe. Estamos certos de que os leitores já estão familiarizados com esses argumentos e outros, ainda que se apliquem a diversos terrenos identitários, inclusive formas ocultas de violência sexual sofridas pelas mulheres, às vezes sob a égide do casamento e da família, assim como a violência da homofobia e da heteronormatividade.

A violência e a hierarquia identitária não são, naturalmente, apenas uma questão de consciência (ou fanatismo religioso e preconceito); ao contrário, como outras formas de propriedade, a identidade mantém a hierarquia primordialmente através de estruturas e instituições sociais. A tarefa positiva inicial da política identitária nos diferentes terrenos é, portanto, combater a cegueira e tornar visíveis os mecanismos e regimes reais, mas tantas vezes ocultos, de subordinação social, segmentação e exclusão que funcionam nessas linhas identitárias. Tornar as subordinações de identidade visíveis como propriedade implica, em certo sentido, reapropriar-se da identidade. Assim, esta primeira tarefa da política identitária poderia ser colocada na mesma posição da *expropriação dos expropriadores* do discurso comunista tradicional.

No entanto, muitas vezes a política identitária começa e acaba com esta primeira tarefa, eventualmente combinando-a com pálidas declarações de orgulho e afirmação. Os projetos identitários de revelação da violência e da hierarquia sociais encalham quando são acoplados à ideia dos danos sofridos, criando, como defende Wendy Brown, um investimento de grupo na manutenção do status de prejudicados, com uma atitude de *ressentimento*. A identidade é considerada uma posse, poderíamos dizer, sendo defendida como propriedade. O elemento mais significativo que falta neste tipo de política identitária, insiste Brown, é o impulso para a liberdade que deveria constituir sua base.[7] Com efeito, alguns dos mais interessantes estudos da teoria feminista e dos teóricos da negritude preconizam uma volta ao discurso libertário, que costumava animar o centro do feminismo e do radicalismo negro. Fred Moten, por exemplo, concebe a negritude não apenas como marca de sujeição e subordinação, mas como uma posição de poder e interferência. A "essência performativa da negritude" é a resistência à escravização ou, mais genericamente, a busca da liberdade.[8] Moten em certa medida faz eco à frequente referência de Du Bois à força da emancipação como um dos dons especiais das pessoas negras e à alegação de Cedric Robinson de que a liberdade e o poder são elementos centrais de toda a tradição do radicalismo negro.[9] Linda Zerilli, paralelamente, tenta reivindicar o feminismo como uma prática de liberdade, assim retornando a algumas poderosas correntes do início da segunda onda feminista. Segundo Zerilli, um feminismo centrado na liberdade não se preocupa tanto com o saber (e o revelar, por exemplo, das maneiras como as mulheres são socialmente subordinadas), mas antes com o fazer — "com o transformar, a construção do mundo, o recomeço".[10] A tradição do marxismo revolucionário, para considerar mais um exemplo paralelo, apresenta a identidade proletária como uma arma contra o capital e um motor da luta de classes, não só ao revelar a violência e o sofrimento da classe trabalhadora mas também ao construir uma figura do poder dos trabalhadores capaz de revidar contra o capital e obter liberdade em relação a ele. A segunda tarefa da política identitária, assim, é avançar da indignação para a rebelião contra as estruturas de dominação usando a identidade subordinada como uma arma na busca da liberdade — assim desempenhando o papel tradicional da *conquista do poder de Estado*.

PARALELISMOS REVOLUCIONÁRIOS

Esta segunda tarefa da política identitária, a luta pela liberdade, milita contra o risco de apego aos danos sofridos e contra o foco na vitimização, mas não garante que o processo não venha a se tornar fixado na identidade e acabe empacando. Quando a liberdade é configurada como a emancipação de um sujeito existente, a identidade deixa de ser uma máquina de guerra para se tornar uma forma de soberania. A identidade como propriedade, por mais rebelde que seja, sempre pode ser acomodada no interior das estruturas de domínio da república da propriedade.

Uma versão da política identitária que leva o processo a um impasse desse tipo, que se disseminou particularmente na década de 1990, apresenta a política da identidade como um projeto de reconhecimento, em geral orientado pela lógica da dialética hegeliana. A luta pelo reconhecimento na obra de alguns de seus principais expoentes, como Charles Taylor e Axel Honneth, objetiva a expressão de identidades existentes, a afirmação de sua autenticidade e, em última análise, a construção de um arcabouço multicultural de respeito mútuo e tolerância por todas as expressões identitárias. Ao substituir assim a política pela moralidade, o reconhecimento reduz a busca de liberdade a um projeto de expressão e tolerância. Aqui, a crítica marxiana da dialética de Hegel torna-se mais uma vez útil: a política da identidade simplesmente baseada no reconhecimento afirma o que existe, em vez de criar o novo. Deste modo, a identidade deixa de ser um meio para se tornar um fim.[11]

Outra versão da política identitária que conduz o processo a um impasse dessa natureza é caracterizada pelo nacionalismo, entendido em termos gerais como a tentativa de tornar a identidade soberana. O nacionalismo negro nos Estados Unidos, por exemplo, inspirando-se nas lutas anticoloniais e em suas metas de libertação nacional, raramente se configura em termos territoriais, voltando-se antes para a soberania da identidade racial, que implica separação e autodeterminação, controle da economia da comunidade, policiamento da comunidade e assim por diante. É fácil pensar em certas correntes da política feminista que se caracterizam, de maneira equivalente, pelo nacionalismo de gênero, ou em políticas gays e lésbicas caracterizadas por nacionalismos gays e lésbicos; e existe ainda uma longa e complexa história de política operária que assume a forma de nacionalismo operário. A metáfora da nação, em cada um desses casos, remete à relativa separação da comunidade em relação à sociedade como um todo, sugerindo a construção de um povo soberano. Todos esses nacionalismos, em contraste com as lutas multiculturalistas do reconhecimento, são formações combativas que constantemente se rebelam contra estruturas de subordinação. Tais nacionalismos, entretanto, acabam reforçando a fixidez da identidade. Todo nacionalismo é uma formação disciplinar que reforça a obediência às regras da identidade, policiando o comportamento dos membros da comunidade e sua separação dos outros. Por razões como estas, alguns dos mais revolucionários defensores do nacionalismo negro, como Malcolm X e Huey Newton, acabaram se afastando das posições nacionalistas, como logo veremos. A chave para a consecução das duas primeiras tarefas da identidade em direção a uma política revolucionária é certificar-se de que o empenho em tornar a violência e a subordinação visíveis, rebelar-se contra elas e lutar pela liberdade não se reduza meramente a um retorno à identidade, parando nisto. Para tornar-se revolucionária, a política identitária precisa encontrar meios de continuar avançando.

A distinção terminológica entre *emancipação* e *libertação* é crucial aqui: enquanto a emancipação luta pela liberdade identitária, a liberdade de ser *quem realmente somos*, a libertação objetiva a liberdade da autodeterminação e autotransformação, a liberdade de determinar *aquilo que podemos nos tornar*. A política fixada na identidade imobiliza a produção de subjetividade; a libertação, pelo contrário, requer a mobilização e o controle da produção de subjetividade, fazendo com que ela continue avançando.

A revolução é monstruosa

Uma terceira tarefa política é necessária para dar apoio às duas primeiras, manter esta função rebelde da identidade avançando e conduzir a política identitária em direção a um projeto revolucionário: lutar por sua própria abolição. A autoabolição da identidade é a chave para entender de que maneira a política revolucionária pode começar pela identidade mas não acabar nela. Este processo paradoxal pode parecer uma negação dialética, mas na realidade, como veremos, é um movimento estritamente positivo de autotransformação e metamorfose. É este, por outro lado, o critério que distingue as correntes revolucionárias do feminismo, da política racial, da política de classes e outras políticas identitárias de todas as versões não revolucionárias.

A tradição comunista revolucionária fornece aquele que talvez seja o exemplo mais claro para entender essa proposição paradoxal. O proletariado é a primeira classe verdadeiramente revolucionária da história humana, segundo esta tradição, na medida em que tende para a sua própria abolição como classe. A burguesia constantemente procura se preservar, assim como haviam feito a aristocracia e todas as classes dominantes anteriores. "Para lutar contra o capital, escreve Mario Tronti, "a classe operária deve lutar contra si mesma, na medida em que é capital. (...) Luta dos operários contra o trabalho, luta do operário contra si mesmo" — em outras palavras, política identitária voltada para a abolição da própria identidade.[12] Esta proposição comunista não é tão paradoxal quanto inicialmente parece, pois o que os operários revolucionários objetivam destruir é a identidade que os define como operários. O objetivo primordial da luta de classes, em outras palavras, não é matar capitalistas, mas demolir as estruturas e instituições sociais que mantêm seu privilégio e autoridade, com isto abolindo também as condições de subordinação proletária. A *recusa ao trabalho* é um slogan central deste projeto, e que foi amplamente explorado por nós em outro momento. A recusa ao trabalho e, em última análise, a abolição do trabalhador não significa o fim da produção e da inovação, mas sim a invenção, além do capital, de relações de produção até agora inconcebíveis e que permitem e facilitam uma expansão de nossas forças criativas.[13] Esse movimento para além da identidade dos trabalhadores sintetiza e leva adiante as duas primeiras tarefas, ao tornar visíveis as formas estruturais e institucionais de violência e hierarquia que determinam sua subordinação como trabalhadores e ao lutar pela libertação em relação a elas. Não há lugar aqui, naturalmente, para reconhecimento ou afirmação da identidade do trabalhador, tampouco para a posse da identidade como propriedade, exceto como uma arma para sua abolição. O projeto de abolição da identidade cumpre assim o papel tradicional *da abolição da propriedade e da abolição do Estado*. Para que o comunismo revolucionário não seja um projeto de emancipação, mas de libertação — não a emancipação *do* trabalho, mas a libertação *em relação a* ele —, deve desencadear um processo de autotransformação para além da identidade como trabalhador.

Essa formulação ajuda a esclarecer a distinção entre formas revolucionárias e não revolucionárias de política de classe. A política revolucionária não se volta exclusivamente para a melhora das condições dos trabalhadores no interior das estruturas sociais capitalistas. Ao obter melhores condições de trabalho, salários mais altos, serviços sociais aprimorados, maior representação no governo e outras reformas, os trabalhadores podem alcançar reconhecimento e talvez até emancipação, mas apenas preservando sua identidade *como trabalhadores*. A política de classe revolucionária precisa destruir as estruturas e instituições da subordinação dos trabalhadores e portanto abolir a identidade do próprio trabalhador, pondo em movimento a produção de subjetividade e um processo de inovação social e institucional. Uma política de classe revolucionária tampouco objetiva a tomada do poder pelos trabalhadores como nova classe dominante, dando assim continuidade à longa tradição de substituições sucessivas das diferentes classes sociais no controle do poder. Tampouco pode ter êxito na criação da igualdade social mediante a universalização de uma das identidades de classe existentes, tornando todo mundo burguês ou proletário. Cada um desses projetos não revolucionários deixa intacta a identidade do trabalhador, ao passo que um processo revolucionário deve aboli-la. Mas que tipo de sociedade seria e como haveria de produzir sem capitalistas nem trabalhadores? É exatamente o que exploramos na Parte 5 e ao longo de todo este livro em termos da produção autônoma de bem-estar comum.

Vamos descartar qualquer receio de que uma tal abolição revolucionária da identidade sufoque as duas primeiras tarefas da política identitária ou leve ao caos e a um abismo social de indiferenciação. Logo voltaremos a tratar dessas duas questões. Primeiramente gostaríamos de estender esta análise a outros terrenos identitários e reconhecer de que maneira, em cada um deles, o que é revolucionário também se define, paralelamente, pela autoabolição da identidade.

O feminismo revolucionário distingue-se de outras perspectivas feministas por se voltar para a abolição do gênero. Além de demonstrar que alguém não nasce mulher, mas se torna uma mulher, revelando as violências do patriarcado, rebelando-se contra suas instituições sociais, exigindo a igualdade e a emancipação das mulheres, o feminismo revolucionário busca a abolição da mulher como uma identidade. "O feminismo revolucionário prometeu", explica Wendy Brown, "que poderíamos tornar-nos novas mulheres e novos homens, que poderíamos literalmente tomar nas mãos as condições que produzem o gênero e então produzi-lo de maneira diferente, que não só as leis e outras instituições poderiam ser expurgadas do viés de gênero mas os próprios seres humanos podiam ser produzidos além do gênero, tal como a história tem conhecido."[14] Gayle Rubin postula "a eliminação do sistema social que cria (...) o gênero".[15] Talvez as correntes contemporâneas do feminismo "centrado na liberdade", como no trabalho de Linda Zerilli que mencionamos anteriormente, devam ser considerados alinhados com esta concepção do feminismo revolucionário, desde que a busca da liberdade não seja entendida como um processo de emancipação, mas de libertação, não de preservação e afirmação a identidade de gênero, mas abolição da identidade e transformação das relações de gênero. Donna Haraway considera esta proposição revolucionária simplesmente "o sonho utópico de (...) um mundo monstruoso sem gênero".[16] O projeto revolucionário vai além da visão reformista da emancipação — não um mundo sem diferença de gênero, mas sem hierarquia de gênero — e busca a abolição da própria identidade. Haverá diferenças, e na verdade uma proliferação de singularidades, mas nada que atualmente reconheçamos como gênero. Desse modo, o feminismo revolucionário é monstruoso no sentido de Rabelais, transbordando de energias de criatividade e invenção.

Dessa perspectiva, a política *queer** pode ser a forma de política identitária mais claramente revolucionária, pois na obra de seus mais destacados defensores, como Michael Warner, Judith Butler e Eve Sedgwick, vincula a política identitária inextricavelmente a uma crítica da identidade. Em outras palavras, a política *queer* revela as violências e subordinações da heteronormatividade e da homofobia juntamente com outras hierarquia de gênero, propõe projetos de luta contra elas mas ao mesmo tempo busca, em geral através de processos que José Muñoz chama de "desidentificação", abolir (ou pelo menos desestabilizar e problematizar) "o homossexual" como identidade, assim como a mulher, o homem e outras identidades de gênero. "O *queer* (...) é uma categoria identitária", sustenta Annamarie Jagose, "que não tem interesse em consolidar-se ou sequer estabilizar-se. (...) O *queer* é menos uma identidade do que uma *crítica* da identidade."[17] Caberia observar, todavia, que na obra de muitos outros autores e cada vez mais no discurso público hoje em dia, "queer" não é usado no sentido de crítica à identidade, mas simplesmente como outra categoria identitária, não raro servindo como equivalente de LGBT (lésbicas, gays, bissexuais e transgêneros/transsexuais). Tal como em outros terrenos identitários, identificamos divisões conceituais (e políticas) entre correntes não revolucionárias e revolucionárias; também os campos da teoria e da política *queer* dividem-se entre projetos de defesa que afirmam o *queer* como identidade e proposições que empunham o *queer* como uma anti-identidade que busca solapar e abolir todas as identidades de gênero e pôr em movimento uma série de devires.[18]

O radicalismo negro, especialmente na América do Norte, no Caribe, na Grã-Bretanha e em outras localizações diaspóricas, também tem uma forte tradição ancorada numa proposição revolucionária em paralelo às de outros terrenos identitários, complementando a rebelião contra a supremacia branca com um processo de abolição da negritude. "Proponho",

---

*Literalmente "estranho" ou "esquisito", *queer* tornou-se expressão que, sobreposta a *queen*, ou rainha, passou a ser associada ao universo da homossexualidade, designando um homossexual masculino afeminado, em uma conotação externa pejorativa, e/ou o que de contestador haveria em seu comportamento, de um ponto de vista das comunidades gays, lésbicas e transgêneros. (*N. do T.*)

escreve Fanon no início de sua carreira, "nada menos que a libertação do homem de cor de si mesmo."[19] Esta libertação de si mesmo é a autoabolição da identidade, assinalando não só a destruição da hierarquia racial como a abolição da raça tal como a conhecemos, e assim, nos termos de Fanon, a criação de uma nova humanidade. A busca da liberdade a que nos referimos anteriormente na obra de Fred Moten e que ocupa lugar central na tradição do radicalismo negro implica uma proposição revolucionária quando a liberdade não é entendida como emancipação, mas como libertação e transformação da humanidade além da identidade racial. A este respeito, é interessante observar que Malcolm X e Huey Newton acabam questionando e se afastando das posições nacionalistas negras que anteriormente defendiam, ao reconhecer um conflito entre a afirmação nacionalista de identidade e os projetos revolucionários. Newton, em particular, desloca progressivamente o arcabouço revolucionário do nacionalismo para o internacionalismo e finalmente o "intercomunalismo", no esforço de designar um arcabouço político para a libertação que implique a abolição da identidade racial e suas estruturas e subordinação.[20] Também lemos esta proposição revolucionária, finalmente, como a base das tentativas de Paul Gilroy de deslocar o discurso da política negra para uma abolição da raça. Se a identidade racial hoje, segundo Gilroy, torna-se aparentemente fixa e insuperável, na melhor das hipóteses um objeto de reconhecimento, ele propõe, em vez disso, "exigir a libertação não somente da supremacia branca, por mais urgente que isto seja, mas de todo pensamentos racializanrte e raciológico, do ver racializado, do pensar racializado e do pensar racializado sobre o pensamento".[21] A acompanharmos a proposição de Gilroy, a raça deve ser destruída, naturalmente, não só como objeto de pensamento mas também, e sobretudo, enquanto estrutura e instituições sociais de hierarquia, segregação e dominação. A abolição da identidade implica, mais uma vez, a abolição da propriedade e da soberania. Só um projeto de libertação que destrua não apenas a negritude como identidade de subordinação, mas a negritude como tal, juntamente com a branquitude e todas as demais identidades raciais, tornará possível a criação de uma nova humanidade.[22]

Estas propostas revolucionárias paralelas que surgem da política identitária deparam-se com duas importantes críticas que enfatizam aspectos essenciais do projeto revolucionário. A primeira sustenta que a proposta de abolição da identidade compromete a capacidade da política identitária de revelar e combater a opressão social — em outras palavras, que nossa terceira tarefa entra em contradição com as duas primeiras, privando-as das necessárias ferramentas analítica e políticas. Lutar pela abolição da identidade, desse ponto de vista, serve apenas para desembocar na estratégia dominante e reacionária de tornar invisíveis a identidade e suas hierarquias. Muitos estudiosos feministas, por exemplo, criticam o trabalho de Judith Butler, especialmente *Gender Trouble* e *Bodies That Matter*, por questionarem e desestabilizarem a categoria "mulher". Sem contar com a identidade de gênero como alicerce, seria impossível focalizar e analisar as hierarquias de gênero e lutar contra elas.[23] Os argumentos de Paul Gilroy contra a consciência de raça, propondo como meta a abolição da identidade racial, encontram objeções parecidas: sem o pensamento racial não há como tornar visível a violência do racismo, e sem identidade negra não existe uma figura de rebelião para lutar contra a supremacia branca.[24] Essas críticas enfatizam o fato de que as três tarefas são inseparáveis. Sem as duas primeiras, perseguir a terceira tarefa — a abolição da identidade — é ingenuidade e corre o risco de tornar ainda mais difícil o desafio às hierarquias existentes. Sem a terceira tarefa, contudo, as duas primeiras ficam presas a formações identitárias, incapazes de embarcar num processo de libertação. E além disso, embora, para efeitos explicativos, as tenhamos apresentado em sequência — primeira, segunda e terceira —, essas tarefas devem ser desempenhadas simultaneamente, sem que se adie, por exemplo, o momento revolucionário para algum futuro indefinido.

Uma segunda crítica da proposta revolucionária nos diferentes terrenos identitários é feita em nome da diferença, com a advertência de que a abolição da identidade resultará na destruição da diferença como tal, deixando-nos com um campo social indiferenciado. Há quem tema, por exemplo, que as utopias *queer* e feminista de um mundo além do gênero sejam povoadas por seres andróginos, destituídos de diferença e desejo. É importante reconhecer que a abolição da identidade — da identidade de gênero, no caso — não implica a destruição da diferença como tal, uniformizando a todos. Pelo contrário, ela dá início à liberação e à proliferação de diferenças — diferenças que não assinalam hierarquias sociais. Eve Segdwick, por exemplo, observa — ou na realidade lamenta — que a infinidade de diferenças de nossos desejos sexuais é confinada em duas categorias, homossexual e heterossexual, definidas exclusivamente pelo gênero do objeto de nossos desejos. Se pudéssemos remover esses antolhos, veríamos que o universo dos desejos sexuais está cheio de inúmeras diferenças, não raro mais significativas do que esta.[25] Uma vez abolidos o heterossexual e o homossexual, juntamente com as duas identidades de gênero, uma multidão de diferenças sexuais pode vir à tona — não dois sexos ou zero sexo, como gostam de dizer Deleuze e Guattari, mas *n* sexos.[26] Da mesma forma, Paul Gilroy usa o conceito de diáspora para conceber uma sociedade não racial caracterizada pela proliferação de diferenças. A condição e a perspectiva da diáspora, explica ele, não implicam qualquer nostalgia por uma origem inalterada e sua identidade pura e fixa, mas, pelo contrário, esclarecem a riqueza e a criatividade social tornadas possíveis pela mistura e pelo movimento. Desse modo, Gilroy descortina uma sociedade definida pela "convivialidade", ou seja, a coabitação e a livre interação de diferenças sociais, situação que ele vê surgindo na vida social multicultural das metrópoles da Grã-Bretanha.[27] E um projeto revolucionário precisa criar, além do reconhecimento multicultural das identidades raciais, a convivialidade entre as diferenças proliferantes que já não reconhecemos como raciais.

Neste ponto, tendo acompanhado até aqui a identidade, através das três tarefas políticas primordiais, precisamos reconsiderar o conceito; pois, na verdade, mais adequado que identidade, no processo que aqui analisamos, é o conceito de *singularidade*, que tem uma longa história no pensamento europeu, de Duns Scotus a Spinoza, Nietzsche e Deleuze. (Ver *De Homine* 2 no fim da Parte 5, sobre esta linha alternativa do pensamento europeu.) No que diz respeito à identidade, o conceito de singularidade é definido por três características primordiais, todas elas ligando-o intrinsecamente à multiplicidade. Em primeiro lugar, toda singularidade aponta para uma multiplicidade fora de si mesma e é por ela definida. Nenhuma singularidade pode existir ou ser concebida por si mesma: tanto sua existência quanto sua definição derivam necessariamente de suas relações com as outras singularidades que constituem a sociedade. Segundo, toda singularidade aponta para uma multiplicidade em seu próprio interior. As inúmeras divisões que perpassam cada singularidade não comprometem, mas na verdade constituem sua definição. Terceiro, a singularidade está sempre engajada num processo de tornar-se diferente — uma multiplicidade temporal. Esta característica decorre na realidade das duas primeiras, na medida em que as relações com outras singularidades que constituem a multiplicidade social e a composição interna da multiplicidade no interior de cada singularidade estão constantemente em fluxo.[28]

A mudança de perspectiva da identidade para a singularidade esclarece especialmente o momento revolucionário do processo. Ao passo que, em termos de identidade, esse processo só pode ser entendido em termos negativos e paradoxais de autoabolição, em termos de singularidade ele é sobretudo um momento de metamorfose. E neste contexto não é nenhum mistério o motivo pelo qual o processo revolucionário resulta numa proliferação de diferenças, pois a natureza das singularidades é tornar-se diferentes. Desse modo, o conceito de singularidade, com suas multiplicidades e metamorfoses, também tem o mérito de dissolver as ilusões dialéticas que com tanta frequência assolam o discurso identitário. Singularidade indica o comum como um campo de multiplicidades, assim destruindo a lógica da propriedade. A identidade está para a propriedade assim como a singularidade para o comum. A distinção entre identidade e singularidade corresponde, portanto, à diferença entre as duas noções de conquista da liberdade anteriormente mencionadas: identidades podem ser emancipadas, mas só singularidades podem se libertar.

Devemos ter em mente que esse processo revolucionário de abolição da identidade é monstruoso, violento e traumático. Não queira tentar se salvar — na verdade, o seu eu tem de ser sacrificado! Isto não significa que a libertação nos projeta num mar indiferente, sem objetos de identificação, e sim que as identidades existentes não servirão mais de âncora. Muitos recuarão e tentarão continuar sendo o que são, em vez de mergulhar nas águas desconhecidas de um mundo sem raça, gênero ou outras formações identitárias. A abolição também requer a destruição de todas as instituições de corrupção do comum de que falamos anteriormente, como a família, a corporação e a nação. Isto envolve uma batalha não raro violenta contra os poderes dominantes e também, como essas instituições em parte definem aquilo que somos agora, uma operação certamente mais dolorosa que o derramamento de sangue. A revolução não é para os de coração fraco. É para monstros. Precisamos perder aquilo que somos para descobrir aquilo que podemos nos tornar.

Agrupamentos revolucionários

Depois de delinear as três tarefas primordiais de uma política da identidade — ou, melhor, de uma política da singularidade —, devemos analisar as relações entre as singularidades. Em que medida as lutas de raça, classe, gênero e sexo convergem ou entram em conflito? Ao assinalar as tarefas comuns aos diferentes terrenos identitários, enfatizamos até aqui a natureza paralela das formas de subordinação e dos processos de rebelião e libertação. Devemos agora focalizar os conflitos e os meios de tratá-las.

Por seu próprio conceito, a política da identidade assume um certo paralelismo — as estruturas de subordinação racial compartilham certos elementos com as de subordinação de gênero, subordinação de classe e assim por diante — que possibilita processos de tradução entre as tradições analítica e política. Essas traduções, que se têm revelado extraordinariamente produtivas para estudiosos e militantes, não implicam uniformidade — a lógica e a estratégia através das quais as hierarquias de raça, classe, gênero e sexo funcionam e podem ser combatidas são qualitativamente diferentes —, mas a tradução de fato se escora no comum.

Esta base no comum não nega que as identidades sejam divididas e entrem em conflito. O conceito *intersecionalidade* é útil por enfocar a divisão sob dois aspectos primordiais. Antes de mais nada, múltiplas identidades se cruzam, o que significa que estruturas de violência e hierarquia coincidem em determinados sujeitos, como as lésbicas negras ou os camponeses aymarás. Isto significa que cada identidade é internamente dividida por outras: hierarquias raciais dividem gêneros e classes; hierarquias de gênero dividem raças e classes, e assim por diante. (Esta multiplicidade interna é um dos motivos que tornam a singularidade, como dissemos, um conceito mais adequado que identidade.) Em segundo lugar, os programas políticos das diferentes identidades não convergem necessariamente, antes mostrando-se muitas vezes divididos, divergentes e mesmo conflitantes. Revelar a violência racial e lutar contra ela, por exemplo, não contribui necessariamente para a luta contra a subordinação de gênero; pelo contrário, historicamente, as lutas antirracistas, juntamente com as lutas dos trabalhadores, na maioria dos casos ignoravam a subordinação de gênero e mesmo contribuíam para ela. Em outras palavras, a análise da intersecionalidade chama a atenção para o fato de que, apesar da interseção de formas de violência e subordinação sofridas pelas identidades sejam sob certos aspectos paralelas, os projetos políticos para enfrentá-las podem entrar em conflito e, segundo algumas análises, necessariamente o fazem. No contexto de nossa análise, embora as lutas pelo reconhecimento, a afirmação e até a emancipação das identidades possa entrar necessariamente em conflito, os movimentos de libertação das singularidades têm o potencial de se articular uns com os outros em desdobramentos paralelos. A análise intersecional demonstra, assim, que a articulação e o paralelismo não são automáticos, devendo ser conquistados.[29]

Quando pensamos o paralelismo de acordo com o modelo formulado por Spinoza, com efeito, ele se torna um meio de apreender e desenvolver as lições da intersecionalidade. O chamado paralelismo spinozano define-se por sua proposta de que "a ordem e conexão das ideias é a mesma que a ordem e conexão das coisas".[30] Spinoza insiste em que os dois atributos, pensamento e extensão, são relativamente autônomos — a mente não pode fazer com que o corpo aja e o corpo não pode fazer com que a mente pense —, e no entanto os desdobramentos nos planos do pensamento e da extensão têm prosseguimento na mesma ordem e conexão, pois ambos participam de uma substância comum e a expressam. Desse modo, entender os terrenos da identidade na perspectiva dos atributos enfatiza a relativa autonomia de cada um deles. Assim como a mente não pode fazer com que o corpo aja, a luta de classes não enfrenta necessariamente a questão da opressão de gênero, a luta racial não ataca necessariamente a homofobia e a heteronormatividade e assim por diante. No entanto os caminhos da rebelião e da libertação, as transformações das singularidades em cada terreno podem (e, do nosso ponto de vista, devem) prosseguir na mesma ordem e conexão. Em contraste com o modelo de Spinoza, no entanto, o paralelismo aqui não é dado, devendo ser conquistado politicamente. É necessário um processo de tradução para revelar e entender essas potenciais correspondências, um processo que ao mesmo tempo reconhece a autonomia da linguagem de cada terreno e facilita a comunicação entre elas. E é necessário um processo político de articulação para enfrentar seus conflitos e associá-los uns aos outros. O resultado é algo parecido com um enxame de atividade política, com casos de rebelião e metamorfoses rodopiando simultaneamente. Trataremos de investigar esse enxame, sua inteligência e sua organização interna nas próximas seções.

Afirmar esse paralelismo significa, evidentemente, que nenhum terreno ou antagonismo social é anterior aos demais. Slavoj Zizek, contestando aquela que considera a doutrina dominante do multiculturalismo promovida pela política identitária, sustenta que a luta de classes é qualitativamente diferente das lutas raciais e de gênero (e superior a elas). "O que a série raça-gênero-classe ofusca é a diferente lógica do espaço político no caso da classe: enquanto as lutas antirracistas e antissexistas são orientadas por uma busca do pleno reconhecimento do outro, a luta de classes objetiva a superação e submissão, e até mesmo a aniquilação do outro — embora isto não signifique uma eliminação física direta, a luta de classes busca a aniquilação do papel e da função sociopolíticos do outro."[31] Concordamos com a crítica básica de Zizek na medida em que postula o risco, por nós anteriormente mencionado, de que as lutas identitárias venham a ser vinculadas à identidade como propriedade, deixando de engajar um processo de libertação. Mas Zizek está errado ao presumir que as lutas de classe sejam necessariamente diferentes das lutas antirracistas e antissexistas dessa maneira. Já vimos demasiadas formas de política de classe que ficam presas na identidade, afirmado a identidade do trabalhador e celebrando o trabalho. Mais importante, contudo, é o fato de Zizek deixar de reconhecer as formas revolucionárias das políticas de gênero e raça: assim como a luta de classes revolucionária não objetiva a aniquilação de todos os burgueses, mas de seu "papel e função sociopolíticos" (juntamente, acrescentaríamos, com o papel e função sociopolíticos do trabalhador), assim também as políticas feministas e antirracistas revolucionárias atacam não só os sexistas e os racistas, ou mesmo o patriarcado e a supremacia branca, mas também as bases das identidades de gênero e raça. Assim, Zizek estabelece uma falsa comparação ao contrastar a luta de classes revolucionária com as versões não revolucionárias das lutas de raça e gênero. Em suas versões não revolucionárias — como as reivindicações salariais dos trabalhadores, por exemplo, a proteção jurídica frente à violência sexual e os direitos sociais ou a ação afirmativa no caso dos grupos subordinados —, as diferentes lutas, embora muitas vezes sejam extremamente importantes, revelam-se amplamente divergentes e até mesmo conflitantes. Em suas versões revolucionárias, todavia, abolindo a identidade, a propriedade e a soberania e com isto abrindo um campo de multiplicidades, elas são paralelas.

O conceito spinozano de paralelismo tem a vantagem adicional de dissipar o embaraço que frequentemente acompanha a reprodução do catálogo de raça, classe, gênero, sexo e assim por diante. (O "assim por diante" é particularmente embaraçoso.) Spinoza sustenta que existem infinitos atributos através dos quais a substância se expressa paralelamente, mas os seres humanos são capazes de reconhecer apenas dois deles: o pensamento e a extensão, a mente e o corpo. Da mesma forma, talvez possamos afirmar que, embora em nossa sociedade sejamos capazes de reconhecer apenas um número limitado, existem infinitos caminhos de luta e libertação. O problema não está na pluralidade ou mesmo na quantidade indefinida. Importante, sobretudo, é a maneira como as articulamos em linhas paralelas num projeto comum.

Desse modo, um dos desafios mais significativos da revolução hoje, sugerido por esse paralelismo das singularidades, é que a ação revolucionária não pode ser conduzida ou mesmo pensada com êxito num único terreno. Sem seus desdobramentos paralelos, qualquer luta revolucionária estará fadada a encalhar ou mesmo retroceder. Uma proposta racial revolucionária que ignore ou mesmo exacerbe as hierarquias de gênero será inevitavelmente bloqueada, assim como uma proposição de classe que não acompanhe seus paralelos no terreno racial. A multiplicidade e o paralelismo estabelecem o padrão de avaliação da política revolucionária hoje: os múltiplos caminhos paralelos de libertação ou bem avançam através de correspondências ou não avançam de jeito nenhum. Em outras palavras, o processo revolucionário é como caminhar sobre duas pernas, na medida em que, após cada passo à frente, uma perna exige que a outra dê mais um passo, para só então poder mover-se novamente. Ela pode saltar sozinha por alguns metros, mas é certo que o indivíduo então cairá. A diferença é que aqui estão em ação muito mais que duas pernas. A revolução só pode avançar como uma centopeia ou, na verdade, uma multidão. Só no campo das lutas biopolíticas, composto de paralelismo e multiplicidade, poderá ter êxito uma luta revolucionária pelo comum.

Esperamos ter demonstrado até aqui que a coordenação paralela entre as lutas revolucionárias de singularidades é possível, mas de modo algum imediata ou espontânea. Nas seções seguintes, vamos desenvolver uma lógica do encontro e da articulação entre singularidades, ou seja, uma lógica da organização e do processo decisório democráticos que governam a revolução. As lutas revolucionárias paralelas devem descobrir de que maneira estabelecer interseções entre acontecimentos insurrecionais e sustentar institucionalmente seus processos revolucionários, o que não significa fixá-los em procedimentos burocráticos, mas tornar repetíveis seus encontros constituintes e durável o processo de transformação, criando corpos políticos duradouros.

Antes de prosseguir, cabe notar que, embora se tenha tornado trivial entre os estudiosos identificar a revolução com a modernidade e, com manifestações de lástima ou júbilo, declará-la morta na era contemporânea, nossa tese sugere exatamente o oposto. Como a modernidade, como sustentamos na Parte 2, é sempre dupla, definida por hierarquia, colonialidade e propriedade, a revolução moderna é finalmente impossível. Até as lutas antimodernas que resistem à disciplina e ao controle modernos são incapazes de chegar a um processo de libertação que vá além da resistência para criar de novo o mundo. Todos os sonhos e projetos revolucionários que surgiram nas lutas entre a modernidade e a antimodernidade — e eles são tantos! — apontavam no fim das contas para além da modernidade. Só a altermodernidade, que vemos surgir hoje, com sua base na interação entre o comum e a multidão de singularidades, é o terreno próprio da revolução. Da maneira mais esquemática, a tríade identidade-propriedade-soberania que define a modernidade é substituída na altermodernidade por singularidade-o comum-revolução. Agora, finalmente, a revolução se torna a ordem do dia.

6.2
Interseções insurrecionais

> Sozinhos, eles não passavam de pessoas. Mesmo aos pares, quaisquer pares, não passariam de pessoas, em si mesmos. Mas juntos tornaram-se o coração e os músculos e a mente de algo perigoso e novo, algo estranho, crescente e grande. Juntos, todos juntos, são os instrumentos da mudança.
>
> — Keri Hulme, *The Bone People*

Interseções reacionárias: Crises e termidores

As lutas paralelas não são em si mesmas suficientes para o movimento revolucionário. A insurreição contra a ordem vigente requer acontecimentos nos quais as correntes paralelas entrem em interseção, não só derrubando as estruturas sociais de hierarquia mas transformando as singularidades de luta e multiplicando sua força. Logo analisaremos a forma que esses acontecimentos insurrecionais assumiram no passado e os novos potenciais que apresentam hoje, em particular o potencial de decisão democrática no processo revolucionário. Mas as interseções nem sempre são necessariamente revolucionárias. Já vimos que a "análise intersecional" explora os múltiplos eixos de subordinação que se cruzam em determinados sujeitos sociais — somos todos definidos por raça, gênero, posição de classe e assim por diante —, estabelecendo oportunidades e limitações para a política identitária. Nesta seção, investigamos, em vez disso, algumas das maneiras como esta interseção é usada como mecanismo de controle para manter a ordem política, encurralando e domesticando os movimentos de rebelião e libertação.

O modo de controle político moderno dominante funciona através da *mediação* de identidades, baseando-se com particular clareza, no mundo do Atlântico Norte, em elementos de filosofia kantiana. (Já enfatizamos, em diferentes momentos deste livro, que a mediação transcendental é escorada por uma metafísica explícita na qual as formas espirituais e as estruturas ontológicas organizam *a priori* o conteúdo da experiência.) Assim como na metafísica clássica as categorias de substância e causa ou modalidade e relação, postuladas como genéricas, são consideradas suficientes para definir processos ontológicos, também na filosofia transcendental, as categorias de mediação, postuladas como produtivas, configuram o esquematismo transcendental como algo equivalente a uma máquina. No pensamento de Kant e no kantismo, o esquematismo transcendental ganha crescente autonomia na construção das estruturas de conhecimento e poder. Desse modo, as identidades são ao mesmo tempo mediadas e confirmadas na unidade formal do transcendental.[32]

O pensamento político moderno interpreta esses esquemas de mediação epistemológica e ontológica em termos de *representação*. A alegação tradicional, em autores como Rousseau e Hegel, é de que a representação é capaz de tecer todas as particularidades sociais, culturais e econômicas na generalidade do Estado. Em sentido inverso, Carl Schmitt reconhece, com razão, a natureza antidemocrática da representação: "O caráter representativo introduz precisamente um elemento não democrático nessa 'democracia'."[33] Consideramos mais exato entender os mecanismos representativos característicos da moderna república como portadores de uma dupla operação, uma síntese disjuntiva, ligando ao mesmo tempo os representados ao poder político e os mantendo separados dele. A mediação de identidades na esfera transcendental da representação atinge um resultado igualmente duplo. Por um lado, as identidades concretas são transformadas em representações abstratas a partir das quais as estruturas de mediação política podem gerar (esquematicamente) uma unidade formal. (O conceito de povo é uma dessas unidades formais.) Por outro lado, a lógica da representação requer que as identidades permaneçam estáticas e separadas: somos continuamente forçados a desempenhar nossas identidades e punidos por qualquer desvio em relação a elas. Elizabeth Povinelli observa, por exemplo, que o Estado australiano exige que os aborígines, para obter direitos e recursos públicos, repitam finalmente a identidade indígena tradicional, conservando sua memória e cultura — na verdade, para continuar sendo os mesmos ou, na realidade, para se adequar a uma representação.[34] Esta é a tirania do idealismo. O elo entre direitos e identidade é uma arma que o esquema representativo empunha para emboscar todas as identidades em lógicas de reconhecimento e policiar os devires das singularidades. O aparente paradoxo da mediação política é resolvido, desse modo, em dois planos separados: a unidade abstrata no plano transcendental é mantida apenas na medida em que, no plano social, as identidades fielmente desempenham sua separação e seu caráter inalterável.

A moderna representação política, juntamente com seus mecanismos de mediação, há muito está em crise. Um amplo espectro de cientistas políticos do século XX, como Max Weber, Robert Michels, Gaetano Mosca e Vilfredo Pareto, denunciam que a representação torna-se burocrática através das ações dos partidos políticos, e assim as alegações de universalidade social da representação tornam-se completamente ilusórias, deixando o controle político nas mãos das elites.[35] Da mesma forma, muitos autores analisam a crise da representação — e portanto o "déficit democrático" — no contexto global, no qual estão essencialmente ausentes os mecanismos de mediação e as instituições de representação, e os que de fato existem revelaram-se ineficazes.[36] As análises da crise de representação geralmente se encaixam no projeto da "crítica liberal do liberalismo", ou seja, críticas voltadas para consertar e restabelecer o liberalismo.

A resposta primordial dos sistemas de poder à crise da representação, todavia, tem sido a construção de novos mecanismos de mediação social, sob a forma da governança. A governança, como vimos na Parte 4, não se escora em qualquer esquematismo transcendental nem funciona de maneira geral através de estruturas fixas. É, em vez disso, uma forma aleatória de governo que se impõe à contingência através de processos legais descritos por Gunther Teubner como "constitucionalização sem Estado".[37] A governança não restabelece o esquema de representação de identidades central nos regimes republicanos de tolerância (em suas formas tanto multiculturais quanto universalistas), tentando, ao contrário, criar ordem social sem representação; não resolve a crise, mas tenta geri-la. O que falta, como sugerimos em *De Homine* 2 no fim da Parte 5, são os mecanismos de *mensuração* requeridos pela identidade e pela representação. Assim como o capital já não é capaz de comandar processos produtivos através de regimes disciplinares baseados na mensuração do valor, devendo escorar-se em aparatos financeiros de captura abstratos e flexíveis, também a mediação representativa não pode ordenar a sociedade sem a medida das identidades, precisando contar com o controle abstrato e flexível da governança. A abstração e a flexibilidade desses mecanismos chamam a atenção para a natureza contingente das estruturas de ordem e a linha tênue que as separa do caos. Neste sentido, a governança é um sistema de gestão da exceção. Sem os mecanismos representativos de mediação, a governança de identidades e a gestão das hierarquias sociais alternam entre dois polos: perspectivas "cegas à identidade" impostas, como se as hierarquias não existissem, e "pânico identitário" quando essas hierarquias tornam-se fatores inegáveis da vida social.

Naturalmente, a governança serve para manter os poderes reinantes e apoiar os interesses do capital, mas nunca consegue resolver a crise e conduzi-la a um fim. Na verdade, processos de negociação e luta estão constantemente sendo reabertos no terreno da governança. Sob certos aspectos, assim, a governança é análoga ao velho terreno das lutas sindicais, e de fato certos autores propõem que as atuais formas de governança sejam confrontadas com os modelos de negociação e acordo do direito trabalhista.[38] Quando os velhos líderes sindicais diziam "As negociações não têm fim", nunca questionavam a hegemonia final do capital, mas ainda assim apreciavam a importância da luta. Não devemos subestimar o fato de que a governança é um espaço aberto de conflito e luta entre poderes (soberanos) e contrapoderes (sociais).

Em contraste, considerando-se os mecanismos abstratos e flexíveis da governança, constantemente à beira da instabilidade, é fácil perceber por que o neoconservadorismo e outras ideologias contemporâneas de direita não tentam resolver a crise da representação restabelecendo algum esquematismo transcendental, mas alicerçando solidamente a teoria da mensuração no terreno imutável do direito natural. Com certeza, o conservadorismo, de Burke e Hegel a Leo Strauss e Michael Oakeshott, sempre tem um elemento de relativismo, pois constantemente remete ao costume e à tradição, mas este é apenas o pano de fundo de uma fundamentação ontológica da medida constante. As estratégias neoconservadoras, assim, vão de encontro à governança, opondo à sua contingência e fluidez a fixidez concreta de valores e identidades, e às vezes até mesmo entram em conflito com as formas emergentes de controle capitalista, na medida em que toleram ou mesmo estimulam o fluxo de valores econômicos e sociais. Os neoconservadores, em vez disso, objetivam um novo Termidor, que tenta fixar em caráter absoluto os critérios de valor relativos à propriedade e às hierarquias sociais, para restabelecer o antigo regime ou, na verdade, fazer com que a realidade social se conforme à representação de um passado imaginado. Os neoconservadores são na realidade teocratas, mesmo quando expressam crenças seculares: seus deuses são o Banco Central e a Suprema Corte, supremos avalistas da estabilidade do valor.

Processo decisório democrático?

O processo decisório democrático transforma as lutas paralelas de identidades numa interseção insurrecional, um acontecimento revolucionário que compõe as singularidades numa multidão. Esta definição é correta, mas embaraçosamente ingênua. Essas abstrações conceituais não dão conta da complexidade e da riqueza das paixões por trás da construção do processo decisório democrático. Algumas dessas paixões se alinham perfeitamente na direção da revolução — a racionalidade e a alegria da multidão enfrentam o medo e a tristeza, e a indignação contra a tirania e a resistência contra a opressão armam a desobediência e a revolta —, mas os movimentos de libertação também são sempre assolados por conflitos internos e desentendimentos entre os oprimidos. O processo de tradução que se comunica entre os caminhos paralelos, anteriormente mencionado, impulsionando cada um deles adiante, fazendo-os mais fortes, muitas vezes desmorona em meio a cacofonia de conclusões equivocadas. A discordância é condição cotidiana e normal dos movimentos revolucionários. A tarefa do processo decisório democrático, portanto é não apenas mapear o caminho da libertação como também proporcionar uma estrutura para a resolução dos conflitos (não raro triviais e tediosos) no interior da multidão. Precisamos investigar de que maneira o processo decisório pode ser estruturado de maneira a fazer avançar continuamente a geração da multidão e o processo revolucionário.

Quando falamos das interseções que contribuem para a geração da multidão, temos em mente algo diferente do que tradicionalmente se entende como *aliança* ou *coalizão*. A multidão é composta através dos encontros de singularidades no interior do comum. Movimentos de aliança e coalizão, naturalmente, organizam-se contra um inimigo comum, não raro com o reconhecimento das subordinações e lutas paralelas de diferentes grupos sociais: operários industriais e camponeses, por exemplo, ou mulheres e afro-americanos, ou ainda sindicatos e igrejas.[39] Mas as alianças e coalizões não podem ir além das identidades fixas que as constituem, lutando pela emancipação. O processo de articulação realizado nas intersecções insurrecionais não se limita a combinar identidades como se fossem elos em uma corrente, mas transforma as singularidades num processo de libertação que estabelece o comum entre elas. Esta articulação é um processo ontológico que transforma o ser social na geração da multidão. "A política é a esfera de atividade de um comum", escreve Jacques Rancière, "que não pode deixar de ser litigioso."[40] A geração da multidão deve chegar ao ponto de uma partilha, dividindo e compartilhando o comum. A geração da multidão e, portanto, o acontecimento da insurreição, devemos insistir, não é um processo de fusão ou unificação, como sugere Jean-Paul Sartre; em vez disso, põe em movimento uma proliferação de singularidades compostas pelos encontros duradouros no comum.[41] O processo decisório democrático deve determinar e suster esse processo de articulação e composição.

Deve ficar claro a esta altura que a concepção da revolução que expusemos aqui se distancia significativamente da que foi proposta e praticada pelos movimentos comunistas do século XX. As principais correntes dessa tradição postulam a insurreição e a revolução em termos de criação de uma nova identidade: um sujeito de vanguarda separado do resto da sociedade e capaz de conduzi-lo. Lenin, por exemplo, concebe a articulação dos grupos sociais em luta sob a hegemonia do partido, que forma um contrapoder, espelhando sob certos aspectos a identidade do poder central a que se opõe. Trotski, relatando o processo da Revolução Russa, também adverte contra conceitos ingênuos de espontaneidade das massas. A insurreição de massa, sustenta ele, requer uma "conspiração" de liderança revolucionária, que assume a responsabilidade pelo planejamento e pelo processo decisório. As concepções de Lenin e Trotski podem ter constituído um meio realista e pragmático de enfrentar as realidades da Rússia do fim do século XIX e do início do século XX, e de fato foram mais eficazes no sentido de alcançar uma decisão de ação revolucionária do que as várias outras posições produzidas pelos movimentos socialistas da época. No entanto, como teorias de subjetividade e processo decisório revolucionário são totalmente inadequadas para nosso mundo contemporâneo. Hoje, de fato, estamos muito longe da construção de uma figura política adequada para o processo revolucionário, mas como quer que ela venha a surgir, terá de tomar um caminho radicalmente diferente dessa tradição. O que é necessário é uma organização que estabeleça o processo decisório revolucionário e a derrubada do poder dominante a partir de dentro — e não desde cima — dos movimentos da multidão.[42]

Por outro lado, a tradição comunista efetivamente proporciona um método útil de investigação do novo potencial do processo decisório democrático hoje, através da análise das transformações do trabalho e da produção. Na Parte 3 deste livro examinamos as mudanças na composição técnica do capital (que é na realidade a composição técnica da força de trabalho) em relação à composição orgânica do capital (ou seja, a relação entre capital variável e constante). Agora devemos explorar a composição técnica do proletariado em relação a sua composição política. A terminologia pode fazer parecer complicado, mas a premissa básica é simples: o que as pessoas fazem no trabalho e as capacidades que nele exercitam (composição técnica) contribuem para suas capacidades no campo da ação política (composição política). Se, como temos sustentado neste livro, a composição técnica do proletariado mudou de tal maneira que a produção biopolítica tornou-se hegemônica, já que suas qualidades se impõem sobre os setores da produção, uma nova composição política é possível, correspondendo às capacidades específicas do trabalho biopolítico. A transformação da composição técnica não cria espontaneamente uma nova figura política de luta e revolução — o que requer organização e ação política —, mas de fato indica uma nova possibilidade a ser apreendida. Hoje, sustentamos, a natureza e as qualidades da produção biopolítica possibilitam um processo de composição política definido pelo processo decisório democrático.

A postulação desta relação entre a composição técnica e a política, cabe notar, historiciza a questão das organizações de vanguarda, formulando-a a uma luz inteiramente diferente. Isto pode ser explicado através de uma sucinta periodização. No início do século XX, quando a produção industrial se caracterizava por camadas hierárquicas de trabalhadores profissionais, o Partido Bolchevique, o *Räte* alemão e os vários movimentos de conselhos e assembleias propuseram figuras políticas para interpretar essa composição técnica: o partido de vanguarda correspondendo à vanguarda de trabalhadores profissionais na fábrica. Em meados do século XX, quando a produção industrial se caracteriza por grandes massas de trabalhadores relativamente não qualificados, os partidos de massa — o Partido Comunista Italiano às vezes desempenha este papel — tentam criar uma figura política adequada à nova situação, tratando o sindicato simplesmente como uma "correia de transmissão" para o partido e valendo-se de estratégias que alternam entre o bloqueio da produção industrial e a exigência de constantes aumentos salariais e na previdência social. Insistir dessa maneira na relação entre composição técnica e política de fato valida (ou pelo menos explica) essas organizações políticas, na medida em que se pode reconhecer que seu enraizamento na realidade de suas situações, tentando interpretar politicamente a organização e as capacidades dos trabalhadores na produção. Com isto, contudo, elas ficam irrevogavelmente relegadas ao passado. Hoje, quando a composição técnica do trabalho mudou de maneira tão profunda, voltar a propor qualquer formação política de vanguarda dessa natureza é na melhor das hipóteses anacrônico.[43]

A emergente hegemonia da produção biopolítica traz com ela novas capacidades democráticas. São cruciais, aqui, três desdobramentos que se sobrepõem e que foram enfatizados nas Partes 3 e 5 deste livro. Se na era da hegemonia da produção industrial os capitalistas geralmente forneciam aos trabalhadores os meios e esquemas de cooperação que organizavam a produção, na produção biopolítica o trabalho é cada vez mais responsável pela geração da cooperação. Consequentemente, o trabalho biopolítico torna-se cada vez mais autônomo do comando capitalista, o que tende a bloquear a produção e reduzir a produtividade sempre que ele intervém. Em terceiro lugar, em contraste com as formas verticais e hierárquicas de cooperação ditadas pelo comando capitalista, o trabalho biopolítico tende a criar formas horizontais em rede. Estas três características do trabalho biopolítico — cooperação, autonomia e organização em rede — fornecem sólidas bases para a construção de uma organização política democrática. Cabe lembrar a afirmação de Lenin de que, como as pessoas são treinadas para precisar de patrões no trabalho, também precisam de patrões na política: "Tal como se apresenta hoje, a natureza humana (...) não pode dispensar a subordinação, o controle e 'gerentes.'"[44] A produção biopolítica de hoje mostra o quanto mudou a natureza humana. As pessoas não precisam de patrões no trabalho. Precisam de uma trama em expansão de outras pessoas com as quais se comunicar e colaborar; o patrão não passa, crescentemente, de um obstáculo para que o trabalho seja feito. O foco na composição técnica do trabalho, assim, fornece-nos uma visão das capacidades democráticas exercidas pelas pessoas na vida cotidiana.

Essas capacidades democráticas do trabalho não se traduzem imediatamente na criação de organizações políticas democráticas, mas de fato estabelecem um alicerce sólido sobre o qual imaginá-las e criá-las.

Cabe notar os importantes avanços estratégicos apresentados pelas formas organizacionais democráticas contemporâneas no que diz respeito às organizações de vanguarda. Historicamente, a vanguarda tinha a responsabilidade de *desestabilizar* o sistema capitalista para pôr em movimento o processo revolucionário. Na década de 1970, movimentos comunistas e autonomistas na Europa ocidental, ao mesmo tempo antistalinistas e opostos aos partidos parlamentares comunistas nacionais, reformularam e ampliaram esta proposição: a tática de desestabilização do capitalismo deve ser complementada pela estratégia de uma profunda *desestruturação* da sociedade capitalista, desmantelando suas configurações de hierarquia e comando.[45] As formas organizacionais democráticas sugeridas pelo trabalho biopolítico acrescentam mais um elemento à definição da atividade revolucionária: ao fogo das táticas de desestabilização e da estratégia de desestruturação adicionaram o projeto de construção de um novo poder, um novo tipo de poder, pelo qual a multidão é capaz de gerir o comum. A revolução se volta, assim, para a geração de novas formas de vida social. Isto implica um novo tipo de processo decisório político. No terreno biopolítico, o conhecimento e a vontade necessários para a tomada de decisões estão integrados, por assim dizer, no ser histórico, de tal maneira que o processo decisório é sempre uma questão de desempenho, resultando na transformação real e antropológica do sujeito envolvido, ou, no dizer de Jean-Luc Nancy, numa transformação ontológica das condições do próprio processo decisório.[46]

A alguns leitores pode parecer estranho que nosso método promova a convergência do econômico e do político, e talvez até nos acusem de economicismo, como se acreditássemos que as forças econômicas determinam todos os demais domínios da vida social. Não; quando insistimos em que a investigação das aptidões, competências e capacitações expressas no trabalho constitui um meio de entender as capacidades generalizadas da multidão na vida cotidiana, trata-se apenas de uma entre muitas possibilidades —

mas que não deixa de ser importante! Hannah Arendt, como dissemos anteriormente, minimiza a relevância do econômico na vida política, pois acredita que as capacidades do trabalho (a rotineira repetição de tarefas, a obediência ao comando e assim por diante) não têm repercussão na vida política, que requer autonomia, comunicação, cooperação e criatividade. O trabalho biopolítico, todavia, é cada vez mais definido por essas capacidades propriamente políticas, e assim as capacidades que emergem na esfera econômica possibilitam na esfera política o desenvolvimento de organizações democráticas, demonstrando de fato a crescente e ampla sobreposição das duas esferas. A este respeito, nossa tese pode situar-se numa longa linha de apelos revolucionários que associam exigências econômicas e políticas. Os partidários da multidão da Inglaterra seiscentista de que falamos na Parte 1 postulavam a liberdade contra a propriedade. O lema de arregimentação da Revolução Soviética era "paz, terra e pão". Nosso slogan para a conjugação do econômico com o político poderia ser "pobreza e amor", ou (para aqueles que considerem tais palavras por demais sentimentais) "o poder e o comum": a libertação dos pobres e o desenvolvimento institucional dos poderes da cooperação social. Seja como for, o reconhecimento da interseção do político com o econômico é não só essencial para a descrição da vida social contemporânea, como fundamental para a construção dos mecanismos e práticas do processo decisório democrático.

Insurreição e instituição

Para abrir um caminho em direção à revolução, a insurreição precisa se consolidar e se manter em um processo institucional. Evidentemente, este tipo de concepção de uma institucionalidade da insurreição não deve ser confundida com golpe de Estado, que simplesmente substitui as atuais instituições de Estado vigentes por outras, comparáveis e homólogas. A multidão, como dissemos, não tem interesse em assumir o controle dos aparatos de Estado, nem mesmo para direcioná-los para outros fins — ou, melhor dizendo, ela quer pôr as mãos nos aparatos de Estado exclusivamente para desmantelá-los. Para a multidão, o Estado não é o terreno da liberdade, mas o lugar da dominação, que não só garante a exploração capitalista e defende o domínio da propriedade como mantém e policia todas as hierarquias identitárias. O engajamento político com as instituições de Estado sem dúvida é útil e necessário para as lutas contra a subordinação, mas a libertação só pode ter como alvo a sua destruição. Pode parecer então que a insurreição é inimiga das instituições, mas na verdade a insurreição, como dissemos, precisa das instituições — só que instituições de outro tipo.

Existe uma longa tradição na história da teoria social que propõe uma linha majoritária que entende o *contrato social* como a base das instituições, contrastando com uma linha minoritária que considera o *conflito social* como sua base. Enquanto a linha majoritária procura preservar a unidade social extirpando o conflito da sociedade — todo aquele que consente com o contrato abre mão do direito de se rebelar e entrar em conflito —, a linha minoritária aceita o conflito como parte interna e constante alicerce da sociedade. Thomas Jefferson, por exemplo, contribui para essa linha minoritária de pensamento ao afirmar que periodicamente (pelo menos uma vez a cada geração, o que, segundo a ele, ocorreria de vinte em vinte anos) a multidão deve se rebelar contra o governo e criar uma nova constituição.[47] Maquiavel e Spinoza, dois outros importantes adeptos da linha minoritária, entendem o conflito que alicerça as instituições não só nas linhas claramente definidas da resistência e da rebelião contra a autoridade e a opressão, mas também, o que é mais importante, nos caminhos cambiantes e erráticos do conflito no interior da multidão.[48] O desenvolvimento de instituições sociais só pode ser democrático, insistem os autores da linha secundária, se se mantiver aberto ao conflito e for constituído por ele.

Se só formos capazes de conceber as instituições nos termos da linha principal, as insurreições parecerão estar bloqueadas num impasse. Por um lado, as revoltas e rebeliões que não conseguem desenvolver uma continuidade institucional são rapidamente encobertas e absorvidas na ordem dominante, como pedras que caem num lago apenas para logo verem restabelecida a tranquilidade da superfície. Por outro lado, a entrada na forma majoritária de instituição, que se baseia na identidade, funciona através da representação, e exige unidade e convergência, serve para neutralizar a ruptura social gerada pela revolta. Quantas vezes já não ouvimos líderes de rebeliões que chegam ao governo declarar: "Agora é hora de voltar para casa e depor as armas. Nós vamos representá-los"? Um processo institucional baseado no conflito, contudo, de acordo com a linha minoritária, pode consolidar a insurreição sem negar sua força de ruptura e seu poder. Como vimos anteriormente em nossa discussão sobre as *jacqueries*, a revolta só se torna potente e duradoura quando inventa e institucionaliza um novo conjunto de hábitos e práticas coletivos, ou seja, uma nova forma de vida. Jean Genet, por exemplo, em suas incursões nos campos de refugiados palestinos, com os fedayin na Jordânia e os Panteras Negras nos Estados Unidos, ficou encantado com o "estilo" desses grupos, referindo-se com isto à invenção de novas formas de vida, suas práticas e comportamentos comuns, assim como seu conjunto original de gestos e afetos.[49] Seria certamente interessante se dispuséssemos das ferramentas e dos talentos dos historiadores, investigar de que maneira toda uma série de revoltas contemporâneas se consolidou em formas institucionais alternativas — como, por exemplo, a força contestatária da rebelião de Stonewall em Nova York, em 1969, teve continuidade através da formação de uma série de organizações gays e lésbicas; ou durante a luta sul-africana contra o apartheid, como a revolta de Soweto, em 1976, se integrou à trama de todo um processo institucional; como as revoltas dos trabalhadores italianos na década de 1970, nas fábricas de Porto Marghera, Pirelli e Fiat, entre outras, prolongaram-se e se desenvolveram na construção de novas formas de comitês de trabalhadores e outras instituições políticas; ou como a sublevação zapatista de 1994 no México se desenvolveu na criação de assembleias autônomas, *caracoles* ou estruturas comunitárias de base e *juntas* de bom governo. A chave é descobrir em cada um desses casos de que maneira (e até que ponto) o processo institucional não nega a ruptura social gerada pela revolta, estendendo-a e desenvolvendo-a.

Dispomos agora de vários elementos para uma nova definição da instituição. As instituições baseiam-se no conflito, no sentido de que ao mesmo tempo ampliam a ruptura social operada pela revolta contra as forças dominantes e estão abertas à discordância interna. As instituições também consolidam hábitos, práticas e capacidades coletivos que designam formas de vida. Finalmente, as instituições são abertas, na medida em que são continuamente transformadas pelas singularidades que as compõem. Este conceito de instituição corresponde de perto ao que denominamos anteriormente "treinamento para o amor", na medida em que não reduz a multiplicidade de singularidades, criando um contexto para que elas administrem seus encontros — para evitar os encontros negativos, que diminuem sua força, e prolongar e repetir os felizes, que a aumentam. Assim entendidas, as instituições são um componente necessário no processo de insurreição e revolução.

Podemos chegar a uma definição semelhante da instituição a partir das experiências comuns da atividade produtiva nas redes cibernéticas. Devemos ter em mente, é claro, uma série de mitos que caracterizam o entusiasmo de alguns dos primeiros textos sobre as implicações políticas das redes: que as redes não podem ser controladas, por exemplo, que sua transparência sempre é boa e que o enxame cibernético é sempre inteligente.[50] Por outro lado, a experiência com as tecnologias de rede levou ao desenvolvimento de novos processos decisórios caracterizados pela multiplicidade e pela interação. Se as velhas elites socialistas costumavam sonhar com uma "máquina decisória", as experiências dos integrantes de redes e usuários da Internet configuraram um *processo decisório institucional* composto de uma miríade de caminhos micropolíticos. "Tornar-se a mídia" é uma linha de construção institucional de comunicação na qual o controle coletivo da expressão em redes torna-se arma política. Também aqui encontramos uma definição de instituição caracterizada pelo conflito e pela multiplicidade que é composta de hábitos e práticas coletivos e aberta à transformação pelas singularidades.[51]

Duas objeções básicas a nossa definição de instituição imediatamente ocorrem, servindo na realidade para marcar distância em relação aos pressupostos-padrão dos sociólogos e cientistas políticos. Imaginamos uma objeção sociológica de que nossa concepção não leva em conta de maneira adequada a individualidade e a identidade dos que interagem com as instituições. Segundo o conceito sociológico convencional, com efeito, os indivíduos entram para as instituições e delas saem como identidades. Em outras palavras, as instituições compelem os indivíduos em silêncio a seguir padrões estabelecidos de comportamento, fornecendo-lhes fórmulas de viver, de tal maneira que, por exemplo, o desejo de amor é canalizado para o casamento e o desejo de liberdade é canalizado para o consumo. Contudo, esses padrões de comportamento criados, de forma alguma são uniformes em toda a sociedade, definindo, em vez disso, formações identitárias, ao compelir as pessoas a se conformar a atributos de raça, gênero e classe como se fossem naturais e necessários. Em contraste, nossa concepção da instituição não começa com os indivíduos, não termina com as identidades nem funciona pela conformidade. As singularidades, em revolta contra o poder dominante e não raro em conflito umas com as outras, entram para o processo institucional. Por definição, como dissemos, as singularidades são sempre múltiplas e estão constantemente engajadas num processo de autotransformação. Esse processo institucional permite que as singularidades alcancem certa coerência em suas interações e comportamentos, desta forma criando uma forma de vida, embora esses padrões nunca sejam fixados numa identidade. A diferença central terá a ver, talvez, com o lugar da interferência: ao passo que, de acordo com a concepção sociológica convencional, as instituições formam os indivíduos e as identidades, em nossa concepção as singularidades formam as instituições, que assim estão perpetuamente em fluxo.

Imaginamos, da parte de cientistas políticos e teóricos jurídicos, uma objeção de que nossa concepção de instituição não pode formar a base da soberania. Esta perspectiva parte do princípio de que a vida dos indivíduos nos mundos econômico e social, como no estado natural, caracteriza-se pelo risco, pelo perigo e pela escassez. Só no momento em que os indivíduos entram para as instituições, com isto transferindo pelo menos uma parte de seus direitos e poderes para uma autoridade soberana, podem ter assegurada sua proteção. As teorias jurídicas sustentam um ponto de vista semelhante ao enfatizar que a relação entre a reivindicação e a obrigação legais nas instituições deve ser invariante, para que possam estabelecer e manter a ordem social. As instituições devem servir de base ao poder constituído, ou seja, à ordem constitucional da soberania. Segundo nossa concepção, em contraste, as instituições formam um poder constituinte, e não constituído. As normas e obrigações institucionais são estabelecidas em interações regulares, mas estão continuamente abertas a um processo de evolução. As singularidades que compõem a multidão não transferem seus direitos ou poderes, e assim impedem a formação de um poder soberano; mas em seus encontros mútuos cada uma delas torna-se mais poderosa. Dessa forma, o processo institucional fornece um mecanismo de proteção (embora sem garantias) contra os dois perigos principais enfrentados pela multidão: externamente, a repressão do poder vigente, e internamente, os conflitos destrutivos entre as singularidades no interior da multidão.

A extensão da insurreição num processo institucional que transforma a trama do ser social é uma boa abordagem inicial da revolução. Immanuel Kant chega perto desta definição ao declarar que a Revolução Francesa não deve ser entendida como revolução, mas como "a evolução de uma constituição baseada no direito natural [*Naturrecht*]". Ele enfatiza, em particular, a natureza pública e universal do processo. "Este acontecimento não consiste em atos de grande importância nem em crimes cometidos pelos homens (...) nem em esplêndidas estruturas políticas antigas que desaparecem como num passe de mágica enquanto outras se apresentam em seu lugar, vindas das profundezas da terra. Não, nada disso. É simplesmente o modo de pensar dos espectadores que se revela *publicamente* neste jogo de grandes revoluções, manifestando uma simpatia tão universal e no entanto desinteressada pelos participantes de um dos lados contra os do outro."[52] A revolução é insurreição, e, uma vez transformada num processo institucional, é uma forma de governo, que Kant define como pública e que nós chamaríamos de comum.

Kant explica ainda que a transformação do ser social operada pela revolução constitui uma inovação na história, que aponta para o futuro. "Em decorrência de sua universalidade, este modo de pensar demonstra um caráter da raça humana como um todo e de uma só vez; em decorrência de seu desapego, um caráter moral da humanidade, pelo menos como predisposição, um caráter que não só permite que as pessoas depositem esperança no progresso para melhor, mas já é em si mesmo um progresso, na medida em que sua capacidade é suficiente para o presente."[53] A revolução, como nova forma de governo, fica na verdade, apesar da confiança de Kant no progresso, espremida no torniquete entre passado e futuro, restando-lhe muito pouca margem de manobra. Deve constantemente enfrentar as pressões do poder constituído e o peso social acumulado do passado. Basta pensar, por exemplo, nas fachadas góticas das catedrais francesas e catalãs profanadas por revolucionários que quebraram os bustos de santos e reis. Sim, nós também ficamos indignados com esta destruição de uma preciosa herança cultural, mas entendemos a tentativa de destruir fisicamente os símbolos de um poder que continua a assombrá-los. Muitas vezes, mesmo quando os revolucionários pensam que seus atos são suficientes para nos projetar no futuro, o passado volta a irromper, para se impor novamente. Tocqueville, por exemplo, descreve a maneira como o passado às vezes se insinua subrepticiamente, voltando a aparecer em futuros revolucionários. Porém isto não é uma lei da história nem o inevitável destino das revoluções, como muitas vezes afirmam os revolucionários, mas simplesmente um resultado possível. Podemos portanto compartilhar a fé de Kant no progresso quando ele não é, em primeiro lugar, postulado como uma lei natural, mas alicerçado na luta revolucionária e, em segundo lugar, consolidado e reforçado na forma institucional. A criação de uma nova forma de governo pela revolução afasta o passado e abre para o futuro.

6.3

Governando a revolução

> Um direito revolucionário é um direito cujo objeto é manter a revolução e acelerar ou regular seu curso.
>
> — Condorcet, *Do significado da palavra revolucionário*

O problema da transição

Com demasiada frequência o pensamento revolucionário sequer toca no problema da transição, prestando atenção apenas à abertura e negligenciando todos os atos do drama que devem se seguir. Derrotar o poder dominante, destruir o antigo regime, esmagar a máquina de Estado — e mesmo derrubar o capital, o patriarcado e a supremacia branca — não é suficiente. Talvez pudesse ser suficiente se acreditássemos que a formação da multidão já fora alcançada, que de alguma forma já estaríamos todos não só purificados das hierarquias e corrupções da sociedade contemporânea, como capazes de gerir a multiplicidade do comum e cooperar de maneira livre e igualitária uns com os outros — em suma, que a sociedade democrática já estivesse completa. Talvez assim o acontecimento insurrecional destruidor das estruturas de poder pudesse ser suficiente e a perfeita sociedade humana já existente sob o jugo da opressão pudesse florescer. Mas a natureza humana, tal como se apresenta hoje, está longe de ser perfeita. Estamos todos enredados e acumpliciados nas identidades, hierarquias e corrupções das atuais formas de poder. A revolução requer não só emancipação, como dissemos anteriormente, mas libertação; não só um acontecimento de destruição mas um longo e constante processo de transformação, criando uma nova humanidade. É este o problema da transição: como prolongar o acontecimento insurrecional num processo de libertação e transformação.

Condorcet proclama, e Hannah Arendt lhe faz eco quase duzentos anos depois, que "a palavra 'revolucionário' só se aplica a revoluções que tenham a liberdade como objeto".[54] Acrescentaríamos que as revoluções devem ter a democracia como objeto e, portanto, que a direção e o conteúdo da transição revolucionária devem ser definidos pelo aumento das capacidades democráticas da multidão. As pessoas não são, por natureza, capazes de cooperar espontaneamente umas com as outras, governando o comum de maneira livre e conjunta. W. E. B. Du Bois, por exemplo, estudando as promessas, traições e fracassos da Reconstrução após a Guerra Civil americana, tem perfeita consciência de que só a emancipação não basta. Além de todas as armadilhas e subterfúgios do governo americano e dos proprietários de escravos desapropriados no Sul, além das hierarquias de cor e classe criadas pelos capitalistas *carpetbaggers** do Norte, Du Bois chama a atenção também para o problema de que mesmo após a abolição da escravatura a vasta maioria da população, branca ou negra, continua na pobreza e na ignorância, carente das capacitações para a democracia. A emancipação é apenas o começo.[55]

Nos anais do moderno pensamento revolucionário, Lenin representa o *locus classicus* da compreensão da transição revolucionária. Lenin reconhece, como observamos anteriormente, que a natureza humana, tal como se apresenta hoje, não é capaz de democracia. Em seus hábitos, rotinas, mentalidades e na infinidade de práticas capilarizadas da vida cotidiana, as pessoas estão acostumadas à hierarquia, à identidade, à segregação e, de maneira geral, a formas corrompidas do comum. Ainda não são capazes de se governar democraticamente sem senhores, líderes

---

* Expressão pejorativa com que os sulistas se referiam aos nortistas (também chamados ianques) que se mudaram para o sul dos Estados Unidos, nas décadas a partir de 1865, para participar da Reconstrução após a Guerra Civil. Os ianques sendo vistos como capitalistas oportunistas que se prevaleciam das condições locais e as manipulavam em seu próprio benefício. (*N. do T.*)

e representantes. Assim é que Lenin propõe uma transição dialética composta de duas negações. Primeiro, um período de ditadura deve negar a democracia para conduzir a sociedade e transformar a população. Uma vez criada uma nova humanidade, capaz de se governar, a ditadura será negada, alcançando-se uma nova democracia.[56] Lenin tem o grande mérito de postular claramente o problema, mas sua solução dialética está hoje ampla e justificadamente desacreditada, não só porque as ditaduras "transitórias" aferram-se tão teimosamente ao poder, resistindo à inversão dialética da democracia, mas sobretudo porque as estruturas sociais da ditadura não fomentam o treinamento democrático necessário para constituir a multidão. Pelo contrário! A ditadura ensina a subserviência. A democracia só pode ser aprendida na prática.

O problema da transição requer uma solução positiva, não dialética, que conduza à democracia por meios democráticos. Nossa análise na seção anterior já apontou alguns elementos para uma tal transição democrática. O acontecimento insurrecional, segundo explicamos, deve ser consolidado o processo institucional de transformação que desenvolva as capacidades da multidão para o processo decisório democrático. Constituir a multidão é assim um projeto de organização democrática voltado para a democracia. Em vez de contar com o efeito bumerangue da dialética para projetar o processo, no momento final, em direção à extremidade oposta do espectro, este conceito de transição aponta para um comportamento assintótico, que tende ao infinito, de tal maneira que, ainda que o movimento nunca chegue a uma conclusão, a distância entre a transição e a meta, entre os meios e o fim torna-se de tal maneira infinitesimal que já não importa. Este processo não deve ser confundido com antigas ilusões reformistas que insistem na mudança gradual, constantemente adiando a revolução para um futuro indefinido. Não; a ruptura com a sociedade contemporânea e seus poderes dominantes deve ser radical: assim como a insurreição é arrastada no processo da transição, a transição deve constantemente renovar a força da insurreição. Em outras palavras, na avaliação do estado da atual sociedade, a questão muitas vezes não é discutir se o copo está meio cheio ou meio vazio, mas quebrá-lo!

O processo de transição, entretanto, não é espontâneo, como já dissemos. Como governar a transição? Quem ou o que traça a *diagonal política* que orienta a transição? A linha política, afinal, nem sempre é reta e imediatamente evidente; ela se move diagonalmente por misteriosas curvas. Essas questões, todavia, nos conduzem de volta aos dilemas das vanguardas, da liderança e da representação. Os movimentos revolucionários ao longo da história reiteradamente permitiram que o leme fosse assumido e o processo fosse comandado por figuras carismáticas ou grupos de liderança — o partido, a junta, o conselho, o diretório e assim por diante — representando (em diferentes graus) as massas. E quantas vezes não ouvimos falar da necessidade de liderança como argumento para privilegiar um grupo social (dotado de superior conhecimento, consciência ou posição no processo produtivo) sobre os demais na luta revolucionária, rompendo o potencial paralelismo de que falamos anteriormente? Os operários das fábricas se arvoraram em líderes dos camponeses, os trabalhadores brancos, dos trabalhadores negros, os trabalhadores do sexo masculino, das trabalhadoras, e assim por diante. Não raro o estabelecimento da liderança tem sido acompanhado de alegações de "autonomia do político" frente ao social, ao econômico, ao privado ou ao meramente cultural.[57]

Nossa tese parece nos ter conduzido a um impasse. Por um lado, o processo de transição não é espontâneo, devendo ser conduzido em função de uma diagonal política. Por outro, contudo, a permissão para que qualquer identidade social ou grupo de vanguarda ou líder assuma o controle do processo compromete a função democrática que a transição deve servir. Aparentemente não existe para o processo revolucionário um caminho alternativo entre o perigo da ineficácia e da desordem, por um lado, e, por outro, o da hierarquia e da autoridade.

A saída para este impasse consiste em trazer a *diagonal política* de volta para o *diagrama biopolítico*, ou seja, assentá-la numa investigação das capacidades que as pessoas já exercem em suas vidas cotidianas e, especificamente, no processo da produção biopolítica. Nos termos aqui propostos, isto significa explorar a composição técnica da multidão produtiva para descobrir sua potencial composição política. Deparamo-nos assim com o benefício político de todas as nossas análises econômicas desenvolvidas nas Partes 3 e 5. No contexto biopolítico, como vimos, a produção de ideias, imagens, códigos, linguagens, conhecimentos, afetos e semelhantes, através de redes horizontais de comunicação e cooperação, tende para a produção autônoma do comum, ou seja, produção e reprodução de formas de vida. E a produção e reprodução de formas de vida é uma definição muito precisa da ação política. Isto não significa que a revolução já tenha começado e que o problema da transição tenha sido resolvido, pois, em primeiro lugar, a autonomia da produção biopolítica é apenas parcial, já que é ainda direcionada e controlada pelo comando do capital; e, em segundo lugar, essas capacidades econômicas não são imediatamente expressas como capacidades políticas. Mas efetivamente significa que na trama comum do diagrama biopolítico encontram-se latentes, potenciais, tal como crisálidas, as capacidades da multidão de determinar de maneira autônoma a diagonal política da transição. Realizar esse potencial, através da ação e da organização políticas, significaria levar adiante as lutas revolucionárias paralelas através do acontecimento insurrecional de interseção para o processo institucional de gestão do comum.

O conceito de "revolução passiva" e suas limitações em Antonio Gramsci nos ajuda a entender de que maneira a relação entre a diagonal política e o diagrama biopolítico aborda o dilema da transição. Como costuma fazer com muitos de seus principais conceitos, Gramsci utiliza a expressão "revolução passiva" numa série de contextos, com significados ligeiramente diferentes, valendo-se de múltiplos pontos de vista para dar maior amplitude ao conceito. O primeiro e básico emprego consiste em contrastar a transformação passiva da sociedade burguesa na Itália do século XIX com o processo revolucionário ativo da burguesia na França. A revolução passiva, explica Gramsci, é uma revolução sem revolução, ou seja, uma transformação das estruturas políticas e institucionais sem que se manifeste centralmente um forte processo de produção de subjetividade. Os verdadeiros protagonistas são os "fatos", e não os atores sociais. Gramsci também aplica a expressão "revolução passiva" às mutações das estruturas da produção econômica capitalista, por ele identificadas basicamente no desenvolvimento do sistema fabril americano nas décadas de 1920 e 1930. Os termos "americanismo" e "fordismo" designam o que Marx chama de passagem da "subsunção formal" do trabalho para a "subsunção real", no interior do capital, ou seja, a construção de uma sociedade propriamente capitalista. Esta transformação estrutural do capital é passiva no sentido de que se desdobra num período prolongado e não é impelida por um sujeito forte. Depois de usar a "revolução passiva" como ferramenta descritiva de análise histórica, contemplando ao mesmo tempo as mudanças superestruturais e estruturais da sociedade capitalista, Gramsci parece empregá-la, numa terceira etapa, para sugerir um caminho de luta. Como fazer a revolução numa sociedade subsumida no capital? A única resposta vislumbrada por Gramsci é relativamente "passiva", ou seja, uma longa marcha através das instituições da sociedade civil.[58]

As diferentes propostas políticas de Gramsci configuram uma crítica leninista do leninismo. Ele é crítico do leninismo na medida em que não enfatiza a "guerra de movimento", mas a "guerra de posições", propondo, em outras palavras, não uma explosão insurrecional contra os poderes dominantes, mas uma extensa série de batalhas nas esferas cultural e política, na tentativa de arrancar a hegemonia à burguesia.[59] Todavia, a crítica de Gramsci ainda é leninista. A revolução passiva, tanto para a burguesia italiana do século XIX quanto para o proletariado do século XX, não é superior à revolução ativa, mas apenas uma alternativa quando a via principal se revelar impossível, quando não houver um sujeito ativo para liderar o processo revolucionário. Todas as ideias centrais da política de Gramsci — entre elas a guerra de posições, a hegemonia e a revolução passiva — voltam-se para a invenção da atividade revolucionária em épocas não revolucionárias, mas ainda assim se orientam para o horizonte da revolução ativa, quando esta se tornar possível em algum momento do futuro.

Sob muitos aspectos, Gramsci é um profeta do diagrama biopolítico. Ele entende que a vanguarda dos operários industriais já não pode atuar como agentes de uma revolução proletária e, ao menos no que diz respeito a sua "liderança" do campesinato, questiona a conveniência da vanguarda operária. Gramsci também reconhece no fordismo que a subsunção da sociedade sob o capital leva a uma transformação da composição técnica do proletariado, e parece intuir que futuramente, no interior do diagrama biopolítico, a produção capitalista extravasará dos muros da fábrica para investir toda a vida social, acabando com as divisões entre estrutura e superestrutura e posicionando a cultura e as relações sociais diretamente no terreno do valor e da produção econômica. Ele chega inclusive a perceber que a nova composição técnica implica uma nova produção de subjetividade: "Na América, a racionalização determinou a necessidade de elaborar um novo tipo de homem adequado ao novo tipo de trabalho e de processo produtivo."[60] Mas Gramsci não foi capaz de antecipar — e como poderia? — que o desenvolvimento do diagrama biopolítico abre a possibilidade de uma nova diagonal política. A constituição da multidão e a composição e consolidação de suas capacidades num processo decisório democrático em instituições revolucionárias é exatamente o tipo de produção de subjetividade que Gramsci considera necessária para uma revolução ativa, e não passiva. Este retorno ao Gramsci leninista no terreno biopolítico permite-nos fazer convergirem as correntes aparentemente divergentes de seu pensamento. Não nos encontramos diante de uma alternativa: insurreição ou luta institucional, revolução passiva ou ativa. Em vez disso, a revolução deve ser simultaneamente insurreição e instituição, transformação estrutural e superestrutural. É este o caminho do "devir-príncipe" da multidão.

Violência revolucionária

Chegamos ao ponto do debate em que alguém inevitavelmente pergunta: "A revolução precisa ser violenta?" Sim, precisa, mas nem sempre da maneira que se pensa. A revolução não requer necessariamente derramamento de sangue, mas efetivamente exige o uso da força. A pergunta certa, portanto, não é se a violência é necessária, mas que tipo de violência. De acordo com a análise que fazemos da ligação entre insurreição e instituição, essa questão deve ser considerada em duas arenas diferentes: a luta contra os poderes dominantes e a formação da multidão.[61]

Na primeira arena, a força é necessária para conquistar a liberdade, porque os poderes dominantes o impõem. Os escravos judeus do Egito teriam de bom grado partido em paz com Moisés, mas o faraó não os deixou partir sem lutar; em geral, os governantes reagem violentamente quando seu poder é ameaçado. A libertação requer uma luta defensiva contra os poderes dominantes e, portanto, guerra civil, uma prolongada batalha entre campos que dividem a sociedade, mas nem mesmo a guerra exige sempre armas letais e derramamento de sangue. Gramsci diferencia os vários tipos de força e armas apropriados a situações específicas fazendo a distinção, anteriormente citada, entre "guerra de movimento" (a típica insurreição armada, como a tomada do Palácio de Inverno em São Petersburgo ou do Quartel de Moncada em Santiago de Cuba) e "guerra de posições" (geralmente envolvendo lutas prolongadas e sem armas nas esferas cultural e política). Em princípio, Gramsci nada tem contra a luta armada — e nós tampouco. A questão é simplesmente que as armas nem sempre são as melhores armas. Só a situação pode determinar qual é a melhor arma contra os poderes dominantes: revólveres, manifestações pacíficas de rua, êxodo, campanhas nos meios de comunicação, greves, transgressão de normas de gênero, silêncio, ironia e muitas outras.

Sabemos que a resposta "Depende da situação" não é muito satisfatória. Mas só podemos oferecer critérios de escolha da melhor arma a cada situação. O primeiro e mais óbvio critério é: que armas e que estratégia têm mais probabilidade de se mostrar eficazes e vencer a luta? Devemos ter em mente que nem sempre a arma de maior poder de fogo leva a melhor. Na verdade, nossa estimativa é que, cada vez mais, hoje em dia, uma "multidão desarmada" é muito mais eficaz do que um bando armado e que o êxodo tem mais força que o ataque frontal. Nesse contexto, o êxodo frequentemente assume a forma de sabotagem, recusa de colaborar, práticas contraculturais e desobediência generalizada. Essas práticas são eficazes porque o biopoder está sempre "sujeito" às subjetividades que domina. Quando se retiram do terreno, elas criam vácuos que o biopoder não pode tolerar. Os movimentos de alterglobalização que floresceram nos anos em torno da virada do milênio funcionavam em grande medida dessa maneira: criando rupturas na continuidade do controle e preenchendo esses vácuos com novas expressões culturais e formas de vida. Esses movimentos deixaram como lastro, com efeito, um arsenal de estratégias de desobediência, novas linguagens de democracia e práticas éticas (pela paz, pela preservação do meio ambiente e assim por diante) que podem eventualmente ser retomadas e reutilizadas por novas iniciativas de rebelião.

O segundo critério é ainda mais importante: quais armas e que forma de violência terão efeito mais benéfico na própria multidão? Fazer a guerra sempre envolve uma produção de subjetividade; e com frequência as armas mais eficazes contra o inimigo são aquelas que têm efeito mais venenoso nos que motivaram a luta. Thomas Jefferson parece esquecer este segundo critério ao defender com excessivo zelo a violência da Revolução Francesa em 1793. "A liberdade de todo o planeta dependia do resultado da peleja", escreve ele a William Short, "será que este prêmio chegou a ser conquistado com tão pouco sangue inocente? Meus próprios afetos foram profundamente feridos por alguns dos mártires desta causa, mas antes de vê-la fracassar eu teria preferido que metade do planeta tivesse sido arrasada. Restassem apenas um Adão e uma Eva em cada país, e em liberdade, seria melhor do que como estão as coisas agora."[62] Certamente não compartilhamos a aceitação do derramamento de sangue em massa aqui manifestada por Jefferson — e ele próprio com toda certeza exagera em busca do efeito nesta passagem —, mas Jefferson também parece negligenciar a necessidade de que a ação revolucionária reforce a produção do comum e contribua para o processo de constituição da multidão. (Não gostamos muito do slogan "liberdade ou morte", mas tampouco simpatizamos com o conceito "liberdade e morte".) À parte a questão do derramamento de sangue em massa, a questão que surge é: que quer dizer Jefferson ao se referir a Adão e Eva? Se ele se satisfaz com um conceito de vida nua, fazendo a humanidade retornar a alguma imaginária condição original, natural ou básica, nossa reação é de oposição. Mas talvez, de uma perspectiva mais próxima da nossa, Jefferson imagine que Adão e Eva assinalam a criação de uma nova humanidade resultante do processo revolucionário. Seja como for, ao avaliar as armas e formas de violência na luta revolucionária, a questão da eficácia contra o inimigo deve ser sempre secundária em relação à de seus efeitos na multidão e no processo de construção de suas instituições.

Isto nos conduz diretamente à segunda arena na qual a revolução demanda o emprego da força: o terreno da constituição da multidão, enfrentando e resolvendo conflitos em seu interior, levando as singularidades que a compõem a relações cada vez mais benéficas, mas também superando os obstáculos aos tipos de transformação necessários para a libertação. A força das instituições cumpre este papel em parte. Louis de Saint-Just, escrevendo, como Jefferson, em 1793, insiste na função revolucionária das instituições: "O terror pode livrar-nos da monarquia e da aristocracia, mas o que poderá livrar-nos da corrupção? (...) As instituições."[63] Já lançamos dúvida sobre a primeira parte da observação de Saint-Just, questionando a eficácia e a conveniência da luta armada — quanto mais do terror — na batalha contra os poderes dominantes e suas hierarquias sociais; mas o que mais nos interessa é sua afirmação, na segunda parte, da força das instituições contra a corrupção. É verdade que Saint-Just pode entender a corrupção como um desvio da linha estabelecida pelos líderes revolucionários e a instituição como uma forma de gerar conformidade, mas somos tentados a proclamar o mesmo slogan — instituições contra a corrupção — porém com um significado diferente.

Em vários momentos deste livro analisamos a corrupção do comum tanto em termos de sua destruição através da imposição de hierarquias sociais (pela privatização, por exemplo) e de perpetuação de formas negativas do comum em instituições que diminuem os poderes da multidão, bloqueiam sua produção de subjetividade e exacerbam seus conflitos internos. Parte da atividade revolucionária, assim, consiste na destruição do que chamamos anteriormente de instituições das formas corrompidas do comum, como a família, a corporação e a nação. As lutas contra elas ocorrerão em múltiplas frentes, muitas das quais provavelmente sequer imaginamos ainda, e podemos estar certos de que as batalhas, mesmo sem derramamento de sangue, serão violentas, terríveis e dolorosas, testando-nos de maneiras ainda desconhecidas. Basta pensar na maneira violenta como são punidos aqueles que, ainda que timidamente, ameaçam a instituição corrupta da família, em termos de direitos reprodutivos, por exemplo, ou de sexo e gênero, estruturas de parentesco, divisão sexual do trabalho ou autoridade patriarcal. Estas e outras instituições que corrompem o comum não cairão sem combates intensos e prolongados. Saint-Just deixa claro, no entanto, que a luta envolve não só a destruição das instituições corruptas como também a construção de outras. Novas instituições são necessárias para combater a corrupção, como dissemos, não por unificarem a sociedade e a geração de conformidade a normas sociais, mas por facilitarem a produção de formas benéficas do comum, mantendo aberto e igualitário o acesso a elas e contribuindo para os encontros felizes de singularidades que compõem a multidão — combatendo ao mesmo tempo os obstáculos que se apresentam no caminho. Talvez tenhamos aqui apenas uma reafirmação em termos mais concretos e práticos de nossa proposição anterior de que o treinamento para o amor precisa ser armado dos meios de combater o mal.

A violência mais aterrorizante a ser enfrentada pelos revolucionárias pode ser a monstruosa autotransformação que encontramos nas correntes revolucionárias da política da identidade. A abolição da identidade, deixando para trás aquilo que somos e construindo um novo mundo sem raça, gênero, classe, sexo e outras coordenadas identitárias, é um processo extraordinariamente violento, não só porque os poderes resistirão a cada passo mas também porque exige que abandonemos algumas de nossas identificações mais centrais, tornando-nos monstros. Nem mesmo Saint-Just e seus sanguinários companheiros poderiam imaginar semelhante terror!

Governança constituinte

A revolução deve ser governada não só para orientar e regulamentar seus movimentos mas também para estabelecer as forças do poder constituinte como uma nova forma de vida, um novo ser social. Discutimos o papel dos novos processos institucionais na composição e consolidação da insurreição no procedimento revolucionário, seja combatendo os poderes dominantes e suas corrupções ou estabelecendo novos hábitos e práticas coletivos. Também exploramos a maneira como, no contexto biopolítico, formas de processo decisório democrático podem gerar a diagonal política que assinala o caminho da transição. Mas ainda não é suficiente. Tudo isso precisa ser escorado num arcabouço governamental, constitucional e jurídico. Aqui, contudo, nossa tese enfrenta um novo impasse, pois em numerosos pontos de nossa análise já explicamos que as formas e estruturas governamentais existentes representam obstáculos à revolução. Em nome da democracia, criticamos numerosas propostas de governo revolucionário: a ideia de tomar o poder no sentido de apoderar-se da maquinaria burguesa de Estado (para empregar a formulação de Marx) já existente e pré-fabricada; os projetos de criação de um "contrapoder" homólogo às estruturas estatais existentes; os mecanismos que impedem o desenvolvimento de um poder constituinte nas estruturas do poder constituído; e as noções dialéticas de transição revolucionária governando através de algum tipo de ditadura. E no entanto estamos perfeitamente conscientes de que o processo revolucionário não é espontâneo e deve ser governado. Como podemos inventar uma forma democrática de governo adequada ao processo revolucionário? Ela teria de ser democrática, não no falso sentido que nos é diariamente inculcado por políticos e pelos meios de comunicação, com seus arremedos de representação, mas no ativo e autônomo autogoverno da multidão como um todo.

Vamos encontrar alguma ajuda na superação desse impasse numa fonte que à primeira vista pode parecer inusitada: as estruturas de governança que vão surgindo como formas primordiais de governo no interior do Império. Sustentamos na Parte 4 que a ordem global contemporânea não assume a forma de um "Estado mundial" nem reproduz as estruturas governamentais criadas no contexto do Estado-nação, mas se caracteriza cada vez mais por formas emergentes de governança que governam sem recorrer a uma autoridade política abrangente, gerindo e regulamentando de maneira *ad hoc* e variável. Fizemos remontar a genealogia do conceito de governança, em parte, às estruturas de regulamentação, gestão e prestação de contas das corporações capitalistas, e de fato as características da governança corporativa continuam fortemente presentes nos vários desdobramentos da governança na constituição imperial. A governança global é "pós-democrática" no sentido de que evita as estruturas representativas que no passado serviram para legitimar o poder de Estado, em favor de formas pluralistas de regulamentação controladas, não raro indiretamente, por forças oligárquicas, como as da propriedade. Em consequência, as estruturas de governança têm constantemente a flexibilidade e a fluidez necessárias para se adaptar às circunstâncias em evolução. Elas não precisam de estabilidade e regularidade para governar, estando capacitadas, em vez disso, a gerir crises e se impor em condições excepcionais.

Os que se inclinam a hábitos oposicionistas de pensamento provavelmente responderão a esta análise da "governança sem governo" no Império com propostas na direção contrária: precisamos fazer oposição ao Império, poderiam dizer, com as estruturas jurídicas fixas e os processos normativos regularizados do governo. Tendemos, entretanto, para respostas antes subversivas que oposicionistas. Os mecanismos de governança do Império de fato têm o mérito de interpretar o contexto biopolítico e registrar a crescente autonomia das redes de singularidades, o transbordamento e as formas incomensuráveis do valor produzido pela multidão e a força sempre crescente do comum. Inclinamo-nos pela apropriação desse conceito de governança, subvertendo sua vocação imperial e reformulando-o como um conceito de democracia e revolução.

Constatamos certo potencial no conceito de federalismo utilizado por certos teóricos para entender funções da governança global. Em contraste com os modelos tradicionais, como os dos Estados Unidos e da Suíça, por exemplo, esse federalismo não se orienta para a soberania de Estado, antes servindo para articular uma ampla variedade de poderes e mediar diversas instituições políticas com objetivos diferentes e separados. No espaço entre o Estado-nação e o Império, o federalismo constrói uma série de diferentes mediações territoriais. A aparente multiplicidade do federalismo, todavia, rapidamente se esgota, à medida que seus mecanismos de mediação limitam-se a buscar a criação de um tipo de forma-Estado nômade, reproduzindo formas de soberania e controle.[64]

Muito mais úteis são as análises da governança efetuadas por teóricos e juristas, especialmente um grupo de teóricos jurídicos alemães que parte da teoria dos sistemas de Niklas Luhmann, enfatizando duas características primordiais da governança global: uma delas *excedendo* os limites dos sistemas jurídicos fixos e suas estruturas normativas e outra *fragmentando* os sistemas jurídicos em virtude de conflitos na sociedade global e normas conflitantes. A passagem do governo para a governança é entendida, assim, em termos jurídicos, como o movimento de uma estrutura normativa unitária e dedutiva para outra, pluralista e plástica. A governança abre mão de qualquer tentativa vã de levar unidade aos sistemas jurídicos globais (seja com base no direito internacional ou no consenso entre os Estados-nação), tentando, em vez disso, estabelecer uma lógica de rede capaz de gerir conflitos e alcançar uma compatibilidade normativa entre os fragmentos da sociedade global. Assim entendida, a governança de fato "domina através da exceção", mas de um modo completamente diferente do imaginado por Carl Schmitt em seu famoso uso da fórmula para definir a soberania. A exceção, aqui, não é um acontecimento pontual que exige decisão, mas se espalha ao longo do tempo e por toda a sociedade. Como a sociedade está cheia de exceções, as estruturas de governança sempre se mantêm contingentes e aleatórias — estruturas flutuantes, poderíamos dizer, sobre as ondas em choque da sociedade global.[65]

Certos elementos da governança, tal como concebidos por esses teóricos jurídicos, adequam-se tão perfeitamente a nossas análises da sociedade biopolítica que poderiam ser considerados um resumo de várias passagens deste livro. Onde eles veem fragmentação, nós enxergamos uma multiplicidade de singularidades; o transbordamento que eles identificam na relação entre a sociedade e as estruturas normativas, nós reconhecemos na relação entre o trabalho e o valor; a lógica de rede que eles leem na governança de situações excepcionalmente normativas, nós analisamos na cooperação da produção biopolítica; e o conflito social que eles apreendem como base dos arcabouços jurídicos contingentes, nós propomos como base da noção revolucionária de instituição. Mas isto quer dizer que esses teóricos jurídicos são revolucionários mascarados? Não; na verdade, do nosso ponto de vista, eles sustentam uma visão distanciada, cética e até cínica a respeito do potencial de transformação social. A proximidade entre suas análises da governança global e nossas análises da multidão, no entanto, de fato identifica um ponto no qual a noção imperial de governança pode ser revirada do avesso, subvertida e transformada num conceito revolucionário. Não se trata de uma operação ideal de inversão dialética, mas de um caminho prático, subversivo.

Não deveria surpreender, então, que as estruturas de governança imperial correspondam tão fortemente aos movimentos da multidão. A governança é forçada a registrar e representar, em função de novos diagramas, as reivindicações jurídicas e as forças políticas expressas pela multidão, como pegadas deixadas na areia. As lutas da multidão são primeiras no que diz respeito ao poder, como temos insistido em diferentes pontos de nossa análise, no sentido de que são o lugar da inovação social, ao passo que o poder só pode reagir tentando capturar ou controlar sua força.

Uma governança constituinte que inverta a forma imperial teria de apresentar não só uma instância normativa de governo, não apenas uma estrutura funcional de consenso e cooperação social, mas também um esquema aberto e socialmente generalizado de experimentação social e inovação democrática. Seria um sistema constitucional no qual as "fontes da lei" e seus meios de legitimação baseiam-se exclusivamente no poder constituinte e no processo decisório democrático. Assim como a insurreição precisa tornar-se institucional, também a revolução precisa, dessa maneira, tornar-se constitucional, crescendo, luta após luta, sedimentando-se em sucessivas camadas que incansavelmente transbordam todos os equilíbrios sistêmicos, em direção a uma democracia do comum.

Enquanto a revolta e a insurreição podem ser episódicas e de curta duração, o processo revolucionário é percorrido por algo como uma vontade de instituir e constituir. Temos em mente aqui a analogia do conceito de *Kunstwollen* enunciado pelo grande historiador de arte vienense Alois Riegl, o qual, embora de difícil tradução, pode ser apresentado como "vontade de arte". Riegl analisa a maneira como, em outro período de transição, a arte romana tardia se revolta contra as antigas formas, estabelecendo não só novas técnicas e uma nova "indústria", mas também novas maneiras de ver e vivenciar o mundo. Ele entende a *Kunstwollen* romana tardia como a força governando essa transformação das artes plásticas, o desejo que articula todas as expressões artísticas singulares num desenvolvimento institucional coerente, demonstrando não só a continuidade mas também a inovação do processo. A *Kunstwollen* realiza ao mesmo tempo a superação do limiar histórico e a organização das forças sociais excedentes e transbordantes num projeto coerente e duradouro.[66] Um processo revolucionário hoje terá de ser governado por uma *Rechtswollen*, ou seja, uma vontade institucional e constitucional que, de maneira paralela, articula a singularidade da multidão, juntamente com suas diferentes instâncias de revolta e rebelião, num processo comum poderoso e duradouro.

DE SINGULARITATE 2: INSTITUIR A FELICIDADE

> Através de seus prédios, imagens e histórias, a humanidade prepara-se, caso seja necessário, para sobreviver à civilização. E, acima de tudo, o faz rindo.
> — Walter Benjamin, "Experience and Poverty"

> Temos o poder de começar o mundo de novo. Uma situação semelhante à atual não acontecia desde os dias de Noé.
> — Thomas Paine, *Common Sense*

Bem-vindos ao Ano 0! A pré-história não termina com um estrondo, mas com um suspiro de alívio, depois de séculos de escuridão e sangue. O início da história não significa o fim do conflito, e sim que temos todos o potencial de enfrentar os conflitos e transformá-los em relações pacíficas e produtivas. O início da história tampouco significa que nossos poderes se realizaram plenamente; se assim fosse, a história terminaria antes mesmo de começar. Trata-se, isto sim, do início de um processo de educação e treinamento no qual nos engajamos coletivamente na constituição da vida social, colocando em ação o governo democrático.

Os revolucionários do Iluminismo, de Diderot e Fontanelle a Jefferson, seguindo os antigos gregos e romanos, postulavam a felicidade pública como suprema meta política. Hoje a felicidade deveria tornar-se mais uma vez um conceito político, em sentidos que os pensadores do século XVIII entendiam e também em outros que eles ainda não podiam imaginar. Felicidade é para eles, primeiro que tudo, uma condição duradoura, e não um sentimento passageiro, como o prazer. A felicidade é um prazer que dura e se repete. Esses pensadores também insistem na natureza coletiva da felicidade, enfatizando que ela é pública, e não privada. Com estas duas primeiras características já fica claro por que a felicidade deve ser o objeto primordial do governo. Ela é um bem coletivo, talvez o supremo bem coletivo, devendo assumir um caráter institucional para garantir sua longevidade. Mas a felicidade não é algo que os líderes ou representantes simplesmente proporcionam à população. Ela é um afeto ativo, e não passivo. A multidão precisa governar-se para criar um estado duradouro de felicidade (e assim, em vez de "pública", poderíamos chamá-la de "felicidade comum"). A felicidade não é um estado de satisfação que suprima a atividade, mas um incentivo ao desejo, um mecanismo de aumento e amplificação do que queremos e do que podemos fazer. Naturalmente, os seres humanos não nascemos com capacidades plenamente desenvolvidas de nos governar, de resolver conflitos, de constituir relações duradouras e felizes, mas todos temos o potencial para tudo isto. Finalmente, portanto, a felicidade é o processo de desenvolvimento de nossas capacidades de tomada de decisões democráticas e treinamento no autogoverno.[67]

A exigência de felicidade, é uma afirmação e uma celebração das metas do Iluminismo. O cerne do Iluminismo que aqui nos interessa não é alguma pretensão de que alguns ou todos nós já chegamos ou um dia chegaremos a um estado esclarecido de absoluto controle, autocontrole, conhecimento ou algo semelhante. Trata-se, em vez disso, do reconhecimento de que os seres humanos podem ser treinados, de que podemos melhorar individualmente, coletivamente e ao longo da história. E, no terreno do governo, isto envolve o aprendizado através da prática. "As qualificações para o autogoverno na sociedade", explica Thomas Jefferson, "não são inatas. Resultam do hábito e de um longo treinamento."[68] A democracia deve ser não só a meta de uma multidão que já tenha desenvolvido os poderes necessários para o autogoverno, mas também um mecanismo de aprendizado, um dispositivo que expanda esses poderes, aumentando não só a capacidade mas também o desejo de participar do governo. É neste sentido que convergem Diderot e Maquiavel, pois a

DE SINGULARITATE 2: INSTITUIR A FELICIDADE

exortação à felicidade é um projeto político perfeitamente realista, baseado na humanidade tal como se apresenta agora, como insiste tantas vezes Maquiavel, mas com o reconhecimento não menos lúcido de que os seres humanos podem tornar-se diferentes, aprender, aperfeiçoar-se e alcançar metas anteriormente inconcebíveis. A questão é promover nossas novas e sempre crescentes capacidades, empreender um projeto político no qual a democracia seja ao mesmo tempo o fim e o meio.

Os pensadores iluministas com frequência têm sido ridicularizados por sua crença no progresso, já que o passado está cheio de exemplos de catástrofes e loucuras geradas pelo seres humanos e por terem tantas pretensões de progresso conduzido ao desastre e à ruína. Alguns apontam o fato de a racionalidade administrativa dos nazistas ter levado ao genocídio e às câmaras de gás, outros, a maneira como os "avanços" científicos levaram à devastação ambiental e à destruição nuclear. De fato, não existe um movimento automático de progresso, nenhuma garantia de que amanhã será melhor que hoje; mas o reconhecimento desta contingência não nos deve levar a uma conclusão cínica, a ignorar o fato de que efetivamente temos o poder de melhorar nosso mundo, nossa sociedade, a nós mesmos. Esta é uma teleologia materialista sem ilusões quanto a mãos invisíveis ou causas finais puxando a história para frente. É uma teleologia impulsionada apenas por nossos desejos e nossas lutas, sem uma conclusão final. O progresso será medido por nossa crescente capacidade de realizar a felicidade comum e formar um mundo democrático no qual sejamos todos conjuntamente autorizados a governar, capazes de fazê-lo e dispostos a isto.

A instituição da felicidade é assim um projeto não só político mas também ontológico. A cada aumento de nosso poder, tornamo-nos diferentes, enriquecendo o que somos, expandindo o ser social. O ser não é de uma vez por todas e definitivamente fixado em algum reino do outro mundo, mas está constantemente sujeito a um processo de devir. Da mesma forma, a natureza humana não é imutável, mas aberta a um processo de treinamento e educação. Isto não significa que não haja limites para o que podemos fazer nem que possamos romper completamente com o passado para criar uma lousa absolutamente limpa: a natureza não dá saltos, como gostam de dizer os biólogos evolucionistas. O que isto quer dizer é que a mudança é possível no nível mais básico de nosso mundo e de nós mesmos, e que podemos intervir nesse processo para orientá-lo de acordo com nossos desejos em direção à felicidade.

Os historiadores das ideias produzem uma versão da maneira como o conceito político de felicidade se perdeu: a felicidade do século XVIII é voltada para dentro no século XIX e tornada sentimental. O *Traité du bonheur* de Bernard de Fontenelle dá lugar à *Teoria dos sentimentos morais* de Adam Smith; as proclamações de felicidade pública de Saint-Just cedem terreno aos sentimentos domésticos dos romances oitocentistas; a afirmação da felicidade como direito político em Jefferson recua diante de narrativas de satisfação individual. A felicidade é separada da razão, à qual estava tão fortemente ligada no século XVIII, tornando-se e permanecendo até hoje como mera paixão, algo que sentimos, e não algo que fazemos — um sentimento individual destituído de significado político. A simpatia e a piedade apresentam mecanismos de associação e constituição social, mas são mecanismos impotentes e que inclusive bloqueiam nosso poder.

Seria útil, portanto, consultar autores do passado para entender o projeto político e ontológico da felicidade. O objetivo da filosofia e da política de Spinoza, por exemplo, é a alegria (*gaudium*), um afeto ativo que assinala o aumento de nosso poder de agir e pensar. A alegria, portanto, não é um estado estático, como poderia ser a satisfação, mas antes um processo dinâmico que só tem prosseguimento na medida em que nossos poderes continuam a aumentar. Ainda não sabemos, afirma Spinoza, o que um corpo pode fazer e uma mente pode pensar. E jamais conheceremos os limites de seus poderes. O caminho para a alegria consiste em abrir constantemente novas possibilidades, expandir nosso campo de imaginação, nossas capacidades de sentir e ser afetados, nossas capacidades de ação e paixão. No pensamento de Spinoza, com efeito, existe uma correspondência entre nosso poder de afetar (o poder de nossa mente de pensar e o poder do nosso corpo de agir) e nosso poder de sermos afetados. Quanto maior a capacidade de pensar da nossa mente, maior sua capacidade de ser afetada pelas ideias dos outros; quanto maior a capacidade de agir do

DE SINGULARITATE 2: INSTITUIR A FELICIDADE

nosso corpo, maior sua capacidade de ser afetado por outros corpos. E tanto maior será nosso poder de pensar e agir, explica Spinoza, na medida em que mais interagirmos e criarmos relações comuns com os outros. Em outras palavras, a alegria é na realidade resultado de encontros alegres com outros, encontros que aumentam nossos poderes, e da instituição desses encontros de tal maneira que perdurem e se repitam.

Antes de Spinoza, Dante Alighieri propôs a alegria e o amor como produtivos não só do ser, mas também do ser-em-comum, ou seja, da vida social. Para Dante, o amor é um acidente que transforma o mundo e cria uma "vita nuova", uma nova vida — indo além das concepções de seus antecessores, tanto nos conceitos sentimentais de amor (em Guido Guinizelli, por exemplo, para quem o amor produz emoções) quanto nas visões racionalistas (em Guido Cavalcanti o amor produz conhecimento). Dante diz-nos que o amor é uma prática do comum. Atravessando a cidade, o amor é capaz de gerar novas formas de convivialidade, de vida em comum, que afirmam a autonomia e a interação de singularidades no comum.[69]

Como restabelecer ou reinventar tais concepções políticas da felicidade, da alegria e do amor para o nosso mundo? Uma resposta convencional a semelhante pergunta poderia oferecer um programa político contra a miséria, designando por miséria não só a falta de riqueza e recursos mas também, e de maneira mais genérica, a falta de poder de criar e inovar, de se governar. A miséria é a condição de estar separado daquilo que se pode fazer, daquilo em que é possível se transformar. E de fato já mencionamos as linhas básicas de um programa que pode e deveria ser exigido dos governos e das diferentes instituições de governança global.

Uma primeira plataforma deve exigir o apoio da vida contra a miséria, ou seja, simplesmente, que os governos proporcionem a todos os meios básicos de vida. Em muitos contextos nacionais, importantes propostas de garantia de renda para todos os cidadãos têm sido debatidas, como uma renda básica suficiente para as necessidades de uma existência produtiva e digna. Por outro lado, muitos governos, especialmente nos países mais ricos, já garantem assistência básica de saúde a todos os cidadãos. Mas a maioria dos que vivem na miséria, os mais expostos ao perigo da fome e da doença, reside em outros países. O que se faz necessário é uma iniciativa global para proporcionar os meios básicos de vida a todos, em todo o mundo, uma renda garantida global e assistência de saúde verdadeiramente universal, seja fornecida através de instituições globais como as agências da ONU, por organizações de cidadãos ou outros organismos.

Como a garantia de uma vida nua para todos não é suficiente para escapar da miséria, uma segunda plataforma deve exigir igualdade contra a hierarquia, permitindo que todos se tornem capazes de participar da constituição da sociedade, do autogoverno coletivo e da interação construtiva com os outros. Todos precisam ter acesso à educação básica, naturalmente, e a uma série de conhecimentos e capacitações sociais e técnicos básicos. São estes alguns dos pré-requisitos necessários para qualquer participação política. Munidos desses elementos básicos, não serão todos uniformes, é claro, mas capazes de participar igualmente da gestão coletiva da sociedade. Hoje em dia, mesmo quando as pessoas têm as capacitações, os conhecimentos e habilidades necessários para o governo, continuam separadas do poder. Queremos um governo que não só seja aberto à participação de todos como também treine a todos para participar do processo decisório democrático, permitindo que as pessoas cruzem fronteiras e residam onde quiserem. Nos contextos nacionais, o tipo de igualdade política exigida por esta plataforma tem sido frequentemente chamada de cidadania. O que pretendemos aqui é algo como uma cidadania global, que propicie, portanto, tanto os meios quanto a oportunidade de todos participarem igualmente do governo da sociedade global.

Uma terceira plataforma deve exigir livre acesso ao comum contra as barreiras da propriedade privada. Hoje é possível que todos façam livre e igualitário uso dos recursos e da riqueza, estando por sua vez em condições de produzir com eles. No contexto de escassez do passado, naturalmente, a exigência de acesso igualitário aos recursos frequentemente gerava um quebra-cabeça sem solução. Se alguém cultiva em determinado campo, ele não estará disponível para que um outro venha colher; se alguém usa uma máquina para produzir, ninguém poderá usá-la ao mesmo tempo. Hoje em dia, no entanto, cada vez mais a produção e a riqueza deixam de obedecer à lógica da escassez. Se você usa determinada ideia de maneira produtiva, eu também posso usá-la, e isto ao mesmo tempo. Na verdade, quanto maior o número daqueles que trabalham com uma ideia e se comunicam a seu respeito, mais produtiva ela se torna. Favorecer o aumento do bem-estar comum produtivo e dar a todos livre acesso a ele é do interesse comum. O governo deve apoiar, em particular, a acumulação de conhecimentos: conhecimentos e códigos científicos, naturalmente, cada vez mais centrais para a produção, mas também conhecimentos e capacitações sociais, meios de evitar conflitos sociais e facilitar encontros felizes, meios de promover a comunicação e as trocas produtivas.

Estas três plataformas são exigências justas e razoáveis a serem endereçadas aos poderes dominantes de hoje. São nada mais do que as condições que mais favorecem os encontros constituintes que, segundo dissemos anteriormente, constituem a riqueza da multidão na metrópole: garantir que todos tenham os meios básicos de vida e saúde; criar condições para que nos encontremos numa relação de igualdade, com o conhecimento e as capacidades necessários para interagir socialmente; e proporcionar a todos livre acesso ao bem-estar comum acumulado que serve de base para nossos encontros e é por eles enriquecido. Cabe lembrar, igualmente, que já vimos que grandes parcelas da população global já possuem muitas dessas capacidades, nas redes de produção biopolítica, na vida das metrópoles e na trama da vida social cotidiana. Podemos exigir dos poderes dominantes que elas sejam asseguradas e tornadas universais.

Mas infelizmente os poderes dominantes de hoje não têm a intenção de atender sequer a essas exigências básicas. Frente a essa arrogância do poder, a reação mais adequada, em vez de lamentar nossa infeliz condição e mergulhar na melancolia, é o riso. O riso, vejam só, é uma coisa muito séria. Não é um consolo para nossas fraquezas, mas uma expressão de alegria, um sinal do nosso poder. "Não pensem que é preciso ser triste para ser um militante", lembra-nos Michel Foucault, "mesmo que o combate seja abominável. É a conexão do desejo com a realidade (e não seu recuo para as formas de representação) que contém força revolucionária."[70] O processo de instituição da felicidade será constantemente acompanhado pelo riso.

Nosso riso é, primeiro que tudo, um riso inteligente, que acompanha nossa crítica realista dos poderes dominantes. Os dominadores, destruidores e corruptores não são tão fortes quanto pensam, e nós somos mais poderosos do que eles jamais saberão. Cada vez mais, no contexto biopolítico de hoje, o um divide-se em dois, ou seja, as forças produtivas tornam-se cada vez mais autônomas em sua produção dos bens comuns, como ideias, códigos, afetos, imagens e semelhantes. O capital ainda consegue expropriar o comum que é produzido, e os poderes dominantes continuam a exercer seu controle, mas nós rimos com o reconhecimento do que sua fraqueza anuncia para nosso futuro.

Nosso riso é também um riso de criação e alegria, solidamente plantado no presente. O acesso livre e igualitário ao comum, através do qual produzimos juntos novas e maiores formas do comum, a libertação em face da subordinação de identidades, através de processos monstruosos de autotransformação, o controle autônomo dos circuitos de produção de subjetividade social e, de maneira geral, a construção de práticas comuns através das quais as singularidades compõem a multidão, são ciclos ilimitados de nosso crescente poder e alegria. Enquanto vamos instituindo a felicidade, nosso riso é puro como água.

Nosso riso, finalmente, é um riso de destruição, o riso dos anjos armados, que acompanha o combate contra o mal. A felicidade tem um lado escuro! Spinoza descreve a felicidade de destruir o que faz mal a um amigo.[71] Esta destruição nada tem a ver com o ódio, do qual, efetivamente, nada de bom pode vir. E esta alegria nada tem a ver com *Schadenfreude*, a satisfação decorrente da infelicidade dos outros. A destruição do que causa mal é secundária em relação ao aumento de poder e alegria liberado por sua eliminação. A erradicação em nós mesmos de nosso apego à identidade e, de maneira geral, às condições de nossa escravidão será extraordinariamente dolorosa, mas ainda assim, rimos. Nas longas batalhas contra as instituições que corrompem o comum, como a família, a corporação e a nação, nossas lágrimas não terão fim, mas ainda assim, rimos. E nas lutas contra a exploração capitalista, o domínio da propriedade e os destruidores do comum através do controle público e privado, sofreremos terrivelmente, mas ainda assim, rimos de alegria. Eles serão enterrados em riso.

Notas

PREFÁCIO

1. Para argumentos recentes em favor do comum em diferentes campos, ver Nick Dyer-Witherford, *Cyber-Marx* (Urbana: University of Illinois Press, 1999); Augusto Illuminati, *Del comune* (Roma: Manifestolibri, 2003); Massimo De Angelis, *The Beginning of History* (Londres: Pluto, 2007); Peter Linebaugh, *The Magna Carta Manifesto* (Berkeley: University of California Press, 2008); Naomi Klein, "Reclaiming the Commons", *New Left Review*, nº 9 (maio-junho de 2001), pp. 81-89; Donald Nonini, ed., *The Global Idea of "the Commons"* (Nova York: Berghahn Books, 2007); e Michael Blecher, "Reclaiming the Common or the Beginning of the End of the (Legal) System", in *Entgrenzungen und Vernetzungen im Recht: Liber Amicorum Gunther Teubner*, ed. G.-P. Callies, Andreas Fischer-Lescano, Dan Wielsch e Peer Zumbansen (Nova York: DeGruyter, a sair).
2. Gilles Deleuze, "What Is a *Dispositif*?" in *Michel Foucault, Philosopher*, ed. Timothy Armstrong (Nova York: Routledge, 1992), pp. 159-168.
3. Walter Benjamin, "Experience and Poverty", in *Selected Writings*, vol. 2 (Cambridge, Mass.: Harvard University Press, 2005), p. 732. Ver a excelente análise por Patrick Greaney do conceito de pobreza em Benjamin e outros poetas e filósofos europeus modernos, *Untimely Beggars* (Minneapolis: University of Minnesota Press, 2008).
4. Ver Luce Irigaray, *Éthique de la différence sexuelle* (Paris: Minuit, 1984), pp. 27-39; Diotima, *Il pensiero della differenza sessuale* (Milão: La Tartaruga, 1987); e Adriana Cavarero, *Nonostante Platone* (Roma: Editori Riuniti, 1990).
5. Na leitura de Marx e Spinoza, Franck Fischbach identifica um conceito muito semelhante de alegria e felicidade baseado na produtividade e em diferenças enraizadas no comum. Ver *La production des hommes* (Paris: PUF, 2005), p. 145.

6. Ver Jacques Derrida, *D'un ton apocalyptique adopté naguère en philosophie* (Paris: Galilée, 1983).
7. Jean-Luc Nancy, *The Birth to Presence*, trad. Brian Holmes e outros (Stanford: Stanford University Press, 1994), p. 407, n. 56.

1. REPÚBLICA (E A MULTIDÃO DOS POBRES)

1. Para um exemplo das acusações feitas pela esquerda a respeito do fascismo do governo dos EUA, ver Naomi Wolf, "Fascist America, in 10 Easy Steps", *The Guardian*, 24 de abril de 2007. Para um exemplo do emprego da expressão "islamofascismo" pela direita, ver Norman Podhoretz, *World War IV: The Long Struggle against Islamofascism* (Nova York: Doubleday, 2007).
2. No contexto das investigações recentes sobre a soberania, o trabalho de Giorgio Agamben é sem dúvida o mais sofisticado e importante. Ver em particular *Homo Sacer: Sovereign Power and Bare Life*, trad. Daniel Heller-Roazen (Stanford: Stanford University Press, 1998); e *State of Exception*, trad. Kevin Attell (Chicago: University of Chicago Press, 2005). Ver também Jean-Claude Monod, *Penser l'ennemi, affronter l'exception: Réflexions critiques sur l'actualité de Carl Schmitt* (Paris: La découverte, 2007).
3. Leon Robin, *La pensée grecque et les origines de l'esprit scientifique* (Paris: Renaissance du livre, 1923), pp. 209-212.
4. Immanuel Kant, introdução a *Critique of Pure Reason*, ed. Paul Guyer e Allen Wood (Cambridge: Cambridge University Press, 1997), A11, B25, p.149.
5. Sobre nossas anteriores análises das formas kantianas de pensamento jurídico, ver Michael Hardt e Antonio Negri, *Labor of Dionysus: A Critique of the State-form* (Minneapolis: University of Minnesota Press, 1994), pp. 217-261; e Antonio Negri, *Alle origini del formalismo giuridico* (Pádua: Cedam, 1962), cap. 1.
6. Alfred Sohn-Rethel, *Intellectual and Manual Labour* (Atlantic Highlands, N.J.: Humanities Press, 1978), p. 35.
7. Thomas Jefferson Samuel Kercheval, 12 de julho de 1816, in *Writings*, ed. Merrill Peterson (Washington, D.C.: Library of America, 1984), p. 1396.
8. Emmanuel-Joseph Sieyès, *Écrits politiques*, ed. Roberto Zapperi (Paris: Éditions des archives contemporaines, 1985), p. 81.
9. Para uma excelente apresentação histórica do pensamento republicano na Inglaterra, integrando os resultados das análises de Quentin Skinner e J. G. A. Pocock, ver Jonathan Scott, *Commonwealth Principles* (Cambridge: Cambridge University Press, 2004).

10. Sobre o conceito de constituição material, ver Costantino Mortati, *La costituzione in senso materiale* (Milão: Giuffrè, 1940); e Ernst Forsthoff, *Rechtsstaat im Wandel* (Stuttgart: Kohlhammer, 1964).
11. Charles Beard, *An Economic Interpretation of the Constitution of the United States* (Nova York: Macmillan, 1913), p. 324.
12. John Adams, "Defense of the Constitutions of Government of the United States", in *The Works of John Adams*, 10 vols., ed. Charles Francis Adams (Boston: Little, Brown & Co., 1850), 6:9.
13. Sobre o direito de porte de armas, ver J. G. A. Pocock, "Historical Introduction", in *The Political Works of James Harrington* (Cambridge: Cambridge University Press, 1977), pp. 138-143; Antonio Negri, *Insurgencies*, trad. Maurizia Boscagli (Minneapolis: University of Minnesota Press, 1999), pp. 163-164; e Joyce Lee Malcolm, *To Keep and Bear Arms: The Origins of an Anglo-American Right* (Cambridge, Mass.: Harvard University Press, 1994).
14. *The Federalist*, nº 51, ed. Benjamin Fletcher Wright (Cambridge, Mass.: Harvard University Press, 1961).
15. Ver Negri, *Insurgencies*, pp. 205-212 e 235-236.
16. Henry Cachard, ed., *The French Civil Code* (Londres: Stevens and Sons, 1895), p. 134.
17. Sobre a Revolução Haitiana como acontecimento inconcebível, ver Michel-Rolph Trouillot, *Silencing the Past: Power and the Production of History* (Boston: Beacon Press, 1995), pp. 70-107. Sobre o lugar do Haiti no panteão das revoluções modernas, ver Nick Nesbitt, *Universal Emancipation: The Haitian Revolution and the Radical Enlightenment* (Charlottesville: University of Virginia Press, 2008); Laurent Dubois, *Avengers of the New World: The Story of the Haitian Revolution* (Cambridge, Mass.: Harvard University Press, 2004); e Sibylle Fischer, *Modernity Disavowed: Haiti and the Cultures of Slavery in the Age of Revolution* (Durham: Duke University Press, 2004).
18. Ver Ranajit Guha, *A Rule of Property for Bengal: An Essay on the Idea of Permanent Settlement*, 2ª ed. (Durham: Duke University Press, 1983).
19. Evgeny Pashukanis, *General Theory of Law and Marxism*, in *Selected Writings on Marxism and Law*, ed. Piers Bierne e Robert Sharlet (Londres: Academic Press, 1980), p. 69. Sobre Pashukanis, ver Hans Kelsen, *The Communist Theory of Law* (Nova York: Praeger, 1955); e Antonio Negri, "Rileggendo Pashukanis", in *La forma stato* (Milão: Feltrinelli, 1979), pp. 161-195. De maneira mais genérica, sobre a relação entre direito privado e público, ver Karl Renner, *The Institutions of Private*

Law and Their Social Functions, trad. Agnes Schwarzschild (Londres: Routledge and Kegan Paul, 1949); John R. Commons, *Legal Foundations of Capitalism* (Nova York: Macmillan, 1924); e, de um ponto de vista histórico, Franz Wieacker, *The History of Private Law in Europe*, trad. Tony Weir (Oxford: Clarendon Press, 1995).

20. Immanuel Kant, "An Answer to the Question: 'What is Enlightenment?'", in *Political Writings*, 2ª ed., ed. H. S. Reiss (Cambridge: Cambridge University Press, 1991), pp. 54-60.

21. Para uma leitura do Kant menor, relativamente próximo do nosso, ver Michel Foucault, "What Is Enlightenment?", in *Ethics: Subjectivity and Truth*, ed. Paul Rabinow (Nova York: New Press, 1997), pp. 303-320; e Foucault, introdução a Immanuel Kant, *Anthropologie d'un point de vue pragmatique* (Paris: Vrin, 2008), pp. 11-79. Muitos livros brilhantes e originais foram publicados em anos recentes oferecendo imagens alternativas de Kant que diferem em graus diversos do Kant menor que nos interessa aqui. Ver em particular Peter Fenves, *Late Kant* (Nova York: Routledge, 2003); e Kojin Karatani, *Transcritique: On Kant and Marx*, trad. Sabu Kohso (Cambridge, Mass.: MIT Press, 2003).

22. Para um exemplo dos primeiros trabalhos de Habermas sobre a intersubjetividade, ver Jürgen Habermas, "Labor and Interaction: Remarks on Hegel's Jena Philosophy of Mind", in *Theory and Practice*, trad. John Viertel (Boston: Beacon Press, 1973), pp. 142-169. Para seus trabalhos mais tardios sobre a esfera pública da ação comunicativa, ver basicamente *The Theory of Communicative Action*, 2 vols., trad. Thomas McCarthy (Boston: Beacon Press, 1984). Quanto a Rawls, os dois elementos por nós identificados neste trabalho podem ser encontrados em John Rawls, *A Theory of Justice* (Cambridge, Mass.: Harvard University Press, 1971). Podemos acompanhar seu pensamento à parte dos esquemas de redistribuição em *Collected Papers*, ed. Samuel Freeman (Cambridge, Mass.: Harvard University Press, 1999).

23. Para alguns trabalhos representativos, ver Anthony Giddens, *The Consequences of Modernity* (Stanford: Stanford University Press, 1990); Giddens, *The Third Way: The Renewal of Social Democracy* (Cambridge: Polity, 1998); Ulrich Beck, Anthony Giddens e Scott Lash, *Reflexive Modernization* (Cambridge: Polity; 1994); e Ulrich Beck, *Risk Society: Towards a New Modernity*, trad. Mark Ritter (Londres: Sage, 1992).

24. Para uma crítica da "democracia social global" em termos algo diferentes dos nossos, ver Walden Bello, "The Post-Washington Dissensus" (Washington, D.C.: Foreign Policy in Focus, 24 de setembro de 2007).

NOTAS

25. Karl Marx, *Economic and Philosophical Manuscripts*, in *Early Writings*, trad. Rodney Livingstone e Gregor Benton (Londres: Penguin, 1975), p. 336.
26. Sobre o conceito de ruptura no pensamento de Marx sustentado por Althusser, ver Louis Althusser, *For Marx*, trad. Ben Brewster (Nova York: Pantheon, 1969). Sobre a Escola de Frankfurt, ver, por exemplo, Max Horkheimer e Theodor Adorno, *The Dialectic of Enlightenment*, trad. Edmund Jephcott (Stanford: Stanford University Press, 2002).
27. Mario Tronti, *Operai e capitale* (Turim: Einaudi, 1964), p. 89. Ver também a antologia *Socialisme ou barbarie* (Paris: Acratie, 2006); e Ranajit Guha e Gayatri Spivak, eds., *Selected Subaltern Studies* (Nova York: Oxford University Press, 1988).
28. Ver Raniero Panzieri, *Lotte operaie nello sviluppo capitalistico* (Turim: Einaudi, 1976), pp. 88-96; Cornelius Castoriadis, "Recommencer la revolution", *Socialisme ou barbarie*, nº 35 (janeiro de 1964), p. 136; e Hans-Jürgen Krahl, *Kostitution und Klassenkampf* (Frankfurt: Neue Kritik, 1971), cap. 31.
29. Ver, por exemplo, Georg Lukács, *The Destruction of Reason*, trad. Peter Palmer (Atlantic Highlands, N.J.: Humanities Press, 1980).
30. *Briefwechsel zwischen Wilhelm Dilthey und dem Grafen Paul Yorck von Warrtenburg, 1877-97*, ed. Sigrid von der Schulenburg (Halle: Niemeyer, 1923).
31. Reiner Schürmann, *Des hégémonies brisées* (Toulouse: T. E. R., 1996), p. 650.
32. Sobre a relação entre Foucault e Merleau-Ponty, ver Daniel Liotta, *Qu'est-ce que une reprise? Deux études sur Foucault* (Marselha: Transbordeurs, 2007).
33. Ver, por exemplo, Frantz Fanon, *Black Skin, White Masks*, trad. Charles Markmann (Nova York: Grove, 1967), p. 116.
34. Sobre a maneira como as novas tecnologias médicas deslocaram as fronteiras do discurso racial, ver Paul Gilroy, *Against Race: Imagining Political Culture beyond the Color Line* (Cambridge, Mass.: Harvard University Press, 2000), pp. 44-48.
35. Marx explica o caráter metafísico dos bens no famoso trecho sobre o fetichismo no *Capital*, vol. 1, trad. Ben Fowkes (Nova York: Vintage, 1976), pp. 163-177.
36. Michel Foucault, "L'esprit d'un monde sans esprit" (entrevista com Pierre Blanchet e Claire Brière), in *Dits et écrits*, vol. 3 (Paris: Gallimard, 1994), p. 749. Ver também Foucault, "Téhéran: la foi contre le chah", ibid., pp. 683-688. Traduções inglesas dos ensaios e entrevistas de Foucault sobre a Revolução Iraniana constam do apêndice de Janet Afary e Kevin Anderson, *Foucault and the Iranian Revolution* (Chicago: University of Chicago Press, 2005), pp. 179-277.

37. Para uma defesa em regra da importância ainda hoje do nacionalismo e do pensamento nacional, especialmente nos países subordinados, ver Pheng Cheah, *Spectral Nationality* (Nova York: Columbia University Press, 2003) e *Inhuman Conditions: On Cosmopolitanism and Human Rights* (Cambridge, Mass.: Harvard University Press, 2006).
38. Frantz Fanon, *Wretched of the Earth*, trad. Richard Philcox (Nova York: Grove, 2004).
39. Sobre negritude e liberdade, ver Cedric Robinson, *Black Marxism* (Londres: Zed Press, 1983); e Fred Moten, *In the Break: The Aesthetics of the Black Radical Tradition* (Minneapolis: University of Minnesota Press, 2003).
40. Marx, *Economic and Philosophical Manuscripts*, p.351.
41. David Wootten, ed., *Divine Right and Democracy* (Nova York: Penguin, 1986), p. 273. Agradecemos a Russ Leo por sua orientação na análise do papel da multidão no pensamento seiscentista inglês.
42. Nahum Tate, *Richard the Second*, 2.1.25, citado em Wolfram Schmidgen, "The Last Royal Bastard and the Multitude", *Journal of British Studies* 47 (janeiro de 2008), 64.
43. *The Putney Debates*, ed. Geoffrey Robertson (Londres: Verso, 2007), p. 69.
44. Robert Filmer, "Observations upon Aristotle's Politiques", in *Patriarchia and Other Writings*, ed. Johann Sommerville (Cambridge: Cambridge University Press, 1991), p. 236. Sobre a negação em Filmer do poder da multidão, ver também ibid., pp. 1-68.
45. Thomas Hobbes, *The Elements of Law Natural and Politic*, ed. J. C. A. Gaskin, parte 2 (Oxford: Oxford University Press, 1994), cap. 21, p. 125. Sobre o mandato de redução da multidão a uma unidade, ver também Hobbes, *Leviathan*, ed. C. B. Macpherson (Londres: Penguin, 1968), caps. 16 e 17, em particular pp. 220-221 e 227-228. Sobre a distinção entre multidão e povo, ver Hobbes, *De Cive* (Nova York: Appleton Century-Crofts, 1949), cap. 12, seção 8, p. 135.
46. Citado em Wolfram Schmidgen, "Empiricist Multitudes in Boyle and Locke", monografia apresentada na Conference of the Society for Literature, Science, and the Arts, Chicago, outono de 2005. Seguimos nesse parágrafo a análise de Schmidgen.
47. Sobre as controvérsias Hobbes-Boyle e a relação entre debates científicos e questões políticas de ordem social, ver Steven Shapin e Simon Schaffer, *Leviathan and the Air-Pump: Hobbes, Boyle and the Experimental Life* (Princeton: Princeton University Press, 1985).

NOTAS

48. As diferenças entre Spinoza e Boyle são detalhadamente exploradas na correspondência de Spinoza com Henry Oldenburg. Para análises recentes dessa polêmica, ver Luisa Simonutti, "'Dalle sensate esperienze' all'ermeneutica biblica", in *Spinoza: Ricerche e prospettive*, ed. Daniela Bostrenghi e Cristina Santinelli (Nápoles: Bibliopolis, 2007), pp. 313-326; e Elhanan Yakira, "Boyle et Spinoza", Archives de philosophie 51, nº 1 (1988), pp. 107-124.
49. Ver Antonio Negri, *The Savage Anomaly* (Minneapolis: University of Minnesota Press, 1991).
50. Sobre a teoria jurídica do franciscanismo em relação à pobreza, ver Giovanni Tarelio, "Profili giuridici della questione della povertà nel francescanesimo prima di Ockham", in *Scritti in memoria di Antonio Falchi* (Milão: Giuffrè, 1964), pp. 338-448. Sobre a afirmação franciscana da pobreza como perspectiva política contemporânea, no contexto da teologia da libertação, ver Leonardo Boff, *Saint Francis: A Model for Human Liberation* (Nova York: Crossroad, 1982). Sobre a afirmação de Marsílio a respeito da "pobreza suprema", ver *Defender of Peace*, trad. Alan Gewirth (Nova York: Columbia University Press, 1956), em particular *Discourse Two*, caps. 12-14, pp. 187-233.
51. Ver Franz Mehring, *Absolutism and Revolution in Germany, 1525-1848* (Londres: New Park Publications, 1975).
52. Ver Peter Linebaugh e Marcus Rediker, *The Many-Headed Hydra* (Boston: Beacon Press, 2000).
53. Jacques Rancière, *Disagreement*, trad. Julie Rose (Minneapolis: University of Minnesota Press, 1999), p. 11.
54. Adolphe Thiers citado em Jeffrey Schnapp e Matthew Tiews, eds., *Crowds* (Stanford: Stanford University Press, 2006), p. 71.
55. Papa Bento XVI, *God Is Love* (San Francisco: Ignatius Press, 2006).
56. Martin Heidegger, "Die Armut", in *Heidegger Studies*, vol. 10 (Berlim: Duncker & Humblot, 1994), pp. 5-11. As traduções são nossas. No relato da cena da conferência de Heidegger, seguimos a excelente introdução de Philippe Lacoue-Labarthe à edição francesa do texto, Martin Heidegger, *La pauvreté* (Estrasburgo: Presses Universitaires de Strasbourg, 2004), pp. 7-65. F. W. von Herrmann explica em sua nota editorial (p. 11) da publicação original do texto em *Heidegger Studies* que Heidegger apôs à margem a frase sobre a história mundial.
57. Ibid., p. 8.
58. Ibid., pp. 8, 9.

59. Slavoj Zizek também demonstra como Heidegger traduz seu anticomunismo num argumento ontológico em suas conferências de 1942 sobre o hino "O Ister", de Hölderlin, centrando-se na explicação de Heidegger sobre "a essência da vitória", em relação à batalha de Stalingrado. De maneira mais genérica, Zizek sustenta que certos elementos centrais da ontologia de Heidegger funcionam como pedido de desculpas pelo militarismo nazista. Ver Slavoj Zizek, *The Parallax View* (Cambridge, Mass.: MIT Press, 2006), pp. 275-285.
60. Ver Theodor Adorno, Else Frenkel Brunswik, Daniel Levinson e R. Nevitt Sanford, *The Authoritarian Personality* (Nova York: Harper & Brothers, 1950).
61. Henry Louis Gates Jr. e Cornell West, *The Future of Race* (Nova York: Knopf, 1996), p. xiii.
62. Sobre a hipótese de uma forte relação teórica entre Heidegger e Schmitt, ver Jean-Claude Monad, *Penser l'ennemi* (Paris: La decouverte, 2007); e Carlo Galli, *Genealogia della politica: Carl Schmitt e la crisi del pensiero politico moderno* (Bolonha: Il Molino, 1996).
63. Thomas Hobbes, *Behemoth*, ed. Ferdinand Tonnies (Nova York: Barnes & Noble, 1969), Dialogue 3, p. 126.
64. Niccolò Maquiavel, *Florentine Histories*, trad. Laura Banfield e Harvey Mansfield Jr. (Princeton: Princeton University Press, 1988), livro 3, cap. 13, pp. 122-123.
65. Niccolò Maquiavel, *The Golden Ass*, in *Machiavelli: The Chief Works*, 3 vols., ed. Allan Gilbert (Durham: Duke University Press, 1965), cap. 8, versículos 118-123, 2:772 (tradução alterada).
66. Baruch Spinoza, *Ethics*, in *Complete Works*, trad. Samuel Shirley (Indianapolis: Hackett, 2002), livro 3, Proposition 2, Scholium, p. 280.
67. Karl Marx, "Economic Manuscript of 1861-63", trad. Ben Fowkes, in Karl Marx e Frederick Engels, *Collected Works*, vol. 30 (Nova York: International Publishers, 1982), p. 40. Ver também *Grundrisse,* trad. Martin Nicolaus (Nova York: Vintage, 1973), pp. 295-296. Basicamente concordamos com a leitura dos sucessivos esboços do *Capital* sobre esse tema feita por Dussel. Não surpreende, considerando-se seu interesse pela teologia da libertação e sua ligação com ela, que Dussel se mostrasse particularmente sensível à atenção de Marx à questão da pobreza. Ver Enrique Dussel, *Towards an Unknown Marx: A Commentary on the Manuscripts of 1861-63*, trad. Yolanda Angulo, ed. Fred Moseley (Londres: Routledge, 2001), esp. pp. 6-11 e 240-245.

68. Beverly Silver sustenta um argumento semelhante ao ressaltar que o que conta como classe trabalhadora costuma ser delimitado de uma forma que não raro deixa de lado a maneira como gênero e raça são elementos constitutivos das identidades de classe. Na análise da maneira como as classes trabalhadoras se fazem e desfazem, ela une um modelo de Polanyi (enfatizando a exploração como forma de expropriação e violência) e um modelo de Marx (centrado nos fenômenos econômicos). Ver Beverly Silver, *Forces of Labor: Workers' Movements and Globalization since 1870* (Cambridge: Cambridge University Press, 2003), esp. pp. 16-25. Para uma excelente análise dessas questões em relação ao conceito de acumulação primitiva em Marx, ver Sandro Mezzadra, "Attualità della preistoria: Per una rilettura del cap. 24 del Capitale, I", in *La condizione postcoloniale* (Verona: Ombre corte, 2008), pp. 127-154.

69. Ver François Ewald, *L'État-providence* (Paris: Grasset, 1986); e Roberto Esposito, *Bios: Biopolitics and Philosophy*, trad. Timothy Campbell (Minneapolis: University of Minnesota Press, 2008).

70. Ver Agamben, *Homo Sacer*; e Jean-Luc Nancy, *The Inoperative Community*, trad. Peter Connor, Lisa Garbus, Michael Holland e Simona Sawhney (Minneapolis: University of Minnesota Press, 1991). Os primeiros trabalhos de Jacques Derrida, como *Writing and Difference* e *Margins of Philosophy*, embora adotem uma abordagem completamente diferente, chegam a resultados semelhantes. Sob certos aspectos, a obra mais tardia de Derrida tenta definir uma abordagem política em termos "biopolíticos". Ver em particular *Specters of Marx*, trad. Peggy Kamuf (Nova York: Routledge, 1994); e *Politics of Friendship*, trad. George Collins (Londres: Verso, 1997).

71. Ver, por exemplo, Noam Chomsky e Michel Foucault, *The Chomsky-Foucault Debate* (Nova York: New Press, 2006).

72. Michel Foucault, "The Subject and Power", in Hubert Dreyfus e Paul Rabinow, *Michel Foucault: Beyond Structuralism and Hermeneutics* (Chicago: University of Chicago Press, 1982), pp. 221-222.

73. Sobre a inovação linguística em Foucault, ver Judith Revel, *Foucault* (Paris: Bordas, 2006); e Arnold Davidson, *The Emergence of Sexuality: Historical Epistemology and the Formation of Concepts* (Cambridge, Mass.: Harvard University Press, 2001).

74. A teoria do acontecimento permeia toda a obra de Badiou. Para uma abordagem representativa, ver Alain Badiou, *Being and Event*, trad. Oliver Feltham (Nova York: Continuum, 2005), partes 4 e 5, pp. 173-261. Quanto à afirma-

ção de Badiou de que os movimentos políticos contemporâneos não podem desvencilhar-se das "subjetividades políticas dominantes" com os atuais mecanismos de dominação, ver "Prefazione all'edizione italiana", in Badiou, *Metapolitica* (Nápoles: Cronopio, 2001), pp. 9-15, esp. pp. 13-14.

75. Luciano Bolis, *Il mio granello di sabbia* (Turim: Einaudi, 1946), p. 4.
76. Gilles Deleuze, *Negotiations*, trad. Martin Joughin (Nova York: Columbia University Press, 1995), p. 176.
77. Reiner Schürmann, ed. e comentários, *Meister Eckhart: Mystic and Philosopher* (Bloomington: Indiana University Press, 1978), p. 4.
78. Charles Peirce, *Elements of Logic*, in *Collected Papers of Charles Sanders Peirce*, ed. Charles Hartshorne e Paul Weiss (Cambridge, Mass.: Harvard University Press, 1960), p. 474.

2. MODERNIDADE (E AS PAISAGENS DA ALTERMODERNIDADE)

1. Sobre a dupla natureza da modernidade e a relação hierárquica que a define, ver Michael Hardt e Antonio Negri, *Empire* (Cambridge, Mass.: Harvard University Press, 2000), pp. 69-92.
2. Walter Mignolo, *The Idea of Latin America* (Cambridge: Blackwell, 2005), p. xiii. Sobre a definição de modernidade como gestão da relação centro-periferia no sistema mundial, ver também Enrique Dussel, *Etica de la liberación* (Madri: Trotta, 1998), pp. 19-86.
3. Dussel inventa a palavra "transmodernidade" para designar um conceito de modernidade que não é um fenômeno europeu, mas planetário. Ver Enrique Dussel, *The Invention of the Americas*, trad. Michael Barber (Nova York: Continuum, 1995).
4. Ranajit Guha, *Dominance without Hegemony: History and Power in Colonial India* (Cambridge, Mass.: Harvard University Press, 1997), pp. 97-98.
5. James Lockhart, *The Nahuas after the Conquest* (Palo Alto: Stanford University Press, 1992), p. 14. Ver também Michael Ennis, "Historicizing Nahua Utopias" (dissertação de ph.D., Duke University, 2005).
6. Ver, por exemplo, Serge Gruzinski, *The Conquest of Mexico: The Incorporation if Indian Societies into the Western World, 16th-18th Centuries*, trad. Eileen Corrigan (Cambridge: Polity Press, 1993).
7. Sobre o federalismo iroquês, ver Iris Marion Young, "Hybrid Democracy: Iroquois Federalism and the Postcolonial Project", in *Political Theory and the Rights of Indigenous Peoples*, ed. Duncan Ivison, Paul Patton e Will Sanders

(Cambridge: Cambridge University Press, 2000), pp. 237-258; e Donald Grinde e Bruce Johansen, *Exemplar of Liberty: Native America and the Evolution of Democracy* (Berkeley: University of California Press, 1991).

8. Guha, *Dominance without Hegemony*, p.89.
9. Apoiamo-nos, muito genericamente, no conceito de embargo (*forclusion*) desenvolvido por Jacques Lacan. Ver Dylan Evans, *An Introductory Dictionary of Lacanian Psychoanalysis* (Nova York: Routledge, 1996), pp. 64-66.
10. Ver, por exemplo, Matthew Sparke, *In the Space of Theory: Postfoundational Geographies of the Nation-State* (Minneapolis: University of Minnesota Press, 2005); e James Ferguson e Akhil Gupta, "Spatializing States: Toward an Ethnography of Neoliberal Governmentality", *American Ethnologist* 29, n° 4 (novembro de 2002), 981-1002.
11. A teoria dos sistemas mundiais oferece o modelo centro-periferia mais bem articulado e influente. Ver Immanuel Wallerstein, *World-Systems Analysis: An Introduction* (Durham: Duke University Press, 2004).
12. Ver Neil Lazarus, "The Fetish of 'the West' in Postcolonial Theory", in *Marxism, Modernity, and Postcolonial Studies*, ed. Crystal Bartolovich e Neil Lazarus (Cambridge: Cambridge University Press, 2002), pp. 43-64.
13. Ver Jürgen Habermas, "Modernity: An Unfinished Project", in *Habermas and the Unfinished Project of Modernity*, ed. Maurizio Passerin d'Entrèves e Seyla Benhabib (Cambridge, Mass.: MIT Press, 1997), pp. 38-58; e *The Philosophical Discourse of Modernity*, trad. Frederick Lawrence (Cambridge, Mass.: MIT Press, 1987).
14. Ver Susan Buck-Morss, "Hegel and Haiti", *Critical Inquiry* 26, n° 4 (verão de 2000), 821-865.
15. Sobre as contradições de escravos e propriedade no desenvolvimento do capitalismo, com ênfase nas origens da especulação financeira, ver Ian Baucom, *Specters of the Atlantic: Finance Capital, Slavery, and the Philosophy of History* (Durham: Duke University Press, 2005).
16. Marx a Pavel Vasilyevich Annenkov, 28 de dezembro de 1846, in Karl Marx e Frederick Engels, *Collected Works*, vol. 38 (Nova York: International Publishers, 1982), pp. 101-102.
17. Sobre a relação histórica entre escravidão e produção capitalista, ver Sidney Mintz, *Sweetness and Power: The Place of Sugar in Modern History* (Nova York: Penguin, 1985); Immanuel Wallerstein, *The Modern World System: Mercantilism and the Consolidation of the European World-Economy, 1600-1750* (Nova York: Academic Press, 1980); e Robin Blackburn, *The Making of New World Slavery* (Londres: Verso, 1998).

18. Sobre a centralidade da raça na modernidade, ver Paul Gilroy, *The Black Atlantic* (Cambridge, Mass.: Harvard University Press, 1993).
19. Sobre o significado da Revolução Haitiana para a compreensão da natureza da modernidade e especificamente sobre o conceito de repúdio, ver Sibylle Fischer, *Modernity Disavowed: Haiti and the Cultures of Slavery in the Age of Revolution* (Durham: Duke University Press, 2004). Ver também a Constituição haitiana de 1805, incluída por Fischer como apêndice, pp. 275-281. Note-se que até na Constituição haitiana a propriedade privada é declarada sagrada e inviolável (Artigo 6).
20. Esta perspectiva foucaultiana assemelha-se sob certos aspectos à de George Rawick, *From Sundown to Sunup: The Making of the Black Community* (Westport, Conn.: Greenwood Press, 1972).
21. Baruch Spinoza, *Theological-Political Treatise*, trad. Samuel Shirley (Indianapolis: Hackett, 2001), cap. 17, p. 185.
22. Ver Robin Blackburn, *The Overthrow of Colonial Slavery* (Londres: Verso, 1988); e Yann Moulier Boutang, *De l'esclavage au salariat: Économie historique du salariat bridé* (Paris: PUF, 1998).
23. W. E. B. Du Bois, *Black Reconstruction* (Nova York: Russell & Russell, 1935), p. 67.
24. _____. *The Gift of Black Folk* (Nova York: AMS Press, 1971), p. 139.
25. Ver Furio Ferraresi e Sandro Mezzadra, introdução a Max Weber, *Dalla terra alla fabbrica: Scritti sui lavoratori agricoli e lo Stato nazionale (1892-1897)* (Bari: Laterza, 2005), pp. vii-xliv; e Moulier Boutang, *De l'esclavage au salariat*, pp. 109-130.
26. Ver Orlando Patterson, *Slavery and Social Death* (Cambridge, Mass.: Harvard University Press, 1985). Sobre "vida nua", ver Giorgio Agamben, *Homo Sacer: Sovereign Power and Bare Life*, trad. Daniel Heller-Roazen (Stanford, Stanford University Press, 1998).
27. Edward Said, *Orientalism* (Nova York: Pantheon, 1978).
28. Gayatri Spivak, *A Critique of Postcolonial Reason* (Cambridge, Mass.: Harvard University Press, 1999).
29. Papa Bento XVI, "Inaugural Address of the Fifth General Conference of the Bishops of Latin America and the Caribbean", 13 de maio de 2007, www.vatican.va.
30. Stokely Carmichael e Charles Hamilton, *Black Power* (Nova York: Vintage, 1967).

31. Barnor Hesse, "I'm/Plausible Deniability: Racism's Conceptual Double Bind", *Social Identities* 10, nº 1 (2004), 24. Ver também Hesse, "Discourse on Institutional Racism", in *Institutional Racism in Higher Education*, ed. Ian Law, Deborah Phillips e Laura Turney (Londres: Trentham Books, 2004), pp. 131-148. A respeito da centralidade da hierarquia racial para o desenvolvimento do Estado moderno de maneira geral, ver David Theo Goldberg, *The Racial State* (Oxford: Blackwell, 2002).
32. Em todo este parágrafo seguimos a luminosa análise de Irene Silverblatt, *Modern Inquisitions: Peru and the Colonial Origins of the Civilized World* (Durham: Duke University Press, 2004).
33. Nathan Wachtel, *The Vision of the vanquished: The Spanish Conquest of Peru through Indian Eyes, 1530-1570*, trad. Ben Reynolds e Sian Reynolds (Nova York: Barnes & Noble, 1977).
34. Ver a crítica de Engels por Roman Rosdolsky, *Engels and the "Nonhistoric" Peoples: The National Question in the Revolution of 1848*, trad. e ed. John-Paul Himka (Glasgow: Critique Books, 1986); e de maneira mais genérica Eric Wolf, *Europe and the People without History* (Los Angeles: University of California Press, 1982).
35. Ver, por exemplo, Karl Marx, "The British Rule in India" e "The Future Results of British Rule in India", in *Surveys from Exile*, vol. 2 dos *Political Writings*, ed. David Fernbach (Londres: Penguin, 1973), pp. 301-307 e 319-325.
36. As famosas conferências de Weber sobre ciência e política como chamado ou vocação lamentam nossa incapacidade de liberar a condição histórica do economismo. Ver Max Weber, *The Vocation Lectures*, trad. Rodney Livingstone (Indianapolis: Hachett, 2004).
37. Para críticas desses aspectos da tradição marxista, ver Cedric Robinson, *Black Marxism* (Londres: Zed Books, 1983), pp. 9-63; Ward Churchill, ed., *Marxism and Native Americans* (Boston: South End Press, 1983).
38. Aproximamos aqui o trabalho de autores como Immanuel Wallerstein e Giovanni Arrighi, embora haja entre eles diferenças significativas. Do nosso ponto de vista, Arrighi é o único a articular com êxito na era da globalização o problema da descontinuidade do desenvolvimento econômico cíclico. Em especial, ele antevê um novo ciclo caracterizado por uma hegemonia chinesa relativamente pacífica sobre os processos de globalização que haverão de determinar uma nova fase das relações políticas e sociais. Ver *Adam Smith in Beijing* (Londres: Verso, 2007). Sobre a importância

da obra de Arrighi e da teoria dos sistemas mundiais de maneira geral nos debates políticos e teóricos contemporâneos, ver Perry Anderson, "Jottings on the Conjuncture", *New Left Review*, nº 48 (novembro-dezembro de 2007), 5-37.

39. Rosa Luxemburg, *The Accumulation of Capital*, trad. Agnes Schwarzschild (Nova York: Monthly Review, 1951), pp. 466-467.
40. V. I. Lenin, *Imperialism: The Highest Stage of Capitalism* (Nova York: International Publishers, 1939), p. 10 (prefácio de 1920 às edições francesa e alemã).
41. Ver Mao Tsé-tung, *A Critique of Soviet Economics*, trad. Moss Roberts (Nova York: Monthly Review, 1977).
42. Wang Hui, *China's New Order* (Cambridge, Mass.: Harvard University Press, 2003), p. 150. Ver também Jean-Louis Rocca, *La société chinoise vue par ses sociologues* (Paris: Presses de Sciences Po, 2008).
43. Marx a Nicolai Mikhailovsky [também conhecida como "Carta a Otechestvenniye Zapiski"], novembro de 1877, in Karl Marx e Frederick Engels, Collected Works, vol. 24 (Nova York: International Publishers, 1989), p. 200.
44. Karl Marx, "First Draft of Letter to Vera Zasulich", março de 1881, ibid., p. 360.
45. Sobre as cartas de Marx a respeito da comuna russa, ver Étienne Balibar, *The Philosophy of Marx* (Londres: Verso, 1995), pp. 106-112; e Enrique Dussel, *El último Marx (1863-1882) y la liberación latinoamericana* (Ixtapalapa, México: Siglo XXI, 1990), pp. 238-293.
46. José Carlos Mariátegui, *Seven Interpretive Essays on Peruvian Reality* (Austin: University of Texas Press, 1971), p. 57. Sobre a relação entre o "comunismo inca" e os comunismos europeus em Mariátegui, ver esp. pp. 35-44, 74-76; e "Prologue to Tempest in the Andes", in *The Heroic and Creative Meaning of Socialism: Selected Essays of José Carlos Mariátegui*, ed. Michael Pearlman (Adantic Highlands, N.J.: Humanities Press, 1996), pp. 79-84.
47. Para uma útil história dos discursos desenvolvimentistas, ver Gilbert Rist, *The History of Development* (Londres: Zed Books, 2002). Para críticas das ideologias e da economia política desenvolvimentistas, ver Arturo Escobar, *Encountering Development* (Princeton: Princeton University Press, 1994); e Giuseppe Cocco e Antonio Negri, *GlobAL* (Roma: Manifestolibri, 2006).
48 É a crítica feita por Althusser a Lenin em meio a sua polêmica contra os efeitos destrutivos da ideologia soviética. Ver Louis Althusser, *Lenin and Philosophy*, trad. Ben Brewster (Nova York: Monthly Review Press, 1971).

NOTAS

49. Wallerstein sustenta que no grande confronto ideológico entre o wilsonismo e o leninismo, que na segunda metade do século teve continuidade entre a teoria da modernização capitalista e a teoria da dependência socialista, os dois lados compartilhavam uma ideologia do desenvolvimento nacional. Ver Immanuel Wallerstein, "The Concept of National Development, 1917-1989: Elegy and Requiem", *American Behavioral Scientist* 35, nº 4-5 (março-junho de 1992), pp. 517-529.
50. Sobre o conceito de "extremismo do centro", ver Étienne Balibar, introdução a Carl Schmitt, *Le léviathan dans la doctrine de l'état de Thomas Hobbes* (Paris: Seuil, 2002), p. 11.
51. Ernesto Guevara, "Socialism and Man in Cuba", in *Che Guevara Reader*, ed. David Deutschmann (Melbourne: Ocean Press, 2003), p. 217 (tradução alterada). Sobre a crítica do Che à ortodoxia da política econômica soviética, ver Ernesto Che Guevara, *Apuntes críticos a la economía política* (Havana: Centro de Estudios Che Guevara, 2006).
52. Ver Silvia Federici, *Caliban and the Witch* (Nova York: Autonomedia, 2004); e Luisa Muraro, *La Signora del Gioco* (Milão: Feltrinelli, 1976).
53. Karl Marx, *Capital*, vol. 1, trad. Ben Fowkes (Nova York: Vintage, 1976), p. 91.
54. Max Horkheimer e Theodor Adorno, *The Dialetic of Enlightenment*, trad. Edmund Jephcott (Palo Alto: Stanford University Press, 2002), p. xvi.
55. William Shakespeare, *The Tempest*, 1.2.311-313.
56. Roberto Fernández Retamar, *Caliban and Other Essays*, trad. Edward Baker (Minneapolis: University of Minnesota Press, 1989), p. 14.
57. Ver Aimé Césaire, *A Tempest*, trad. Richard Miller (Nova York: TGC Translations, 2002), esp. ato 3, cena 5. Ver também Paget Henry, *Caliban's Reason: Introducing Afro-Caribbean Philosophy* (Nova York: Routledge, 2000).
58. Spinoza a Pieter Balling, 20 de julho de 1664, in *Baruch Spinoza, Complete Works*, trad. Samuel Shirley (Indianapolis: Hackett, 2002), p. 803.
59. Para uma arguta análise da carta de Spinoza, acompanhada de ampla bibliografia, ver Augusto Illuminati, *Spinoza atlantico* (Milão: Mimesis, a sair). Ver também Michael A. Rosenthal, "'The black, scabby Brazilian': Some Thoughts on Race and Early Modern Philosophy", *Philosophy and Social Criticism* 31, nº 2 (2005), 211-221; e Warren Montag, *Bodies, Masses, Power: Spinoza and His Contemporaries* (Londres: Verso, 1999), pp. 87-89

e 123. Sobre o racismo de Kant, ver Emmanuel Chukwadi Eze, "The Color of Reason: The Idea of 'Race' in Kant's Anthropology", in *Postcolonial African Philosophy* (Oxford: Blackwell, 1997), pp. 103-140.

60. Sobre o poder da força da imaginação em Spinoza, ver Antonio Negri, *The Savage Anomaly* (Minneapolis: University of Minnesota Press, 1991), esp. pp. 86-98. Ver também Daniela Bostrenghi, *Forme e virtù della immaginazaione in Spinoza* (Nápoles: Bibliopolis, 1996).

61. Frantz Fanon, *The Wretched of the Earth*, trad. Richard Philcox (Nova York: Grove, 2004), p. 155.

62. Ibid., p. 160. Sobre o conceito de uma nova humanidade em Fanon, ver Lewis Gordon, *Fanon and the Crisis of European Man* (Nova York: Routledge, 1995).

63. Ver, por exemplo, Elizabeth Povinelli, *The Cunning of Recognition: Indigenous Alterities and the Making of Australian Multiculturalism* (Durham: Duke University Press, 2002); e Manuhuia Bareham, "(De)Constructing the Politics of Indigeneity", in *Political Theory and the Rights of Indigenous Peoples*, ed. Duncan Ivison, Paul Patton e Will Sanders (Cambridge: Cambridge University Press, 2000), pp. 137-151.

64. Guillermo Bonfll Batalla, "Utopia y revolución", in *Utopia y revolución: El pensamiento político contemporáneo de los indios en América Latina*, ed. Bonfil Batalla (Cidade do México: Nueva Imagen, 1981), p. 24. Ver também Bonfil Batalla, *México profundo: Una civilización negada* (Cidade do México: Grijalbo, 1987).

65. Ver Leslie Marmon Silko, *Ceremony* (Nova York: Penguin, 1977); *Almanac of the Dead* (Nova York: Penguin, 1991); e *Gardens in the Dunes* (Nova York: Simon and Schuster, 1999).

66. A discussão neste parágrafo provém de Shannon Speed e Alvaro Reyes, "Rights, Resistance and Radical Alternatives: The Red de Defensores Comunitarios and Zapatismo in Chiapas", *Humboldt Journal of Social Relations* 29, nº 1 (2005), 47-82.

67. Ver René Zavaleta, *Las masas en noviembre* (La Paz: Juventud, 1983); e *Lo nacional popular en Bolivia* (Cidade do México: Siglo XXI, 1986). Sobre a Bolívia como *sociedad abigarrada* em Zavaleta, ver Walter Mignolo, "Subalterns and Other Agencies", *Postcolonial Studies* 8, nº 4 (novembro de 2005), 381-407; Luis Atezana, *La diversidad social en Zavaleta Mercado* (La Paz: Centro Boliviano de Estudios Multidisciplinares, 1991), pp. 109-160; e Luis Tapia, *La producción del conocımiento local* (La Paz: Muela del Diablo Editores, 2002), pp. 305-325.

NOTAS

68. Ver Álvaro García Linera, *Re-proletarización, nueva clase obrera y desarrollo del capital industrial en Bolivia (1952-1998)* (La Paz: Muela del Diablo Editores, 1999); e "La muerte de la condición obrera del siglo XX", in Álvaro García Linera, Raquel Gutierrez, Raúl Prada e Luis Tapia, *El retorno de la Bolivia plebaya* (La Paz: Muela del Diablo Editores, 2000), pp. 13-50.
69. Álvaro García Linera, introdução a *Sociología de los movimientos sociales en Bolívia*, ed. García Linera (La Paz: Diakonía/Oxfam, 2004), p. 17.
70. Sobre o emprego do termo "multidão" em Zavaleta, ver René Zavaleta, "Forma classe y forma multitud en el proletariado minero en Bolivia", in *Boliva, hoy*, ed. Zavaleta (Cidade do México: Siglo XXI, 1983), pp. 219-240. Sobre o uso do conceito por estudiosos contemporâneos, ver o trabalho do grupo "Comuna", incluindo Raquel Gutiérrez, Álvaro García Linera, Raúl Prada, Oscar Veja e Luis Tapia. Entre os textos representativos estão Raquel Gutiérrez, Álvaro García Linera e Luis Tapia, "La forma multitud de la política de las necesidades vitales", in *El retorno de la Bolivia plebeya*, pp. 133-184; García Linera, "Sindicato, multitud y comunidad: Movimientos sociales y formas de autonomía política", in *Tiempos de rebelión* (La Paz: Muela del Diablo Editores, 2001), pp. 9-79; e Raul Prada, "Política de las multitudes", in *Memorias de Octubre* (La Paz: Muela del Diablo Editores, 2004), pp. 89-135. Sobre a diferença entre o emprego do termo "multidão" em Zavaleta e no grupo Comuna, ver García Linera, "Sindicato, multitud y comunidad", p. 39, n. 30.
71. Duas excelentes fontes sobre o embasamento da rebelião de 2003 nas estruturas de autogoverno existentes em El Alto focalizam aspectos diferentes: para um enfoque centrado nos conselhos de vizinhança, ver Raúl Zibechi, *Dispersar el poder: Los movimientos como poderes antiestatales* (Buenos Aires: Tinta Limón, 2006), pp. 33-60; e para um enfoque voltado para as estruturas da comunidade aymara, ver Pablo Mamani, *El rugir de las multitudes* (La Paz: Ediciones Yachay-wasi, 2004), pp. 139-159. Sobre as manifestações de rebeldia juvenil e subjetividade estudantil em El Alto, inclusive o papel do hip-hop e outras formas culturais, ver Jiovanny Samanamud, Cleverth Cárdenas e Patrisia Prieto, *Jóvenes y política en El Alto* (La Paz: PIEB, 2007). Finalmente, para uma reflexão filosófica sobre o papel da multidão na rebelião de 2003 em El Alto, ver Raúl Prada, *Largo octubre* (La Paz: Plural, 2004). Agradecemos a Lia Haro pelo acesso a sua pesquisa na Bolívia.

72. Ver, por exemplo, Ulrich Beck e Christoph Lau, "Second Modernity as a Research Agenda: Theoretical and Empirical Explorations in the 'Meta-Change' of Modern Society", *British Journal of Sociology* 56, nº 4 (dezembro de 2005), pp. 525-557. Sobre a questão da hipermodernidade e da pós-modernidade, ver também Antonio Negri, *Fabrique de porcelaine* (Paris: Stock, 2006).

73. Jean-Marie Vincent analisa a superação da modernidade em termos de confluência da "totalização" capitalista da civilização com um processo de "desânimo". Ver Jean-Marie Vincent, *Max Weber ou la démocratie inachevée* (Paris: Éditions du Félin, 1998), pp. 184-189. Ver também Massimo Cacciari, *Krisis: Saggio sulla crisi del pensiero negativo da Nietzsche a Wittgenstein* (Milão: Feltrinelli, 1976).

74. As versões fracas do pós-modernismo, de Jean-François Lyotard e Richard Rorty a Jean Baudrillard e Gianni Vattimo, apresentam esse tipo de reação estetizada à crise, às vezes beirando a teologia.

75. Ver Jonathan Israel, *Radical Enlightenment* (Oxford: Oxford University Press, 2001).

76. Michel Foucault, "Le pouvoir psychiatrique", in *Dits et écrits*, 4 vols. (Paris: Gallimard, 1994), 2:686. Ver também a crítica de Foucault por Jacques Derrida, "Cogito and the History of Madness", in *Writing and Difference*, trad. Alan Bass (Chicago: University of Chicago Press, 1978), pp. 31-63; e Foucault, "Réponse a Derrida", in *Dits et écrits*, 2:281-295.

77. Ver Johannes Fabian, *Out of Our Minds: Reason and Madness in the Exploration of Central Africa* (Berkeley: University of California Press, 2000).

78. Além de Henry, *Caliban's Reason*, anteriormente citado, ver Walter Mignolo, "The Geopolitics of Knowledge and the Colonial Difference", *South Atlantic Quarterly* 101, nº 1 (inverno de 2002), pp. 57-96. Para um bom apanhado das variedades de epistemologias feministas, ver Linda Alcoff e Elizabeth Potter, eds., *Feminist Epistemologies* (Nova York: Routledge, 1993); e Sandra Hardinged, ed., *The Feminist Standpoint Theory Reader* (Nova York: Routledge, 2004).

79. Ver Donna Haraway, "A Cyborg Manifesto" e "Situated Knowledges: The Science Question in Feminism and the Privilege of Partial Perspective", in *Simians, Cyborgs and Women: The Reinvention of Nature* (Nova York: Routledge, 1991), pp. 149-181 e 183-201.

80. Ver, por exemplo, a luminosa discussão do "senso comum" por Antonio Gramsci in "Critical Notes on an Attempt at Popular Sociology", in *Selection from the Prison Notebooks*, trad. Quintin Hoare e Geiffrey Nowell Smith (Nova York: International Publishers, 1971), pp. 419-472. Sobre as "noções comuns" em Spinoza, ver Martial Guéroult, *Spinoza*, vol. 2, *L'âme* (Paris: Aubier-Montalgne, 1974), pp. 324-333.
81. Michel Foucault, *Society Must Be Defended*, trad. David Macey (Nova York: Picador, 2003), p. 9.
82. Ludwig Wittgenstein, *Philosophical Investigations*, trad. G. E. M. Anscombe (Oxford: Blackwell, 1953), nº 241, p. 75.
83. Ibid., nº 19, p. 7.
84. Para uma argumentação wittgensteiniana em favor da passagem do saber ao fazer e da epistemologia à ação política, ver Linda Zerilli, *Feminism and the Abyss of Freedom* (Chicago: University of Chicago Press, 2005).
85. Philippe Descola, *Par-delà nature et culture* (Paris: Gallimard, 2005), pp. 129-131.
86. Claude Lévi-Strauss, ed., *L'identité: Seminaire interdisciplinaire* (Paris: PUF, 1983), p. 331.
87. Eduardo Viveiros de Castro, "Exchanging Perspectives: The Transformation of Subjects into Objects in Amerindian Ontologies", Common Knowledge 10, nº 3 (2004), 474-475.
88. Eduardo Viveiros de Castro, *From the Enemy's Point of View: Humanity and Divinity in an Amazonian Society*, trad. Catherine Howard (Chicago: University of Chicago Press, 1992) [no original, *Araweté: Os deuses canibais* (1986)].
89. Ver Bruno Latour, *Politics of Nature*, trad. Catherine Porter (Cambridge, Mass.: Harvard University Press, 2004).
90. Baruch Spinoza, Carta 50 a Jarig Jelles, in *Complete Works*, pp. 891-892.
91. Ver Gianfranco Pala, ed., "L'inchiesta operaia di Marx" (1880), *Quaderni rossi*, nº 5 (abril de 1965), 24-30.
92. Sobre a lógica dos *teach-ins* na década de 1960, ver, por exemplo, Marshall Sahlins, "The Future of the National Teach-In: A History" (1965), in *Culture in Practice* (Nova York: Zone Books, 2000), pp. 209-218.
93. Michel Foucault, "Le jeu de Michel Foucault", in *Dits et écrits*, 3:299-300.
94. Ver Romano Alquati, *Sulla Fiat ed altri scritti* (Milão: Feltrinelli, 1975); e *Per fare conricerca* (Turim: Velleità alternative, 1993).

95. Ver, por exemplo, Charles Hale, "Activist Research v. Cultural Critique", *Cultural Anthropology* 21, nº 1 (2006), 96-120.
96. Ver, por exemplo, MTD Solano e Colectivo Situaciones, *La hipótesis 891* (Buenos Aires: De mano en mano, 2002); Collettivo edu-factory, ed., *L'università globale* (Roma: Manifestolibri, 2008); e Marta Malo, ed., *Nociones comunes: Experiencias y ensayos entre investigación y militancia* (Madri: Traficantes de Sueños, 2004).
97. Robin Kelley, *Freedom Dreams* (Boston: Beacon Press, 2002), p. 8.
98. Substituímos "analogia" por "confirmação" ao parafrasear Melandri, na esperança de não nos estarmos afastando demais de seu significado. Ver Enzo Melandri, *La linea e il circolo* (Macerata: Quidlibet, 2004), p. 810.

3. CAPITAL (E AS LUTAS PELO BEM-ESTAR COMUM)

1. Sobre a emergente hegemonia da produção imaterial, ver Michael Hardt e Antonio Negri, *Multidão* (Rio de Janeiro: Record, 2005), pp. 103-115.
2. Andre Gorz, *L'immatériel* (Paris: Galilée, 2003), p. 35.
3. Robert Boyer, *La croissance, debut de siècle* (Paris: Albin Michel, 2002), p. 192.
4. Christian Marazzi, "Capitalismo digitale e modello antropogenetico di produzione", in *Reinventare il lavoro*, ed. Jean-Louis Laville (Roma: Sapere 2000, 2005), pp. 107-126.
5. Sobre a feminização do trabalho, ver Guy Standing, "Global Feminization through Flexible Labor: A Theme Revisited", *World Development* 27, nº 3 (março de 1999), pp. 583-602; V. Spike Peterson, *A Critical Rewriting of Global Political Economy* (Londres: Routledge, 2003), pp. 62-65; Valentine Moghadam, *Globalizing Women* (Baltimore: Johns Hopkins University Press, 2005), pp. 51-58; e Nazneed Kanji e Kalyani Menon-Sen, "What Does the Feminisation of Labour Mean for Sustainable Livelihoods", International Institute for Environment and Development, agosto de 2001.
6. Chandra Mohanty, "Women Workers and Capitalist Scripts", in *Feminist Genealogies, Colonial Legacies, Democratic Futures*, ed. M. Jacqui Alexander e Chandra Mohanty (Nova York: Routledge, 1997), p. 20. Ver também Peterson, *A Critical Rewriting of Global Political Economy*, pp. 65-68.
7. Michael Foucault, "Entretien" (com Duccio Tromadori), in *Dits et écrits*, 4 vols. (Paris: Gallimard, 1994), 4:74 [em inglês, *Remarks on Marx* (Nova York: Semiotext(e), 1991), pp. 121-122]. Nesse trecho da entrevista Foucault discute suas divergências com a escola de Frankfurt.

NOTAS

8. Ver, por exemplo, as análises de David Harvey sobre o neoliberalismo in *The New Imperialism* (Oxford: Oxford University Press, 2003); e *A Brief History of Neoliberalism* (Oxford: Oxford University Press, 2005). Ver também Aihwa Ong, *Neoliberalism as Exception* (Durham: Duke University Press, 2006).
9. Naomi Klein, *The Shock Doctrine* (Nova York: Metropolitan Books, 2007).
10. Sobre as economias extrativistas no sul e no centro da África, ver James Ferguson, *Global Shadows: Africa in the Neoliberal World Order* (Durham: Duke University Press, 2006), pp. 194-210.
11. Sobre a acumulação primitiva, ver Jason Read, *The Micro-Politics of Capital* (Albany: SUNY Press, 2003); e Sandro Mezzadra, "Attualità della preistoria", in *La condizione postcoloniale* (Verona: Ombre corte, 2008), pp. 127-154.
12. John Locke, *Second Treatise of Government* (Indianapolis: Hackett, 1980), p. 18.
13. Thomas Jefferson a Isaac McPherson, 13 de agosto de 1813, in *The Writings of Thomas Jefferson*, ed. Andrew A. Lipscomb e Albert Ellery Bergh, 20 vols. (Washington, D.C.: Thomas Jefferson Memorial Association, 1905), 13:333.
14. Sobre o conceito de alienação em relação ao trabalho afetivo, ver Kathi Weeks, "Life withinww and against Work: Affective Labor, Feminist Critique and Post-Fordist Politics", *Ephemera* 7, nº 1 (2007), 233-249. Ver também Christophe Dejours, ed., *Plaisir et souffrance dans le travail*, 2 vols. (Paris: Aocip, 1987-88); e Yves Clot, *La fonction psychologique du travail* (Paris: PUF, 1999).
15. Sobre a cooperação, ver Karl Marx, *Capital*, vol. 1, trad. Ben Fowkes (Nova York: Vintage, 1976), pp. 439-454.
16. Sobre as externalidades na economia, ver Yann Moulier Boutang, *Le capitalisme cognitif* (Paris: Amsterdam, 2007); e Carlo Vercellone, ed., *Capitalismo cognitivo* (Roma: Manifestolibri, 2006).
17. Ver Carlo Vercellone, "Finance, rente et travail dans le capitalisme cognitif", *Multitudes*, nº 32 (março de 2008), 32-38.
18. John Maynard Keynes, *The General Theory of Employment, Interest and Money* (Londres: Macmillan, 1936), p. 376.
19. Ver novamente Klein, *The Shock Doctrine*.
20. Sobre as formas de crise concebidas pela economia política tradicional, ver Adelino Zanini, *Economic Philosophy* (Oxford: Peter Lang, 2008).
21. Ver Michel Crozier, Samuel Huntington e Joji Watanuki, *The Crisis of Democracy* (Nova York: NYU Press, 1975), p. 61.

22. Sobre a precariedade na Europa, ver Anne Gray, *Unsocial Europe: Social Protection or Flexploitation?* (Londres: Pluto Press, 2004); Andrea Fumagalli, *Bioeconomia e capitalismo cognitivo* (Roma: Carocci, 2007); Evelyne Perrin, *Chômeurs et precaires, au coeur de la question sociale* (Paris: La dispute, 2004); Pascal Nicolas-Le-Strat, *L'expérience de l'intermittence* (Paris: L'Harmattan, 2005); e Antoniella Corsani e Maurizio Lazzarato, *Intermittents et précaires* (Paris: Amsterdam, 2008).
23. Danny Hiffinan, "The City as Barracks: Freetown, Monrovia, and the Organization of Violence in Postcolonial African Cities", *Cultural Anthropology* 22, nº 3 (2007), pp. 400-428.
24. Bernard Mandeville, *The Fable of the Bees*, citado em Marx, *Capital*, 1:764.
25. Richard Florida sustenta que a "classe criativa" prospera numa sociedade caracterizada pela tolerância, a abertura e a diversidade; ver *The Rise of the Creative Class* (Nova York: Basic Books, 2002).
26. Fredric Jameson oferece uma excelente análise do problema da renda fundiária no contexto da arquitetura e do capital financeiro em "The Brick and the Balloon: Architecture, Idealism, and Land Speculation", in *The Cultural Turn: Selected Writings on the Postmodern, 1983-1998* (Londres: Verso, 1998), pp. 162-190.
27. Ver, como apenas um exemplo numa vasta literatura, Edward Glaeser, "Market and Policy Failure in Urban Economics", in *Chile: Political Economy of Urban Development*, ed. Glaeser e John R. Meyer (Cambridge, Mass.: Harvard School of Government, 2002), pp. 13-26.
28. Ver Antonio Negri e Carlo Vercellone, "Le rapport capital / travail dans le capitalisme cognitif", *Multitudes*, nº 32 (março de 2008), pp. 39-50.
29. Sobre o comum nos espaços urbanos, ver Henri Lefebvre, *Critique of Everyday Life*, 3 vols., trad. John Moore (Londres: Verso, 1991).
30. Ver Georg Simmel, "The Metropolis and Mental Life", in *The Sociology of Georg Simmel*, ed. Kurt Wolff (Glencoe, Ill.: Free Press, 1950), pp. 409-424.
31. Para excelentes análises do dinheiro como equivalente, do dinheiro como meio circulante e do dinheiro como capital, ver Michel Aglietta, *Macroéconomie financière* (Paris: La découverte, 2002); e Aglietta e André Orlean, *La monnaie: Entre violence et confiance* (Paris: Odile Jacob, 2002).
32. Ver Christian Marazzi, *E il denaro va: Esodo e rivoluzione dei mercati finanziari* (Turim: Bollati Boringhieri, 1998); e *Capital and Language: From the New Economy to the War Economy*, trad. Gregory Conti (Nova York: Semiotext(e), 2008).

NOTAS

33. Ver Giovanni Arrighi, *The Long Twentieth Century* (Londres: Verso, 1994).
34. Georg Simmel, *The Philosophy of Money*, 3ª ed., ed. David Frisby, trad. Tom Bottomore e David Frisby (Nova York: Routledge, 2004), p. 129.
35. Judith Butler interpreta criativamente o pleito de Antígona contra Creonte como uma maneira de pensar a liberdade de construir estruturas alternativas de parentesco fora das regras da família heteronormativa, in *Antigone's Claim: Kinship between Life and Death* (Nova York: Columbia University Press, 2000). Ver também Valerie Lehr, *Queer Family Values* (Filadélfia: Temple University Press, 1999).
36. Ver Lee Edelman, *No Future: Queer Theory and the Death Drive* (Durham: Duke University Press, 2004).
37. Sobre as lutas dos casais de trabalhadores norte-americanos para equilibrar o trabalho e a família, ver Arlie Russell Hochschild, *The Time Bind: When Work Becomes Home and Home Becomes Work*, 2ª ed. (Nova York: Holt, 2001); e Kathi Weeks, "Hours for What We Will: Work, Family, and the Movement for Shorter Hours", *Feminist Studies* 35, nº 1 (primavera de 2009).
38. Pheng Cheah apresenta uma das mais embasadas argumentações em favor do conceito de nação como centro de pensamento e política e lugar da liberdade, especialmente nas regiões subordinadas do mundo. Ver *Spectral Nationality: Passages of Freedom from Kant to Postcolonial Literatures of Liberation* (Nova York: Columbia University Press, 2003); e *Inhuman Conditions: On Cosmopolitanism and Human Rights* (Cambridge, Mass.: Harvard University Press, 2007).
39. Ver Hardt and Negri, *Multidão*.
40. Pierre Macherey, "Présentation", Citéphilo, Palais des Beaux-Arts, Lille, 19 de novembro de 2004.
41. Ernesto Laclau, *On Populist Reason* (Londres: Verso, 2005), p. 153.
42. Ver Paolo Virno, "Il cosidetto 'male' e la critica dello Stato", *Forme di vita*, nº 4 (2005), 9-36.
43. Ver Étienne Balibar, "Spinoza, the Anti-Orwell: The Fear of the Masses", in *Masses, Classes, Ideas*, trad. James Swenson (Nova York: Routledge, 1993), pp. 3-38; e "Potentia multitudinis, quae una veluti mente dicitur", in *Ethik, Recht und Politik,* ed. Marcel Senn e Manfred Walther (Zurique: Schulthess, 2001), pp. 105-137.
44. Ver Slavoj Zizek, *The Parallax View* (Cambridge, Mass.: MIT Press, 2006), pp. 261-267.

45. Alain Badiou, "Beyond Formalization: An Interview", trad. Bruno Bosteels e Alberto Toscano, *Angelaki* 8, nº 2 (agosto de 2003), 125.
46. Ver Judith Butler, *Gender Trouble: Feminism and the Subversion of Identity* (Nova York: Routledge, 1990); e *Bodies That Matter: On the Discursive Limits of "Sex"* (Nova York: Routledge, 1993).
47. Anne Fausto-Sterling, *Sexing the Body: Gender Politics and the Construction of Sexuality* (Nova York: Basic Books, 2000), p. 4. Sobre a questão do desenvolvimento ósseo e do sexo, ver Fausto-Sterling, "The Bare Bones of Sex: Part 1 - Sex and Gender", *Signs* 30, nº 2 (2005), 1491-1527. Sobre sexo e corporeidade nos estudos científicos de maneira geral, ver Elizabeth Wilson, *Psychosomatic: Feminism and the Neurological Body* (Durham: Duke University Press, 2004).
48. Sobre o caráter ontologicamente constituinte dos modos em Spinoza, ver Gilles Deleuze, *Expressionism in Philosophy: Spinoza*, trad. Martin Joughin (Nova York: Zone Books, 1990); Antonio Negri, *The Savage Anomaly: The Power of Spinoza's Metaphysics and Politics* (Minneapolis: University of Minnesota Press, 1991); e, mais recentemente, Laurent Bove, *La stratégie du conatus* (Paris: Vrin, 2001).
49. Muitos teóricos feministas chegam a conclusões análogas negociando pós-estruturalismo e exigências identitárias. Ver, por exemplo, Rey Chow, "The Interruption of Referentiality: or, Poststructuralism's Outside", in *The Age of the World Target* (Durham: Duke University Press, 2006), pp. 45-70.
50. Hannah Arendt, *The Human Condition* (Chicago: University of Chicago Press, 1958), p. 233.
51. V. I. Lenin, *State and Revolution* (Nova York: International Publishers, 1971), p. 43.
52. Macherey, "Présentation".
53. Karl Marx, *Grundrisse*, trad. Martin Nicolaus (Londres: Penguin, 1973), p. 712.
54. Daniel Bensaïd parece particularmente incomodado com nosso emprego do conceito de amor. Ver *Un monde a changer* (Paris: Textuel, 2003), pp. 69-89; e "Antonio Negri et le pouvoir constituent", in *Résistances* (Paris: Fayard, 2001), pp. 193-212.
55. Ver Franz Rosenzweig, *The Star of Redemption*, trad. Barbara Galli (Madison: University of Wisconsin Press, 2005), p. 234.
56. Friedrich Nietzsche, *Thus Spoke Zarathustra*, trad. Adrian Del Caro (Cambridge: Cambridge University Press, 2006), pp. 44-45.

57. Arendt, *The Human Condition*, em particular pp. 50-57.
58. Adam Smith, *The Wealth of Nations*, ed. Edwin Cannan (Nova York: Modern Library, 1994), p. 15.
59. Sobre a polinização como exemplo de externalidade positiva, ver Boutang, *Le capitalisme cognitif.*
60. Félix Guattari, *The Anti-Oedipus Papers*, ed. Stéphane Nadaud, trad. Kelina Gotman (Nova York: Semiotext(e), 2006), p. 179.
61. Gilles Deleuze e Félix Guattari, *A Thousand Plateaus*, trad. Brian Massumi (Minneapolis: University of Minnesota Press, 1987), p. 10.

INTERMEZZO

1. Ver Helmuth Plessner, *Macht und menschliche Natur* (Frankfurt: Suhrkamp, 1981). Sobre o conceito de agressividade intraespécies em Plessner, ver Paolo Virno, "Il cosidetto 'male' e la critica dello Stato", *Forme di vita*, nº 4 (2005), pp. 9-36.
2. Baruch Spinoza, *Theologico-Political Treatise*, in *Complete Works*, trad. Samuel Shirley (Indianapolis: Hackett, 2002), pp. 389-390.
3. Ver Immanuel Kant, *Religion within the Boundaries of Mere Reason and Other Writings*, ed. e trad. Allen Wood e George Di Giovanni (Cambridge: Cambridge University Press, 1998). Sobre as ambiguidades e contradições da teoria do mal em Kant, ver Victor Delbos, *La philosophie pratique de Kant* (Paris: Félix Alcan, 1905), p. 621. De maneira geral, ver Richard Bernstein, *Radical Evil* (Cambridge: Polity, 2002). Sobre as figuras do formalismo jurídico, que conferem ao direito uma função regulatória baseada em elementos formais, *a priori*, ver Antonio Negri, *Alle origini del formalismo giuridico* (Pádua: Cedam, 1962).
4. Ver Baruch Spinoza, *Ethics*, parte 3, Proposição 9, Scholium, in *Collected Works*, p. 284; e Michel Foucault e Noam Chomsky, "Human Nature: Justice vs. Power", in *The Chomsky-Foucault Debate* (Nova York: New Press, 2006), p. 51.
5. Baruch Spinoza, *Political Treatise*, cap. 6, in *Complete Works*, pp. 700-701.
6. Karl Marx e Frederick Engels, *The Holy Family*, in *Collected Works*, vol. 4 (Nova York: International Publishers, 1975), p. 128.
7. Para sua análise da dor, ver Ludwig Wittgenstein, *Philosophical Investigations*, trad. G. E. M. Anscombe (Oxford: Blackwell, 1984).
8. Ver Antonio Negri, *Lenta ginestra* (Milão: Sugarco, 1987).

9. Carl Schmitt, *The Nomos of the Earth*, trad. G. L. Ulmen (Nova York: Telos, 2003), pp. 59-60. Giorgio Agamben ostenta a erudição e o brilhantismo característicos de seu trabalho em sua leitura dessa passagem paulina de *The Time That Remains*, trad. Patricia Dailey (Stanford: Stanford University Press, 2005), pp. 108-112. Paolo Virno propõe o *katechon* como chave da instituição da multidão em *Multitude: Between Innovation and Negation* (Nova York: Semiotext(e), 2008), pp. 56-67.

4. A VOLTA DO IMPÉRIO

1. Ver, por exemplo, Philip Gordon, "The End of the Bush Revolution", *Foreign Affairs* 85, nº 4 (julho-agosto de 2006), pp. 75-86.
2. Richard Haass, "The Age of Nonpolarity: What Will Follow U.S. Dominance", *Foreign Affairs* 87, nº 3 (maio-junho de 2008), pp. 44-56. Ver também a análise de Haass sobre o fim do domínio dos EUA no Oriente Médio, "The New Middle East", *Foreign Affairs* 85, nº 6 (novembro-dezembro de 2006), pp. 2-11. Para um ponto de vista semelhante, ver Fareed Zakaria, *The Post-American World* (Nova York: Norton, 2008).
3. Ver Michael Hardt e Antonio Negri, *Império* (Rio de Janeiro: Record, 2001).
4. Giovanni Arrighi situa o fracasso do golpe e seu projeto imperialista em contexto histórico ainda mais amplo: "O novo imperialismo do Projeto por um Novo Século Americano provavelmente assinala o inglório fim de sessenta anos da luta dos Estados Unidos por se transformarem no centro organizador de um Estado mundial. Essa luta transformou o mundo, mas mesmo em seus momentos de triunfo os EUA jamais tiveram êxito em seu empreendimento." Giovanni Arrighi, *Adam Smith in Beijing* (Londres: Verso, 2007), p. 261.
5. Para argumentos em favor do uso do "soft power", ver basicamente Joseph Nye, *Soft Power* (Nova York: Public Affairs, 2004); e *The Paradox of American Power* (Oxford: Oxford University Press, 2002).
6. David Frum e Richard Perle, *An End to Evil: How to Win the War on Terror* (Nova York: Random House, 2003), p. 7.
7. Niall Ferguson é o mais destacado crítico pró-imperialista dos Estados Unidos, censurando-os por não fazerem o necessário para se tornarem uma potência imperialista de pleno direito. Ver *Colossus* (Nova York: Penguin, 2004).
8. Para um exemplo de um neoconservador tentando romper com a ideologia, ver Francis Fukuyama, *After the Neocons* (Londres: Profile, 2006). Para exemplos daqueles que preservam a fé, ver os ensaios de Richard Perle, Norman

Podhoretz, Max Boot e outros organizados no simpósio "Defending and Advancing Freedom", *Commentary* 120, nº 4 (novembro de 2005).

9. Para dois dos mais inteligentes exemplos dessa linha de investigação, ver Ellen Wood, *Empire of Capital* (Londres: Verso, 2003); e Tariq Ali, *Bush in Babylon: The Recolonisation of Iraq* (Londres: Verso, 2003).

10. Sobre nossa análise da "revolução nas questões militares" e sua aplicação no Iraque, ver Michael Hardt e Antonio Negri, *Multidão* (Rio de Janeiro: Record, 2005), pp. 41-62.

11. Ver Jennifer Taw e Bruce Hoffmann, *The Urbanization of Insurgency* (Santa Monica, Calif.: Rand Corporation, 1994); e Stephen Graham, "Robo-War Dreams: Global South Urbanization and the United States Military's 'Revolution in Military Affairs", LSE Crisis States Working Papers, 2007.

12. Stephen Graham, "Imagining Urban Warfare", in *War, Citizenship, Territory*, ed. Deborah Cohen e Emily Gilbert (Nova York: Routledge, 2007), pp. 33-56.

13. Ver Eyal Weizman, *Hollow Land: Israel's Architecture of Occupation* (Londres: Verso, 2007).

14. Noam Chomsky é um incansável cronista das intervenções americanas que minaram governos democráticos em todo o mundo. Ver, entre seus outros livros, *Hegemony or Survival: America's Quest for Global Dominance* (Nova York: Owl Books, 2004). Especificamente em relação à América Latina, ver Greg Grandin, *Empire's Workshop: Latin America, the United States, and the Rise of the New Imperialism* (Nova York: Metropolitan Books, 2006).

15. Emmanuel Todd é um bom exemplo de um europeu que anteriormente acreditava nos benefícios da hegemonia global americana e se desiludiu. Ver *After the Empire: The Breakdown of the American Order*, trad. C. Jon Delogu (Nova York: Columbia University Press, 2003).

16. Thomas Friedman, "Restoring Our Honor", *New York Times*, 6 de maio de 2004.

17. Para uma análise nuançada do fato de "sangue por petróleo" ser um enquadramento insuficiente para entender a invasão do Iraque em 2003, ver Retort, *Afflicted Powers: Capital and Spectacle in a New Age of War* (Londres: Verso, 2005), pp. 38-77.

18. Sobre o modelo de radical transformação neoliberal, ver Naomi Klein, *The Shock Doctrine: The Rise of Disaster Capitalism* (Nova York: Metropolitan Books, 2007). Sobre o projeto econômico da ocupação americana do Iraque, ver Klein, "Baghdad Year Zero", Harpers (setembro de 2004), 43-53, e *The Shock Doctrine*, pp. 389-460.

19. Arrighi, *Adam Smith in Beijing*, p. 384. Ver também pp. 198-202.
20. Compartilhamos certos aspectos da análise de Paul Krugman, *Conscience of a Liberal* (Nova York: Norton, 2007).
21. Arrighi, *Adam Smith in Beijing*, p. 8. Ver também Giovanni Arrighi, *The Long Twentieth Century* (Londres: Verso, 1994).
22. Henry Kissinger, Speech at the International Bertelsmann Forum, 23 de setembro de 2006, citado em Daniel Vernet, "Le monde selon Kissinger", *Le monde*, 25 de outubro de 2006.
23. Francis Fukuyama, *State-Building* (Ithaca: Cornell University Press, 2004).
24. Saskia Sassen, *Territory, Authority, Rights* (Princeton: Princeton University Press, 2006).
25. Para úteis introduções à expressão "governança global", ver Gianfranco Borrelli, ed., *Governance* (Nápoles: Dante & Descartes, 2004); e David Held e Anthony McGrew, eds., *Governing Globalization* (Oxford: Polity, 2002).
26. Ver, por exemplo, Robert Cobbaut e Jacques Lenoble, eds., *Corporate Governance: An Institutionalist Approach* (Haia: Kluwer Law International, 2003).
27. Sobre o conceito de governança em Foucault, ver Graham Burchell, Colin Gordon e Peter Miller, eds., *The Foucault Effect: Studies in Governmentality* (Chicago: University of Chicago Press, 1991). Sobre Luhmann e a escola da autopoiesis, ver Niklas Luhmann, *Legitimation durch Veifahren* (Frankfurt: Suhrkamp, 1969); Gunther Teubner, *Law as an Autopoietic System* (Oxford: Blackwell, 1993); e Alessandro Febbraio e Gunther Teubner, eds., *State, Law, and Economy as Autopoietic Systems* (Milão: Giuffrè, 1992).
28. Sabino Cassese, *Lo spazio giuridico globale* (Bari: Laterza, 2003); e *Oltre lo Stato* (Bari: Laterza, 2006).
29. Ver, por exemplo, Robert Keohane e Joseph Nye, "Between Centralization and Fragmentation: The Club Model of Multilateral Cooperation and Problems of Democratic Legitimacy", Kennedy School of Government Working Paper nº 01-004, fevereiro de 2001; e Robert Keohane, *Power and Governance in a Partially Globalized World* (Nova York: Routledge, 2002).
30. Ver, por exemplo, Bob Jessop, "The Regulation Approach and Governance Theory", *Economy and Society* 24, nº 3 (1995), 307-333; e Mary Kaldor, *Global Civil Society* (Oxford: Polity, 2003).
31. Hans Maier, *Die ältere deutsche Staats-und Verwaltungslehre*, 2ª ed. (Munique: C. H. Becksche, 1980), p. 223. Maier remete a Friedrich Meinecke, *Weltbürgertum und Nationalstaat* (Munique: R. Oldenbourg, 1911).

32. Ver Sandro Chignola, ed., *Governare la vita* (Verona: Ombre corte, 2006). Ver também Ulrich Beck, *Politik der Globalisierung* (Frankfurt: Suhrkamp, 2003); e Ulrich Beck e Edgard Grande, "Empire Europa", *Zeitschrift fur Politik* 52, nº 4 (2004), 397-420.
33. Ver, por exemplo, no tocante ao leste asiático, Aihwa Ong, *Neoliberalism as Exception* (Durham: Duke University Press, 2006); e, no tocante à África, James Ferguson, *Global Shadows: Africa in the Neoliberal World Order* (Durham: Duke University Press, 2006). James Mittelman desenvolve o conceito de divisões globais do trabalho e do poder in *The Globalization Syndrome* (Princeton: Princeton University Press, 2000).
34. Cecil Rhodes, citado em V. I. Lenin, *Imperialism* (Nova York: International Publishers, 1939), p. 79.
35. Sobre a subsunção real e formal, ver Karl Marx, *Capital*, vol. 1, trad. Ben Fowkes (Nova York: Vintage, 1976), pp. 1019-38. Sobre a análise de Rosa Luxemburgo a respeito do imperialismo, ver *The Accumulation of Capital*, trad. Agnes Schwarzchild (Nova York: Monthly Review Press, 1968). Para nossas anteriores análises da subsunção formal e real no contexto da globalização, ver *Império*, esp. pp. 254-256.
36. Ver David Harvey, *The New Imperialism* (Oxford: Oxford University Press, 2003); e *A Brief History of Neoliberalism* (Oxford: Oxford University Press, 2005).
37. Klein, *The Shock Doctrine*.
38. Ferguson, *Global Shadows*, p. 196. Ver também Patrick Bond, *Looting Africa* (Londres: Zed Books, 2006).
39. Rebecca Karl, "The Asiatic Mode of Production: National and Imperial Formations", *Historein* 5 (2005), 58-75.
40. William Robinson, *A Theory of Global Capitalism* (Baltimore: Johns Hopkins University Press, 2004), p. 129.
41. O axioma da liberdade que aqui expressamos em termos foucaultianos é uma continuação dos princípios metodológicos dos estudos sobre o "ponto de vista dos trabalhadores" realizados nas décadas de 1960 e 1970 por autores como E. P. Thompson, Mario Tronti e Karl-Heinz Roth.
42. Sustentamos esta tese sobre o colapso da União Soviética em *Império*, pp. 276-279.
43. Este tema perpassa nosso livro *Multidão*.
44. Sobre o conceito de indignação em Spinoza, ver Laurent Bove, *La stratégie du conatus* (Paris: Vrin, 1997); e Filippo Del Lucchese, *Tumulti e indignation: Conflitto, diritto e moltitudine in Machiavelli e Spinoza* (Milão: Ghibli, 2004).

45. Para uma teoria das lutas sociais que leve em consideração a experiência da injustiça, ver Emmanuel Renault, *L'expérience de l'injustice* (Paris: La découverte, 2004). A investigação de Renault baseia-se na hipótese de Axel Honneth que reconduz as análises dos "transcendentais" comunicativos às contradições sociais e à exploração do trabalho. Ver Honneth, *Kritik der Macht* (Frankfurt: Suhrkamp, 1988); e *The Struggle for Recognition* (Cambridge: Polity, 1995).
46. Para uma análise dos conflitos em constante manifestação no sistema capitalista, ver Guido Rossi, *Il conflitto epidemico* (Milão: Adelphi, 2003).
47. Ver Alain Bertho, *Nous autres, nous mêmes* (Paris : Du Croquant, 2008).
48. Carl Schmitt, *Theorie des Partisanen* (Berlim: Duncker & Humblot, 1963).
49. Sobre Georges Sorel, ver basicamente sua interpretação de Walter Benjamin in *Reflections on Violence*, ed. Jerome Jennings (Cambridge: Cambridge University Press, 1999). Sobre Lenin, ver basicamente *What Is to Be Done?* e *State and Revolution*, além de Antonio Negri, *Thirty-three Lessons on Lenin* (Nova York: Columbia University Press, a sair).
50. Ver C. B. Macpherson, *The Political Theory of Possessive Individualism* (Oxford: Clarendon Press, 1962); e Karl Marx, *A Contribution to the Critique of Hegel's Philosophy of Right* e *Economic and Philosophical Manuscripts*, in *Early Writings*, trad. Rodney Livingstone e Gregor Benton (Londres: Penguin, 1975).
51. Os antecedentes filosóficos do pensamento neoconservador não são encontrados em geral na tradição reacionária europeia, mas em teorias do direito natural, particularmente as de Leo Strauss e Michael Oakeshott, unindo o individualismo e uma definição transcendental e hobbesiana do poder.
52. Baruch Spinoza, *Ethics*, in *Complete Works*, trad. Samuel Shirley (Indianapolis: Hackett, 2002), parte 3, Definitions of the Affects, nº 20, p. 314.
53. Michel Foucault, "Inutile de se soulever?", *Le monde*, 11-12 de maio de 1979, reproduzido in *Dits et écrits*, vol. 3 (Paris: Gallimard, 1994), p. 793.
54. Ernst Bloch, *The Principle of Hope*, 3 vols., trad. Neville Plaice, Stephen Plaice e Paul Knight (Cambridge, Mass.: MIT Press, 1986).
55. Ver Sandro Mezzadra, *Diritto di fuga* (Verona: Ombre corte, 2006); e Enrica Riga, *Europa di confine* (Roma: Meltelmi, 2007).
56. Para uma argumentação contrária aos pressupostos revolucionários no que tange às transformações do poder do trabalho, ver Andre Gorz, *L'immatériel* (Paris: Galilée, 2093).

NOTAS

57. Ver Robert Castel, *L'insecurité sociale* (Paris: Seuil, 2003). Sobre o trabalho precário na França, ver Antonella Corsani e Maurizio Lazzarato, *Intermittents et précaires* (Paris: Amsterdam, 2008). Sobre as condições sociais nos *banlieux* franceses, ver Stéphane Beaud e Michel Pialoux, *Violence urbaine, violence sociale* (Paris: Fayard, 2003); e Loïc Wacquant, *Parias urbains* (Paris: La découverte, 2006).
58. Ver Judith Revel, *Qui a peur de la banlieue?* (Paris: Bayard, 2008).
59. Karl Marx, *Economic and Philosophical Manuscripts*, in *Early Writings*, p. 328. Sobre a interpretação desse trecho por Deleuze e Guattari, ver *Anti-Oedipus*, trad. Robert Hurley, Mark Verm e Helen Lane (Minneapolis: University of Minnesota Press, 1983), pp. 4-5.
60. Saskia Sassen estabelece uma genealogia semelhante de formas e paradigmas urbanos da produção para definir a "cidade global" contemporânea, centrada nas atividades da finança. Como tantas vezes, nosso pensamento aqui muito se aproxima do de Sassen, mas o fato de focalizarmos antes a produção biopolítica que a finança resulta numa visão consideravelmente diferente da vida e do potencial da metrópole contemporânea.
61. Charles Baudelaire, "La foule", in (*Oeuvres complètes*, ed. Marcel Ruff (Paris: Seuil, 1968), p. 155.
62. Sobre nossa tese a respeito do ocaso do mundo camponês, definido por uma falta de capacitação política de comunicação e cooperação, ver *Multidão*, pp. 115-127. Sobre os pontos de vista de Marx a respeito da capacitação política dos camponeses na França do século XIX, ver *The Eighteenth Brumaire of Louis Bonaparte* (Nova York: International Publishers, 1998), pp. 123-129.
63. Sobre a megalópole, ver Kenneth Frampton, "Towards a Critical Regionalism", in *The Anti-Aesthetic*, ed. Hal Foster (Port Townsend, Wash.: Bay Press, 1983), pp. 26-30.
64. Ver Mike Davis, *Planet of Slums* (Londres: Verso, 2006).
65. Ver, por exemplo, Achille Mbembe e Sarah Nuttall, eds., *Johannesburg: The Elusive Metropolis* (Durham: Duke University Press, 2008); Filip de Boeck e Marie-Françoise Plissart, *Kinshasa: Invisible City* (Ghent: Ludion, 2004); AbdouMaliq Simone, *For the City Yet to Come* (Durham: Duke University Press, 2004); e Rem Koolhaas, ed., *Lagos: How It Works* (Baden: Lars Müller, a sair).
66. Para uma elaboração filosófica do encontro, ver a análise de Gilles Deleuze sobre a teoria dos afetos de Spinoza em relação às paixões alegres e tristes, in *Expressionism in Philosophy: Spinoza*, trad. Martin Joughin (Nova York:

Zone Books, 1990). Para uma elaboração política de diferentes formas de encontro, ver El Kilombo e Michael Hardt, "Organizing Encounters and Generating Events", *Whirlwinds: Journal of Aesthetics and Protest* (2008), www.joaap.org.

67. Em sua investigação sobre Mumbai, Arjun Appadurai apresenta um conceito semelhante da política da metrópole como organização de encontros de baixo para cima, por ele definida como "democracia profunda". Ver "Deep Democracy: Urban Governmentality and the Horizon of Politics", *Public Culture* 14, nº 1 (2002), pp. 21-47.
68. Grace e James Boggs, "The City Is the Black Man's Land", *Monthly Review* 17, nº 11 (abril de 1966), pp. 35-46.
69. Teresa Caldeira, *City of Walls: Crime, Segregation, and Citizenship in São Paulo* (Berkeley: University of California Press, 2000).
70. Sobre locação urbana e finanças, ver Carlo Vercellone, "Finance, rente et travail dans le capitalisme cognitif", *Multitudes*, nº 32 (março de 2008), pp. 27-38, além de outros ensaios nessa edição. Ver também Agostino Petrillo, "La rendita fondiaria urbana e la metropolis", exposição em Uninomade, Bolonha, 8 de dezembro de 2007. Sobre a recuperação urbana, ver Neil Smith, *The New Urban Frontier: Gentrification and the Revanchist City* (Nova York: Routledge, 1996); e para uma perspectiva internacional, Rowland Atkinson e Gary Bridge, eds., *Gentrification in a Global Context: The New Urban Colonialism* (Nova York: Routledge, 2005).
71. Sobre a revolta na França em outubro e novembro de 2005, ver Revel, *Qui a peur de la banlieue?*; Bertho, *Nous autres, nous mêmes*; e Guido Caldiron, *Banlieue* (Roma: Manifestolibri, 2005).

5. ALÉM DO CAPITAL?

1. Duas excelentes narrativas desse elo entre o neoliberalismo e o unilateralismo americano, de Pinochet a Reagan e além, encontram-se in David Harvey, *A Brief History of Neoliberalism* (Oxford: Oxford University Press, 2005); e Naomi Klein, *The Shock Doctrine* (Nova York: Metropolitan Books, 2007).
2. Ver Michael Hardt e Antonio Negri, *Império* (Rio de Janeiro: Editora, 2001), pp. 260-303.
3. Harvey, *A Brief History of Neoliberalism*, p. 159.
4. Ver David Landes, *The Wealth and Poverty of Nations* (Nova York: Norton, 1999); e Michael Polanyi, *The Tacit Dimension* (Londres: Routledge, 1967).

NOTAS

5. Carlo Vercellone, "Sens et enjeux de la transition vers le capitalisme cognitif", dissertação apresentada na conferência "Transformations du travail et crise de l'économie politique", na Universidade de Paris 1, Panthéon-Sorbonne, 12 de outubro de 2004. Ver também Robert Boyer, *The Future of Economic Growth* (Cheltenham: E. Elgar, 2004).
6. Ver, por exemplo, Kenneth Arrow, "The Economic Implications of Learning by Doing", *Review of Economic Studies* 29, nº 3 (junho de 1962), pp. 155-173.
7. Para uma análise das teorias da dependência da perspectiva da globalização, ver Giuseppe Cocco e Antonio Negri, *GlobAL* (Buenos Aires: Paidos, 2006).
8. Alexei Yurchak, *Everything Was Forever, Until It Was No More: The Last Soviet Generation* (Durham: Duke University Press, 2006). Sobre nosso anterior relato do colapso da União Soviética, desenvolvendo este ponto, ver Hardt e Negri, *Império*, pp. 276-279.
9. Para um bom apanhado dos diferentes empregos do conceito, ver David Halpern, *Social Capital* (Cambridge: Polity, 2005).
10. Nick Dyer-Witherford cunha a expressão *"commonism"* para designar a sociedade baseada no comum e no bem-estar comum. Ver "Commonism", *Turbulence* 1 (junho de 2007), 81-87; e *Cyber-Marx* (Urbana: University of Illinois Press, 1999).
11. Michael Hardt e Antonio Negri, *Multidão* (Rio de Janeiro: Record, 2005), pp. 169-171. O *Indiana Journal of Global Legal Studies* é uma excelente fonte nessas questões.
12. Hardt e Negri, *Império*, pp. 304-324.
13. Joseph Nye, "U.S. Power and Strategy after Iraq", *Foreign Affairs* 82, nº 4 (julho-agosto de 2003), pp. 60-73.
14. Ver, por exemplo, William Robinson, *A Theory of Global Capitalism* (Baltimore: Johns Hopkins University Press, 2004), pp. 33-84.
15. Baruch Spinoza, *Political Treatise*, in *Complete Works*, trad. Samuel Shirley (Indianapolis: Hackett, 2002), cap. 8, para. 4, p. 725 (tradução alterada).
16. Sobre a internalização das externalidades econômicas no contexto da produção "cognitiva", ver Carlo Vercellone, ed., *Sommes-nous sortis du capitalisme industriel?* (Paris: La Dispute, 2003); e, com algumas reservas a esta visão, Yann Moulier Boutang, *Le capitalisme cognitif* (Paris: Amsterdam, 2007).
17. Sobre o conceito de economias externas em Marshall, ver Renee Prendergast, "Marshallian External Economies", *Economic Journal* 103, nº 417 (março de 1993), 454-458; e Marco Bellandi, "Some Remarks on Marshallian External

Economies and Industrial Tendencies", in *The Economics of Alfred Marshall*, ed. Richard Arena e Michel Quéré (Nova York: Palgrave Macmillan, 2003), pp. 240-253.
18. J. E. Meade, "External Economies and Diseconomies in a Competitive Situation", *Economic Journal* 62, nº 245 (março de 1952), 54-67.
19. Ver Andreas Papandreou, *Externality and Institutions* (Oxford: Clarendon Press, 1994), pp. 53-57. Seguimos nesse parágrafo a excelente história do conceito de externalidade estabelecida por Papandreou.
20. Yochai Benkler, "The Political Economy of the Commons", *Upgrade* 4, nº 3 (junho de 2003), p. 7.
21. Ver, por exemplo, Lawrence Lessig, *Free Culture* (Nova York: Penguin, 2004); e Kembrew McLeod, *Freedom of Expression: Resistance and Repression in the Age of Intellectual Property* (Minneapolis: University of Minnesota Press, 2007).
22. Para um exemplo de interpretação das lutas dos trabalhadores como motor dos ciclos e crises econômicos, ver Antonio Negri, "Marx on Cycle and Crisis", in *Revolution Retrieved*, trad. Ed Emery e John Merrington (Londres: Red Notes, 1988), pp. 43-90.
23. Para análises destacando de maneiras muito diferentes a autonomia e a criatividade do trabalho biopolítico, ver McKenzie Wark, *A Hacker Manifesto* (Cambridge, Mass.: Harvard University Press, 2004); e Richard Florida, *The Rise of the Creative Class* (Nova York: Basic Books, 2002).
24. Para a definição do índice de valor excedente por Marx, aqui transcrita, ver Karl Marx, *Capital*, vol. 1, trad. Ben Fowkes (Nova York: Vintage, 1976), p. 326.
25. Thomas Jefferson emprega esta expressão — "trazemos o lobo pelas orelhas" — para explicar por que, em sua opinião, os Estados Unidos na tinham como manter o sistema da escravidão negra nem aboli-lo. Ver Jefferson a John Holmes, 22 de abril de 1820, in *Writings*, ed. Merrill Peterson (Nova York: Library of America, 1984), pp. 1433-35.
26. Ver Christian Marazzi, *Capital and Language*, trad. Gregory Conti (Cambridge, Mass.: MIT Press, 2008).
27. Esse episódio ideológico da Revolução Cultural inspirou, entre outros, Debord e Badiou. Ver Guy Debord, *The Society of the Spectacle*, trad. Donald Nicholson-Smith (Nova York: Zone Books, 1994), p. 35; e Alain Badiou, *The Century*, trad. Alberto Toscano (Cambridge: Polity, 2007), pp. 58-67.

28. Mario Tronti, *Operai e capitale*, 2ª ed. (Turim: Einaudi, 1971), p. 89.
29. Chamamos esta situação, seguindo Marx, de subsunção real da sociedade ao capital. Sobre o conceito de subsunção real em Marx, ver Capital, 1:1019-38.
30. Para uma análise antecipando esta situação na década de 1970, ver Antonio Negri, "Marx on Cycle and Crisis", in *Revolution Retrieved*, trad. Ed Emery e John Merrington (Londres: Red Notes, 1988), pp. 43-90.
31. Sobre a disciplina industrial do tempo e sua progressiva generalização na sociedade, ver E. P. Thompson, "Time, Work-Discipline, and Industrial Capitalism", *Past & Present*, nº 38 (1967), pp. 56-97. Sobre os debates entre sociólogos alemães a respeito do *Entgrenzung der Arbeit*, ver Karin Gottschall e Harald Wolf, "Introduction: Work Unbound", *Critical Sociology* 33 (2007), 11-18. Agradecemos a Stephan Manning por chamar nossa atenção para essa literatura.
32. Para uma interpretação do "Capítulo sobre o dinheiro" nos *Grundrisse* de Marx, ver Antonio Negri, *Marx beyond Marx*, trad. Harry Cleaver, Michael Ryan e Maurizio Viano (Nova York: Autonomedia, 1991), pp. 21-40.
33. Sobre o índice decrescente de lucro e a crise econômica, ver Robert Brenner, *The Boom and the Bubble: The U.S. in the World Economy* (Londres: Verso, 2002).
34. Sobre as características do empreendedor, ver Joseph Schumpeter, *The Theory of Economic Development* (1911), trad. Redvers Opie (Cambridge, Mass.: Harvard University Press, 1934), pp. 128-156. Sobre a obsolescência do empreendedor, ver Schumpeter, *Capitalism, Socialism, and Democracy* (Nova York: Harper & Brothers, 1942), pp. 131-134.
35. Karl Marx e Friedrich Engels, *The Communist Manifesto* (Oxford: Oxford University Press, 1992), p. 8.
36. Ver, por exemplo, Henryk Grossmann, *The Law of Accumulation and Breakdown of Capitalist Systems: Being Also a Theory of Crises (1929)*, trad. Jairus Banaji (Londres: Pluto Press, 1992).
37. Certos economistas heterodoxos contemporâneos esboçam as linhas gerais de um futuro pós-capitalista. Ver, por exemplo, J. K. Gibson-Graham, *A Postcapitalist Politics* (Minneapolis: University of Minnesota Press, 2006); e Michael Albert, *Parecon: Life after Capitalism* (Londres: Verso 2003).
38. Ernesto Laclau, *On Populist Reason* (Londres: Verso, 2005), p. 95.
39. Para nossa análise mais aprofundada do conflito entre a representação política e a democracia, ver Hardt e Negri, *Multidão*, pp. 241-247.

40. Ver Achille Mbembe, "Necropolitics", *Public Culture* 15, nº 1 (2003), pp. 11-40. Sobre as catastróficas condições físicas das metrópoles nas regiões subordinadas do mundo, ver Mike Davis, *Planet of Slums* (Londres: Verso, 2006).
41. Christopher Newfield enfatiza a necessidade, na economia biopolítica, de um público com educação mais elevada em humanidades e ciências sociais. Ver *Unmaking the Public University* (Cambridge, Mass.: Harvard University Press, 2008).
42. Sobre a necessidade de uma infraestrutura intelectual, cultural e de comunicações comum, ver Yochai Benkler, *The Wealth of Networks* (New Haven: Yale University Press, 2006).
43. Muitos economistas têm detalhado a maneira como essa renda garantida é viável nos países dominantes — propostas sérias neste sentido foram apresentadas na Europa e nos Estados Unidos —, mas obviamente nas regiões subordinadas do mundo, onde o percentual da população com a capacitação comprometida pela pobreza é muito maior, um sistema dessa natureza seria ainda mais importante. A experiência do governo brasileiro com a "bolsa família", distribuindo dinheiro a famílias pobres de uma forma próxima da renda garantida, é um exemplo importante por demonstrar a viabilidade de um programa dessa natureza mesmo fora dos países mais ricos.
44. Sobre a proposta de "sistema de vigilância" feita por Jefferson, como forma de treinar a multidão no autogoverno, ver Michael Hardt, *Thomas Jefferson: The Declaration of Independence* (Londres: Verso, 2007). A respeito de experiências contemporâneas de democracia participativa, ver America Vera-Zavala, *Deltagande demokrati* (Estocolmo: Agora, 2003).
45. Charles Dickens, *Hard Times* (Ware, Hertfordshire: Wordsworth Classics, 1995), p. 4.
46. Sobre boa vontade e bens intangíveis, ver Michel Aglietta, "Le capitalisme de demain" (Paris: Fondation Saint-Simon, 1998); e Baruch Lev, *Intangibles: Management, Measurement, and Reporting* (Washington, D.C.: Brookings Institute, 2001).
47. Paul Sweezy, *The Theory of Capitalist Development* (Nova York: Oxford University Press, 1942), p. 53.
48. Sobre a teoria do valor, ver Isaak Rubin, *Essays on Marx's Theory of Value*, trad. Milos Samardzija e Fredy Perlman (Detroit: Black and Red, 1972); Ronald Meek, *Studies in the Labour Theory of Value* (Londres: Lawrence and Wishart, 1956); e Claudio Napoleoni, *Smith, Ricardo, Marx*, trad. J. M. A. Gee (Oxford:

NOTAS

Blackwell, 1975). Sobre a redução da lei do valor à lei do valor excedente, ver Mario Tronti, *Operai e capitale* (Turim: Einaudi, 1966); e Negri, *Marx beyond Marx*. Sobre a teoria da crise, ver Negri, "Marx on Cycle and Crisis".

49. Ver André Orléan, *Le pouvoir de la finance* (Paris: Odile Jacob, 1999).
50. Spinoza, *Political Treatise*, cap. 2, para. 13, p. 686 (tradução alterada).
51. Ver Maurice Nussenbaum, "Juste valeur et actifs incorporels", *Revue d'economie financière*, nº 71 (agosto de 2003), pp. 71-85.
52. Sobre este método duplo, ver Giorgio Agamben, *Signatura rerum* (Milão: Bollati Boringhieri, 2008).
53. Referimo-nos aqui à interpretação da *Ética* de Spinoza por Deleuze. Ver Michael Hardt, *Gilles Deleuze* (Minneapolis: University of Minnesota Press, 1993); e Antonio Negri, "Kairos, Alma Venus, Multitudo", in *Time for Revolution*, trad. Matteo Mandarini (Londres: Continuum, 2003).
54. Agostinho, *De civitate dei*, livro 14, cap. 7, citado em Heinz Heimsoeth, *Les six grands thèmes de la métaphisique* (Paris: Vrin, 2003), p. 223.
55. Ernst Bloch, *Avicenna und die Aristotelische Linke* (Berlim: Rutten & Loening, 1952).
56. Wilhelm Dilthey, *Einleitung in die Geisteswissenschaften*, vol. 1 de *Gesammelte Schriften* (Leipzig: Teubner, 1914), p. 47.
57. Michel de Certeau, "Le rire de Michel Foucault", *Revue de la Bibliothèque Nationale*, nº 14 (inverno de 1984), pp. 10-16.
58. Para uma interpretação da inovação econômica como ruptura histórica, particularmente na obra de Schumpeter, ver Adelino Zanini, *Economic Philosophy: Economic Foundations and Political Categories*, trad. Cosma Orsi (Oxford: Peter Lang, 2008).
59. Marx, *Capital*, 1:554-555.

6. REVOLUÇÃO

1. John Locke, *Second Treatise on Government* (Indianapolis: Hackett, 1980), p. 19. Ver também C. B. MacPherson, *The Political Theory of Possessive Individualism* (Londres: Oxford University Press, 1964).
2. Cheryl Harris, "Whiteness as Property", *Harvard Law Review* 106, nº 8 (junho de 1993), 1731. Ver também George Lipsitz, *The Possessive Investment in Whiteness*, 2ª ed. (Filadélfia: Temple University Press, 2006).
3. Ver a evocação feita por Saidiya Hartman de Douglass e sua Tia Hester em *Scenes of Subjection: Terror, Slavery, and Self-Making in Nineteenth-Century America* (Oxford: Oxford University Press, 1997).

4. Ver, por exemplo, Eduardo Bonilla-Silva, *Racism without Racists: Color-Blind Racism and the Persistence of Racial Inequality in the United States* (Lanham, Md.: Rowman & Littlefield, 2003).
5. Ver, por exemplo, Gary Peller, "Race Consciousness", in *Critical Race Theory*, ed. Kimberle Williams Crenshaw et al. (Nova York: New Press, 1996), pp. 127-158.
6. Ver, por exemplo, Silvia Rivera Cusicanqui, *"Oppressed but not defeated": Peasant Struggles among the Aymara and Qhechwa in Bolivia, 1900-1980* (Genebra: United Nations Research Institute for Social Development, 1987).
7. Wendy Brown, *States of Injury* (Princeton: Princeton University Press, 1995).
8. Fred Moten, *In the Break: The Aesthetics of the Black Radical Tradition* (Minneapolis: University of Minnesota Press, 2003). Ver também Robin Kelley, *Freedom Dreams: The Black Radical Imagination* (Boston: Beacon Press, 2002).
9. Sobre a tradição do radicalismo negro, ver Cedric Robinson, *Black Marxism* (Londres: Zed, 1983).
10. Linda Zerilli, *Feminism and the Abyss of Freedom* (Chicago: University of Chicago Press, 2005), p. 65.
11. Ver Charles Taylor, *Multiculturalism: Examining the Politics of Recognition* (Princeton: Princeton University Press, 1994); Axel Honneth, *The Struggle for Recognition* (Cambridge, Mass.: MIT Press, 1996); e a útil crítica da política do reconhecimento feita por Nancy Fraser em *Justice Interruptus* (Nova York: Routledge, 1996).
12. Mario Tronti, *Operai e capitale* (Turim: Einaudi, 1966), p. 260.
13. Para uma definição sucinta da recusa ao trabalho, ver Paolo Virno e Michael Hardt, eds., *Radical Thought in Italy* (Minneapolis: University of Minnesota Press, 1994), p. 263. Ver também Antonio Negri, *Books for Burning: Between Civil War and Democracy in 1970s Italy*, trad. Timothy Murphy e Arianna Bove (Londres: Verso, 2005); e Mario Tronti, "The Strategy of Refusal", in *Autonomia: Post-Political Politics, Semiotext(e)*, 2ª ed., ed. Sylvère Lotringer e Christian Marazzi (Cambridge, Mass.: MIT Press, 2008), pp. 28-34.
14. Wendy Brown, *Edgework* (Princeton: Princeton University Press, 2005), p. 108.
15. Gayle Rubin, "The Traffic in Women", in *The Second Wave of* Feminism, ed. Linda Nicholson (Nova York: Routledge, 1997), p. 54.
16. Donna Haraway, "A Cyborg Manifesto", in *Simians, Cyborgs, and Women* (Nova York: Routledge, 1991), p. 181.

NOTAS

17. Annamarie Jagose, *Queer Theory: An Introduction* (Nova York: NYU Press, 1996), p. 131.
18. Para excelentes resumos dessa divisão na teoria *queer* e, de maneira geral, as variações do que se quer dizer com *"queer"*, ver Nikki Sullivan, *A Critical Introduction to Queer Theory* (Nova York: NYU Press, 2003), pp. 37-56; e Jagose, *Queer Theory*, pp. 101-132.
19. Frantz Fanon, *Black Skin, White Masks* (Nova York: Grove, 1967), p. 8. Lewis Gordon enfatiza a exortação de Fanon a um novo humanismo em *Fanon and the Crisis of European Man* (Nova York: Routledge, 1995).
20. Sobre Malcolm X, ver "The Young Socialist Interview", in *By Any Means Necessary* (Nova York: Pathfinder, 1992), pp. 179-188, esp. p. 181; e Angela Davis, "Meditations on the Legacy of Malcolm X", in *The Angela Y. Davis Reader*, ed. Joy Jones (Oxford: Blackwell, 1998), pp. 279-288. Sobre Huey Newton, ver Erik Erikson e Huey Newton, *In Search of Common Ground* (Nova York: Norton, 1973), pp. 27-32; Judson Jeffries, *Huey P. Newton: The Radical Theorist* (Jackson: University of Mississippi Press, 2002), pp. 62-82; e Alvaro Reyes, "Huey Newton e la nascita di autonomia", in *Gli autonomi*, vol. 2, ed. Sergio Bianchi e Lanfranco Caminiti (Roma: Derive/approdi, 2008), pp. 454-476.
21. Paul Gilroy, *Against Race* (Cambridge, Mass.: Harvard University Press, 2000), p. 40.
22. Paralelamente às tradições revolucionárias negras surgiu nos Estados Unidos um "novo abolicionismo" voltado para a destruição da branquitude. Devemos abolir a raça branca a qualquer custo, afirmam esses autores, numa atraente e inflamada retórica, em alusão à abolição dos privilégios da branquitude. Ver David Roediger, *Towards the Abolition of Whiteness* (Nova York: Verso, 1994); e Noel Ignatiev e John Garvey, eds., *Race Traitor* (Nova York: Routledge, 1996).
23. Toril Moi, por exemplo, escorando-se basicamente em Simone de Beauvoir, sustenta que a categoria mulher não é tão problemática quanto dá a entender Butler. Ver *What Is a Woman? and Other Essays* (Oxford: Oxford University Press, 1999), pp. 3-120.
24. Hortense Spillers, por exemplo, não contesta o objetivo da "abolição da raça", mas questiona o caminho traçado por Gilroy para chegar a esse fim. Ver "Über against Race", *Black Renaissance/Renaissance Noire* 3, nº 2 (primavera de 2001), pp. 59-68.
25. Eve Kosofsky Sedgwick, *Epistemology of the Closet* (Berkeley: University of California Press, 1990), pp. 1-66.

26. Ver Gilles Deleuze e Félix Guattari, *Anti-Oedipus*, trad. Robert Hurley, Mark Verm e Helen Lane (Minneapolis: University of Minnesota Press, 1983), p. 296.
27. Sobre o conceito de diáspora e hibridização, ver Paul Gilroy, *Against Race* (Cambridge, Mass.: Harvard University Press, 2000), pp. 97-133. Sobre convivialidade, ver seu *After Empire* (Oxfordshire: Routledge, 2004), p. xi e passsim.
28. A singularidade funciona como termo técnico no vocabulário de Gilles Deleuze, Alain Badiou e vários outros filósofos franceses contemporâneos. Nossa definição do conceito partilha com a deles o foco na relação entre singularidade e multiplicidade.
29. Para uma proposta clássica de análise intersecional, ver Kimberle Williams Crenshaw, "Mapping the Margins: Intersectionality, Identity Politics, and Violence against Women of Color", *Stanford Law Review* 43, nº 6 (julho de 1991), pp. 1241-99.
30. Baruch Spinoza, *Ethics*, in *Complete Works*, ed. Samuel Shirley (Indianapolis: Hackett, 2002), parte 2, Proposição 7, p. 247.
31. Slavoj Zizek, *The Parallax View* (Cambridge, Mass.: MIT Press, 2006), p. 362.
32. Ver H. J. De Vleeschauwer, *The Development of Kantian Thought* (Nova York: T. Nelson, 1962); e Ernst Cassirer, *The Problem of Knowledge* (New Haven: Yale University Press, 1959), que desenvolve o trabalho da Escola de Marburgo, particularmente os ensinamentos de Hermann Cohen.
33. Carl Schmitt, *Veifassungslehre*, 6ª ed. (Berlim: Duncker & Humblot, 1983), p. 218. Ver também Olivier Beaud, "'Repräsentation' et 'Stellvertretung': Sur une distinction de Carl Schmitt", *Droits*, nº 6 (1987), pp. 11-20.
34. Elizabeth Povinelli, *The Cunning of Recognition: Indigenous Alterities and the Making of Australian Multiculturalism* (Durham: Duke University Press, 2002).
35. Ver Antonio Negri, "Lo stato dei partiti", in *La forma stato* (Milão: Feltrinelli, 1977), pp. 111-149.
36. Ver nossa exposição das posições contemporâneas a respeito da crise da democracia no contexto global em Michael Hardt e Antonio Negri, *Multidão* (Rio de Janeiro: Record, 2005), pp. 231-37.
37. Gunther Teubner, "Societal Constitutionalism: Alternatives to State-Centered Constitutional Theory?" in *Transnational Governance and Constitutionalism*, ed. Christian Joerges, Inger-Johanne Sand e Gunther Teubner (Oxford: Hart, 2004), pp. 3-28.

NOTAS

38. Ver Alain Supiot, *Au-delà de l'emploi* (Paris: Flammarion, 1999).
39. Em *Freedom Dreams*, Robin Kelley analisa a partir de uma perspectiva histórica uma série de alianças revolucionárias que beiram as interseções insurrecionais.
40. Jacques Rancière, *Disagreement*, trad. Julie Rose (Minneapolis: University of Minnesota Press, 1999), p. 14.
41. Jean-Paul Sartre, *Critique of Dialectical Reason*, vol. 1, trad. Alan Sheridan-Smith (Londres: Verso, 2004).
42. Sobre Lenin, ver *What Is to Be Done?* (Nova York: International Publishers, 1969) e também Antonio Negri, *La fabbrica della strategia: 33 lezioni su Lenin*, 2ª ed. (Roma: Manifestolibri, 2004); e Slavof Zizek, ed., *Revolution at the Gates: Zizek on Lenin, the 1917 Writings* (Londres: Verso, 2004). Quanto a Trotski, ver *The History of the Russian Revolution*, trad. Max Eastman (Nova York: Simon & Schuster, 1932) esp. cap. 43, "The Art of Insurrection".
43. Esta periodização da vanguarda política esclarece nossa diferença em relação às proposições de Slavoj Zizek e Ernesto Laclau. O retorno de Zizek a Lenin não é tanto um resgate do método de Lenin (concebendo a composição política com base na presente composição técnica do proletariado) mas, pelo contrário, uma repetição da formação política de vanguarda sem referência à composição do trabalho. Laclau, pelo contrário, mantém-se fiel à concepção de hegemonia típica da fase seguinte, espeficamente a que foi promovida pelo Partido Comunista Italiano, mais em sua vertente populista do que na trabalhista.
44. V. I. Lenin, *State and Revolution* (Nova York: International Publishers, 1971), p. 43.
45. Sobre o desenvolvimento dos movimentos comunistas na década de 1970, ver Negri, *Books for Burning*.
46. Jean-Luc Nancy, "The Decision of Existence", in *The Birth to Presence*, trad. Brian Holmes et al. (Stanford: Stanford University Press, 1993), pp. 82-109.
47. Ver Michael Hardt, "Thomas Jefferson, or, The Transition of Democracy", in *Thomas Jefferson, The Declaration of Independence* (Londres: Verso, 2007), pp. vii-xxv.
48. Ver Filippo Del Lucchese, *Tumulti e indignatio: Conflitto, diritto e moltitudine in Machiavelli e Spinoza* (Milão: Ghibli, 2004).
49. Jean Genet, *Prisoner of Love*, trad. Barbara Bray (Hanover, N.H.: University Press of New England, 1992).
50. Sobre esses mitos da política de redes, ver Carlo Formenti, *Cybersoviet* (Milão: Raffaele Cortina, 2008), pp. 201-264.

51. Sobre as possibilidades políticas das estruturas de rede, ver Tiziana Terranova, *Network Culture* (Londres: Pluto, 2004); Geert Lovink, *Uncanny Networks* (Cambridge, Mass.: MIT Press, 2003); Olivier Blondeau, *Devenir média* (Paris: Amsterdam, 2007); e Alexander Galloway e Eugene Thacker, *The Exploit* (Minneapolis: University of Minnesota Press, 2007).
52. Immanuel Kant, *The Conflict of Faculties*, trad. Mary Gregor (Lincoln: University of Nebraska Press, 1992), p. 153 (grifo nosso).
53. Ibid., p. 153.
54. Condorcet, "Sur le sens du mot revolutionnaire", in *Oeuvres de* Condorcet, ed. A. Condorcet e F. Arago, 12 vols. (Paris: Firmin Didot, 1847), 12:615. Ver também Hannah Arendt, *On Revolution* (Londres: Penguin, 1963).
55. W. E. B. Du Bois, *Black Reconstruction* (Nova York: Russell & Russell, 1935), p. 206.
56. Ver basicamente Lenin, *State and Revolution*.
57. Para uma versão da tese da "autonomia do político", ver Mario Tronti, *Sull'autonomia del politico* (Milão: Feltrinelli, 1977).
58. Ver Antonio Gramsci, *Selections from the Prison Notebooks*, trad. Quintin Hoare e Geoffrey Nowell Smith (Nova York: International Books, 1971), pp. 105-120 (sobre a revolução passiva) e pp. 279-318 (sobre americanismo e fordismo).
59. Sobre a distinção entre guerra de movimento e guerra de posições, ver ibid., pp. 229-235.
60. Ibid., p. 286.
61. Tratamos da questão da violência revolucionária em vários momentos de nosso trabalho anterior, mas nossa análise neste livro permite oferecer alguns pontos de vista novos. Ver Negri, *Books for Burning*; e Hardt e Negri, *Multidão*, pp. 341-347.
62. Jefferson a William Short, 3 de janeiro de 1793, in Thomas Jefferson, *Writings*, ed. Merrill Peterson (Nova York: Library of America, 1984), p. 1004.
63. Saint-Just, "Fragments sur les institutions républicaines", in *Oeuvres choisies*, ed. Dionys Mascolo (Paris: Gallimard, 1968), p. 310.
64. Ver Olivier Beaud, *Théorie de la fédération* (Paris: PUF, 2007).
65. Ver, por exemplo, Gunther Teubner e Andreas Fischer-Lescano, "Regime Collisions: The Vain Search for Legal Unity in the Fragmentation of Global Law", *Michigan Journal of International Law* 25, nº 4 (2004), pp. 999-1046.

NOTAS

66. Ver Alois Riegl, *Late Roman Art Industry* (Roma: Giorgio Brentschneider, 1985). A respeito das controvérsias em torno do conceito de *Kunstwollen*, ver Jas' Elsner, "From Empirical Evident to the Big Picture: Some Reflections on Riegl's Concept of *Kunstwollen*", *Critical Inquiry*, nº 32 (verão de 2006), pp. 741-766. Para uma luminosa análise da transformação do conceito de Riegl por Walter Benjamin em linhas semelhantes às aqui propostas, ver Katherine Arens, "*Stadtwollen: Benjamin's Arcades Project and the Problem of Method*", *PMLA* 122, nº 1 (janeiro de 2007), 43-60.
67. Ver Vivasvan Soni, "Affecting Happiness: The Emergence of the Modern Political Subject in the Eighteenth Century" (dissertação de ph.D., Duke University, 2000).
68. Jefferson a Edward Everett, 27 de março de 1824, in Thomas Jefferson, *Writings*, vol. 16, ed. Andrew Lipscomb (Washington, D.C.: Thomas Jefferson Memorial Association, 1904), p. 22.
69. Sobre o amor em Dante, ver Giorgio Agamben, *Stanzas*, trad. Ronald Martinez (Minneapolis: University of Minnesota Press, 1993); e Giorgio Passerone, *Dante: Cartographie de la vie* (Paris: Kimé, 2001).
70. Michel Foucault, prefácio a Deleuze e Guattari, *Anti-Oedipus*, pp. xi-xiv.
71. Ver a definição de "indignação" em Spinoza, in *Ethics*, parte 3, Definição 20, p. 314.

Agradecimentos

Seria impossível agradecer a todos que contribuíram para a redação deste livro. Registramos aqui nosso reconhecimento àqueles com quem debatemos elementos do manuscrito e aos que nos ajudaram nas traduções: Alain Bertho, Arianna Bove, Beppe Caccia, Cesare Casarino, Giuseppe Cocco, Antonio Conti, Patrick Dieuaide, Andrea Fumagalli, Stefano Harney, Fredric Jameson, Naomi Klein, Wahneema Lubiano, Matteo Mandarini, Christian Marazzi, Sandro Mezzadra, Timothy Murphy, Pascal Nicolas-Le Strat, Charles Piot, Judith Revel, Alvaro Reyes, America Vera-Zavala, Carlo Vercellone, Lindsay Waters, Kathi Weeks, Robyn Wiegman e Tomiko Yoda. Somos gratos a esses amigos por tudo que nos ensinaram.

A citação de Michael Franti no prefácio provém de "Bomb the World", copyright © Boo Boo Wax, 2003 todos os direitos reservados, usado mediante autorização.

Índice

11 de setembro de 2001, atentados, 230, 236

abstração, 180-183
Abu Ghraib, prisão, 238
acumulação primitiva, 71, 103-104, 112, 161
Adams, John, 25
Adorno, Theodor, 66
Adorno, Theodor, e Max Horkheimer, 39, 114-118
Afeganistão, 230, 234, 237, 298
África, 257-258, 282
Agamben, Giorgio, 75
Agostinho de Hipona, 349
Alighieri, Dante, 414-416
altepetl, 84-85
alterglobalização, movimentos, 122, 149-150, 402
altermodernidade, 123-137; definição, 136-140, 376
Althusser, Louis, 38
amor, 11-13, 203-223, 348, 349, 415; resultando mal, 217-222; treinamento, 217-220
antimodernidade, 83-99, 103-108, 112-119; limites de, 121-129, 138-140. *Ver também* resistência

antirracismo, teoria e política, 42, 53-54, 284, 287-8, 357-9, 361-362, 367-370. Ver também interseccionalidade; populações indígenas e política; raça; resistência: à dominação colonial; resistência: à escravidão; Revolução Haitiana
Área de Livre Comércio das Américas (Alca), 241
Arendt, Hannah, 198-199, 208, 387, 396
Argentina, 287
Arrighi, Giovanni, 181, 242, 246-247

Badiou, Alain, 77-78, 192-193
Balibar, Étienne, 107, 111, 192
banlieue, 273-275; revoltas de novembro de 2005, 265, 287
Baudelaire, Charles, 280
Beard, Charles, 25
Beauvoir, Simone de, 41, 79
Beck, Ulrich, 33, 34
bem-estar comum, 13
Benjamin, Walter, 12
Benkler, Yochai, 311
Bento XVI, papa, 63, 96
Bergson, Henri, 43

biopolítica, 47-48, 52-54, 73-79, 138, 267-168, 348-349. *Ver também* razão: biopolítica
biopoder, 47, 73-76, 94-99, 138, 268
Black Power, movimento, 53, 284
Blair, Tony, 301
Bloch, Ernst, 270, 349
Boggs, Grace e James, 284
Bolis, Luciano, 78
Bolívia, 128-133, 287
Bonfil Batalla, Guillermo, 125
Boyer, Robert, 154
Boyle, Robert, 59
Braudel, Fernand, 102
Bremer, Paul, 240
Brown, Wendy, 360, 365
Butler, Judith, 194, 366-68

Caliban, 116-119, 141
camponeses, 128, 264, 281, 372, 382, 398
capital, 21-2, 320-325, 327-333, 337-342; como relação social aberta, 173-177; composição orgânica, 159-165; composição técnica, 153-160. *Ver também* capital social; crises; finança; renda; trabalho
capital social, 299-300, 317
Carmichael, Stokely, 97
Castoriadis, Cornelius, 40
cegueira de identidade, 355, 358-360, 348
Certeau, Michel de, 350
Césaire, Aimé, 117
China, 105, 108, 110-112, 228, 237, 245-247, 254, 259, 264, 306

Chomsky, Noam, 75, 215
Cícero, 238
cidade. *Ver* metrópole
classe trabalhadora, 56, 130-131, 183. *Ver também* movimentos de operários industriais; multidão
colonialismo, 29, 53, 83-87, 94-99, 102, 115-119, 138, 141
comum, 107-108, 131-133; amor como produção do, 205-207, 213-223, 415-416; base do conhecimento, 142-148; definição, 8; destruição, 300-302; expropriação, 159-165; nas instituições sociais, 182-188, 201-202, 405; na metrópole, 176-180, 277-288; como natureza, 195-198; na produção econômica, 157-160, 174-176, 201, 209-212, 309-320, 330-338; e as singularidades, 207-209, 351-352, 370-371, 372, 375-376, 382. *Ver também* corrupção
comunismo, 63-66, 106, 107-108, 112-114, 352, 364; em contraste com o socialismo, 127, 302
Condorcet, 395
conhecimento como força produtiva, 168, 295-297, 300, 310-312. *Ver também* razão: biopolítica
contrapoder, 73, 380, 383, 405-406
cooperação, 162-164, 186
corporações, 185-187, 188
corrupção, 182-188, 202, 313-315, 333-338, 395-397, 403-405; do amor, 206-209, 216-223
crise, 104-105, 242, 246, 253-255, 304, 317-319, 338-342; da produção bio-

ÍNDICE

política, 164-172, 174, 330-333; dos Estados socialistas, 109-112
crítica transcendental, 20-23, 30, 32-36, 44-47, 142-145, 378-380
Cuba, 110, 111-114

Davis, Mike, 281-283
Delany, Samuel, 211
Deleuze, Gilles, 10, 79, 197, 210-212, 277, 369
democracia, 335-338, 341-342, 378, 396-398, 405-408, 412-414
democracia social, 32-36, 87, 102, 299-301, 318, 324-325
Derrida, Jacques, 12, 74-76
Descola, Philippe, 144
desenvolvimentismo, 108-114, 297
diagrama biopolítico, 398-400
dialética, 207-209, 270, 320-323, 324, 351, 361; da antimodernidade, 113-119; como modelo de transição revolucionária, 396-398
Dickens, Charles, 343
Dilthey, Wilhelm, 43-45, 350
dispositivo, 10, 39, 136, 148-150, 274, 349-351, 412
Donoso Cortés, Juan, 119
Douglass, Frederick, 357
Du Bois, W. E. B., 92, 93, 357, 360, 396

Eckhart, Mestre, 62
economismo, 50-54
emancipação, 360, 361; em contraste com libertação, 361-365, 367, 371, 372-373, 382, 395-397; de escravos, 92-93

empreendedorismo, 328-330, 337
encontro, 59, 207, 278-288, 334-337, 414, 417; de singularidades, 208, 210-212, 382, 390
escravidão, 87-95, 175
espontaneidade, 30-32, 189, 193, 200, 263-265, 271. *Ver também* encontro; *jacqueries*
Esposito, Roberto, 74
Euêmeros, 19-21
evento, 75-80, 200-202, 274; o amor como, 203-206, 207-208; a insurreição como, 381-383, 395-397, 399
Ewald, François, 74
Exército Zapatista de Libertação Nacional. *Ver* zapatistas
êxodo, 92-95, 175-177, 189-191, 269, 270-271, 314, 332-338; de instituições sociais corruptas, 182-184, 188, 202, 219-221
exploração, 37-39, 71-72, 159-165, 340-341; lutas contra a, 350-352, 362-375
expropriação, 159-165; dos expropriadores, 359
externalidades, 163, 177-180, 209-211, 279, 309-313

família, 183-186, 188, 206-208, 211-212
Fanon, Frantz, 123-125, 139, 142, 365-368; nacionalismo e libertação nacional, 53, 187
fascismo, 18-20, 36, 42, 44
Fausto-Sterling, Anne, 194-196
federalismo 85, 414

felicidade, 411, 418
feminismo, 41, 79, 141, 194-196, 359-361, 364-367, 368. *Ver também* gênero; interseccionalidade; teoria e política *queer*
feminização do trabalho, 155-157, 157, 158, 169-171
fenomenologia, 39-41, 44-48, 144
Ferguson, James, 258
Filmer, Robert, 57-59
finança, 164-165, 168, 179-182, 324-325
Flaubert, Gustave, 271-272
força, 31-33, 218-223, 263, 273-275, 295-300. *Ver também* violência
fordismo e pós-fordismo, 292, 301, 318-320, 322, 399-401
formas de vida, 98, 143-147, 219, 386, 389, 403; produção de, 153-156, 199, 296, 399
Fórum Econômico Mundial, 253, 255, 293, 305
Foucault, Michel, 10, 46, 92, 98-99, 158-160, 196-197, 215, 251, 268, 417; biopoder e biopolítica, 73-79; razão e conhecimento, 141-143, 143, 148-150; Revolução Iraniana, 50-53
Fourier, Charles, 202
Francisco de Assis, 59-61
Freud, Sigmund, 79-80, 218
Friedman, Milton, 291
Friedman, Thomas, 237-240
Frum, David, 231-232
Fukuyama, Francis, 247-248
fundamentalismo, 47-54

García Linera, Álvaro, 130-132
Gates, Bill, 328-329
Gates, Henry Louis, Jr., 66
gênero, 80, 155-158, 183-185, 194-196, 355-359; abolição, 364-367, 368-372. *Ver também* feminismo, teoria e política; interseccionalidade
Genet, Jean, 211, 389
Gentile, Giovanni, 42-44
Giddens, Anthony, 33-35, 301
Gilroy, Paul, 367-370
Gorz, André, 154
governança, 249-265, 302-308, 379, 381, 406-410
Gramsci, Antonio, 399-403
Guantanamo, 18, 238
Guattari, Felix, 197, 210-212, 277, 369
Guerra do Iraque (2003), 230, 233, 233-241, 243, 246
Guevara, Ernesto (Che), 112-114, 140
Guha, Ranajit, 29, 84-86

Haass, Richard, 228-230
Habermas, Jürgen, 33, 87
Hamilton, Charles, 97
Haraway, Donna, 142, 365
Harris, Cheryl, 357
Harvey, David, 257, 294
hegemonia, 191, 193, 198, 200, 335-337, 400. *Ver também* unilateralismo
Heidegger, Martin, 44-46, 62-68, 205
Hesse, Barnor, 97
heteronormatividade, 183-185, 359, 366
hipermodernidade, 34, 134
Hobbes, Thomas, 19, 57-59, 68, 213

ÍNDICE

Hoffman, Danny, 169-171
humanidade, criação de uma nova, 113, 124, 139, 367, 395-397, 400, 403
Huntington, Samuel, 166
Husserl, Edmund, 45-46

impedimento (em psicanálise), 85-87, 90-92
identidade, 123-128, 141-147, 196, 220, 351, 379-381, 391; e política revolucionária, 355-376, 405-406 *Ver também* singularidade
Igreja Católica, 95-97, 97-99. *Ver também* Bento XVI, papa
Igualdade 25-29, 35, 130-132, 333-336, 364, 416-418; de gênero, 155-157, 365; racial, 88, 94
Iluminismo, 31-33, 36, 113-116, 135-137, 411-414
imperialismo, 104-106, 227-234, 245-247, 254-257 *Ver também* Império; unilateralismo
indignação, 262-271
Império, 221-223, 227-234, 245-246, 252-255, 261-263, 302-308, 406-408 *Ver também* governança
Inquisição espanhola, 97-99
instituições, 182-188, 201-202, 216-223, 313-315; conceito revolucionário, 387-393, 403-405, 408-410. *Ver também* governança
insurreição, 265-268, 377, 387-402
intelectuais, seu papel, 123-125, 139. *Ver também* pesquisa participativa
interseccionalidade, 376-371, 377, 381-384

jacqueries, 263-275
Jagose, Annamarie, 366
Jefferson, Thomas, 23, 162, 342, 387-389, 412, 414; violência, 402-404
Jobs, Steve, 228
jornada de trabalho, colapso, 155-157, 169-171, 269-270, 315-317, 322-324

kairós, 190
Kant, Immanuel, 12, 20-23, 29-33, 136, 214, 378, 391-393
Karl, Rebecca, 259
katechon, 221-223
Katrina, furação 242-243
Kelley, Robin, 150
Keynes, John Maynard, 163-165, 338
Kissinger, Henry, 247, 250
Klein, Naomi, 159-161, 240, 258
Krahl, Hans-Jürgen, 39-41

Laclau, Ernesto, 190-192, 335-337, 424n43
Latour, Bruno, 146
Lenin, Vladimir Ilich, 108-110, 199-201, 266-267, 382-384, 386, 396-398; imperialismo, 104-106, 137
Leopardi, Giacomo, 221-222
Lévi-Strauss, Claude, 144-146
liberdade, 24-26, 27-29, 63-65, 115, 119, 121-122, 213, 261-264, 352; na concepção de Foucault, 76-79, 98-99; e identidade, 53, 359-368; necessária para a produção biopolítica, 311, 318-320, 333-337, 340-342; e escravidão, 88-89,

91-95. *Ver também* emancipação; libertação
libertação, 111-113, 115-117, 121-123, 361-365, 381-383. *Ver também* emancipação; libertação
Libéria, 169-171
Locke, John, 162, 356-357
Luhmann, Niklas, 251, 408
luta de classes, 103, 174-177, 188, 315, 321, 360, 372-374. *Ver também* êxodo
Luxemburgo, Rosa, 104-105, 257, 318

Macherey, Pierre, 190, 201
Macpherson, C. B., 267
Madison, James, 26
mal, 213-223
Malcolm X, 362, 367
Mandeville, Bernard, 171, 208-211
Mao Tsé-tung, 105, 137, 319-322
Maquiavel, Niccolò, 68-70, 388
Marazzi, Christian, 154
Mariátegui, José Carlos, 107
Marshall, Alfred, 309-311
Marsílio de Pádua, 60
Marx, Karl, 54, 92-95, 114, 137, 158-160, 182, 202, 218, 277, 280-282, 315-319; crítica da pobreza, 37-39, 309; dinheiro, 324-325; formas pré-capitalistas, 101-103, 105-108; pobreza, 70-72. *Ver também* cooperação; modo de produção asiático; subsunção, formal e real; valor: teoria trabalhista
Marx, Karl, e Friedrich Engels, 256-257, 329

Mbembe, Achille, 338
Meade, J. E., 310
medida e excesso, 157-160, 174-176, 201, 269-271, 298-300, 343-352, 407. *Ver também* monstros e monstruosidade
Melandri, Enzo, 150
Merleau-Ponty, Maurice, 45
metrópoles, 176-180, 235-237, 271-275, 277-288, 417
Mignolo, Walter, 83
migração, 156-158, 170-172, 271-273
modernidade, 34, 44; "incompleta", 87, 102; e marxismo, 101-108; e monstros, 113-119-; em relação ao colonialismo, 93-99; como relação de poder, 83-88; e socialismo de Estado, 107-114. *Ver também* altermodernidade; antimodernidade; Iluminismo
modo asiático de produção, 102, 258
Mohanty, Chandra, 157
monstros e monstruosidade, 113-119, 218, 364-367, 370-372, 405
Morales, Evo, 128
Moisés, 188, 401
Moten, Fred, 359, 367
movimentos de operários industriais, 34, 127-132, 143, 264, 268, 278-288, 321, 398, 400
multiculturalismo, 124, 145, 171-172, 361, 369, 373
multidão, 270-272, 306-308, 340-342-, 350-352, 386-389; como forma de organização política, 79, 189-202, 219-221, 381-384, 392; na me-

trópole, 277-288; movimentos, 262-264, 408; no pensamento boliviano, 130-134; no pensamento inglês do século XVII, 56-61, 386; dos pobres, 61, 67-72, 282; sua democracia, 395-402, 412; e violência, 401-405. *Ver também* êxodo
multilateralismo, 247-250, 291-295
Muñoz, José, 366

Nancy, Jean-Luc, 13-14, 74-76, 387
nação e nacionalismo, 48-50, 52-54, 187-188, 206-208, 361, 367
Nações Unidas, 248-249
natureza humana, 69, 220, 385, 395-397, 413; concepções pessimistas, 25, 213-218, 221-223
neoconservadores, 231-233, 381
neoliberalismo, 8, 110, 159-162, 165-168, 178, 240-243, 258, 286; crises, 291-297, 300-304. *Ver também* movimentos de alterglobalização
Newton, Huey, 361, 367
Nietzsche, Friedrich, 136, 208
Nye, Joseph, 304-306

Obama, Barack, 355
ontologia, 44-46, 63-68, 145-147, 195, 197, 378, 413-415; e amor, 205, 208, 218-221
Organização Mundial do Trabalho, 241, 304

Panzieri, Raniero, 39
paralelismo, 128, 132, 356, 371-378, 381-383

partido de vanguarda, 222-223, 382-385
Pashukanis, Evgeny, 28-30
Patterson, Orlando, 94
Paulo de Tarso, 214, 221-223
Perle, Richard, 231
pesquisa participativa, 139, 149-150
Pierce, Charles, 80
Pinochet, Augusto, 291
Plessner, Helmuth, 213
pobres, os, xi, 55-72, 172, 204, 205, 269, 281-283
populações indígenas e política, 84-85, 96, 107, 124-134, 145-147, 328, 378-380. *Ver também* colonialismo
pós-modernidade e pós-modernismo, 134-136, 195-197
Povinelli, Elizabeth, 378-380
Praça Tiananmen, revolta, 137
produção. *Ver* produção biopolítica; produção imaterial; subjetividade, produção de
produção biopolítica, 154-160, 161-164, 196-198, 204; analogia com a organização política, 197-200; crises, 164-172; necessidade de reformá-la, 338-342
produção imaterial, 40, 154-156, 286, 294. *Ver também* produção biopolítica; propriedade: intelectual; valor: intangível
propriedade, 8-9, 17, 23-31, 37-39, 55-58, 67-69; escravos como, 88-92; e identidade, 356; intelectual, 310-312, 339-341
Putney, Debates de 56-58

queer, teoria e política, 79, 366, 368-370
Quesnay, François, 314-316

raça, 50, 66, 90, 96-98, 116-119, 156-158, 170-172, 206, 242-243, 357-359; abolição, 365-372. *Ver também* colonialism; escravidão; intersseccionalidade; populações e políticas indígenas; teoria e política antirracistas
Rainsborough, Thomas, 56-58
Rancière, Jacques, 60-62, 382
Rawls, John, 33
razão, 116-119; biopolítica, 141-150
Reagan, Ronald, 291
recusa, 31, 75, 175, 266; de trabalho, 362-364
religião, 28, 32-33, 35-36, 78-79, 182-183, 190-191, 221. *Ver também* Igreja Católica
remodelação urbana, 285-287
renda, 163-165, 177-180, 279, 285-287
renda básica garantida, 340-342
representação, 95, 145, 307, 335-337, 389; crise, 378-382; do valor econômico, 180-182, 324-325
república, 22-36, 42, 62, 67-69, 171-172, 332-335, 351, 356, 361; e escravidão, 87-93
resistência, 31, 78, 119, 126-128, 176, 201, 261-264, 267-272; concepção de Foucault, 46, 73-77, 192-194; à dominação colonial, 83-88, 98-99; à escravidão, 91-95; limites, 121-218; à ocupação militar, 235-237. *Ver também* antimodernidade

Resnais, Alain, 41
Retamar, Roberto Fernández, 115-117
revolta, 261-271, 388-390; anticolonial, 98; de escravos, 91-93; de trabalhadores, 104, 167, 320-323; urbana, 284, 287
revolução, teoria, 39-41, 265-271, 355-357, 361-376, 381-388, 391-393, 405-410; passiva, 399-402. *Ver também* transição revolutionária; violência revolucionária
Revolução Americana, 23-26
Revolução Francesa, 26-28, 174, 391-393, 403
Revolução Haitiana, 27-29, 90-92
Revolução Iraniana, 52
revolução nas questões militares, 234-237
Rhodes, Cecil, 254-256
Riegl, Alois, 410
riso, 417-418
Robinson, William, 258-259
Rosenzweig, Franz, 206
Rubin, Gayle, 365
Rumsfeld, Donald, 234-236
Rússia, 106-110, 200, 237, 3006. *Ver também* União Soviética

Said, Edward, 95
Saint-Just, Louis de, 403-405
Sartre, Jean-Paul, 382
Sassen, Saskia, 249-251
Schmitt, Carl, 18, 67, 119, 221, 266, 378, 413
Schumpeter, Joseph, 327-329, 332
Schürmann, Reiner, 44-46

Sedgwick, Eve, 368-370
Shakespeare, William, 116
Sieyès, abade, 23, 174
Silko, Leslie Marmon, 125-127
Simmel, Georg, 180, 182
Simondon, Gilbert, 75
singularidade, 280-283, 336, 389-392; e o comum, 146-148, 198-200, 207-209, 212, 218-221, 415; na multidão, 131-134, 190-192, 382, 418; em relação à identidade, 351, 369-376. *Ver também* encontro
situacionistas, 40
Sloterdijk, Peter, 75
Smith, Adam, 54, 177, 209-211, 246, 414
soberania, 17-21, 58, 67, 119, 126, 392, 407; e identidade, 356, 360, 361
socialismo, 71, 107-114, 211-212, 291, 296-304; em contraste com o comunismo, 127, 301-302
Sohn-Rethel, Alfred, 21
Sorel, Georges, 266
Soweto, rebelião (1976), 389
Spinoza, Baruch, 91, 147-149, 214, 215, 216-219, 262-264, 388; alegria, 414, 418; amor, 205; indignação, 117-119; multidão, 59, 308; noções comuns, 70, 143. *Ver também* paralelismo
Spivak, Gayatri, 95
Stiegler, Bernard, 75
Stonewall, rebelião (1969), 389
subjetividade, produção, 46, 73-75, 149-150, 196-198, 235-237, 362; na produção econômica, 155, 316, 323-325
subsunção, formal e real, 165, 255-258, 273, 399-401
Sweezy, Paul, 344-346

Tableau économique, 314-320
Tate, Nahum, 56
teorias dos sistemas mundiais, 102-104
Tertuliano, 221
Teubner, Gunther, 379-381
Thatcher, Margaret, 291
Thiers, Adolphe, 61
trabalho; divisão do, 89, 157, 183, 254-257, 272; composição técnica, 153-158, 384-387; crescente autonomia, 173-175, 189, 197, 298, 315-328; e escravidão, 88-90; como pobreza, 71. *Ver também* classe trabalhadora; exploração; movimentos de operários industriais; precário; valor: teoria trabalhista do
trabalho afetivo, 154-157, 162, 167-170
trabalho precário, 169-171, 272-274, 318-320, 323
transição revolucionária, 109, 200, 341-342, 395-400, 405
Tronti, Mario, 39, 320-323, 362
Trotski, Leon, 383

unilateralismo, 227-234, 247-250, 294-297, 304-307
União Soviética, 62, 64, 111-115, 265, 383, 386; colapso, 109-112, 228, 262, 291, 297-299. *Ver também* Rússia

valor, 154-160, 173-183, 298, 324-325, 330; intangível, 157, 343-345, 347; nova teoria, 347-352. *Ver também* expropriação; *Tableau économique*; valor de mais valia
valor imobiliário, 177-180, 285-287
valor de mais valia, 157-164, 314-318. *Ver também* exploração
Vercellone, Carlo, 295-297
vida nua, 70, 94, 128, 339, 402, 415
Villon, François, 264
violência, 31, 257, 284-288; do colonialismo, 53, 83-86; e identidade, 357-373; revolucionária, 401-406
Virno, Paolo, 191
Viveiros de Castro, Eduardo, 145-147, 147-148

Wachtel, Nathan, 98
Wang Hui, 105
Weber, Max, 92-95, 264
West, Cornell, 66
Whitman, Walt, 78, 206-208
Wittgenstein, Ludwig, 143-145, 218-220, 349
Wojnarowicz, David, 211

Yorck von Wartenburg, conde Paul, 43
Yurchak, Alexei, 297-299

zapatistas, 126, 132, 390
Zavaleta, René, 128-131
Zerilli, Linda, 359-361, 364
Zizek, Slavoj, 192-194, 371-375, 424n43

Este livro foi composto na tipologia Minion Pro
Regular, em corpo 11,5/15,5, e impresso em
papel off-white no Sistema Cameron da Divisão
Gráfica da Distribuidora Record.